Excel

第4版

在会计和财务管理中的应用

杨维忠 庄 君 黄国芬 编著

机械工业出版社
China Machine Press

图书在版编目（CIP）数据

Excel在会计和财务管理中的应用 / 杨维忠，庄君，黄国芬编著.—4版. —北京：机械工业出版社，2019.8（2021.3重印）

ISBN 978-7-111-63207-8

Ⅰ.①E… Ⅱ.①杨… ②庄… ③黄… Ⅲ.①表处理软件–应用–会计②表处理软件–应用–财务管理 Ⅳ.①F232②F275-39

中国版本图书馆CIP数据核字（2019）第143133号

　　Excel 因其强大的制表分析功能，在日常的会计电算化处理中扮演着越来越重要的角色，也是财务人员必不可少的软件应用工具。本书在前 3 版的基础上根据软件版本的升级进行第 4 次改版。全书按照会计流程和财务管理的知识要点编写，书中囊括会计和财务管理中的以下内容：现金日记账，凭证编制，生成科目汇总表、科目余额表、总分类账和明细分类账，固定资产的管理，工资管理，应收款管理，应付款管理，进销存管理，生成资产负债表、利润表和现金流量表，供应商评价，本量利分析，坏账成因分析等。

　　本书着重介绍如何在 Excel 中利用 Query 组件提取数据，利用数据透视表分析数据，以及利用宏的相对引用和绝对应用录制可重复使用模块等高级功能，从而大大增强了 Excel 在会计电算化使用过程中的灵活程度，做到了不需要编程但又相当符合程序设计的界面需求。

　　本书内容丰富、视角独特，可作为普通高等院校本、专科会计以及经济管理等相关专业的教学实验用书，也可以作为财务人员自学和业务工作的参考。

Excel在会计和财务管理中的应用　第4版

出版发行：机械工业出版社（北京市西城区百万庄大街22号　邮政编码：100037）	
责任编辑：夏非彼　迟振春	责任校对：王　叶
印　　刷：中国电影出版社印刷厂	版　　次：2021年3月第4版第2次印刷
开　　本：188mm×260mm　1/16	印　　张：26.25
书　　号：ISBN 978-7-111-63207-8	定　　价：79.00元

凡购本书，如有缺页、倒页、脱页，由本社发行部调换

客服热线：（010）88379426　88361066　　　　投稿热线：（010）88379604
购书热线：（010）68326294　　　　　　　　　　读者信箱：hzit@hzbook.com

版权所有·侵权必究
封底无防伪标均为盗版
本书法律顾问：北京大成律师事务所　韩光/邹晓东

前　言

　　Excel 是使用极为广泛的电子表格软件，以操作简便、功能强大而著称，非常适合计算机编程语言欠缺和对数据处理要求不高的财务管理人员使用。本书在前 3 版的基础上根据软件的升级进行改版修订。全书以 Excel 2019 为基础，通过实例详细介绍 Excel 在会计电算化中的应用，应用 Excel 对企业运营中的财务管理进行成因分析。

　　本书升级后的新版本共分为 12 章，按照会计流程和财务管理的知识要点编写。第 1 章介绍现金日记账的编制方法，重点介绍建账的方法和思路，为今后的会计电算化打下基础。第 2 章讲述凭证编制方法，主要介绍利用宏和设计好的界面输入凭证数据、修改数据和打印凭证。第 3 章讲述凭证数据的利用，通过 Microsoft Query 组件查询数据，并生成科目汇总表、科目余额表、总分类账和明细分类账等。第 4 章介绍固定资产的管理，包括固定资产的取得登记、变更登记以及自动生成固定资产费用分配表等。第 5 章介绍工资管理的办法，通过员工管理、考勤和业绩数据来自动生成员工工资。第 6 章介绍应收款管理系统的设计，包括应收款的取得与冲销、应收款的超龄分析以及坏账准备的处理方法。第 7 章介绍应付款管理系统的设计，包括应付款的取得与冲销和超龄应付款的分析方法。第 8 章介绍进销存管理的设计，包括如何通过进货和销货管理来生成进销存报表。第 9 章介绍如何利用已经输入的凭证数据来自动生成资产负债表、利润表和现金流量表，并对报表进行简单的财务分析。第 10~12 章为新版本增加的内容，旨在弥补前几版过于偏于会计而缺乏财务管理应用的短板。其中，第 10 章介绍供应商分析评价的相关知识，在 Excel 中运用 TOPSIS 方法对供应商展开静态与动态评价；第 11 章介绍本量利分析的相关知识，在 Excel 中运用相关分析、回归分析等方法对企业开展成本性态分析和本量利分析；第 12 章介绍坏账成因分析的相关知识，在 Excel 中运用单因素方差分析、可重复双因素方差分析等方法对企业坏账成因展开分析。

　　本书应用实例典型，内容丰富，充分利用宏、Microsoft Query 组件、数据透视表组件来完成会计电算化的设计。书中各章详细介绍实例的操作步骤，读者只需按照书中介绍的步骤一步步地实际操作，就能完全掌握本书的内容。

　　本书可作为普通高等院校本、专科会计以及经济管理等相关专业的教学实验用书，也可作为财务人员自学和业务工作的参考。

　　本版由杨维忠主持编写，在编写过程中得到夏非彼、卞诚君老师的热心指导，在此表示衷心感谢。

　　作者力图使本书的知识性和实用性相得益彰，但由于水平有限，书中错误、纰漏之处在所难免，欢迎广大读者、同仁批评斧正。

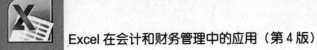

读者可以登录机械工业出版社华章公司的网站（www.hzbook.com）下载本书的教学视频和素材，先搜索到本书，然后在页面上的"资料下载"模块下载即可。

如果下载有问题，请发送电子邮件到 booksaga@126.com。

编　者
2019年4月

目　录

前言

第 1 章　日记账 1

　　实验 1-1　简易现金日记账 1
　　　　实验原理 1
　　　　实验目的与要求 2
　　　　实验内容及数据来源 2
　　　　实验操作指导 2
　　　　习题 13

　　实验 1-2　账页式现金日记账 14
　　　　实验原理 14
　　　　实验目的与要求 14
　　　　实验内容及数据来源 15
　　　　实验操作指导 15
　　　　习题 21

第 2 章　编制会计凭证 22

　　实验 2-1　科目代码表 22
　　　　实验原理 22
　　　　实验目的与要求 23
　　　　实验内容及数据来源 23
　　　　实验操作指导 25
　　　　习题 30

　　实验 2-2　凭证输入 31
　　　　实验原理 31
　　　　实验目的与要求 32
　　　　实验内容及数据来源 32
　　　　实验操作指导 33
　　　　习题 49

实验 2-3 修改凭证	50
实验原理	50
实验目的与要求	50
实验内容及数据来源	51
实验操作指导	51
习题	57
实验 2-4 凭证查询审核与打印	58
实验原理	58
实验目的与要求	59
实验内容及数据来源	59
实验操作指导	59
习题	70

第 3 章 会计账簿 71

实验 3-1 科目汇总表	71
实验原理	71
实验目的与要求	72
实验内容及数据来源	72
实验操作指导	72
习题	79
实验 3-2 科目余额表	80
实验原理	80
实验目的与要求	80
实验内容及数据来源	80
实验操作指导	80
习题	88
实验 3-3 编制总分类账	88
实验原理	88
实验目的与要求	88
实验内容及数据来源	89
实验操作指导	89
习题	94
实验 3-4 明细分类账	94
实验原理	94
实验目的与要求	94
实验内容及数据来源	95

  实验操作指导 95
  习题 102

 实验 3-5 设计导航页面 102
  实验原理 102
  实验目的与要求 102
  实验内容及数据来源 103
  实验操作指导 103
  习题 106

第 4 章 固定资产管理 107

 实验 4-1 固定资产取得登记 107
  实验原理 107
  实验目的与要求 108
  实验内容及数据来源 108
  实验操作指导 109
  习题 120

 实验 4-2 固定资产变更登记 121
  实验原理 121
  实验目的与要求 122
  实验内容及数据来源 122
  实验操作指导 122
  习题 127

 实验 4-3 折旧费用分配表 127
  实验原理 127
  实验目的与要求 127
  实验内容及数据来源 128
  实验操作指导 128
  习题 137

 实验 4-4 固定资产卡片和导航页面 137
  实验原理 137
  实验目的与要求 138
  实验内容及数据来源 138
  实验操作指导 138
  习题 144

第 5 章 工资管理 145

实验 5-1 员工信息表 145
实验原理 145
实验目的与要求 145
实验内容及数据来源 146
实验操作指导 146
习题 157

实验 5-2 考勤与业绩 158
实验原理 158
实验目的与要求 158
实验内容及数据来源 158
实验操作指导 159
习题 166

实验 5-3 员工工资表 167
实验原理 167
实验目的与要求 169
实验内容及数据来源 169
实验操作指导 169
习题 181

第 6 章 应收款管理 182

实验 6-1 应收款的取得与冲销 182
实验原理 182
实验目的与要求 183
实验内容及数据来源 183
实验操作指导 185
习题 190

实验 6-2 超龄笔数与超龄金额分析 191
实验原理 191
实验目的与要求 192
实验内容及数据来源 192
实验操作指导 192
习题 202

实验 6-3 计提坏账准备和客户明细表分析 202
实验原理 202
实验目的与要求 203

　　　　实验内容及数据来源 203
　　　　实验操作指导 203
　　　　习题 214

第 7 章　应付款管理 216

实验 7-1　应付款的取得与冲销 216
　　　　实验原理 216
　　　　实验目的与要求 217
　　　　实验内容及数据来源 217
　　　　实验操作指导 219
　　　　习题 223

实验 7-2　应付款分析 225
　　　　实验原理 225
　　　　实验目的与要求 225
　　　　实验内容及数据来源 226
　　　　实验操作指导 226
　　　　习题 236

实验 7-3　单位明细表和导航页面 236
　　　　实验原理 236
　　　　实验目的与要求 236
　　　　实验内容及数据来源 236
　　　　实验操作指导 236
　　　　习题 244

第 8 章　进销存管理 245

实验 8-1　进货管理 245
　　　　实验原理 245
　　　　实验目的与要求 246
　　　　实验内容及数据来源 246
　　　　实验操作指导 247
　　　　习题 255

实验 8-2　销货管理 256
　　　　实验原理 256
　　　　实验目的与要求 256
　　　　实验内容及数据来源 257
　　　　实验操作指导 257

习题	264
实验 8-3　进销存报表	265
实验原理	265
实验目的与要求	265
实验内容及数据来源	266
实验操作指导	266
习题	279

第 9 章　财务报表编制及分析 ... 280

实验 9-1　编制资产负债表	280
实验原理	280
实验目的与要求	281
实验内容及数据来源	281
实验操作指导	282
习题	299
实验 9-2　编制利润表	299
实验原理	299
实验目的与要求	299
实验内容及数据来源	299
实验操作指导	300
习题	306
实验 9-3　编制现金流量表	306
实验原理	306
实验目的与要求	308
实验内容及数据来源	308
实验操作指导	308
习题	315
实验 9-4　比率分析	316
实验原理	316
实验目的与要求	316
实验内容及数据来源	316
实验操作指导	316
习题	322

第10章 供应商分析评价 ... 323

实验10-1 供应商静态评价 ... 323
实验原理 ... 323
实验目的与要求 ... 323
实验内容及数据来源 ... 324
实验操作指导 ... 324

实验10-2 供应商动态评价 ... 335
实验原理 ... 335
实验目的与要求 ... 335
实验内容及数据来源 ... 335
实验操作指导 ... 337
习题 ... 350

第11章 本量利分析 ... 352

实验11-1 成本性态分析 ... 352
实验原理 ... 352
实验目的与要求 ... 353
实验内容及数据来源 ... 353
实验操作指导 ... 354

实验11-2 本量利分析 ... 374
实验原理 ... 374
实验目的与要求 ... 375
实验内容及数据来源 ... 375
实验操作指导 ... 376
习题 ... 379

第12章 坏账成因分析 ... 381

实验12-1 单因素影响分析 ... 381
实验原理 ... 381
实验目的与要求 ... 383
实验内容及数据来源 ... 384
实验操作指导 ... 384

实验12-2 可重复双因素方差分析 ... 390
实验原理 ... 390
实验目的与要求 ... 393
实验内容及数据来源 ... 393

实验操作指导 395
习题 403

参考文献 406

第1章 日 记 账

日记账包括现金日记账和银行日记账,是由出纳人员(资金会计)按照业务流程发生的时间顺序逐笔登记,逐日反映库存现金或者银行账户存款的收支余的情况。由于现金日记账和银行日记账的记账方式完全相同,只是体现的资金类型不同,因此本章仅以现金日记账为例介绍通过 Excel 设计日记账的方法:一种是通过表对象和数据透视表来完成设计;另一种是通过函数和公式的设定来完成现金日记账的功能。通过本章的学习,可以了解利用 Excel 进行财务设计的思路和方法。

  实验 1-1　简易现金日记账

实验原理

现金日记账是以天为顺序,逐日反映库存现金的收支余情况,具有结构简单的特点。在简易的现金日记账中,要实现预定的功能,就需要了解以下基本知识:

- 表对象(ListObject)
- 数据透视表

Excel 本身不是一种结构严谨的数据库,只是它的格式和数据库中的数据表太像了,以至于用户常常期待可以通过 Excel 来实现某些只有数据库才具有的功能。

使用 Excel 进行数据分析是比较容易发生错误的,常常无法得到预想中的计算结果。原因通常是用户在单元格中输入的值具有比较大的随意性,没有按照规定的数据类型来输入数据。发生错误的时候,Excel 一般不会给出提示,不太容易发现输入错误。为了更好地使用 Excel 做会计电算化设计,模拟数据库中的数据表,就需要有一种好的 Excel 工具——表对象。

表对象的英文名称为 ListObject,因此常被称为表格、表对象或者表格对象,为了不至于引起混淆,本书统一按照表对象来称呼。使用表对象比单元格区域方便,例如表对象能够自动扩展表的大小,当用户添加新的记录的时候,新增的记录会自动添加到表对象内。表对象中数据的引用也比完全使用工作表简单,使用公式的时候只需要知道字段名称就可以引用数据,无须知道具体的行列位置。灵活使用表对象是今后用户进行复杂的财务系统设计必须掌握的一项技能。

Excel 中进行数据的计算有两种基本的思路,一种是使用数据透视表;另一种是使用函数。数据透视表是 Excel 中功能最为强大的工具,具有分析数据快速简单的特点,尤其对于大数据量的分析计算,效率尤其高。本节的实验内容就是按照数据透视表的思路来对现金日记账的余额进行计算的。表对象和数据透视表的结合使用是利用 Excel 进行会计电算化设计的常用方法。

Excel 在会计和财务管理中的应用（第 4 版）

实验目的与要求

（一）实验目的

了解表对象，学会使用表对象来收集数据，使用数据透视表来分析数据。

（二）实验要求

了解现金日记账的手工记账方法，了解 Excel 中表对象和数据透视表的基本使用方法。

实验内容及数据来源

金盛公司在 2018 年 1 月 1 日后发生了如下与现金有关的业务：

（1）2018 年 1 月 1 日转入上年余额 2500 元。

（2）2018 年 1 月 3 日支付办公室电话费 210 元。

（3）2018 年 1 月 5 日支付 12 月电费 878 元。

（4）2018 年 1 月 7 日报销经理差旅费 500 元。

（5）2018 年 1 月 6 日提现金 130000 元。

（6）2018 年 1 月 6 日预付员工差旅费 3600 元。

（7）2018 年 1 月 6 日支付工资 120000 元。

（8）2018 年 1 月 14 日支付办公用品费用 3752 元。

（9）2018 年 1 月 15 日订阅报刊 2788 元。

（10）2018 年 2 月 2 日提现金 5000 元。

（11）2018 年 2 月 3 日支付办公室电话费 255 元。

（12）2018 年 2 月 2 日出售废旧电脑 500 元。

（13）2018 年 2 月 3 日支付 1 月份电费 900 元。

（14）2018 年 2 月 7 日提取现金 125000 元。

（15）2018 年 2 月 7 日支付员工工资 130000 元。

通过为表对象设计字段，将数据直接输入表格中。最终的现金日记账要满足以下要求：

（1）所有输入的日期必须在 2018 年 1 月 1 日到 2018 年 12 月 31 日之间。

（2）借方发生额、贷方发生额和余额数据必须保留两位小数，并按照"会计专用"格式来显示。

（3）按日计算每日的余额。

（4）按月分析每月的收支情况。

实验操作指导

1．数据输入设计

为了更好地进行数据分析，本实验设计了年、月、日、编号、内容摘要、借方发生额、贷方发生额以及余额 8 个字段，具体操作步骤如下：

Step 01 打开 Excel，将工作簿保存为"简易日记账.xlsx"，双击 Sheet1 工作表标签，将 Sheet1 重命名为"现金日记账"。

Step 02　在 A1~H1 单元格区域内依次输入年、月、日、编号、内容摘要、借方发生额、贷方发生额以及余额 8 个字段，如图 1.1 所示。

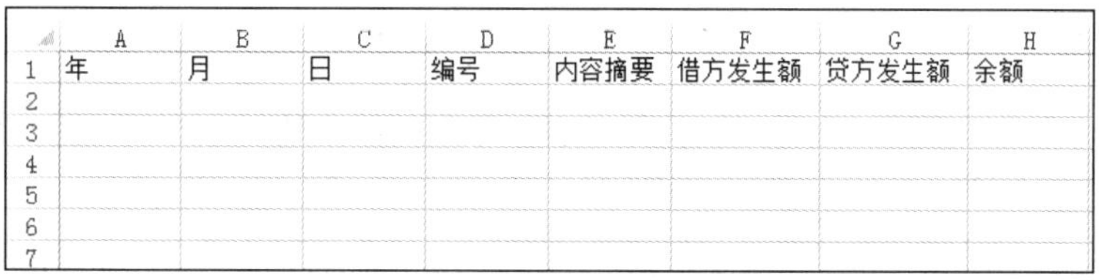

图 1.1　标题行

数据库进行数据表设计时首先需要设计字段的数据类型，在 Excel 中也一样。Excel 会根据用户输入的内容自动判断数据类型，但是这种自动判断并不一定准确，用户可以强制指定数据类型。

在上述字段中，年、月、日和编号是整数类型；内容摘要是文本类型；借方发生额、贷方发生额以及余额是小数类型，需要保留 2 位小数。值得注意的是，为某个字段指定数据类型并不能够完全防止用户的误操作，但可以对用户的输入起到一定程度的规范作用，具体的操作步骤如下：

Step 01　选中 A:D 列并右击，在快捷菜单中选择"设置单元格格式"命令。打开"设置单元格格式"对话框，单击"数字"标签。在"分类"中选择"数值"，选择"小数位数"为 0，如图 1.2 所示。单击"确定"按钮，完成确定 A 列到 D 列的年、月、日以及编号的数据类型。

Step 02　选中 E 列并右击，在快捷菜单中选择"设置单元格格式"命令，如图 1.3 所示。从打开的"设置单元格格式"对话框中，单击"数字"标签。在"分类"中选择类型为"文本"，完成对 E 列内容摘要的数据类型的设定。

图 1.2　设置年月日以及编号的数据类型

图 1.3　"设置单元格格式"命令

Step 03　选中 F:H 列并右击，在快捷菜单中选择"设置单元格格式"，从打开的"设置单元格格式"对话框中，单击"数字"标签。在"分类"中选择类型为"会计专用"，"小数位数"设置为 2，"货币符号"设置为无，完成对 F 列到 H 列借贷方发生额以及余额的数据类型设定。

为了进一步减少输入错误，可以继续添加数据验证的功能，具体操作步骤如下：

Step 01 选中 A 列，单击"数据"选项卡，执行"数据工具"组内的"数据验证"命令，如图 1.4 所示。然后打开如图 1.5 所示的"数据验证"对话框，单击"设置"选项卡，在"验证条件"的"允许"下设置为"整数"，"数据"选择"介于"，"最小值"设置为 2018，"最大值"设置为 2019。

图 1.4　数据验证菜单

Step 02 选择"出错警告"选项卡，在"样式"中选择"停止"样式，在"标题"中输入"数据错误提示"，在"错误信息"下的文本框中输入"输入数据超出指定范围"，如图 1.6 所示。单击"确定"按钮，完成年字段数据验证的设置。

图 1.5　数据验证　　　　　　　　　　图 1.6　出错警告信息

Step 03 选中 B 列，单击"数据"选项卡，执行"数据工具"组内的"数据验证"命令，打开"数据验证"对话框，单击"设置"选项卡，在验证条件的"允许"下设置为"整数"，"数据"选择"介于"，"最小值"设置为 1，"最大值"设置为 12。选择"出错警告"选项卡，在"样式"中选择"停止"样式，在"标题"中输入"数据错误提示"，在"错误信息"下的文本框中输入"输入数据超出指定范围"，单击"确定"按钮，完成月字段数据验证的设置。

Step 04 选中 C 列，单击"数据"选项卡，执行"数据工具"组内的"数据验证"命令，打开"数据验证"对话框，单击"设置"选项卡，在"验证条件"的"允许"下设置为"整数"，"数据"选择"介于","最小值"设置为 1,"最大值"设置为 31。选择"出错警告"选项卡,在"样式"中选择"停止"样式,在"标题"中输入"数据错误提示",在"错误信息"下的文本框中输入"输入数据超出指定范围",单击"确定"按钮,完成日字段数据验证的设置。

Step 05 选中 F:G 列,单击"数据"选项卡,执行"数据工具"组内的"数据验证"命令,打开如图 1.7 所示的"数据验证"对话框,单击"设置"选项卡,在有效性的"允许"下设置为"小数",在"数据"下拉列表中选择"介于"。在"最小值"中输入 0,在"最大值"中输入 200000。选择"出错警告"选项卡,在"样式"中选择"停止"样式,在"标题"中输入"数据错误提示",在"错误信息"下的文本框中输入"输入数据超出指定范围",单击"确定"按钮,完成借方发生额以及贷方发生额字段数据验证的设置。

图 1.7 验证借贷方发生额

说明

借贷方发生额的最大值需要企业依据自身的具体情况而定。一般而言,太大的现金收支会存在一定的风险。

2. 创建公式

在表对象中,编号和余额两个字段是通过公式计算获得的。编号是和行号相关的,为余额字段设计公式时,首笔记录的公式和后续公式是不一致的。在本例中,第 1 笔记录是从上年余额结转而来的,余额就等于借方的发生额。第一笔业务之后的其他记录余额的计算方式是"上笔余额+本笔借方发生额–本笔贷方发生额"。将所有的公式设置完成后,就可以将工作表的单元格区域转化为表对象了,具体的操作步骤如下:

Step 01 选中 D2 单元格,在编辑栏内输入公式"=ROW()-1",完成编号字段的设置。

说明

编号和行号的关系就是当前记录所在的行号减去 1,计算当前记录所在行在 Excel 中使用 Row()函数。

Step 02 选中 H2 单元格，在编辑栏内输入公式"=F2"，完成第 1 条记录余额的计算。

Step 03 从 A2 单元格开始，输入第 1 条记录的其余部分，输入的第 1 条记录如图 1.8 所示。

	A	B	C	D	E	F	G	H
1	年	月	日	编号	内容摘要	借方发生额	贷方发生额	余额
2	2018	1	1	1	转入上年余额	2,500.00		2,500.00

图 1.8　第 1 条记录

Step 04 选中 A3 单元格，在编辑栏内输入公式"=2018"，接着输入第 2 条记录，其中 D3 单元格中输入公式"=ROW()-1"，在 H3 单元格中输入公式"=H2+F3-G3"，输入的第 2 条记录如图 1.9 所示。

	A	B	C	D	E	F	G	H
1	年	月	日	编号	内容摘要	借方发生额	贷方发生额	余额
2	2018	1	1	1	转入上年余额	2,500.00		2,500.00
3	2018	1	3	2	付办公室电话费		210.00	2,290.00

图 1.9　第 2 条记录

Step 05 选中 A1 单元格，选中"插入"选项卡，执行"表格"组中的"表格"命令，如图 1.10 所示。然后打开如图 1.11 所示的"创建表"对话框，勾选"表包含标题"复选框，单击"确定"按钮，将单元格区域转化为表。

图 1.10　"表格"命令

图 1.11　创建表

说明

先设置前两行的公式，再将表格转为表对象，这样操作的目的是防止 F 列中第 2 笔记录设置的公式覆盖第 1 笔记录设置的公式。

编辑栏中 H3 单元格的公式显示为"=H2+[@[借方发生额]]-[@[贷方发生额]]"，"[@[借方发生额]]"表示当前行"借方发生额"字段值，同理，"[@[贷方发生额]]"表示当前行"贷方发生额"字段值。从上述公式可以看出，在表对象中引用当前行中的某列数据时并不需要知道具体的行号和列号，只需要知道列标题（字段名）即可。

Step 06 选中 A1 单元格，选择"设计"选项卡，在"表格样式"组中选择"白色，表样式浅色 15"，如图 1.12 所示。

第 1 章　日记账

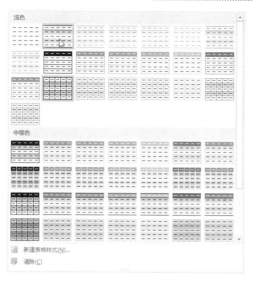

图 1.12 "表格样式"组

Step 07　单击"设计"选项卡,在"属性"组中,将表名称由默认的"表 1"更改为"现金日记账",完成表格名称的设定,如图 1.13 所示。

图 1.13　定义表对象名称

说明

为了今后的设计方便,表对象的名称通常设置为英文名称。

Step 08　继续输入剩余的记录,最终的结果如图 1.14 所示。

	A	B	C	D	E	F	G	H
1	年	月	日	编号	内容摘要	借方发生额	贷方发生额	余额
2	2018	1	1	1	转入上年余额	2,500.00		2,500.00
3	2018	1	3	2	付办公室电话费		210.00	2,290.00
4	2018	1	5	3	支付12月电费		878.00	1,412.00
5	2018	1	7	4	报销经理差旅费		500.00	912.00
6	2018	1	6	5	提现金	130,000.00		130,912.00
7	2018	1	6	6	预付员工差旅费		3,600.00	127,312.00
8	2018	1	6	7	支付工资		120,000.00	7,312.00
9	2018	1	14	8	支付办公用品费用		3,752.00	3,560.00
10	2018	1	15	9	订阅报刊		2,788.00	772.00
11	2018	2	2	10	提现金	5,000.00		5,772.00
12	2018	2	3	11	支付办公室电话费		255.00	5,517.00
13	2018	2	2	12	出售废旧电脑	500.00		6,017.00
14	2018	2	3	13	支付1月份电费		900.00	5,117.00
15	2018	2	7	14	提取现金	125,000.00		130,117.00
16	2018	2	7	15	支付员工工资		130,000.00	117.00

图 1.14　输入完成后的现金日记账表格

3. 按月汇总

要对大量数据进行快速分析，数据透视表是最好的选择。数据透视表分析的对象是单元格区域或者表对象，它可以对数据进行分类汇总、添加计算字段以及刷新数据。按月汇总就是根据"月字段"进行汇总。数据透视表进行汇总是非常简单的，只需要简单地拖曳就能快速形成数据。字段被放置的位置可以是筛选器、列、行和值 4 个区域中。具体的操作步骤如下：

Step 01 选择"现金日记账"工作表的 A1 单元格，选择"插入"选项卡，执行"表格"组内的"数据透视表"命令，如图 1.15 所示，打开"创建数据透视表"对话框。

图 1.15　"数据透视表"命令

Step 02 选中"选择一个表或区域"单选按钮，已经可以自动识别要进行数据透视的区域，如果未能识别出，就在"表/区域"后输入"现金日记账"，选择放置数据透视表的位置为"新工作表"，如图 1.16 所示，完成数据透视表数据源的设置。

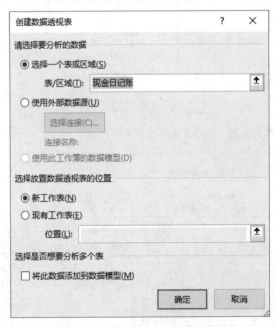

图 1.16　"创建数据透视表"对话框

说明

在表区域中输入或者自动识别出的"现金日记账"，就是前面设定的表对象的名称。

Step 03 按照上述步骤打开如图 1.17 所示的"数据透视表字段"对话框，将"月"字段和"日"字段拖曳到"行"中，将"借方发生额"和"贷方发生额"字段拖曳到"值"位置中，完成要显示的字段的设置。

图 1.17　数据透视表字段列表对话框

说明

如果没有打开如图 1.17 所示的对话框，则可以选中数据透视表中任意一个单元格，然后在"分析"选项卡中执行"显示"组内的"字段列表"命令，如图 1.18 所示，即可显示"数据透视表字段"对话框。

图 1.18　"字段列表"命令

Step 04 单击"数据透视表字段"对话框的"值"内的"计数项：借方发生额"字段，执行"值字段设置"命令，打开如图 1.19 所示的"值字段设置"对话框。在"计算类型"中选择"求和"，在自定义名称后的框内输入"借方发生额"。单击"值字段设置"对话框中的"数字格式"按钮，打开"设置单元格格式"对话框，在该对话框中单击"数字"标签，在分类中选择类型为"会计专用"，"小数位数"设置为 2，"货币符号"设置为无，单击"确定"按钮，完成字段计算类型和数字的设置。

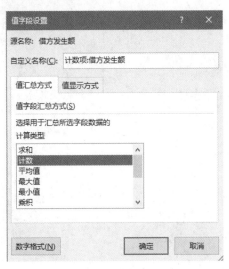

图 1.19 "值字段设置"对话框

说明

图 1.19 中之所以出现的是"计数项：借方发生额"这种情况，是因为用户在输入现金日记账的时候，每条记录的借方或者贷方总会出现一个内容为空的单元格，内容为空的单元格是一种非数值类型的单元格，Excel 不会将内容为空的单元格转换为 0，而是把整列识别为文本类型。文本类型的统计在数据透视表中只能有计数方式，因此显示的就是计数项。

修改数据透视表字段的名称不是必需的，修改的时候应该注意，不要让数据透视表的字段名称和原始表的名称一样。图 1.19 的自定义名称"借方发生额"是在左侧设置了一个空格键。

Step 05 在"数据透视表字段"对话框的"值"内的"计数项：贷方发生额"字段上单击，执行"值字段设置"命令，打开"值字段设置"对话框。在"计算类型"中选择"求和"，在自定义名称后的框内输入"贷方发生额"。单击"数字格式"按钮，打开"设置单元格格式"对话框，在该对话框中单击"数字"标签，在"分类"中选择类型为"会计专用"，"小数位数"设置为 2，货币符号设置为无，单击"确定"按钮，完成字段计算类型和数字的设置。

Step 06 选中数据透视表中任意一个单元格，选择"分析"选项卡，执行"计算"组中的"字段、项目和集"下的"计算字段"命令，如图 1.20 所示。

图 1.20 "字段、项目和集"下的"计算字段"命令

打开如图 1.21 所示的"插入计算字段"对话框。

第 1 章 日记账

图 1.21 "插入计算字段"对话框

Step 07 将"名称"后的组合框中的"字段 1"改为"余额总计"。

Step 08 将"公式"后的文本框中的"0"删除，选中"字段"列表框中的"借方发生额"，单击"插入字段"按钮，再输入减号"-"，然后选中"字段"列表框中的"贷方发生额"，单击"插入字段"按钮。单击"确定"按钮，完成插入计算字段的操作。

说明

借方发生额和贷方发生额也可以通过双击字段名称的方式来插入。

Step 09 选中 E3 单元格，将"求和项：余额总计"更改为"余额总计"。

Step 10 选中 A3 单元格，单击"布局"中的"报表布局"，选择布局类型为"以表格形式显示"，最终结果如图 1.22 所示。

	A	B	C	D	E
1					
2					
3	月	日	借方发生额	贷方发生额	余额总计
4	1	1	2,500.00		2,500.00
5		3		210.00	-210.00
6		5		878.00	-878.00
7		6	130,000.00	123,600.00	6,400.00
8		7		500.00	-500.00
9		14		3,752.00	-3,752.00
10		15		2,788.00	-2,788.00
11	1 汇总		132,500.00	131,728.00	772.00
12	2	2	5,500.00		5,500.00
13		3		1,155.00	-1,155.00
14		7	125,000.00	130,000.00	-5,000.00
15	2 汇总		130,500.00	131,155.00	-655.00
16	总计		263,000.00	262,883.00	117.00

图 1.22 按月和日分类汇总的数据透视表

说明

对图 1.22 中的内容要进行正确的解读，其中"余额总计"字段内容并非是到截止日时的现金余额，而是每天的借方发生额减去贷方发生额的结果。图 1.22 中很多行都出现了负数就是这个原因。

"1 汇总"和"2 汇总"的"余额总计"字段也是每个月的累计借方发生额减去累计贷方发生额的结果，只有总计行的"余额总计"字段的值才是截止到当前日的现金余额。

11

如果要了解每日的余额，则需要返回"现金日记账"工作表中查看。

Step 11 选中数据透视表中的任意一个单元格，单击"分析"选项卡，执行"数据"组内的"刷新"命令，完成数据刷新操作。

说明

用户在表对象中添加新的记录后，数据透视表并不会马上将添加的记录内容纳入透视计算范围，为了能够看到最新的数据，需要手动进行一次刷新。

刷新操作可以通过选中数据透视表中任意一个单元格，右击，从打开的快捷菜单中执行"刷新"命令完成数据刷新操作。

4．优化设计

通过上述操作，完成分析步骤就已经基本完成了数据透视表的分析功能，不过仍旧有改进的空间，包括对余额负数的显示处理等，具体的操作步骤如下：

Step 01 打开"现金日记账"工作表，选择 H 列，在"开始"选项卡中执行"样式"组内的"条件格式"命令，如图 1.23 所示。

图 1.23　样式"组内的"条件格式"命令

选择"突出显示单元格规则"下的"小于"，打开如图 1.24 所示的"小于"对话框，在"为小于以下值的单元格设置格式"框中输入 0，格式设置为"红色文本"，单击"确定"按钮，完成小于零的数值格式的设定。

图 1.24　"小于"对话框

说明

这一步优化设计的目的是为了避免数值输入不正确而导致出现现金余额小于 0 的情况。当 H 列中的余额出现小于 0 的情况时，就会以红色突出的文本样式显示，给出错误提示。

Step 02 选中数据透视表中任意一个单元格，选择"分析"选项卡，执行"数据透视表"中的"选项"命令，如图 1.25 所示。

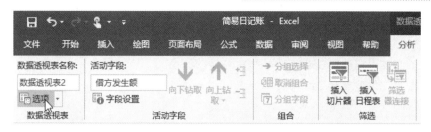

图 1.25 "数据透视表"中的"选项"命令

打开如图 1.26 所示的"数据透视表选项"对话框。

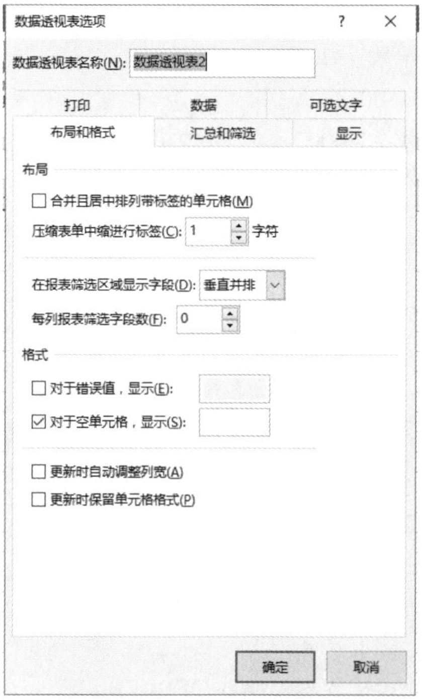

图 1.26 "数据透视表选项"对话框

Step 03 单击"布局和格式"标签,取消勾选"更新时自动调整列宽"和"更新时保留单元格格式"复选框,完成对数据透视表刷新时不更改格式的设置。

说明

用户为"数据透视表"设置格式后,一旦刷新数据生成新的数据格式,就会改变原来已经设定好的格式。所以为了防止这样的情况发生,需要取消勾选这两个复选框。

习题

金邦公司在 2018 年 1 月和 2 月发生了如下和现金有关的业务,请根据实验内容编制简易现金日记账:

(1) 1 月 1 日转入上年余额 2200 元。

(2) 1 月 3 日支付差旅费 320 元。

（3）1月5日支付12月电费550元。
（4）1月5日提现金25000元。
（5）1月6日支付招待费3500元。
（6）1月6日支付差旅费2400元。
（7）1月6日支付手续费35元。
（8）1月14日支付办公用品费6400元。
（9）1月15日购买打印机1500元。
（10）2月2日支付办公室电话费650元。
（11）2月2日出售废旧包装物320元。
（12）2月2日支付1月份电费3320元。
（13）2月3日支付差旅费2500元。
（14）2月7日支付绿化苗木款4000元。
（15）2月7日支付招待费2200元。

实验 1-2　账页式现金日记账

实验原理

简易现金日记账外观简陋，显示余额的方式也不直观，和用户平时使用的现金日记账的外观相去甚远，不太符合普通用户的习惯。理想的现金日记账应当有一个和用户平时的纸质账页类似的外观，而且要能够实现以下功能：

（1）输入的数据能够完整反映业务情况。
（2）实时反映每笔业务完成后的现金余额。
（3）按月计算本月的借贷方累计发生额、本年的借贷方累计发生额以及余额。

要完成复杂格式的功能，表对象和数据透视表就无能为力了。表对象和数据透视表最大的优点在于数据能够按照数据库样式排列，能够通过刷新实时获得数据，缺点是外观一般都比较简单。而纸质账页的外观复杂，这也就决定了用户不需要通过公式和函数的功能来完成现金日记账的设计。

实验目的与要求

（一）实验目的
了解表格设计方法，掌握 SUBTOTAL 和 IF 等函数的方法。
（二）实验要求
能够熟练绘制表格，能够熟练使用函数和公式。

实验内容及数据来源

金盛公司在 2018 年 1 月 1 日后发生了如下和现金有关的业务：
（1）2018 年 1 月 1 日转入上年余额 2500 元。
（2）2018 年 1 月 3 日支付办公室电话费 210 元。
（3）2018 年 1 月 5 日支付 12 月电费 878 元。
（4）2018 年 1 月 7 日报销经理差旅费 500 元。
（5）2018 年 1 月 6 日提现金 130000 元。
（6）2018 年 1 月 6 日预付员工差旅费 3600 元。
（7）2018 年 1 月 6 日支付工资 120000 元。
（8）2018 年 1 月 14 日支付办公用品费用 3752 元。
（9）2018 年 1 月 15 日订阅报刊 2788 元。
（10）2018 年 2 月 2 日提现金 5000 元。
（11）2018 年 2 月 3 日支付办公室电话费 255 元。
（12）2018 年 2 月 2 日出售废旧电脑 500 元。
（13）2018 年 2 月 3 日支付 1 月份电费 900 元。
（14）2018 年 2 月 7 日提取现金 125000 元。
（15）2018 年 2 月 7 日支付员工工资 130000 元。

实验操作指导

1．绘制界面

绘制界面的过程就是将纸质账页移植到 Excel 工作表的过程，具体的操作步骤如下：

Step 01 打开 Excel，将文件保存为"账页式现金日记账.xlsx"，选中 Sheet1，重命名为"现金日记账"。

Step 02 在工作表内输入如图 1.27 所示的现金日记账界面，完成界面的设置。

图 1.27 完成后的界面

Excel 在会计和财务管理中的应用（第 4 版）

Step 03 选中 F、G 和 I 列，右击，从打开的快捷菜单中执行"设置单元格格式"命令，如图 1.28 所示。

图 1.28 "设置单元格格式"命令

打开"设置单元格格式"对话框，单击"数字"标签。在"分类"中选择类型为"会计专用"，"小数位数"设置为 2，"货币符号"设置为无，单击"确定"按钮，完成对指定列的数字格式的设置，如图 1.29 所示。

图 1.29 "设置单元格格式"对话框

2．创建公式

界面设计完成后，只是搭建了一个数据输入平台。截至目前，该工作表只有数据输入功能，而不具备计算功能，为此需要为以下内容添加计算公式：

- 初始余额
- 月份信息

第 1 章　日记账

- 本月借贷方发生总额
- 本年借贷方累计发生总额
- 借贷方向
- 余额

为界面添加计算公式的具体操作步骤如下：

Step 01 选中 I5 单元格，在编辑栏内输入公式"=F5"，选中 H5 单元格，输入"借"字，完成现金初始余额的计算。

说明

第一步计算初始余额，上年结转的记录和其余的记录相比，其计算方法是不同的，为了降低计算难度，将借贷方向直接输入，其他各月的初始余额和借贷方向都使用公式进行计算。

Step 02 选中 B14 单元格，在编辑栏内输入"=COUNTIF("，单击插入函数按钮 f_x，如图 1.30 所示。

图 1.30　插入函数

打开如图 1.31 所示的"函数参数"对话框，在 Range 参数后输入"$E$6:E15"，在 Criteria 参数后输入"本月合计"，确定本月月份。

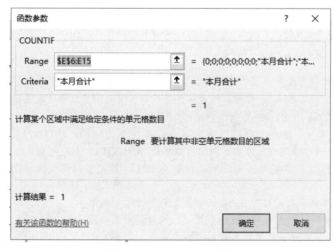

图 1.31　COUNTIF 函数

说明

这一步是利用 COUNTIF 函数自动计算月份，计算月份的原理就在于统计指定的单元格范围内"本月合计"单元格出现的次数。假定现金日记账是从 1 月份开始记账，那么很显然"本月合计"在 1 月底的时候出现次数为1，就表示1月份；在2月份底的时候出现次数为2，就表示2月份，以此类推，通过"本月合计"出现的次数就可以知道正在汇总的月份为几月。

本例中使用$E$6用绝对引用的方式则是表示今后统计的时候，总是将指定的E6单元格作为初始位置开始统计。

函数解释：COUNTIF函数的功能是统计在指定范围内，符合统计条件的单元格的个数。
COUNTIF函数包括Range和Criteria两个参数，完整的格式为COUNTIF(Range,Criteria)。
Range：表示参与统计的单元格区域。
Criteria：表示统计的条件。

Step 03 选中B15单元格，在编辑栏内输入公式"=B14"，确定"本年累计"行的月份设置。

Step 04 选中F14单元格，在编辑栏内输入"=SUBTOTAL("，单击插入函数按钮 *fx*，打开如图1.32所示的"函数参数"对话框，在"Function_num"参数后输入数值9，在Ref1参数后输入单元格区域"F6:F13"，完成本月借方发生总额的计算。

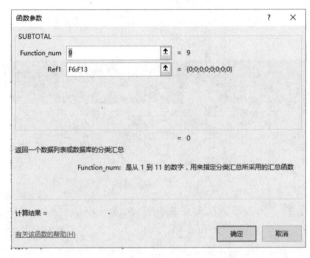

图1.32 SUBTOTAL函数

说明

SUBTOTAL函数的作用是在指定的范围内进行分类求和计算。虽然是进行求和计算，但是此处不能使用Sum函数来汇总。原因是Sum函数计算的时候会将以前各月的借贷方累计发生额都加入计算范围内，从而对最终结果产生干扰，而SUBTOTAL则不会这样。

SUBTOTAL函数有一个特点是所引用的区域中如果包含其他的SUBTOTAL函数，那么所有包含SUBTOTAL函数的单元格不会被计算在内，所以可以通过SUBTOTAL来避免重复计算。

函数解释：SUBTOTAL函数对选定区域进行分类汇总，其完整的格式为SUBTOTAL(Function_num, Ref1, Ref2, ...)。

Function_num：本示例参数的值为9，表示分类求和。

Ref1, Ref2,...：表示的是分类计算的区域引用。在本示例中引用的是F6:F11单元格区域，如果在第6行和第11行之间插入空行，则该公式所引用的单元格区域会自动发生变化。

Step 05 选中G14单元格，在编辑栏内输入"=SUBTOTAL("，单击插入函数按钮 *fx*，打开"函数参数"对话框，在"Function_num"参数后输入数值9，在Ref1参数后输入单元格区域"G6:G13"，完成本月贷方发生总额的计算。

Step 06 选中 F15 单元格,在编辑栏内输入"=SUBTOTAL(",单击插入函数按钮 f_x,打开"函数参数"对话框,在"Function_num"参数后输入数值 9,在 Ref1 参数后输入单元格区域"$F$6:F13",完成本年借方累计发生额的计算。

> **说明**
>
> 全年借方的累计金额总是从 F6 单元格计算的,因此要对 F6 单元格进行绝对引用。

Step 07 选中 G15 单元格,在编辑栏内输入"=SUBTOTAL(",单击插入函数按钮 f_x,打开"函数参数"对话框,在"Function_num"参数后输入数值 9,在 Ref1 参数后输入单元格区域"$G$6:G13",完成本年贷方累计发生额的计算。

Step 08 选中 H15,输入"=IF($I$5+SUBTOTAL(9,$F$6:F13)-SUBTOTAL(9,$G$6:G13)>0,"借",IF($I$5+SUBTOTAL(9,$F$6:F13)-SUBTOTAL(9,$G$6:G13)<0,"贷","平"))",完成余额方向的确定。

> **说明**
>
> 按照常理来说,现金余额是不应该出现贷方余额的,但在现实中是有可能发生的。例如用户在某一天同时发生了多笔收支业务,他可能将支付的业务先行输入,而将收入业务放在支出业务后输入,那么现金日记账在输入过程中就会出现现金贷方余额的可能。当然,也不能排除用户输入错误的情况和垫付的情况。
>
> 因此,我们将现金余额产生的方向规定为借方余额、贷方余额以及余额为 0,分别用"借""贷"以及"平"来表示。
>
> 要判断借贷方向,需要使用 IF 函数来判断,用文字的公式描述判断的过程就是:如果余额>0,则是借方余额,如果余额<0,则是贷方余额,其他就平。
>
> 余额的计算公式是:上年结转金额+截止到本月为止的借方累计发生额-截止到本月为止的贷方累计发生额,用公式描述就是:余额=$I$5+F15-G15。
>
> 将"余额"的公式结果代入简略公式中,替换第一步中的"余额",得出 H15 单元格的公式"=IF($I$5+F15-G15>0,"借",IF($I$5+F15-G15<0,"贷","平"))"。

Step 09 选中 I15 单元格输入"=ABS($I$5+F15-G15)",完成余额的计算。

> **说明**
>
> 由于使用借、贷、平符号来表示余额借贷方向,这就意味着余额的值必须是正数,因此使用 ABS 对数据求绝对值。

3. 持续记账设计

在图 1.27 所示的账页式现金日记账中,为 1 月份预留的行数是从第 6 行开始到第 13 行结束,共计 8 行,对企业来说,这些行数可能是不够的,为此需要添加行。

添加的空白行一般不太可能和用户实际需要用到的行一致,通常为了防止行不够,会尽可能多地添加一些空行。根据会计规范对现金日记账的要求,现金日记账不得存在空记录,如果添加的行超过了所需的行数,则这些空白的行必须删除,一般我们可以在月底输入完成后删除空行。

为 1 月份添加更多行的操作步骤如下:

Step 01 选中第 11 行,右击,执行"插入"命令,完成插入行的操作。

> **说明**
>
> 如果 1 月份的记录比较多,则可以多执行几次插入操作。至于选中哪一行开始插入空行操作,其实并没

有特别的规定，只要在上年结转到本月合计之间的那些行之间任意选择一行进行插入即可。

Step 02 将数据填写到现金日记账 1 月份的对应位置，1 月份填报完成后的样式如图 1.33 所示。

现　金　账

2018年 月	日	凭证号	摘要	借方	贷方	借或贷	余额
1	1	1	上年结转	2,500.00		借	2,500.00
1	3	2	付办公室电话费		210.00		
1	5	3	支付12月电费		878.00		
1	7	4	报销经理差旅费		500.00		
1	6	5	提现金	130,000.00			
1	6	6	预付员工差旅费		3,600.00		
1	6	7	支付工资		120,000.00		
1	14	8	支付办公用品费用		3,752.00		
1	15	9	订阅报刊		2,788.00		
1			本月合计	130,000.00	131,728.00		
1			本年累计	130,000.00	131,728.00	借	772.00

图 1.33　1 月份的现金日记账

说明

如果数据输入完成后，发现有未输入记录的行，则需要对这些行进行删除操作。删除方法是单击空行行号，右击，执行“删除”命令，完成删除空行的操作。

Step 03 选中第 6~15 行，右击，选择“开始”选项卡，执行“剪贴板”中的“复制”命令，完成 1 月份数据区域的复制。

Step 04 选中 A16 单元格，右击，执行“粘贴”命令，将 1 月份的数据全部粘贴过来。

Step 05 选中第 16~23 行，按键盘上的 Delete 键，删除复制过来的 1 月份的数据。

说明

通过上述操作使 2 月份产生了若干条空记录。当然，这些空记录有可能不够，就要按照前面讲到的方法插入更多的行，如果最终输入完成后，有空余未输入数据的行，则需要删除这些空行。

1 月份数据复制过来后，所有为 1 月份设计的公式完全不需要修改就可以适应 2 月份的情况。输入完成后如图 1.34 所示。

现　金　账

2018年 月	日	凭证号	摘要	借方	贷方	借或贷	余额
1	1	1	上年结转	2,500.00		借	2,500.00
1	3	2	付办公室电话费		210.00		
1	5	3	支付12月电费		878.00		
1	7	4	报销经理差旅费		500.00		
1	6	5	提现金	130,000.00			
1	6	6	预付员工差旅费		3,600.00		
1	6	7	支付工资		120,000.00		
1	14	8	支付办公用品费用		3,752.00		
1	15	9	订阅报刊		2,788.00		
1			本月合计	130,000.00	131,728.00		
1			本年累计	130,000.00	131,728.00	借	772.00
2	2	10	提现金	5,000.00			
2	3	11	支付办公室电话费		255.00		
2	2	12	出售废旧电脑	500.00			
2	3	13	支付1月份电费		900.00		
2	7	14	提取现金	125,000.00			
2	7	15	支付员工工资		130,000.00		
2			本月合计	130,500.00	131,155.00		
2			本年累计	260,500.00	262,883.00	借	117.00

图 1.34　输入 2 月份的记录

习题

金邦公司在 2018 年 1 月和 2 月发生了如下和现金有关的业务，请根据下列内容利用函数和公式创建现金日记账：

（1）1 月 1 日转入上年余额 2200 元。
（2）1 月 3 日支付差旅费 320 元。
（3）1 月 5 日支付 12 月电费 550 元。
（4）1 月 6 日支付招待费 3500 元。
（5）1 月 6 日支付差旅费 2400 元。
（6）1 月 6 日支付手续费 35 元。
（7）1 月 7 日提现金 25000 元。
（8）1 月 14 日支付办公用品费用 6400 元。
（9）1 月 15 日购买打印机 1500 元。
（10）2 月 2 日支付办公室电话费 650 元。
（11）2 月 2 日支付 1 月份电费 3320 元。
（12）2 月 3 日出售废旧包装物 320 元。
（13）2 月 3 日支付差旅费 2500 元。
（14）2 月 7 日支付绿化苗木款 4000 元。
（15）2 月 7 日支付招待费 2200 元。

第2章 编制会计凭证

会计凭证是会计登记入账的数据来源,从外观上来看,会计凭证是一种比较复杂的表格。Excel 就是表格设计的能手,它兼顾了数据库设计的方法,因此非常适合业务复杂程度不高的单位。用 Excel 编制会计凭证的难点在于要将不规则的表格中的数据转换成表对象中的数据,以便日后进一步进行账务处理。

 实验 2-1　科目代码表

实验原理

编制会计凭证的过程是企业用会计语言对企业的经济业务进行描述的过程。一笔业务能被会计准确表述需要满足两个条件:一是经济行为能够被正确分类;二是经济行为能够被准确计量。如果一笔经济业务不能够按照会计准则进行分类或者可以分类但是无法准确计量,那么都不能够确定为一项会计上可以描述的经济行为,这两个条件只有同时成立时,会计人员才能够据此编制凭证入账。

会计对经济行为进行分类是通过会计科目来完成的,会计科目按照性质可以分为资产类、负债类、权益类、成本类和损益类科目。会计科目由总账科目和明细科目组成。总账科目通常都是一级科目,其代码由 4 位数字组成,一级科目的名称和代码是由会计准则规定的,企业不能够随意添加,但是对于无须使用的一级科目,企业可以不设置。

明细科目代码长度一般为 2~3 位,除了一些特殊的明细科目外,企业需要设置哪些具体的明细科目,会计准则并未进行强制规定,各企业可以根据自身的经营特点在不同的时期设置不同的会计科目,体现了明细科目按需设置的特点。

为了便于今后使用公式,会计科目的数据放置在表对象中。会计科目属于重大基础性的资料,需要使用单独的一张工作表来放置表对象。设置完成的科目代码表包括两方面内容:

第一个方面是预设会计科目代码和名称。预设会计科目是不固定、不完整的,用户无须,也不可能一次性设计完所有的科目。通常一级科目需要一次性设置完毕,而二级明细科目可以根据以往的经验进行设计,对于今后需要添加的科目可在需要时添加。

第二个方面是设置会计科目的期初余额和余额的生成方式。如果是从年初启用,那么期初余额就是年初数。

除了科目代码外,用户还需要定义现金流量类型,设置现金流量类型是为今后生成现金流量表服务的。对于现金流量的类型名称会计上是有明确规定的,而现金流量类型的代码则可以由用户自定义。在本实验中,单独设置一张表来放置现金流量相关的项目,现金流量的具体内容包括:

- 销售商品、提供劳务收到的现金。
- 收到的税费返还。
- 收到其他与经营活动有关的现金。
- 购买商品、接受劳务支付的现金。
- 支付给职工以及为职工支付的现金。
- 支付的各项税费。
- 支付其他与经营活动有关的现金。
- 收回投资收到的现金。
- 取得投资收益收到的现金。
- 处置固定资产、无形资产和其他长期资产收回的现金净额。
- 处置子公司及其他营业单位收到的现金净额。
- 收到其他与投资活动有关的现金。
- 购建固定资产、无形资产和其他长期资产支付的现金。
- 投资支付的现金。
- 取得子公司及其他营业单位支付的现金净额。
- 支付其他与投资活动有关的现金。
- 吸收投资收到的现金。
- 取得借款收到的现金。
- 收到其他与筹资活动有关的现金。
- 偿还债务支付的现金。
- 分配股利、利润或偿付利息支付的现金。
- 支付其他与筹资活动有关的现金。

科目代码表和现金流量类型是编制记账凭证的基础。

实验目的与要求

（一）实验目的
了解科目代码表和现金流量类型的设置方法和用途。
（二）实验要求
了解表对象的使用方法。

实验内容及数据来源

金盛公司是一家商品流通企业，公司为一般纳税人。在 2017 年年底，各个会计科目的余额如表 2-1 所示。

表 2-1 各会计科目期末数

科目代码	科目名称	2017 年期末数
1001	现金	3,630.00
100201	工行	1,670,421.94
100202	农行	502,150.00
112201	海风公司	104,060.00
112202	欧丽公司	154,880.00
112203	新通公司	283,140.00
112204	和信科技公司	135,520.00
1231	坏账准备	3,388.00
140501	JP32	25,168.00
140502	JP33	28,314.00
140503	JP34	195,052.00
140504	JP35	551,760.00
140505	MT3	453,750.00
140506	MT4	275,880.00
140507	MT5	314,600.00
140508	KK2	7,623.00
140509	KK3	54,450.00
140510	KK4	29,403.00
1601	固定资产	3,097,600.00
1602	累计折旧	612,543.14
1801	长期待摊费用	145,200.00
1811	递延所得税资产	688,393.20
2001	短期借款	605,000.00
220201	合力企业	145,200.00
220202	一通公司	615,890.00
220203	兴乐公司	218,620.38
2211	应付职工薪酬	378,659.82
222101	应交增值税（进项）	215,989.87
222102	应交增值税（销项）	262,069.42
222108	应交教育附加款	1,291.95
2241	其他应付款	44,322.30
4001	实收资本	6,050,000.00

要求:
(1) 根据表 2-1 中的内容设置科目代码表,并为各个科目设置年初数。
(2) 设置现金流量表的类型及代码。

实验操作指导

1. 科目代码表

创建科目代码表的步骤如下:

Step 01 打开 Excel,将工作表保存为"账务处理.xlsm",如图 2.1 所示。选中 Sheet1 工作表,将 Sheet1 工作表重命名为"科目代码表"。

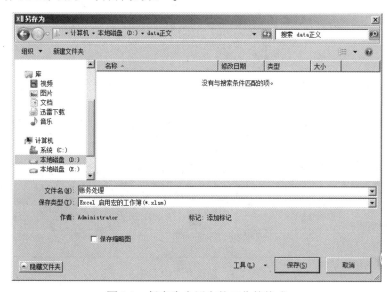

图 2.1 保存为启用宏的工作簿格式

说明

因为本实验稍后会涉及"宏"的应用,因此文件必须保存为 XLSM 格式。

Step 02 选中 A1 单元格,在 A1~E1 单元格区域内依次输入科目代码、科目名称、性质、是否明细和年初数等字段。

说明

为了简化操作,本实验中科目代码只包括一级科目和二级科目,性质字段定义的是余额产生方式,分为借方余额和贷方余额。借方余额的性质值为 1,贷方余额的性质值为-1。是否明细描述的会计科目为明细科目,因为只有明细科目才用于入账登记。2018 年的年初数就等于 2017 年的年末数。

Step 03 选中 A 列并右击,执行"设置单元格格式"命令,打开"设置单元格格式"对话框,单击"数字"标签,选择"数字格式"为"数值","小数位数"设置为 0,完成 A 列数据格式的设定。

说明

会计科目代码可以设置的格式分为文本类型和数值类型，本实例将其设置为数值类型，便于今后使用vlookup函数引用。

Step 04 选中 E 列并右击，执行"设置单元格格式"命令，打开"设置单元格格式"对话框，单击"数字"标签，选择"数字格式"为"会计专用"，"货币符号"设置为无。

Step 05 选中 A1 单元格，打开"插入"选项卡，执行"表格"组内的"表格"命令，打开如图 2.2 所示的"创建表"对话框，勾选"表包含标题"复选框，将指定的单元格区域转化为表对象。

图 2.2 "创建表"对话框

Step 06 单击 A1 单元格，选中"设计"选项卡，将"属性"组内的默认表名称更改为"kmdm"，完成表对象名称的设计，如图 2.3 所示。

图 2.3 设置表对象名称

说明

表名称一般使用字母来设置。

Step 07 选中 A1 单元格，在"设计"选项卡中，在"表样式"组中选择"表样式浅色 9"，完成表样式的选择。

2. 各科目年初数

在科目代码表中还需要提供科目的年初数和余额的产生方式，设置各科目年初数的操作步骤如下：

Step 01 从 A2 单元格开始输入科目代码"1001"，在 B2 单元格内输入科目名称"现金"。

说明

本例中，一级科目的科目代码和名称设置以财政部制定的"企业会计准则应用指南"中设置的会计科目为准。

Step 02 在 C2 单元格内输入数值"1",完成现金科目的性质设定。

> **说明**
>
> 科目代码表中性质字段的含义是,如果该会计科目的余额产生方向是借方余额,则用 1 表示,否则用-1 表示。

Step 03 在 D2 单元格输入"y",完成是否明细科目的设置。

> **说明**
>
> 科目分为明细科目和非明细科目,明细科目用"y"表示,非明细科目用"n"表示。只有明细科目才用于会计记账。

Step 04 在 E2 单元格内输入数值"3630",完成现金年初数的设定。

> **说明**
>
> 不论余额产生的方向是借方还是贷方,年初数都用正数表示。余额的方向是通过性质字段来确定的。

Step 05 从 A3 单元格开始,继续输入各个会计科目的代码、名称、性质、年初数和是否明细等字段内容。

最终完成的科目代码表如图 2.4 所示。

	A	B	C	D	E
1	科目代码	科目名称	性质	是否明细	年初数
2	1001	现金	1	y	3,630.00
3	1002	银行存款	1	n	
4	100201	工行	1	y	1,670,421.94
5	100202	农行	1	y	502,150.00
6	1012	其他货币资金	1	y	-
7	1101	交易性金融资产	1	y	-
8	1121	应收票据	1	y	-
9	1122	应收帐款	1	n	
10	112201	海尚公司	1	y	104,060.00
11	112202	欧丽公司	1	y	154,880.00
12	112203	新通讯公司	1	y	283,140.00
13	112204	金鑫公司	1	y	135,520.00
14	1221	其他应收款	1	n	
15	122101	张深	1	y	-
16	122102	方乐	1	y	-
17	122103	唐星	1	y	-
18	1231	坏账准备	-1	y	3,388.00
19	1402	在途物资	1	y	-
20	1403	材料	1	y	-
21	1405	库存商品	1	n	
22	140501	JP32	1	y	25,168.00
23	140502	JP33	1	y	28,314.00
24	140503	JP34	1	y	195,052.00
25	140504	JP35	1	y	551,760.00
26	140505	MT3	1	y	453,750.00
27	140506	MT4	1	y	275,880.00
28	140507	MT5	1	y	314,600.00
29	140508	KK2	1	y	7,623.00
30	140509	KK3	1	y	54,450.00
31	140510	KK4	1	y	29,403.00
32	1601	固定资产	1	y	3,097,600.00
33	1602	累计折旧	-1	y	612,543.14
34	1604	在建工程	1	y	-
35	1605	工程物资	1	y	-
36	1606	固定资产清理	1	y	-
37	1701	无形资产	1	y	-
38	1801	长期待摊费用	1	y	145,200.00
39	1811	递延所得税资产	1	y	688,393.20
40	2001	短期借款	-1	y	605,000.00
41	2201	应付票据	-1	y	

图 2.4 科目代码表

Excel 在会计和财务管理中的应用（第 4 版）

42	2202	应付帐款	-1	n	-
43	220201	合力企业	-1	y	145,200.00
44	220202	一通公司	-1	y	615,890.00
45	220203	兴乐公司	-1	y	218,620.38
46	2211	应付职工薪酬	-1	y	378,659.82
47	2232	应付股利	-1	y	-
48	2221	应交税费	-1	n	-
49	222101	应交增值税（进项）	1	y	215,989.87
50	222102	应交增值税（销项）	-1	y	262,069.42
51	222103	应交消费税	-1	y	-
52	222104	应交营业税	-1	y	-
53	222105	应交城建税	-1	y	-
54	222106	应交个人所得税	-1	y	-
55	222107	应交所得税	-1	y	-
56	222108	应交教育附加费	-1	y	1,291.95
57	2241	其他应付款	-1	y	44,322.30
58	4001	实收资本	-1	y	6,050,000.00
59	4002	资本公积	-1	y	-
60	4101	盈余公积	-1	y	-
61	4103	本年利润	-1	y	-
62	4104	利润分配	-1	y	-
63	5001	生产成本	-1	y	-
64	5101	制造费用	-1	y	-
65	6001	主营业务收入	-1	y	-
66	6051	其他业务收入	-1	y	-
67	6111	投资收益	-1	y	-
68	6301	营业外收入	-1	y	-
69	6401	主营业务成本	1	y	-
70	6402	其他业务支出	1	y	-
71	6403	主营业务税金及附加	1	y	-
72	6601	销售费用	1	y	-
73	6602	管理费用	1	n	-
74	660201	业务招待费	1	y	-
75	660202	工资	1	y	-
76	660203	福利费	1	y	-
77	660204	其他	1	y	-
78	660205	劳保费用	1	y	-
79	6603	财务费用	1	y	-
80	6711	营业外支出	1	y	-
81	6801	所得税费用	1	y	-
82	6901	以前年度损益调整		y	-

图 2.4　科目代码表（续）

Step 06　单击"公式"选项卡，执行"定义的名称"组内的"定义名称"命令，打开如图 2.5 所示的"新建名称"对话框，在"名称"后输入"dm"，在"引用位置"中输入"=kmdm[科目代码]"，完成第 1 列名称的设置。

图 2.5　"新建名称"对话框

说明

为常用的列添加一个名称，那么今后在引用该列的时候就可以使用名称了。"=kmdm[科目代码]"这种表示方式中，kmdm 表示表对象的名称，方括号中的内容是字段的名称。

3．现金流量类型

现金流量表中有关的现金流量信息是需要在输入凭证的时候一并输入的，为了便于日后创建现金流量表，可以设置一个参数表来放置不同的现金流量类型，具体的操作步骤如下：

Step 01 新建一张工作表，将工作表重命名为"参数"，完成参数表的设置。

Step 02 在 A1:B1 单元格区域内输入"内容"和"类型代码"。

----说明----

为了今后引用方便，一般需要使用类型代码来引用相关的项目名称。

Step 03 选中 A1 单元格，选中"插入"选项卡，执行"表格"组内的"表格"命令，打开如图 2.6 所示的"创建表"对话框，单击"确定"按钮，创建一个表对象。

图 2.6 "创建表"对话框

Step 04 选中 A1 单元格，选中"设计"选项卡，在"属性"组内将表名称更改为"xjll"，完成表对象样式和名称的设置。

Step 05 从 A2 单元格开始输入实验原理中介绍的各种现金流量项目内容和代码，最终结果如图 2.7 所示。

	A	B
1	内容	类型代码
2	销售商品、提供劳务收到的现金	jy1
3	收到的税费返还	jy2
4	收到其他与经营活动有关的现金	jy3
5	购买商品、接受劳务支付的现金	jy4
6	支付给职工以及为职工支付的现金	jy5
7	支付的各项税费	jy6
8	支付其他与经营活动有关的现金	jy7
9	收回投资收到的现金	tz1
10	取得投资收益收到的现金	tz2
11	处置固定资产、无形资产和其他长期资产收回的现金净额	tz3
12	处置子公司及其他营业单位收到的现金净额	tz4
13	收到其他与投资活动有关的现金	tz5
14	购建固定资产、无形资产和其他长期资产支付的现金	tz6
15	投资支付的现金	tz7
16	取得子公司及其他营业单位支付的现金净额	tz8
17	支付其他与投资活动有关的现金	tz9
18	吸收投资收到的现金	cz1
19	取得借款收到的现金	cz2
20	收到其他与筹资活动有关的现金	cz3
21	偿还债务支付的现金	cz4
22	分配股利、利润或偿付利息支付的现金	cz5
23	支付其他与筹资活动有关的现金	cz6

图 2.7 现金流量类型及代码

----说明----

现金流量表中的代码仅仅是为了引用方便，是由用户自定义的。和科目表不同，现金流量类型的表中需要将内容放在第一列，代码放在第二列。

Step 06 单击"公式"选项卡，执行"定义的名称"组内的"定义名称"命令，打开如图 2.8 所示的"新建名称"对话框，在"名称"中输入"现金流量类型"，"引用位置"设置中输入

"=xjll[内容]",单击"确定"按钮,完成新建名称的设置。

图 2.8 定义现金流量类型

习题

金邦公司在 2017 年年底,各个会计科目的余额如表 2-2 所示。

表 2-2 2017 年年末数

科目代码	科目名称	期末数
1001	现金	5,445.00
100201	工行	2,505,632.91
100202	农行	753,225.00
112201	兴化公司	156,090.00
112202	佳佳公司	232,320.00
112203	利农公司	424,710.00
112204	万家公司	203,280.00
1231	坏账准备	5,082.00
140501	P01	37,752.00
140502	P02	42,471.00
140503	P03	292,578.00
140504	P04	827,640.00
140505	P05	680,625.00
140506	P06	413,820.00
140507	P07	609,114.00
1601	固定资产	4,646,400.00
1602	累计折旧	918,814.71
1801	长期待摊费用	217,800.00
1811	递延所得税资产	1,032,589.80
2001	短期借款	907,500.00
220201	美新公司	217,800.00
220202	胜瑞科技公司	923,835.00
220203	正则科技公司	327,930.57
2211	应付职工薪酬	567,989.73
222101	应交增值税(进项)	323,984.81
222102	应交增值税(销项)	393,104.13

(续表)

科目代码	科目名称	期末数
222108	应交教育附加款	1,937.93
2241	其他应付款	66,483.45
4001	实收资本	9,075,000.00

要求根据上述内容编制公司的科目代码表和现金流量类型参数表。

实验 2-2　凭证输入

实验原理

如果把账务处理的过程比喻为构建房屋的过程，那么科目代码表设置完成后就意味着构建房屋的基本材料已经准备就绪了，接下来的任务就是使用这些材料来构建房屋的主体，记账凭证就是构建房屋主体的一个重要步骤。记账是会计人员根据审核无误的原始凭证按照经济业务事项的内容进行归类，并形成会计凭证登记入账的过程，记账凭证的数据是账簿的形成依据。

从外观上看，这些记账凭证具有格式统一、内容规范的特点。企业常用的记账凭证有专用记账凭证和通用记账凭证两类。专用记账凭证是用来专门记录某一类经济业务的记账凭证。专用凭证按其所记录的经济业务与现金和银行存款的收付有无关系，又分为收款凭证、付款凭证和转账凭证 3 种。通用记账凭证则统一使用一种格式的凭证进行登记，本书实验使用的记账凭证就是通用记账凭证，对于一般的企业来说，通用记账凭证可以完全保证业务正确地执行。

一张记账凭证至少会有借贷两条记录，它提供的信息内容包括时间信息、业务信息、制单审核信息和数量金额信息等。电算化软件一般分为前台和后台两部分，前台提供界面让用户输入数据、管理数据，后台记录用户输入的数据，后台数据库通常不允许一般的凭证录入人员进入，只有管理员才可以对数据进行操作。

使用 Excel 进行会计电算化的设计也一样，需要尽可能地减少用户在后台操作的数据，特别是对于不熟练的人员来说，直接修改后台的数据是一件非常危险的事情。为此，本实验设计了一个直观良好的界面作为输入前台，并且将这个前台作为数据输入的唯一入口。

记账凭证包含的内容不仅仅要考虑到界面是否美观、人性化，还需要考虑生成的凭证和未来的财务报告相衔接。资产负债表和利润表都是基于会计科目的，这就决定了会计凭证中需要引入科目代码表；现金流量表的项目是基于日常的现金流量形成的，凭证输入过程中也需要包含现金流量的因素。

前台的数据完成后，必须通过一定的技术手段将其转移到后台的凭证库中，本书所使用的技术策略是通过录制宏来完成的。宏是一个动作记录器，能够将用户的动作真实准确地反映出来，当再次执行动作记录器的时候，动作又会按照先前录制的顺序再执行一次。只要用户在录制宏的时候设置引用方式为绝对引用和相对引用交叉应用，就可以将记账凭证中的记录一次性地导入凭证库中。

实验目的与要求

（一）实验目的

了解记账凭证和后台数据表之间的联系。

（二）实验要求

了解表对象的使用方法，了解录制宏的过程。

实验内容及数据来源

在 2018 年 1 月，金盛公司发生了如下业务：

（1）购买编号为 JP34 的商品 33000 元，购买 MT5 的商品 21000 元，购买编号为 KK2 的商品 8000 元，增值税税率为 17%，以工行支付货款。

（2）向海尚公司销售 JP32 和 JP33 两种商品，收入为 175000 元，其中工行收到了货款 13475 元，其余部分稍后支付。JP32 成本为 6000 元，JP33 成本为 5000 元。

（3）工行收到欧丽公司归还的货款 88000 元。

（4）归还一通公司货款 250000 元，货款已经通过工行支付。

（5）销售 JP35、MT5 和 KK3 三种商品共计 152800 元，工行已经收到全部货款。JP35 的成本为 61000 元，MT5 的成本为 28000 元，KK2 的成本为 3350 元。

（6）现金支付销售部门费用 98 元。

（7）工行支付招待费 5532 元。

（8）向金鑫公司销售商品 MT4 共计 254000 元，未收到货款。MT4 商品成本为 189100 元。

（9）销售部门购买办公用品 2200 元，以工行支付。

（10）销售 JP34 商品 157200 元，货款已经通过工行收讫，JP34 商品的成本为 72500 元。

（11）以工行支付税款，上月应交增值税销项税 71382 元，不考虑增值税外的其他税收。

（12）购买商品 MT4 共计 487000 元，JP32 共计 45000 元，JP34 共计 102000 元，货款未支付，其中从合力赊购 573300 元，从兴乐公司赊购 168480 元。

（13）工行支付前期计入其他应付款的水费 6022 元。

（14）购买空调 5 台，共计 35000 元，以工行支付。

（15）方乐出差暂领现金 3500 元。

（16）从工行提取 175000 元支付职工工资，其中销售部门 95000 元，管理部门 80000 元。同时按 10%计提福利费用。

（17）工行收到新通讯公司归还的欠款 100000 元。

（18）出售商品 KK3 和 KK4 共计 135000 元，其中 KK3 成本为 32000 元，KK4 成本为 28000 元，货款已经通过工行收讫。

（19）向海尚公司销售商品 JP35 共计 182000 元，成本为 110000 元，货款未收讫。

（20）向一通公司和兴乐公司赊购商品 MT5 共计 205000 元，KK4 共计 25000 元，其中向一通企业购买商品 140000 元，向乐星公司购买商品 65000 元。

（21）以工行支付一通企业商品款 150000 元。

（22）以工行支付网络费 1200 元。

（23）从工行支付劳保用品费用 8000 元。

实验操作指导

1. 凭证界面

用户输入界面是一个类似记账凭证的界面，用户可以在界面中输入数据，通过单击按钮来提交数据。使用按钮来提交数据就必须使用宏的功能，Excel 2019 中启用宏的具体操作步骤如下：

Step 01　单击 Excel 左上角的"文件"按钮，单击"选项"按钮，打开"Excel 选项"对话框，如图 2.9 所示。

图 2.9　"Excel 选项"对话框

Step 02　在左侧选择"自定义功能区"，在右侧选中"自定义功能区"下的"主选项卡"中的"开发工具"，完成"开发工具"的选择。

通过上述操作，选项卡中就能显示"开发工具"，如图 2.10 所示。

图 2.10　"开发工具"选项卡

创建凭证界面的具体操作步骤如下：

Step 01　新建工作表，将工作表重命名为"凭证输入"。

Step 02　在 B1 单元格中输入"记账凭证"，然后选中 C1:F1 单元格区域，执行"开始"选项卡下

"对齐方式"组中的"合并后居中"命令,如图 2.11 所示。

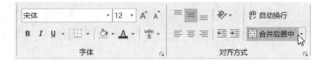

图 2.11 "合并后居中"命令

将"字体"设置为"仿宋_GB2312","字号"大小为"20",并将 B1:F1 单元格区域设置为双下画线。

Step 03 在 B2 单元格内输入"凭证号",在 D2 单元格内输入"日期",在 G2 单元格内输入"附件数"。

Step 04 选中 E2 单元格,右击,执行"设置单元格格式"命令,选中"数字"选项卡,设置为"日期"分类中的"2012/3/14"类型,完成日期格式的设置。

Step 05 从 A3 单元格开始,在工作表中输入如图 2.12 所示的内容。

图 2.12 凭证界面

说明

凭证界面中从第 5 行开始都要输入记账凭证内容。由于在输入凭证前并不知道未来凭证会有多少行,因此需要为记账凭证预留足够多的记录行数,以免出现行数不足的问题。

Step 06 选中"开发工具"选项卡,选择"控件"组中"插入"下"表单控件"中的"按钮"控件,如图 2.13 所示。

图 2.13 "表单控件"中的"按钮"控件

第 2 章 编制会计凭证

在"凭证输入"工作表的 H2 单元格偏右位置添加一个按钮，直接关闭"指定宏"对话框，在按钮上右击，执行"编辑文字"命令，将按钮的名称改为"添加记录"，完成按钮的设置。

Step 07 选中"开发工具"选项卡，选择"控件"组中"插入"下"表单控件"中的"按钮"控件，在"添加记录"按钮后添加一个命令按钮，并将按钮上的标题更改为"获取最新凭单号"，完成按钮的设置。

> **说明**
>
> 现在添加的这些按钮由于并没有和指定的功能绑定在一起，因此暂时不能响应用户操作。

Step 08 选中 A5 单元格，在编辑栏内输入公式：

=IF(B5<>"",YEAR($E$2)&"-"&IF(MONTH($E$2)<10,"0"&MONTH($E$2))&"-"&IF(DAY($E$2)<10,"0"&DAY($E$2))&"-"&IF($C$2<10,"00"&$C$2,IF($C$2<100,"0"&$C$2,$C$2))&"-"&IF(ROW()-4<10,"0"&ROW()-4,ROW()-4)&"-"&IF($H$2<10,"0"&$H$2,$H$2),"")，完成凭证 id 的设计。

> **说明**
>
> 凭证 id 相当于一张凭证某笔记录的一个身份证，具有唯一性，该值是通过公式根据用户输入凭证的日期和凭证号以及笔号自动形成的。凭证 id 的作用是通过公式分解这个 id 号以获得凭证日期、凭证号以及其他相关信息。
>
> 凭证 id 由年-月-日-凭证号-笔号-附件数构成，其中年以 4 位数表示；月、日、笔号和附件数都以两位数表示，当位数不足两位数时用 0 来补充完整；凭证号用 3 位数来表示，凭证号不足 3 位的用 0 来补充完整。
>
> 当凭证中有摘要的时候，会显示凭证 id 的内容，否则不显示 id 的具体内容。
>
> A5 单元格中的公式比较复杂，其含义为如果 B5 单元格中有数据，也就是用户开始添加摘要信息的时候，就给用户一个凭证 id 号，id 号的内容需要根据下述函数和公式来提取相关数据，这些函数包括：
>
> YEAR 函数：获得年份信息。
>
> MONTH 函数：获得月份信息，如果月份的值小于 10，则用 0 来补全。
>
> DAY 函数：获得日信息，如果日的值小于 10，就用 0 来补全。
>
> 通过 C2 单元格中的值来获得凭证号信息，如果凭证号小于 10，则用两个 0 来补齐，如果凭证号大于 10 但是小于 100，则用一个 0 来补齐，1 个月最多支持 999 张凭证。
>
> 通过当前行号减去 4 来作为笔号信息，比如输入的第一笔记录在第 5 行，其行号通过 Row 函数获得，row（）-4 就可以作为笔号的数值，同理，如果笔号小于 10 就用 0 来补齐。在本实例中，每个凭证号最多支持的行数为 14 行。

Step 09 选中 C5:C18 单元格，选中"数据"选项卡中"数据工具"组内"数据验证"下的"数据验证"命令，打开如图 2.14 所示的数据验证对话框。在"设置"选项卡下，将"验证条件"设置为"序列"，"来源"设置为"=dm"，单击"出错警告"选项卡，在"标题"下输入"科目代码错误"，在"错误信息"下输入"输入的科目代码不存在"，单击"确定"按钮，完成数据验证的设置。

Excel 在会计和财务管理中的应用（第 4 版）

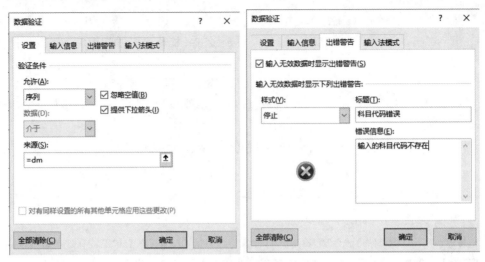

图 2.14　数据验证

Step 10 选中 D5 单元格，在编辑栏内输入公式"=IFERROR(VLOOKUP(LEFT(C5,4)+0,kmdm,2,FALSE),"")"，完成总账科目的设置。

说明

各级科目代码的长度是固定的，比如在本实验中，一级科目的代码长度总是 4 位数字，二级科目的代码长度是 2 位数字，因此只要在科目代码栏下输入科目代码，就可以从已输入的科目代码中提取前面 4 位获得的一级科目的代码，并由此得到科目的名称。

LEFT 函数的含义是返回指定字符串的左数前几个字符。Left 函数的返回结果是文本类型的字符串。LEFT 函数首先从 C4 单元格的左侧找 4 个字符，比如代码为"100201"，那么 1002 就是其总账科目，代码长度为 4。

VLOOKUP 函数的含义是在指定的区域第一列中查找第一个符合要求的值，本步骤要查找的区域是表对象 kmdm，查找的值是"LEFT(C5,4)+0"。本步骤中，LEFT 函数之所以在返回之后还要加 0，是因为 LEFT 返回的是文本类型的字符串，而在"科目代码表"中，字段"科目代码"的数据格式是"数值"，二者的数值类型不一样，因此比较的时候自然就不可能相等，变通的方法是为字符串类型的数字加上 0，这样就可以将字符类型的数字强制转换为数值。

IFERROR 函数的作用是判断接下来计算的值是否正确，如果值是正确的，就用正确的值表示，否则用指定的值显示。在本例中，显示不正确就用空白表示。

Step 11 选中 E5 单元格，在编辑栏内输入"=IFERROR(VLOOKUP(C5,kmdm[#全部],2,FALSE),"")"，完成明细科目的设置。

Step 12 选中 I5 单元格，在编辑栏内输入公式"=IF(OR(COUNTBLANK(G5:H5)+COUNTBLANK(B5)=3,COUNTBLANK(G5:H5)+COUNTBLANK(B5)=0),"","错误")"，完成错误提示的设定。

说明

记录在输入的时候很容易会遗忘掉某些部分，想要以一种很明确的方式告知用户存在输入错误，就必须通过公式自动进行判断。

判断一笔记录是否输入完全的依据是摘要、借方金额和贷方金额必须全部不为空，只要这 3 个地方出现一个为空的数据，就表示错误信息。这是为了避免在后续步骤中通过宏导入数据表时发生错误，必须强制用户在借方金额或者贷方金额为 0 时输入 0。

Step 13　选中 F5:F18 单元格区域，单击"数据"选项卡，执行"数据工具"组内的"数据验证"命令，打开如图 2.15 所示的"数据验证"对话框，在"设置"选项卡下的"允许"中选择"序列"，"来源"设置为"=现金流量类型"，单击"确定"按钮，完成数据验证的设置。

图 2.15　验证现金流量信息

Step 14　选中 G5:G18 单元格区域，选中"开始"选项卡，执行"样式"组内的"条件格式"下的"新建规则"命令，在"选择规则类型"中单击"使用公式确定要设置格式的单元格"命令，打开如图 2.16 所示的"新建格式规则"对话框，在"为符合此公式的值设置格式"下的文本框内输入"=SUM($H$5:$H$18)<>SUM($G$5:$G$18)"，单击"格式"按钮，选择"填充"选项卡，选择红色为填充颜色，单击"确定"按钮，完成条件格式的设置。

图 2.16　创建条件格式

说明

　　一张凭证中借贷方总额总是相等的，为了防止用户凭证中发生输入错误，此处给了一个明确提示，如果最终借贷方不相等，就会用红色来填充单元格。

Step 15 选中 G5:H18 单元格区域，右击，执行"设置单元格格式"命令，将其类型设置为"会计专用"，"小数位数"设置为 2，"货币符号"设置为"无"，完成指定单元格区域的格式设置。

Step 16 选中 A5 单元格，将鼠标移动到 A5 单元格的右下角，向下拖曳填充公式到 A18 单元格区域，完成凭证 id 的设置。选中 D5:E5 单元格区域，将鼠标移动到单元格区域的右下角，向下拖曳填充公式至 D18:E18 单元格区域，完成总账科目和明细科目的设置。

Step 17 选中 I5 单元格，将鼠标移动到 I5 单元格的右下角，向下拖曳填充公式到 I18 单元格区域，完成凭证错误提示的设置。

2．输入数据

当凭证界面完成后，就可以将业务记录输入这个界面中。以 2018 年 1 月发生的第一笔业务为例，购买编号为 JP34 的商品 33000 元、购买 MT5 的商品 21000 元、购买编号为 KK2 的商品 8000 元，增值税税率为 17%，以工行支付货款。

该业务的会计分录是：

借：库存商品-JP34　　　　33000
　　库存商品-MT5　　　　 21000
　　库存商品-KK2　　　　　8000
　　应交税费-应交增值税（进项）　　10540
贷：银行存款-工行　　　　72540

根据该分录登记到输入界面的具体操作步骤如下：

Step 01 选中 C2 单元格，输入凭证号，完成凭证号的设置。

说明

当所有功能都设计完全后，单击"获取最大凭单号"按钮能够自动取得指定月份的最大凭单号。

Step 02 选中 E2 单元格，输入"2018-1-3"，完成凭证日期的输入。

Step 03 选中 H2 单元格，输入"1"，表示该笔凭证的附件数。

Step 04 选中 B5 单元格，输入摘要"购买商品"，在 C5 单元格内输入科目代码"140503"，在 G5 单元格内输入金额 33000，在 H5 单元格内输入数值 0，完成输入第 1 号凭证的第 1 笔记录，第 1 笔记录完成后的效果如图 2.17 所示。

	A	B	C	D	E	F	G	H	I
1				记账凭证					
2			凭证号：1		日期：2018/1/3		附件数：1	添加记录	获取最新凭单号
3	凭证ID	摘要	会计科目			现金流量类型	借方金额	贷方金额	错误提示
4			科目代码	总账科目	明细科目				
5	2018-01-03-001-01-01	购买商品	140503	库存商品	JP34		33,000.00	-	
6									
7									
8									
9									
10									

图 2.17　输入第一笔记录

> **说明**
>
> 由于贷方金额没有输入，导致该张凭证借方金额与贷方金额不相等，为了在输入凭证的时候就反映出这个问题，用红色来填充 F 列相关单元格，以明显的方式标示出借贷方不平衡。

Step 05 选中 B6 单元格，输入摘要"购买商品"，在 C6 单元格内输入科目代码"140507"，在 G6 单元格输入金额 21000，在 H6 单元格内输入数值 0，完成输入该凭证的第 2 笔记录。

Step 06 选中 B7 单元格，输入摘要"购买商品"，在 C7 单元格内输入科目代码"140508"，在 G7 单元格内输入金额 8000，在 H7 单元格内输入数值 0，完成输入该凭证的第 3 笔记录。

Step 07 选中 B8 单元格，输入摘要"购买商品"，在 C8 单元格内输入科目代码"222101"，在 G8 单元格内输入金额 10540，在 H8 单元格内输入数值 0，完成该凭证的第 4 笔记录。

Step 08 选中 B9 单元格，输入摘要"购买商品"，在 C9 单元格内输入科目代码"100201"，在 F9 单元格选择"现金流量类型"为"购买商品、接受劳务支付的现金"，在 G9 单元格内输入 0，在 H9 单元格内输入数值 70540，完成该凭证的第 5 笔记录。

在凭证界面中输入完成后的凭证如图 2.18 所示。

凭证ID	摘要	会计科目			现金流量类型	借方金额	贷方金额	错误提示
		科目代码	总账科目	明细科目				
2018-01-03-001-01-01	购买商品	140503	库存商品	JP34		33,000.00		
2018-01-03-001-02-01	购买商品	140507	库存商品	MT5		21,000.00		
2018-01-03-001-03-01	购买商品	140508	库存商品	KK2		8,000.00		
2018-01-03-001-04-01	购买商品	222101	应交税费	应交增值税（进项）		10,540.00		
2018-01-03-001-05-01	购买商品	100201	银行存款	工行	购买商品、接…	-	72,540.00	

凭证号：1　日期：2018/1/3　附件数：1　添加记录　获取最新凭单号

图 2.18　输入完成的第 1 张凭证

> **说明**
>
> 最后一笔业务涉及现金流量的增减，所以要选择现金流量类型。添加记录和获取最大凭单号并没有赋予功能，因此暂时不可用。

3．导入凭证库

输入完成后的数据仍旧停留在界面中，这就相当于在一个软件中输入了数据，但是数据并没有提交到后台数据库。在本实验中，这个后台数据库就是一个凭证汇总表，它的任务是收集每笔记录数据。将凭证界面中的数据导入凭证库中会使用到宏，将数据导入凭证库的操作步骤如下：

Step 01 新建工作表，将工作表重命名为"凭证库"，完成建立"凭证库"工作表。

Step 02 在"凭证库"工作表中从 A1 单元格位置开始输入：id、凭证 id、摘要、科目代码、总账科目、明细科目、现金流量类型、借金额、贷金额、类型代码、年、月、日、凭证号、笔号、附件数、性质和审核等字段，完成凭证库所需字段的输入。

Step 03 选中 A1 单元格，打开"插入"选项卡，执行"表格"组内的"表格"命令，将指定的单元格区域转化为组。选中"设计"选项卡,将"属性"组内的表对象的名称更改为"pzk",完成"凭证库"工作表的设计。

Step 04 选中 B2 单元格,在 B2 单元格内输入字母"a",完成首行数据的输入。

说明

使用 Excel 导入数据的应用技巧:如果向一张空表中传入数据,那么为了不发生错误,至少要有一行数据。首次导入时,由于表格中没有数据,因此要为某个字段添加数据,表示该表中现在已经存在一行数据。如果表对象中已经有数据,就无须这一行,在导入第一张凭证后,该行数据将会被手工删除。

输入内容前的凭证库如图 2.19 所示。

图 2.19 输入内容前的凭证库

打开"凭证输入"工作表,在凭证界面中输入第一张凭证,如图 2.20 所示。当 I 列没有错误提示,并且借贷方没有红色显示时,说明该凭证在结构上已经是正确的,就可以通过录制一个宏将数据导入凭证库工作表中。

	A	B	C	D	E	F	G	H	I
1					记账凭证				
2		凭证号:1		日期:2018/1/3			附件数:1	添加记录	获取最新凭单号
3	凭证ID	摘要	会计科目			现金流量类型	借方金额	贷方金额	错误提示
			科目代码	总账科目	明细科目				
5	2018-01-03-001-01-01	购买商品	140503	库存商品	JP34		33,000.00	-	
6	2018-01-03-001-02-01	购买商品	140507	库存商品	MT5		21,000.00	-	
7	2018-01-03-001-03-01	购买商品	140508	库存商品	KK2		8,000.00	-	
8	2018-01-03-001-04-01	应交税费	222101		应交增值税(进项)		10,540.00	-	
9	2018-01-03-001-05-01	购买商品	100201	银行存款	工行	购买商品、接	-	72,540.00	

图 2.20 输入完成的第一张凭证

录制宏的具体操作步骤如下:

Step 01 选择"开发工具"选项卡,执行"代码"组内的"录制宏"命令,打开如图 2.21 所示的"录制新宏"对话框,将宏名称更改为"添加新记录",单击"确定"按钮,开始录制宏。

图 2.21 录制宏对话框

说明

在如图 2.21 所示的对话框中通常指定的内容包括宏名,如果把录制的宏看作一部电影,那么宏名就是这部电影的名称,用户只需要取一个比较贴切的名称即可。如果用户只是录制宏,而不准备在今后的使用中修改代码,那么用中文取一个合适的名称是最优的方案。

快捷键要注意不要和系统中已经存在的快捷键重合,否则会导致按下快捷键时引起混乱。如果使用按钮来绑定一个宏,那么快捷键并不是必需的。本实例没有使用快捷键。

"保存在"的位置一般只是对当前工作簿有用。

Step 02 选择 H5 单元格,然后在"开发工具"选项卡的代码组内选择"使用相对引用"命令,进入相对模式下录制。

说明

"使用相对引用"是本实例能够获得成功的关键,相对引用的含义与公式和函数中的相对引用含义类似,并不是指一个具体的单元格地址。

Step 03 选中 H5 单元格,同时按键盘上的 Shift+Ctrl+向下方向键,再同时按键盘上的 Shift+Ctrl+向左方向键,按 3 次向左方向键,再按键盘上的 Ctrl+C 键,完成要复制内容的选择复制操作。

说明

H5 单元格所在的行是第 5 行,也是凭证记录的开始行,由于每笔凭证的笔数是不固定的,因此无法通过选择某个单元格区域然后复制到凭证库中的方法来完成。解决的方法是使用 Shift+Ctrl+向下方向键到达最后一行包含数字的行。因为 H 列是贷方金额所在的列,因此只要有记录,就一定会有贷方的金额,即使是借方发生额,贷方的金额也会是 0。

同理,Shift+Ctrl+向左方向键将会到达最后一列包含数值的列,由于 F 列的内容是现金流量的类型,而现金流量并不是每笔凭证都必须填,因此按一次 Shift+Ctrl+向左方向键并不能到达 ID 字段,解决的方法是多按几次该快捷键。由于 A 列是最左侧一列,用户不论按多少次 Shift+Ctrl+向左方向键都不能逾越 A 列的位置。

上述操作的结果实际上就是选中了单元格记录中有记录的区域,如图 2.22 所示。

	A	B	C	D	E	F	G	H	I
1					记账凭证				
2			凭证号:	1	日期:	2018/1/3		附件数: 1	添加记录 获取最新凭单号
3	凭证ID	摘要	会计科目			现金流量类型	借方金额	贷方金额	错误提示
4			科目代码	总账科目	明细科目				
5	2018-01-03-001-01-01	购买商品	140503	库存商品	JP34		33,000.00	-	
6	2018-01-03-001-02-01	购买商品	140507	库存商品	MT5		21,000.00	-	
7	2018-01-03-001-03-01	购买商品	140508	库存商品	KK2		8,000.00	-	
8	2018-01-03-001-04-01	购买商品	222101	应交税费	应交增值税(进项)		10,540.00	-	
9	2018-01-03-001-05-01	购买商品	100201	银行存款	工行	购买商品、接	-	72,540.00	

图 2.22 选中的包含数据的区域

Step 04 在"开发工具"选项卡的代码组内,取消选择"使用相对引用"命令,进入绝对引用模式中。

Step 05 选择"凭证库"工作表,选中 B2 单元格,然后在"开发工具"选项卡的代码组内,选择"使用相对引用"命令，同时按键盘上的 Ctrl+向下方向键，再单独按一次向下方向键，在空白单元格内右击，执行"选择性粘贴"命令中的"选择性粘贴"命令，打开如图 2.23 所示的"选择性粘贴"对话框，选择"数值"项，单击"确定"按钮，完成数据的粘贴操作。

图 2.23 "选择性粘贴"对话框

说明

按 Ctrl+向下方向键就是选择从 B2 单元格开始直到不为空的单元格位置，B2 单元格的内容是凭证的 ID 号，只要凭证记录是完整的，那么该 ID 号一定不为空。

到达有记录的位置并不能够进行粘贴，粘贴的位置是最末一行记录的下一行，因此需要再按一次向下方向键，到达粘贴的起始位置。

Step 06 选中"开发工具"选项卡，在"代码"组内，取消选择"使用相对引用"命令，进入绝对引用模式。

Step 07 选中 B1 单元格，双击该单元格，退出复制模式，然后选中 C1 单元格，选择"凭证输入"工作表，选中 B5:C18 单元格区域，单击 Delete 键，删除凭证摘要和科目代码，然后选中"F5:H18"单元格区域，单击 Delete 键，删除凭证的借方金额和贷方金额，完成删除已经导入凭证的数据。

说明

删除的时候并不需要用相对引用的方式来选择，只需要将 B5:H18 单元格区域中不包含公式的部分全部清空即可。

Step 08 单击在"开发工具"选项卡的"代码组"内的"停止录制"命令，完成宏的录制。

Step 09 在"添加记录"按钮上右击，执行"指定宏"命令，打开如图 2.24 所示的指定宏对话框，选择"添加新记录"项，单击"确定"按钮，完成指定宏的设置。

图 2.24 指定宏

通过上述步骤,在"凭证库"工作表中就可以显示刚才输入的凭证内容,如图 2.25 所示。

	A	B	C	D	E	F	G	H	I
1	id	凭证id	摘要	科目代码	总账科目	明细科目	现金流量类	借金额	贷金额
2	2018-1-1-1	2018-01-01-001-01-01	购买商品	140503	库存商品	JP34		33000	0
3	2018-1-1-2	2018-01-01-001-02-01	购买商品	140507	库存商品	MT5		21000	0
4	2018-1-1-3	2018-01-01-001-03-01	购买商品	140508	库存商品	KK2		8000	
5	2018-1-1-4	2018-01-01-001-04-01	购买商品	222101	应交税费	应交增值税(进项)		10540	0
6	2018-1-1-5	2018-01-01-001-05-01	购买商品	100201	银行存款	工行	购买商品、	0	72540

图 2.25 向凭证库中导入第一条记录

说明

图 2.25 显示的内容中由于很多字段并没有设计公式,因此会出现很多空列。

4.优化凭证号

用户的凭证输入通常不会一次性完成,随着凭证数量的增加,有一个问题是当前输入的凭证号到底为多少号?凭证号的确定方法一般有两种,一种是通过查看凭证库来获得当前输入凭证的凭证号;还有一种是通过公式来计算获得凭证的凭证号。本实例使用公式来获得凭证号。在前述设计中,凭证界面内已经放置了一个命令按钮,按钮的名称就是"获取最新凭单号",下述过程为按钮指定一个宏,宏的作用就是实时计算最新的凭单号,具体的操作步骤如下:

Step 01 选择"凭证输入"工作表,选择"开发工具"选项卡,执行"代码"组内的"录制宏"命令,打开"录制新宏"对话框,将宏名称更改为"获取最新凭单号",单击"确定"按钮,开始录制宏。

Step 02 选中 C2 单元格,在编辑栏内输入公式 "=MAX(IF(pzk[年]&"-"&pzk[月]=YEAR(E2)&"-"&MONTH(E2),pzk[凭证号]),0)+1",然后同时按键盘上的 Ctrl+Shift+回车键,获取凭证库中指定月份最新的凭单号。

>说明

这是一个数组公式，公式的含义是 E2 单元格日期中的年和月信息与凭证库中的年和月信息一致，就将所有的凭单号取出并找到一个最大的号码。最新的凭证号就是原来最大的凭证号加 1，如果某个月份尚未输入数据，那么最大的凭单号就是 1。

Step 03 单击"开发工具"选项卡的"代码组"内的"停止录制"命令，完成宏的录制。

Step 04 在"获取最新凭单号"按钮上右击，执行"指定宏"命令，打开指定宏对话框，选择"获取最新凭单号"项，单击"确定"按钮，完成指定宏的设置。

>说明

本步骤中录制一个宏不需要每次输入公式，用户只需要单击一下按钮就相当于在指定的单元格中输入了一个公式，从而获得最新的结果。

5．其他字段数据

"凭证库"工作表中的内容除了复制过去的凭证记录外，其他字段的值都为空，需要用户通过公式来获取，获取的基础就是凭证 id 字段的值。为其他字段添加公式计算数据的具体操作步骤如下：

Step 01 选中"凭证库"工作表，选中第 2 行，右击，执行"删除"命令，删除第一行记录。

>说明

第一行记录是临时的记录，是为了录制宏过程中不至于出错而在 B2 单元格内输入的，输入完成后，首行临时记录已经不再有用，此时可以将该行临时数据删除。

Step 02 选中 A2 单元格，在编辑栏内输入"=[@年]&"-"&[@月]&"-"&[@凭证号]&"-"&[@笔号]"，按回车键确认，完成 id 字段的设定。

>说明

id 字段是某张凭证的某笔记录信息，包括年、月、凭证号和笔号 4 个字段的信息，这些数据实际上都来源于"凭证 id"字段。

为了便于分析，"凭证 id"中的内容将被拆分为年、月、日、凭证号、笔号、附件数等信息。

Step 03 选中 J2 单元格，在编辑栏内输入公式"=IFERROR(VLOOKUP([@现金流量类型],xjll,2,FALSE),"")"，完成现金流量类型代码的设置。

>说明

现金流量类型代码是根据参数表中不同的现金流量的内容说明来获得现金流量代码的。这部分数据将作为编制现金流量表的基础。

使用 IFERROR 函数表示，如果使用 VLOOKUP 函数找不到指定的内容，就用空来表示，否则将找到的内容显示出来。

Step 04 选中 K2 单元格，在编辑栏内输入公式"=LEFT([@凭证 id],4)+0"，完成"年"字段的设置。

> **说明**
>
> 通过 LEFT 函数计算的结果得到的数字是文本类型，通过加 0 使之转换为数值类型。

Step 05 选中 L2 单元格，在编辑栏内输入公式"=MID([@凭证 id],6,2)+0"，完成"月"字段的设置。

Step 06 选中 M2 单元格，在编辑栏内输入公式"=MID([@凭证 id],9,2)+0"，完成"日"字段的设置。

Step 07 选中 N2 单元格，在编辑栏内输入公式"=MID([@凭证 id],12,3)+0"，完成"凭证号"字段的设置。

Step 08 选中 O2 单元格，在编辑栏内输入公式"=MID([@凭证 id],16,2)+0"，完成"笔号"字段的设置。

Step 09 选中 P2 单元格，在编辑栏内输入公式"=RIGHT([@凭证 id],2)+0"，完成"附件数"字段的设置。

Step 10 选中 Q2 单元格，在编辑栏内输入公式"=VLOOKUP([@科目代码],kmdm,3,FALSE)"，完成会计科目性质的显示。

Step 11 选中 A2 单元格，选中"视图"选项卡，执行"窗口"组中的"冻结窗口"下的"冻结拆分窗口"命令，完成窗口冻结。

6．后续凭证输入

至此为止，记账凭证的设计已经基本完成了。下面以第 2 笔业务处理为例完成后续凭证输入及向凭证库中添加数据的完整过程。

第 2 笔业务内容为向海尚公司销售 JP32 和 JP33 两种商品，收入为 175000 元，其中工行收到了货款 13475 元，其余部分稍后支付。JP32 成本为 6000 元，JP33 成本为 5500 元。

该笔业务的销售分录为：

借：银行存款-工行　　　　　13475
　　应收账款-海尚公司　　　　7000
贷：主营业务收入　　　　　　17500
　　应交税费-应交增值税（销项）　　2975
借：主营业务成本　　　　　　11000
贷：库存商品-JP32　　　　　6000
　　库存商品-JP33　　　　　5000

该笔业务分为两笔分录，后续凭证输入的具体操作步骤如下：

Step 01 选中"凭证输入"工作表，输入日期和附件数，单击"获取最新凭单号"按钮，设置本张凭单的凭单号。

Step 02 选中 B5 单元格，输入摘要"销售商品"。在 C5 单元格内输入科目代码 100201，在 F5 单元格内选择"销售商品、提供劳务收到的现金"，在 G5 单元格内输入数值 13475，在 H5 单元格内输入数值 0。

Step 03 选中 B6 单元格，输入摘要"销售商品"。在 C6 单元格内输入科目代码 112201，在 G6 单元格内输入数值 7000，在 H6 单元格内输入数值 0。

Step 04 选中 B7 单元格，输入摘要"销售商品"。在 C7 单元格内输入科目代码 6401，在 G7 单元格内输入数值 0，在 H7 单元格内输入数值 17500。

说明

会计科目代码是错误的，目的是便于下一节实验内容使用。

Step 05 选中 B8 单元格，输入摘要"销售商品"。在 C8 单元格内输入科目代码 222102，在 G8 单元格内输入数值 0，在 H8 单元格内输入数值 2975。最终生成的凭证如图 2.26 所示。

图 2.26 凭证内容

Step 06 凭证输入检查无误后，单击"添加记录"按钮，即可将记录添加到"凭证库"中，完成将凭证内容导入"凭证库"中。打开"凭证库"工作表，可以看到输入的凭证数据，如图 2.27 所示。

图 2.27 凭证库中新增的记录

7. 会计分录参考

下面列出了本实验中涉及的各笔业务的会计分录。

第 1 笔业务：

借：库存商品-JP34　　　33000

　　库存商品-MT5　　　21000

　　库存商品-KK2　　　8000

　　应交税费-应交增值税（进项）　　10540

贷：银行存款-工行　　　70540

第 2 笔业务：

借：银行存款-工行　　　13475

　　应收账款-海尚公司　　　7000

贷：主营业务收入　　　17500

　　应交税费-应交增值税（销项）　　2975

借：主营业务成本　　　11000

贷：库存商品-JP32　　6000
　　　库存商品-JP33　　5000

第3笔业务：
借：银行存款-工行　　88000
贷：应收账款-欧丽公司　　88000

第4笔业务：
借：应付账款-一通公司　　250000
贷：银行存款-工行　　250000

第5笔业务：
借：银行存款-工行　　178776
贷：主营业务收入　　152800
　　　应交税费-应交增值税（销项）　　25976
借：主营业务成本　　92350
贷：库存商品-JP35　　61000
　　　库存商品-MT5　　28000
　　　库存商品-KK2　　3350

第6笔业务：
借：销售费用　　98
贷：现金　　98

第7笔业务：
借：管理费用-业务招待费　　5532
贷：银行存款-工行　　5532

第8笔业务：
借：应收账款-金鑫公司　　297180
贷：主营业务收入　　254000
　　应交税费-应交增值税（销项）　　43180
借：主营业务成本　　189100
贷：库存商品-JP35　　189100

第9笔业务：
借：销售费用　　2200
贷：银行存款-工行　　2200

第10笔业务：
借：银行存款-工行　　183924
贷：主营业务收入　　157200
　　　应交税费-应交增值税（销项）　　26724
借：主营业务成本　　72500
贷：库存商品-JP34　　72500

第11笔业务：
借：应交税费-应交增值税（销项）　　71382

贷：银行存款-工行　　71382
第12笔业务：
借：库存商品-MT4　　487000
　　库存商品-JP32　　45000
　　库存商品-JP34　　102000
　　应交税费-应交增值税（进项）　　107780
贷：应付账款-合力企业　　573300
　　应付账款-兴乐公司　　168480
第13笔业务：
借：其他应付款　　6022
贷：银行存款-工行　　6022
第14笔业务：
借：固定资产　　35000
贷：银行存款-工行　　35000
第15笔业务：
借：其他应收款-方乐　　3500
贷：现金　　3500
第16笔业务：
借：现金　　175000
贷：银行存款-工行　　175000
借：应付职工薪酬　　175000
贷：现金　　175000
借：销售费用　　95000
　　管理费用-工资　　34500
贷：应付职工薪酬　　175000
借：销售费用　　9500
　　管理费用-福利费　　8000
贷：应付职工薪酬　　17500
第17笔业务：
借：银行存款-工行　　125000
贷：应收账款-新通讯公司　　125000
第18笔业务：
借：银行存款-工行　　157950
贷：主营业务收入　　135000
　　应交税费-应交增值税（销项）　　22950
借：主营业务成本　　60000
贷：库存商品-KK3　　32000
　　库存商品-KK4　　28000
第19笔业务：

借：应收账款-海尚公司　　　212940
贷：主营业务收入　　182000
　　应交税费-应交增值税（销项）　　30940
借：主营业务成本　　110000
贷：库存商品-JP35　　110000

第 20 笔业务：
借：库存商品-MT5　　205000
　　库存商品-KK4　　25000
　　应交税费-应交增值税（进项）　　39100
贷：应付账款-一通企业　　239850
　　应付账款-兴乐公司　　29250

第 21 笔业务：
借：应付账款-一通企业　　150000
贷：银行存款-工行　　150000

第 22 笔业务：
借：管理费用-其他　　1200
贷：银行存款-工行　　1200

第 23 笔业务：
借：管理费用-劳保费用　　8000
贷：银行存款-工行　　8000

习题

2018 年 1 月，金邦公司发生的业务如下，增值税税率为 17%。

（1）购买编号为 P03 的商品 25740 元，购买编号为 P02 的商品 28080 元，购买编号为 P07 的商品 10530 元，以工行支付货款。

（2）向兴华公司销售 P01 和 P02 两种商品，收入为 21060 元，其中工行收到了货款 10000 元，其余部分稍后支付。P01 成本为 3900 元，P02 成本为 8100 元。

（3）工行收到佳佳公司归还的货款 140000 元。

（4）归还胜瑞科技公司货款 300000 元，货款已经通过工行支付。

（5）销售 P04、P05 和 P07 三种商品共计 163800 元，工行已经收到全部货款。P04 的成本为 53000 元，P05 的成本为 40000 元，P07 的成本为 25000 元。

（6）使用现金支付招待费 3000 元。

（7）向利农公司销售商品 P05 共计 245700 元，未收到货款。P05 商品成本为 198900 元。

（8）销售部门购买办公用品 2000 元，以工行支付。

（9）销售 P03 商品 93600 元，货款已经通过工行收讫，P03 商品的成本为 60000 元。

（10）购买商品 P07 共计 549900 元，P01 共计 29250 元，P03 共计 105300 元，货款未支付，其中从正则科技公司赊购 29250 元，其余从胜瑞科技公司赊购。

（11）从工行支付前期计入其他应付款的电费 40000 元。

（12）从工行支付职工工资 70000 元，其中销售部门 50000 元，管理部门 20000 元。同时计提福利费用销售部门 7000 元，管理部门 2800 元。

（13）工行收到利农公司归还的欠款 100000 元。

（14）出售商品 P07 共计 117000 元，P07 成本为 63225 元，货款已经通过工行收讫。

（15）向利农公司销售商品 P04 共计 152100 元，成本为 100000 元，货款未收讫。

（16）向正则科技公司和胜瑞公司赊购商品 P01 共计 198900 元，P02 共计 7020 元，其中欠正则科技公司 100000 元，其余为胜瑞公司欠款。

（17）以工行支付正则科技公司商品款 100000 元。

（18）工行支付报刊费 5000 元。

参照本实验的方法，创建凭证输入界面，并将上述内容输入凭证输入界面中，通过该界面的功能将数据导入凭证库中。

实验 2-3　修改凭证

实验原理

在凭证输入过程中发生错误是不可避免的，这就涉及凭证的修改操作。和输入凭证一样，修改凭证也不应该在后台直接操作，而是需要在前台完成，再提交到后台进行处理。

一般来说，修改一笔凭证需要经过如下步骤：

（1）从凭证库中找到指定的凭证，并将凭证的内容导入前台界面中。

（2）在前台界面中修改凭证。

（3）删除凭证库中指定的凭证。

（4）将修改完毕的凭证再次写入凭证库中。

找到指定的凭证是通过高级筛选来完成的。在实验 2-2 中，凭证库为每笔凭证设计了一个凭证 id 号，只要设法获得凭证 id 号字段内容，就可以进行高级筛选并获得某张凭证的所有信息。这些信息稍后会被复制到前台界面中，由于每个凭证号对应的笔数不一定相同，因此在录制宏的时候需要使用相对引用的方法来完成。

修改完成后的凭证需要再次写回到后台凭证库中，为了避免多次写入造成重复，需要删除筛选出的内容，再进行导入。

凭证一旦计入凭证库，除了修改内容之外，对于输入错误的凭证原则上不应该直接删除。因为假定在输入完成后删除指定的凭证，要删除的凭证不是最后一张凭证，就会导致凭证号不连贯，这在会计电算化中是不允许的。但是在凭证修改中也包含删除凭证内容的操作，用户如果需要设计相关的内容，则可以添加删除功能。

实验目的与要求

（一）实验目的

掌握凭证修改的原理，了解凭证修改的设计思路。

（二）实验要求

了解高级筛选方法，了解录制宏的过程。

实验内容及数据来源

本节实验的数据来源于 2-2 节实验已经完成的凭证库中的内容，用户在本实验要完成下述任务：
（1）调出凭证库中 1 月第 2 号凭证。
（2）修改凭证库工作表中第 2 号凭证，将主营业务支出更改为主营业务收入。

实验操作指导

1. 设定查询条件

要定位一张凭证就需要知道它的年、月和凭证号信息，也就是用户在凭证库中定义的"凭证id"字段的值。我们需要设置一个条件区域，让用户在指定的条件区域设置条件，通过高级筛选获取数据。设置查询条件界面的具体操作步骤如下：

Step 01 新建一张工作表，将工作表重命名为"凭证编辑"。

Step 02 从 A1 单元格开始输入如图 2.28 所示的凭证修改查询条件，完成查询条件的设置。

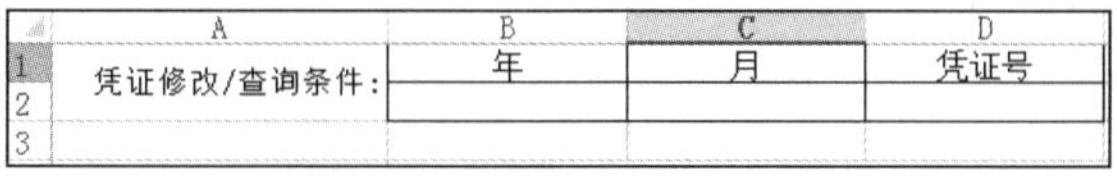

图 2.28　指定查询条件字段

Step 03 选中"开发工具"选项卡，选择"控件"组内"插入"下的"表单控件"中的"按钮"控件，在 E 列的位置添加一个命令按钮，将按钮上的标题更改为"调用凭证"。

Step 04 选中"开发工具"选项卡，选择"控件"组内"插入"下的"表单控件"中的"按钮"控件，在 F 列的位置添加一个命令按钮，将按钮上的标题更改为"确认修改"。最终的效果如图 2.29 所示。

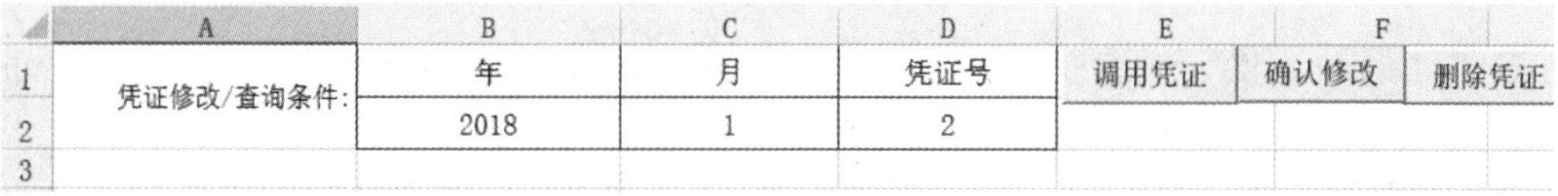

图 2.29　添加按钮

2. 设置凭证修改界面

修改凭证就是将凭证库中的指定凭证调出并放置在修改界面中。凭证修改界面和凭证输入界面基本上是一致的。对于一张凭证修改的内容包括凭证的大部分信息，但是不包括凭单号。凭证修改界面的设计过程具体操作步骤如下：

Step 01 在 C4 单元格中输入"记账凭证"，然后选中 C4:G4 单元格区域，执行"开始"选项卡下"对齐方式"组中的"合并后居中"命令，将"字体"设置为"仿宋_GB2312"，"字号"大小为"20"，并将 C4:F4 单元格区域设置为双下画线。

Step 02 选中 B5 单元格，输入"凭证号"，选中 C5 单元格，在编辑栏内输入公式"=D2"，完成调出的凭证号的设计。

Step 03 选中 D5 单元格，输入"日期"，选中 E5 单元格，在编辑栏内输入公式"=LEFT(A8,10)"，完成凭证输入日期的设置。

说明

A8 单元格的内容是凭证 id，其格式为"2018-01-01-001-01-01"，从左侧数第 10 个位置，如"2018-01-01"，就包含年、月、日的信息。附件数也可以通过读取凭证 id 字段的内容来获得。

Step 04 选中 G5 单元格，输入"附件数"，选中 H5 单元格，在编辑栏内输入公式"=RIGHT(A8,2)+0"，完成凭证附件数的设置。

说明

凭证 id 最右侧的两位数就是凭证附件数。

Step 05 从 A6 单元格开始，输入如图 2.30 所示的内容完成界面的设计。

图 2.30 完成后的显示界面

Step 06 选中 D8 单元格，在编辑栏内输入公式"=IFERROR(VLOOKUP(LEFT(C8,4)+0,kmdm,2,FALSE),"")"，完成总账科目名称的设置。

Step 07 选中 E8 单元格，在编辑栏内输入公式"=IFERROR(IF(LEN(C8)=6,VLOOKUP(C8,kmdm,2,FALSE),""),"科目代码有误")"，完成明细科目名称的设置。选中 D8:E8 单元格区域，向下填充公式到 D22:E22 单元格区域。

说明

本界面设置的行数和输入界面中设置的行数是相同的。

Step 08 选中 I8 单元格，在编辑栏内输入公式"=IF(OR(COUNTBLANK(G8:H8)+COUNTBLANK(B8)=3,COUNTBLANK(G8:H8)+COUNTBLANK(B8)=0),"","错误")"，按回车键确认，完成错误提示的设置。选中 I8 单元格，向下复制公式到 I22 单元格中，完成错误提示的设置。

Step 09 选中 F8:F22 单元格区域，单击"数据"选项卡，执行"数据工具"组内的"数据验证"下的"数据验证"命令，打开"数据验证"对话框，在"设置"选项卡下的有效性中选择"序列"，"来源"设置为"=现金流量类型"，单击"确定"按钮，完成数据有效性的设置。

Step 10 选中 G8:G22 单元格区域，选中"开始"选项卡，执行"样式"组内的"条件格式"下的"新建规则"命令，在"选择规则类型"中选中"使用公式确定要设置格式的单元格"命令，打开"新建格式规则"对话框，在"为符合此公式的值设置格式"下的文本框内输入"=SUM($H$8:$H$22)<>SUM($G$8:$G$22)"，单击"格式"按钮，选择"填充"选项卡，选择红色为填充颜色，单击"确定"按钮，完成条件格式的设置。

Step 11 选中 G8:H22 单元格区域，右击，执行"设置单元格格式"命令，将"数字类型"设置为"会计专用"，不显示货币符号类型。

3．调用待修改凭证

在凭证修改的界面中设定了调用凭证的条件，接下来使用高级筛选，将凭证库中指定年、月和凭证号的凭证筛选出来，然后将指定的凭证内容复制到"凭证编辑"工作表中，这样就可以显示调出的指定凭证。以 2018 年 1 月第 2 号凭证为例，具体的操作过程如下：

Step 01 在"凭证编辑"工作表中，在 B2 单元格输入数据 2018，在 C2 单元格输入月份值 1，在 D2 单元格输入数值 2，如图 2.31 所示，完成高级筛选条件的设定。

A	B	C	D
凭证修改/查询条件：	年	月	凭证号
	2018	1	2

图 2.31 指定筛选条件

Step 02 选择"开发工具"选项卡，执行"代码"组内的"录制宏"命令，打开"录制新宏"对话框，将宏名称更改为"调出凭证"，单击"确定"按钮，开始录制宏。

Step 03 在"凭证编辑"工作表中，选中 A8:C22 单元格区域，单击键盘上的 Delete 键，删除指定单元格区域的内容。选中 F8:H22 单元格区域，单击键盘上的 Delete 键，删除指定单元格区域的内容。

> **说明**
>
> 删除不包含公式的单元格区域的目的是将筛选的结果复制到指定的位置。

Step 04 在"凭证编辑"工作表中，选中 A8 单元格，选中"凭证库"工作表，选中"数据"选项卡中"排序和筛选"组内的"高级"命令，打开如图 2.32 所示的"高级筛选"对话框，在列表区域中输入"pzk[#全部]"，单击条件区域后的折叠按钮，选中"凭证编辑"工作表中的 B1~D2 单元格区域，单击"确定"按钮，完成高级筛选的操作。

图 2.32 "高级筛选"对话框

Step 05 同时按下键盘上的 Ctrl+G 键,打开如图 2.33 所示的定位对话框,在引用位置中输入"=pzk[[#数据],[凭证 id]:[科目代码]]",单击"确定"按钮,定位到指定的位置。同时,按键盘上的 Ctrl+C 键复制内容,然后选中"凭证编辑"工作表中的 A8 单元格,右击,执行"选择性粘贴"命令,打开"选择性粘贴"对话框,选择其中的"粘贴数值"选项,最终将凭证 id、摘要和科目代码复制到指定位置。

Step 06 选中"凭证库"工作表,在编辑栏内单击一下,退出复制状态,选中 A1 单元格,同时按下键盘上的 Ctrl+G 键,打开如图 2.34 所示的"定位"对话框,在引用位置中输入"=pzk[[#数据],[现金流量类型]:[贷金额]]",单击"确定"按钮,定位到指定的位置。同时,按键盘上的 Ctrl+C 键复制内容,然后选中"凭证编辑"工作表中的 F8 单元格,右击,执行"选择性粘贴"命令,打开"选择性粘贴"对话框,选择其中的"粘贴数值"选项,最终将借方金额与贷方金额复制到指定位置。

图 2.33 "定位"对话框

图 2.34 "定位"对话框

Step 07 选中"凭证库"工作表,选择"数据"选项卡,执行"排序和筛选"组内的"清除"命令,清除高级筛选的结果,然后选择"凭证编辑"工作表。

Step 08 选中"凭证编辑"工作表,单击在"开发工具"选项卡的"代码组"内的"停止录制"命令,完成宏的录制。

Step 09 在"调用凭证"按钮上右击,执行"指定宏"命令,打开"指定宏"对话框,选择"调出凭证"项,单击"确定"按钮,完成指定宏的设置。

要调用1月第1号凭证,只需要在"凭证编辑"工作表中,在B2单元格内输入数值2018,在C2单元格内输入数值1,在D2单元格内输入数值1,单击"调用凭证"按钮,显示的结果如图2.35所示。

	A	B	C	D	E	F	G	H	I
1	凭证修改/查询条件:	年	月	凭证号	调用凭证	确认修改	删除凭证		
2		2018	1	1					
3									
4				记账凭证					
5			凭证号:1		日期:2018-01-01			附件数:1	
6	凭证ID	摘要	会计科目			现金流量类型	借方金额	贷方金额	错误提示
7			科目代码	总账科目	明细科目				
8	2018-01-01-001-01-01	购买商品	140503	库存商品	JP34		33,000.00	-	
9	2018-01-01-001-02-01	购买商品	140507	库存商品	MT5		21,000.00	-	
10	2018-01-01-001-03-01	购买商品	140508	库存商品	KK2		8,000.00	-	
11	2018-01-01-001-04-01	购买商品	222101	应交税费	应交增值税(进项)		10,540.00	-	
12	2018-01-01-001-05-01	购买商品	100201	银行存款	工行	购买商品、接受…	-	72,540.00	

图2.35 调用的指定凭证

4.修改凭证

将凭证调用出来后,接着需要删除凭证库中指定的凭证,并将"凭证编辑"工作表中修改完成的记录重新导入凭证库中。

第2号凭证中,将销售商品产生的主营业务收入输入成了主营业务成本,这就需要将第3笔记录的科目代码进行更改,具体的操作步骤如下:

Step 01 选择"凭证编辑"工作表中,在B2单元格内中输入2018,在C2单元格内输入数值1,在D2单元格中输入数值2,单击"调用凭证"按钮,调用凭证的结果如图2.36所示,完成高级筛选条件的设定。

	A	B	C	D	E	F	G	H	I
1	凭证修改/查询条件:	年	月	凭证号	调用凭证	确认修改	删除凭证		
2		2018	1	2					
3									
4				记账凭证					
5			凭证号:2		日期:2018-01-05			附件数:3	
6	凭证ID	摘要	会计科目			现金流量类型	借方金额	贷方金额	错误提示
7			科目代码	总账科目	明细科目				
8	2018-01-05-002-01-03	销售商品	100201	银行存款	工行	销售商品、提供…	13,475.00	-	
9	2018-01-05-002-02-03	销售商品	112201	应收账款	海尚公司		7,000.00	-	
10	2018-01-05-002-03-03	销售商品	6001	主营业务收入			-	17,500.00	
11	2018-01-05-002-04-03	销售商品	222102	应交税费	应交增值税(销项)		-	2,975.00	

图2.36 调出待修改的凭证内容

Step 02 选择"开发工具"选项卡,执行"代码"组内的"录制宏"命令,打开"录制新宏"对话框,将宏名称更改为"确认修改",单击"确定"按钮,开始录制宏。

Step 03 选中"凭证编辑"工作表中的A8单元格,然后选中"凭证库"工作表,选中"数据"选项卡中"排序和筛选"组内的"高级"命令,打开"高级筛选"对话框,在列表区域输入"pzk[#全部]",单击条件区域后的折叠按钮,选中"凭证编辑"工作表中的B1~D2单元格区域，单击"确定"按钮，完成高级筛选的操作。

Step 04 同时按键盘上的 Ctrl+G 键，打开如图 2.37 所示的"定位"对话框，在引用位置中输入"=pzk[#数据]"，单击"确定"按钮，定位到指定的位置。

图 2.37　定位对话框

说明

高级筛选找到的内容只有某个凭证号的所有内容，也就是待删除凭证的所有内容。

Step 05 同时按键盘上的 Shift+Ctrl+向右方向键，在选中的位置右击，执行"删除行"命令，删除指定的记录。

Step 06 选中"数据"选项卡，执行"排序和筛选"中的"清除"命令，退出筛选过程。

说明

为了保证以后的运行结果正确无误，用户不能删除所有的凭证，而应当确保"凭证库"工作表中至少包含一张凭证，否则会发生错误。

如果的确需要删除所有的凭证，请手工将"凭证库"中所有的凭证删除，并在 B2 单元格内输入任意可显示的字符。

Step 07 选中"凭证编辑"工作表中的 H8 单元格，然后在"开发工具"选项卡的代码组内选择"使用相对引用"命令，进入相对模式下录制。

Step 08 同时按键盘上的 Shift+Ctrl+向下方向键，再同时按键盘上的 Shift+Ctrl+向左方向键，按 3 次向左方向键，按键盘上的 Ctrl+C 键，完成要复制内容的选择复制操作。

Step 09 在"开发工具"选项卡的代码组内，取消选择"使用相对引用"命令，进入绝对引用模式。

Step 10 选择"凭证库"工作表中的 B2 单元格，然后在"开发工具"选项卡的代码组内，选择"使用相对引用"命令，同时按键盘上的 Ctrl+向下方向键，再单独按一次向下方向键，在空白单元格内右击，执行"选择性粘贴"命令，在"选择性粘贴"对话框选择"数值"项，单击"确定"按钮，完成数据的粘贴操作。

Step 11 在"开发工具"选项卡的代码组内，取消选择"使用相对引用"命令，进入绝对引用模式。

Step 12 选中"凭证库"工作表中的 B1 单元格，双击该单元格，退出复制模式，然后选中 C1 单元格，选择"凭证编辑"工作表，选中 A8:C22 单元格区域，单击 Delete 键，删除凭证摘要和科目代码，然后选中“F8:H22”单元格区域，单击 Delete 键，删除凭证的现金流量类型、借方金额和贷方金额，删除已经导入凭证的数据。

Step 13 单击“开发工具”选项卡的“代码组”内的“停止录制”命令，完成宏的录制。

Step 14 在“确认修改”按钮上右击，执行“指定宏”命令，打开“指定宏”对话框，选择“确认修改”项，单击“确定”按钮，完成指定宏的设置。

在“凭证编辑”工作表中，在 B2 单元格内输入 2018，在 C2 单元格中输入 1，在 D2 单元格中输入 2，单击“调用凭证”按钮，调出凭证，然后将 C10 单元格中的内容更改为“6001”，如图 2.38 所示。

凭证修改/查询条件:	年	月	凭证号	调用凭证	确认修改	删除凭证
	2018	1	2			

记账凭证

凭证号: 2　日期: 2018-01-05　附件数: 3

凭证ID	摘要	会计科目 科目代码	总账科目	明细科目	现金流量类型	借方金额	贷方金额	错误提示
2018-01-05-002-01-03	销售商品	100201	银行存款	工行	销售商品、提供	13,475.00	-	
2018-01-05-002-02-03	销售商品	112201	应收账款	海尚公司		7,000.00	-	
2018-01-05-002-03-03	销售商品	6001	主营业务收入			-	17,500.00	
2018-01-05-002-04-03	销售商品	222102	应交税费	应交增值税（销项）		-	2,975.00	

图 2.38　修改凭证内容

单击“确认修改”按钮，即可将指定的内容写回凭证库，修改的凭证此时会被放置在凭证库表中的最后位置，最终的结果如图 2.39 所示。

id	凭证id	摘要	科目代码	总账科目	明细科目	现金流量类	借金额	贷金额	类型代	年	月	日	凭证号	笔号	附件数	性质	审核
2018-1-1-1	2018-01-01-001-01-01	购买商品	140503	库存商品	JP34		33000	0		2018	1	1	1	1	1	1	
2018-1-1-2	2018-01-01-001-02-01	购买商品	140507	库存商品	MT5		21000	0		2018	1	1	1	2	1	1	
2018-1-1-3	2018-01-01-001-03-01	购买商品	140508	库存商品	KK2		8000	0		2018	1	1	1	3	1	1	
2018-1-1-4	2018-01-01-001-04-01	购买商品	222101	应交税费	应交增值税（进项）		10540	0		2018	1	1	1	4	1	1	
2018-1-1-5	2018-01-01-001-05-01	购买商品	100201	银行存款	工行	购买商品、	0	72540	jy4	2018	1	1	1	5	1	1	
2018-1-2-1	2018-01-05-002-01-03	销售商品	100201	银行存款	工行	销售商品、	13475	0	jy1	2018	1	5	2	1	3	1	
2018-1-2-2	2018-01-05-002-02-03	销售商品	112201	应收账款	海尚公司		7000	0		2018	1	5	2	2	3	1	
2018-1-2-3	2018-01-05-002-03-03	销售商品	6001	主营业务收入			0	17500		2018	1	5	2	3	3	-1	
2018-1-2-4	2018-01-05-002-04-03	销售商品	222102	应交税费	应交增值税（销项）		0	2975		2018	1	5	2	4	3	-1	

图 2.39　导入的凭证在凭证库中的位置

说明

凭证库模拟的是一张数据库的表，它在今后的计算和引用中只和凭证 id、id 等字段相关，但是和凭证位于凭证库的哪一行是无关的。

习题

将金邦公司第 6 笔业务工行支付招待费由 3000 元更改为 3500 元。要求根据本实验的方法创建凭证修改界面，调出要修改的凭证，修改后传回凭证库中。

Excel 在会计和财务管理中的应用（第 4 版）

 实验 2-4　凭证查询审核与打印

实验原理

在一个有着内部控制的企业，设置审核程序是必需的。审核程序能够减少差错的发生，而且只有经过审核的凭证才可以入账。

凭证的登记人员是不得负责凭证审核工作的。在使用数据库作为后台的电算化系统中要做到这一点并不困难，但是对于 Excel 而言，我们实现的仅仅是为会计凭证设置审核标志。

用 Excel 编制会计电算化的过程中，审核的主要作用在于发现记账凭证中是否发生了错误。这些错误包括账务处理是否正确、登记的金额是否正确。当所有的数据审核无误后，就可以通过单击"审核"按钮为凭证添加已审核标志。

要做到这一点，需要经过如下步骤：

Step 01 读取指定的凭证：该步骤和上节实验的相关内容是一致的，需要通过高级筛选从凭证库中提取数据。

Step 02 审核数据：对读出的数据进行审核，如果数据确定无误，则单击"审核"按钮，完成审核操作。

凭证打印的过程就是将凭证内容导入预先设置好的界面内，图 2.40 显示的是一张常用的记账凭证。

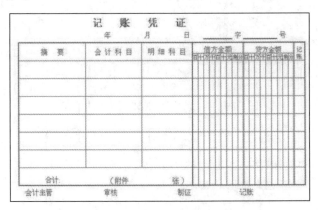

图 2.40　常用的记账凭证

从图 2.40 中可以看出，凭证的打印界面和设计界面是不相同的，在设计界面中，为用户预留了多达 18 个数据行，这就意味着一个凭证号最多可以输入 18 笔记录。但是在打印的时候不可能让一张凭证纸容纳 18 行记录，比如图 2.40 所示的样张中，只能容纳 6 个数据行，这就要求一张凭证中多于指定的数据行时，需要将凭证进行分页处理。

本实验将从凭证库中提取的信息进行加工后填写到记账凭证中，并最终输出到打印机上。提取数据的方法是使用公式和函数。实验中提取数据的过程是比较复杂的，为了降低提取数据的难度,通常会设置一些辅助列(行)。这些辅助列(行)的作用是预先计算出公式的值,达到简化公式的计算、降低公式设计难度的目的。

实验目的与要求

(一)实验目的

通过本实验掌握凭证提取的方法,设计辅助列的方法。

(二)实验要求

能熟练操作高级筛选方法,了解录制宏的过程。

实验内容及数据来源

要求从凭证库中调出指定的凭证,并显示如下字段:

(1)凭证号:指定年月的某笔凭证。

(2)记账日期:提取"凭证库"中"id"字段的值。

(3)附件数:一张凭证号中每笔记录的附件数都是相同的,因此只需要提取"凭证库"中对应凭证号第一笔分录的附件数。

(4)摘要:提取"凭证库"中"摘要"字段的值。

(5)总账科目:提取"凭证库"中对应"总账科目"字段的值。

(6)明细科目:提取"凭证库"中对应"明细科目"字段的值。

(7)借方金额:提取"凭证库"中对应"借金额"字段的值。

(8)贷方金额:提取"凭证库"中对应"贷金额"字段的值。

(9)合计:如果凭证大于 4 笔分录,那么凭证将会被分页,并且合计数只在最后一页中显示;如果凭证数小于 4 笔分录,凭证就只有一页,直接对借方金额和贷方金额进行汇总。

提取完成后,用户在本实验要完成下述任务:

(1)通过用户输入指定的年、月和凭证号信息,审核第一张凭证 2018 年 1 月第 1 号凭证和第 2 号凭证。

(2)打印 2018 年 1 月第 2 号凭证。

实验操作指导

1. 凭证审核条件设定

判断一张凭证是否已经被审核过就是看"凭证库"工作表中"审核"字段的内容,如果一张凭证已经审核通过,就标示为"已审核",如果未审核,则显示空白。要提取指定的凭证进行审核或者打印,首先需要调出指定的凭证,具体的操作步骤如下:

Step 01 新建一张工作表,将工作表重命名"凭证审核与打印",建立"凭证审核与打印"工作表。

Step 02 从 A1 单元格开始输入如图 2.41 所示的数据,完成查询条件的指定。

	A	B	C	D	E	F	G
1	凭证审核/打印条件：		年	月	凭证号	总页数	当前页数
2			2018	1	2	1	1

图 2.41 设置条件区域

Step 03 选中"开发工具"选项卡，执行"控件"组中的"表单控件"，选择"数值调节"按钮，如图 2.42 所示，在 E2 单元格内拖曳出一个"数值调节"按钮，完成 E2 单元格内"数值调节"按钮的放置。

图 2.42 "数值调节"按钮控件

― 说明 ―

这是模仿一些会计电算化软件中的操作方式，比如要查看下一个凭证号，只要单击该"数值调节"按钮即可，而不需要输入数字。

使用"数值调节"按钮和直接在单元格内输入数值的效果是一致的。

Step 04 在 E2 单元格内的"数值调节"按钮处右击，执行"设置控件格式"命令，打开"设置控件格式"对话框，如图 2.43 所示，单击"控制"标签，"当前值"选择为"1"，"最小值"设置为"1"，"步长"设置为"1"，单击单元格链接后的折叠按钮，选择 E2 单元格，单击"确定"按钮，完成对 E2 单元格"数值调节"按钮的设置。

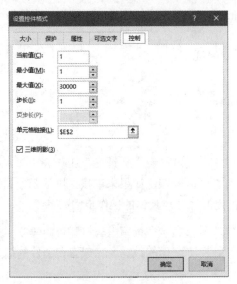

图 2.43 设置"数值调节"按钮

第 2 章　编制会计凭证

> **说明**
>
> 最大值是指单击"数值调节"按钮最大可能达到的值，步长表示每次单击"数值调节"按钮指定的单元格内数值增加或者减少的步长值。

Step 05 同样在 G2 单元格内拖曳出一个"数值调节"按钮，完成 G2 单元格内"数值调节"按钮的放置。

Step 06 在 G2 单元格内的"数值调节"按钮处右击，执行"设置控件格式"命令，打开"设置控件格式"对话框，单击"控制"标签，"当前值"选择为"1"，"最小值"设置为"1"，"步长"设置为"1"，单击单元格链接后的折叠按钮 ↑，选择 G2 单元格，单击"确定"按钮，完成对 G2 单元格"数值调节"按钮的设置。

2．凭证区域设定

最终打印的凭证其行数是固定的，并且一般行数不会太多，对于某些笔数较多的凭证来说，就存在着分页显示的问题。如果在 Excel 中设计的公式比较复杂，则会考虑为公式设计一些辅助列或者行，这些辅助区域的设计目的就是简化其他单元格的公式，降低公式理解的难度。例如，在这里可以事先将凭证库中的 id 字段值提取部分内容放置在 A8:A11 单元格内，具体的操作步骤如下：

Step 01 在"凭证审核与打印"工作表中，从第 4 行开始，输入如图 2.44 所示的内容。

图 2.44　凭证格式

> **说明**
>
> 注意，在本系统中不同部分涉及 id 的内容为：
> 凭证库中"id"字段的值表示某笔凭证年、月、凭证号和笔号等信息组合成的字段。
> 凭证库中"凭证 id"字段的值表示某笔凭证年、月、日、凭证号、笔号和附件数等信息组合成的字段。id 字段的内容其实是可以从"凭证 id"字段中获取的，但是凭证 id 字段包含的信息更加复杂，因此要获取某些信息的时候不是非常方便，id 字段实质上就是一个辅助列。这种设计方式在使用数据库为后台的开发中

是不常用的，但是使用 Excel 做开发的时候会经常使用这种技巧。

Step 02 选中"开发工具"选项卡，选择"控件"组下的"表单控件"中的"按钮"控件，在如图 2.44 所示的位置添加一个命令按钮，将按钮上的标题更改为"凭证审核"。

Step 03 选中"开发工具"选项卡，选择"控件"组下的"表单控件"中的"按钮"控件，在如图 2.44 所示的位置添加一个命令按钮，将按钮上的标题更改为"打印凭证"，完成表单控件的设计。

Step 04 选中 F2 单元格，在编辑栏内输入公式"=ROUNDUP(COUNTIF(pzk[id],$C$2&"-"&$D$2&"-"&$E$2&"-*")/4,0)"，按回车键确认，完成凭证显示总页数的设置。

═══════════════════ 说明 ═══════════════════

要知道某一凭证号有多少笔记录，可以通过统计 id 字段前 3 部分（也就是年、月、凭证号的信息）来获得。比如某一个凭证号的 id 总是可以表示为类似于"2018-1-1-*"这种格式，*表示任意一个笔号，相当于通配符。

COUNTIF 函数是支持通配符的，因此通过 COUNTIF 函数能够统计指定年、月和凭证号的记录笔数。

知道指定的凭证号后，还需要知道最多可以分成多少页显示，某个凭证号记录的笔数除以 4 的余数不为 0，就必须增加一页进行显示。

ROUNDUP 函数就可以达到这样的目的，该函数的作用是向上含入数字。与常见的四舍五入函数不同，只要是在保留位数后面出现了不是 0 的数，该数就必须进一，如 2.1 保留 0 位小数的结果就是 3。当总笔数除以 4 包含小数时，无论这个小数的值为多少，都一定要分页。

Step 05 单击 A8 单元格，在编辑栏内输入公式"=$C$2 & "-" & $D$2 & "-" &$E$2 &"-" &(ROW()-7)+($G$2-1)*4"，完成第 1 行 id 的设定。

═══════════════════ 说明 ═══════════════════

在本页面中，id 字段的构成也是"年-月-凭证号-笔号"。在公式中，(ROW()-7)+($G$2-1)*4 表示的是某一页某一行代表的笔号，这两者组合起来表示的就是"凭证库"工作表中的 id 字段内容。A9、A10 和 A11 单元格中的含义也一样。

Step 06 将 A8 单元格的公式复制到 A9：A11 单元格区域内，完成 id 的设定。

Step 07 选中 C5 单元格，在编辑栏内输入公式"=E2"，完成凭证号的设置。

Step 08 选中 E5 单元格，在编辑栏内输入公式"=LEFT(VLOOKUP(C2&"-"&D2&"-"&E2&"-1",pzk,2,FALSE),10)"，完成日期的设置。

═══════════════════ 说明 ═══════════════════

日期由年、月、日 3 部分构成，这些信息可以从"凭证 id"字段前 10 位数据中获得。在条件区域中，每个凭证号的输入日期都是一样的，因此只要知道指定年、月、凭证号的第一笔记录就可以找到对应的 id 字段的值，C2&"-"&D2&"-"&E2&"-1"就是计算这样的内容。

通过 VLOOKUP 函数从凭证库中找到 id 字段的值后，就可以通过 LEFT 计算其左侧 10 位的值。

Step 09 选中 G5 单元格，在编辑栏内输入公式"=VLOOKUP(C2&"-"&D2&"-"&E2&"-1",pzk,16,FALSE)"，完成附件数的确认。

> **说明**
>
> 一个凭证号对应的附件数总是固定的。C2&"-"&D2&"-"&E2&"-1"是指定年月某凭证号第 1 笔记录的"凭证 id"值，根据该 id 值就可以找到对应的附件数。

Step 10 选中 B8 单元格，在编辑栏内输入公式"=IFERROR(VLOOKUP(A8,pzk,3,FALSE),"")"，完成摘要的提取。

> **说明**
>
> 一个凭证号对应的摘要一般来说并不一定都相同，解决的方式是根据 A8 单元格所显示的 id 字段的值到 pzk 表对象中查找指定记录的摘要内容。
>
> 但是并不是所有计算给出的 id 号都会有对应的记录。原因在于，已经为 A8:A11 单元格设置了公式，假定某笔业务只有 3 行记录，那么 A11 单元格依旧会显示一个 id 号，只是这个 id 号是计算得来的，根据该 id 号无法从凭证库中提取到任何信息，为此就需要使用 IFERROR 函数来忽略可能产生的错误。

Step 11 选中 B8 单元格向下拖曳，将 B8 单元格的公式复制到 B11 单元格中，完成摘要信息的提取。

Step 12 选中 C8 单元格，在编辑栏内输入公式"=IFERROR(VLOOKUP(A8,pzk,4,FALSE),"")"，完成科目代码的设置。

Step 13 选中 C8 单元格向下拖曳，将 C8 单元格的公式复制到 C11 单元格中，完成科目代码信息的提取。

Step 14 选中 D8 单元格，在编辑栏内输入公式"=IFERROR(VLOOKUP(A8,pzk,5,FALSE),"")"，完成总账科目内容的提取。

Step 15 选中 D8 单元格向下拖曳，将 D8 单元格的公式复制到 D11 单元格中，完成总账科目内容的提取。

Step 16 选中 E8 单元格，在编辑栏内输入公式"=IFERROR(VLOOKUP(A8,pzk,6,FALSE),"")"，完成明细科目的提取。

Step 17 选中 E8 单元格向下拖曳，将 E8 单元格的公式复制到 E11 单元格中，完成明细科目内容的提取。

Step 18 选中 F8 单元格，在编辑栏内输入公式"=IFERROR(VLOOKUP(A8,pzk,8,FALSE),0)"，完成借方金额的提取。

Step 19 选中 F8 单元格向下拖曳，将 F8 单元格的公式复制到 F11 单元格中，完成借方金额的提取。

Step 20 选中 G8 单元格，在编辑栏内输入公式"=IFERROR(VLOOKUP(A8,pzk,9,FALSE),0)"，完成贷方金额的提取。

Step 21 选中 G8 单元格向下拖曳，将 G8 单元格的公式复制到 G11 单元格中，完成贷方金额的提取。

Step 22 选中 H8 单元格，在编辑栏内输入公式"=IF(COUNTIFS(pzk[id],A8,pzk[审核],"已审核")=1,"√","")"，完成审核信息的提取。

> **说明**
>
> COUNTIFS 函数的作用是统计凭证库的 id 字段的值为 A8 单元格的值并且凭证库审核内容为"已审核"

时，就用"√"来表示。

Step 23 选中 H8 单元格向下拖曳，将 H8 单元格的公式复制到 H11 单元格中，完成审核标志的设置。

Step 24 选中 F12 单元格，在编辑栏内输入公式"=IF($F$2=$G$2,SUMIF(pzk[id],$C$2&"-"&$D$2&"-"&$E$2&"-*",pzk[借金额]),"")"，完成凭证借方合计的计算。

说明

由于一个凭证号可能有多笔凭证，因此就会存在凭证分页的问题。只有当凭证显示到最后一页的时候才会进行借方合计的计算。$F$2=$G$2 的意思是如果 F2 单元格的值和 G2 单元格的值相等，就表示当前页和总页数相等，这就意味着当前显示的页面是该号凭证的最后一页。

使用 SUMIF 函数可以对指定的年月和凭证号记录进行求和计算。

Step 25 选中 G12 单元格，在编辑栏内输入公式"=IF($F$2=$G$2,SUMIF(pzk[id],$C$2&"-"&$D$2&"-"&$E$2&"-*",pzk[贷金额]),"")"，完成凭证贷方合计的计算。

3. 设置条件格式

审核或者打印凭证的时候会有两个显而易见的错误需要处理，一个错误是当前页号超过了最大的总页数，另一个错误是合计的借方金额与贷方金额不相等。处理这些错误的方式是对这些简单的错误使用明显的样式标示出来，具体的操作过程如下：

Step 01 选中 F2:G2 单元格区域，单击"开始"选项卡，执行"样式"组中"条件格式"下的"新建规则"命令，在打开的对话框中选择"使用公式确定要设置格式的单元格"命令，打开如图 2.45 所示的"新建格式规则"对话框，在"为符合此公式的值设置格式"中设定公式为"=$G$2>$F$2"。

图 2.45 创建格式规则

Step 02 单击图 2.45 中的"格式"按钮，选择"填充"选项卡，选择红色作为填充色，单击"确定"按钮，完成 F2:G2 条件样式的设置。

> **说明**
>
> 用户单击数值调节按钮的时候，Excel 并不能够主动制止用户选择一个超出最大页数的数值当作当前的页数，用户可以做的是利用条件规则适时地给出提示。比如当总页数为 1 的时候，如果当前的页数输入了大于 1 的数值，则会在该区域显示红色以示提醒，如图 2.46 所示。

	A	B	C	D	E	F	G
1	凭证审核/打印条件：		年	月	凭证号	总页数	当前页数
2			2018	1	1	1	2

图 2.46 超出最大页数的提醒

Step 03 选中 F12:G12 单元格区域，单击"开始"选项卡，执行"样式"组中"条件格式"下的"新建规则"命令，在打开的对话框中选择"使用公式确定要设置格式的单元格"命令，打开"新建格式规则"对话框，在"为符合此公式的值设置格式"中设定公式为"=$G$12<>$F$12"。

Step 04 单击对话框中的"格式"按钮，选择"填充"选项卡，选择红色作为填充色，单击"确定"按钮，完成 F12:G12 条件样式的设置。

> **说明**
>
> 如果借贷方不平衡，就会以红色凸显出来。

4．审核凭证

审核凭证发生在审核人员查看凭证之后，当用户通过上述步骤调出指定的凭证后，如果确认审核无误，就可以为凭证库中的审核字段添加审核标记。进行审核操作需要使用录制宏的方式来解决，具体的操作过程如下：

Step 01 选择"开发工具"选项卡，执行"代码"组内的"录制宏"命令，打开"录制新宏"对话框，将宏名称更改为"凭证审核"，单击"确定"按钮，开始录制宏。

Step 02 选中"凭证库"工作表，选中"数据"选项卡中"排序和筛选"组内的"高级"命令，打开"高级筛选"对话框，在列表区域输入"pzk[#全部]"，单击条件区域后的折叠按钮，选中"凭证审核与打印"工作表中的 C1~E2 单元格区域，单击"确定"按钮，完成高级筛选的操作。

Step 03 同时按键盘上的 Ctrl+G 键，打开如图 2.47 所示的"定位"对话框，在"引用位置"中输入"=pzk[[#数据],[审核]]"，单击"确定"按钮，定位到指定的位置。

Step 04 输入"已审核"，同时按键盘上的 Ctrl 和回车键，将选中的单元格区域都填充同样的内容。

Step 05 选中 A1 单元格，选中"数据"选项卡，执行"排序和筛选"组下的"清除"命令，再次选中"凭证审核与打印"工作表，回到原先的界面。

Step 06 选中"凭证审核与打印"工作表，单击在"开发工具"选项卡的"代码"组内的"停止录制"命令，完成宏的录制。

图 2.47 "定位"对话框

Step 07 在"凭证审核"按钮上右击,执行"指定宏"命令,打开"指定宏"对话框,选择"凭证审核"项,单击"确定"按钮,完成指定宏的设置。

当通过上述设置后,只要单击指定的"审核"按钮,即可"审核"指定的凭证。具体的操作过程如下:

Step 01 在 C2 单元格中输入 2018,在 D2 单元格内输入数值 1,在 E2 单元格内输入数值 1,在 G2 单元格内输入数值 1,如图 2.48 所示,完成审核条件的设置。

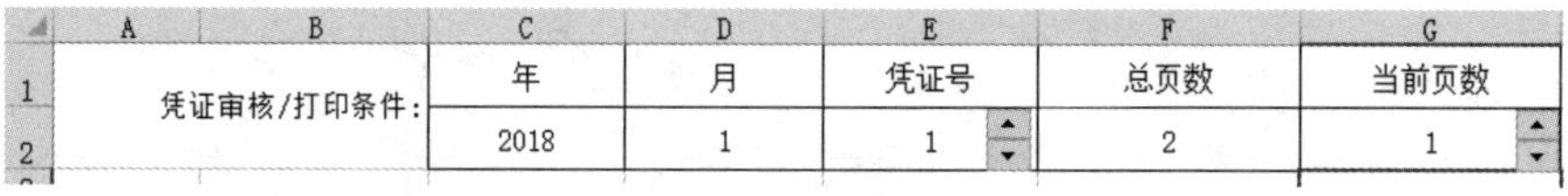

图 2.48 设置审核条件

Step 02 单击"凭证审核"按钮,完成凭证审核操作。审核后,在审核一栏,凡是已经被审核的记录都出现了审核标志"√",如图 2.49 所示。

图 2.49 审核凭证第 1 页

Step 03 单击 G2 中的数值调节按钮,将当前页数从 1 更改为 2,就可以看到调出的最后一笔记录已经被审核了,如图 2.50 所示。

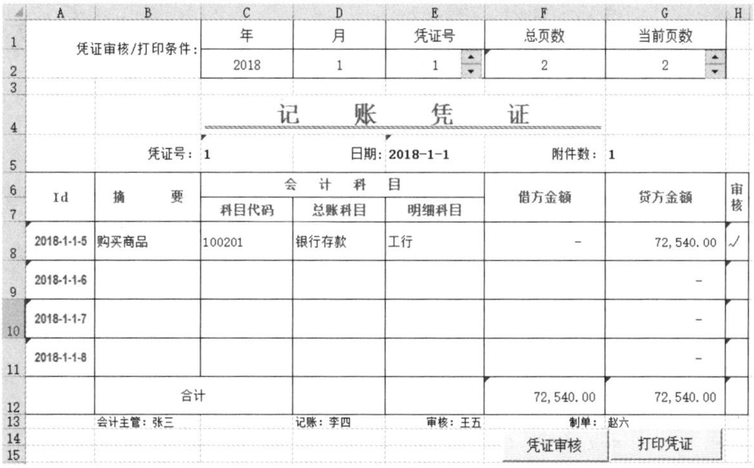

第 2 章 编制会计凭证

图 2.50 凭证审核第 2 页

说明

凭证审核是针对某凭证号进行的，不论该凭证号有多少笔记录，都会一次性添加上审核标志。

Step 04 单击 E2 单元格内的数值调节按钮，将凭证号更改为 2 号，完成凭证号的设置。

Step 05 单击"凭证审核"按钮，完成凭证审核操作。审核后，在审核一栏，凡是已经被审核的记录都出现了审核标志"√"，如图 2.51 所示。

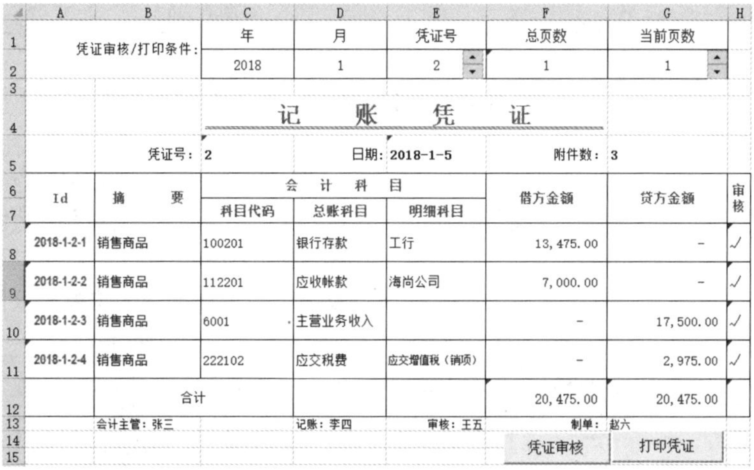

图 2.51 审核 1 月第 2 号凭证

5．打印凭证

对于已经添加审核标志的凭证可以通过打印输出保存装订。打印凭证实际上就是指定一个打印区域，单击打印按钮就执行打印操作，只需要对该操作录制一个宏并指定给一个按钮，今后只需要单击该按钮即可完成打印，具体的操作步骤如下：

Step 01 在"凭证审核与打印"工作表中选中 B4 单元格，按住 Shift 键不放，再次选中 H13 单元格，完成打印区域的选择。

Excel 在会计和财务管理中的应用（第 4 版）

Step 02 选中"页面布局"选项卡，执行"页面设置"组中"打印区域"下的"设置打印区域"命令，完成打印区域的设定。

Step 03 选择"开发工具"选项卡，执行"代码"组内的"录制宏"命令，打开"录制新宏"对话框，将宏名称更改为"打印凭证"，单击"确定"按钮，开始录制宏。

Step 04 单击"文件"按钮，执行"打印"菜单下的"快速打印"命令，完成打印操作。

Step 05 单击在"开发工具"选项卡，执行"代码"组内的"停止录制"命令，完成宏的录制。

Step 06 在"凭证审核"按钮上右击，执行"指定宏"命令，打开"指定宏"对话框，选择"打印凭证"项，单击"确定"按钮，完成指定宏的设置。

用户正确设置了打印机后，只需要单击"打印凭证"按钮即可将屏幕中的记账凭证内容打印出来。以 1 月第 2 号凭证为例，最终打印出来的凭证如图 2.52 所示。

摘 要	会 计 科 目			借方金额	贷方金额	审核
	科目代码	总账科目	明细科目			
销售商品	100201	银行存款	工行	13,475.00	-	√
销售商品	112201	应收帐款	海尚公司	7,000.00	-	√
销售商品	6001	主营业务收入		-	17,500.00	√
销售商品	222102	应交税费	应交增值税（销项）	-	2,975.00	√
合计				20,475.00	20,475.00	

记 账 凭 证
凭证号：2 日期：2018-1-5 附件数：3
会计主管：张三 记账：李四 审核：王五 制单：赵六

图 2.52 最终打印的凭证

6．公式保护

一张到处都是公式的工作表是非常脆弱的，操作人员的任何疏忽都会导致整个系统的崩溃。为了避免这样的情况，需要对包含有公式的单元格进行单元格保护操作，这个过程被称为工作表保护。当工作表处于被保护状态的时候，那些预先被锁定的单元格是无法被更改内容的，但是公式计算的结果能够正常显示。

保护工作表通常要经过如下几个步骤：

● 全选工作表，将所有单元格都设置为未"锁定"状态。
● 选中要保护的单元格，将这些单元格设置为"锁定"状态。
● 为工作表设置保护密码。

保护"凭证审核与打印"工作表的具体操作步骤如下：

Step 01 打开"凭证审核和打印"工作表，单击工作表行号和列标交叉处，或者按 Ctrl+A 键，完成对工作表的全选。

Step 02 右击，执行"设置单元格格式"命令，打开"设置单元格格式"对话框，单击"保护"标签，将"锁定"前的勾选去除，单击"确定"按钮，如图 2.53 所示，解除对所有单元格的锁定。

第 2 章 编制会计凭证

图 2.53 解除锁定

Step 03 按住 Ctrl 键的同时，选中工作表中所有使用公式的单元格，完成对需要保护单元格的选择。

Step 04 在选中的任意一个单元格上右击，执行"设置单元格格式"命令，打开"设置单元格格式"对话框，单击"保护"标签，将"锁定"勾选，单击"确定"按钮，完成对单元格的锁定。

Step 05 单击"开始"选项卡，选择"单元格"组内的"格式"，执行"保护"下的"保护工作表"命令，打开"保护工作表"对话框，如图 2.54 所示。输入解除保护的密码，例如输入"1234"，程序以"*"号显示密码，单击"确定"按钮，打开"确认密码"对话框，再次输入"1234"，单击"确定"按钮，完成对工作表的保护设定。

图 2.54 "保护工作表"对话框

说明

保护工作表也可以单击"审阅"选项卡，执行"更改"组内的"保护工作表"命令。

保护工作表生效后，对于已经设置为"锁定"的单元格不再允许进行编辑，但是可以正常显示公式计算的结果。对于使用数值调节按钮调节数据的单元格，视同键盘输入数据，因此凡是数值调节按钮链接到的单元格都不应该被锁定。一旦改变被保护单元格，都会收到如图 2.55 所示的消息框，提示单元格处于受保护状态。

图 2.55　保护单元格消息框

有的时候被保护的单元格需要重新进行编辑，此时就要先撤销工作表保护，再进行编辑。撤销工作表保护的方法如下：

单击"开始"选项卡，选择"单元格"组内的"格式"，执行"保护"下的"撤销工作表保护"命令，打开"撤销工作表保护"对话框，如图 2.56 所示，输入上一步的密码"1234"，单击"确定"按钮，完成撤销保护工作表。这样就可以继续编辑工作表了。

图 2.56　"撤销工作表保护"对话框

习题

将已经创建完毕的 1 月的凭证按照凭证号逐张查看后审核通过，并标记上审核标志，最终将凭证打印出来。

第3章 会计账簿

凭证库就相当于整个账务处理系统的数据中心,它为账簿和报表提供了所需的数据。从 Excel 应用的角度来看,账簿和报表只是用不同的分析角度来看待凭证库数据。本章介绍了如何创建科目汇总表、科目余额表、总分类账、明细分类账以及导航页面的设计等内容。

实验 3-1 科目汇总表

实验原理

科目汇总表的作用是定期对全部记账凭证进行汇总,按各个会计科目列出其借方发生额和贷方发生额的一种汇总凭证。根据借贷记账法的基本原理,每一张记账凭证都必须符合"有借必有贷,借贷必相等"的原则,每个月产生的科目汇总表中各个会计科目的借方发生额合计与贷方发生额合计必然相等。因此,科目汇总表具有试算平衡的作用。

科目汇总表适用于业务量较大的单位。在手工记账的条件下,科目汇总表还为总分类账提供了数据作为登记的依据,但是在会计电算化条件下,由于科目汇总表无法反映科目的对应关系,不便于经济业务核查,因此在电算化软件的设计中会计凭证应该来自于最明细的原始单据。因此,不能够依据科目汇总表来登记入账,其作用仅限于试算平衡。

使用 Excel 进行科目汇总表的设计,需要解决两方面的问题:

一是会计科目从何而来?会计科目不能在工作表中预先设立并固定不变。原因是科目汇总表中预先设立的会计科目都是基本的会计科目而不是全部的科目,实际输入凭证的过程中有部分会计科目在指定的月份中并未使用,而有部分会计科目是在实际工作中后续添加的,如何反映这部分会计科目是需要解决的第一个问题。

二是金额从何而来?既然是会计电算化软件,就应当具有实时查看数据的功能,如何实时刷新数据是需要解决的第二个问题。

Excel 中有一个 Microsoft Query 组件,该组件的作用相当于数据库的查询分析器,能够通过该组件从数据库中提取数据并显示到工作表中。虽然 Excel 并不是真正意义上的数据库,但是 Microsoft Query 组件依旧能够从指定的工作簿(包括当前正在使用的工作簿)中提取数据。如果把"科目汇总表"工作表当作数据表看待,就可以解决会计科目的来源问题,如果把"凭证库"工作表当数据表来看,就可以解决金额来源的问题。

实验目的与要求

（一）实验目的

熟悉科目汇总表的结构和 Microsoft Query 提取数据的方法。

（二）实验要求

了解 Microsoft Query 的使用方法。

实验内容及数据来源

科目汇总表包括的内容：

（1）日期信息。
（2）科目代码。
（3）科目名称。
（4）指定月借方发生额。
（5）指定月贷方发生额。

实验操作指导

1. 科目汇总表界面

科目汇总表的界面仅仅是一个简单的表头，创建科目汇总表具体操作步骤如下：

Step 01　在"账务处理.xlsm"中新建一张工作表，将其重命名为"科目汇总表"。

Step 02　选中 A1:D1 单元格区域，单击"开始"选项卡，执行"对齐方式"组中的"合并后居中"命令，将指定的内容合并居中，然后在 A1 单元格中输入"=B2&"年"&D2&"月科目汇总表""，完成表头标题的设置。

Step 03　从 A2 单元格开始输入如图 3.1 所示的内容，完成科目汇总表界面的设置。

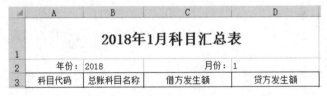

图 3.1　科目汇总表结构

2. 科目汇总表数据

凭证库中包含会计科目名称和借贷方指定月份的发生额等信息内容。科目汇总表的数据来源于凭证库工作表，从凭证库工作表中提取数据的具体操作步骤如下：

Step 01　选中 A4 单元格，选中"数据"选项卡，在"获取外部数据"组中，执行"自其他来源"中的"来自 Microsoft Query"命令，打开如图 3.2 所示的"选择数据源"对话框。

第 3 章 会计账簿

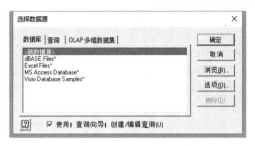

图 3.2 选择数据源

> **说明**

选择数据源就相当于指定一个数据库类型。

Step 02 在如图 3.2 所示的"选择数据源"对话框中，选择数据库类型为"Excel Files*"，单击"确定"按钮，打开如图 3.3 所示的"选择工作簿"对话框。

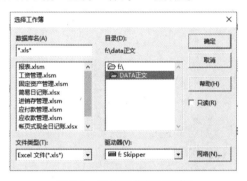

图 3.3 选择工作簿对话框

> **说明**

选择工作簿就相当于选择数据库文件的位置。

Step 03 在驱动器中选择 D 盘，在目录中选择"data 正文"，数据库的名称就指定为"账务处理.xlsm"，单击"确定"按钮，打开如图 3.4 所示的"查询向导-选择列"对话框，单击"可用的表和列"中"凭证库"前的"+"号，展开该表所包含的列，选中要显示的列为科目代码、总账科目、借金额和贷金额。

图 3.4 选择列

Excel 在会计和财务管理中的应用（第 4 版）

说明

选择的列就是科目汇总表中要显示的列字段名称。

Step 04 单击"下一步"按钮，完成要显示的列的选择，进入"查询向导-筛选数据"对话框，如图 3.5 所示。

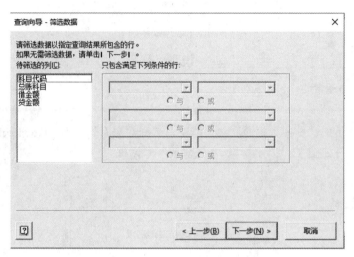

图 3.5　查询向导-筛选数据

Step 05 单击"下一步"按钮，跳过筛选的过程，打开如图 3.6 所示的"查询向导-排序顺序"对话框，在该步骤中不需要设置任何内容。

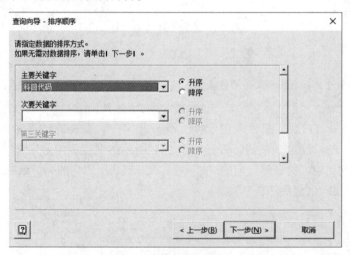

图 3.6　查询向导-排序顺序

说明

这一步指明了最后的查询结果会按照科目代码的升序进行排列。

Step 06 单击"下一步"按钮，打开如图 3.7 所示的"查询向导-完成"对话框，在"请确定下一步的动作"中，选中"在 Microsoft Query 中查看数据或编辑查询"，单击"完成"按钮。

图 3.7 查询向导-完成

说明

这一步是选择获得的查询结果是直接显示到工作表中还是通过 Microsoft Query 组件进一步处理后再显示。

完成查询向导的操作，进入 Microsoft Query 窗口，如图 3.8 所示。

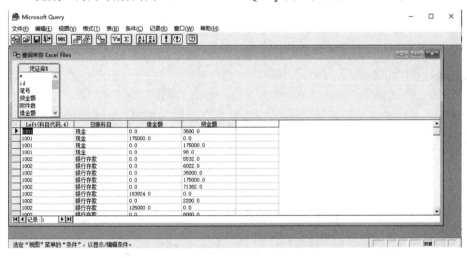

图 3.8 Microsoft Query 窗口

Step 07　在 Microsoft Query 窗口中，选中"科目代码"列中任意一个数据，执行"记录"菜单下的"编辑列"命令，打开如图 3.9 所示的"编辑列"对话框，将"字段"下的内容更改为"Left(科目代码,4)"，单击"确定"按钮，完成列的设置。

Step 08　在 Microsoft Query 窗口中，选中"借金额"列中任意一个数据，执行"记录"菜单下的"编辑列"命令，打开如图 3.10 所示的"编辑列"对话框，在"字段"下拉列表中选择"借金额"，在"总计"下拉列表中选择"求和"，单击"确定"按钮，完成借金额字段的求和。

　　　　图 3.9　编辑列　　　　　　　　　　　图 3.10　编辑借金额字段

Step 09 在 Microsoft Query 窗口中,选中"贷金额"列中任意一个数据,执行"记录"菜单下的"编辑列"命令,打开如图 3.11 所示的"编辑列"对话框,在"字段"下拉列表中选择"贷金额",在"总计"下拉列表中选择"求和",单击"确定"按钮,完成贷金额字段的求和。

图 3.11　编辑贷金额字段

Step 10 在 Microsoft Query 窗口中,执行"条件"菜单下的"添加条件"命令,打开如图 3.12 所示的"添加条件"对话框,保持"总计"下拉列表为空,选择"字段"为"年","运算符"设置为"等于","指定值"设置为"[nian]",单击"添加"按钮,完成年份条件的设置。保持"总计"下拉列表内为空,选择"字段"为"月","运算符"设置为"等于","指定值"设置为"[yue]",单击"添加"按钮,完成月份条件设置。

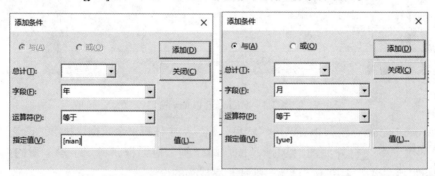

图 3.12　添加条件

=== 说明 ===

　　指定值设置为"[nian]"的含义是要指定的年字段的值不是一个固定的值,而是一个名为 nian 的变量(也称为参数),该参数的值是可变的,可以将该参数链接到一个单元格中,若单元格的值发生变化,则意味着查询参数的值发生了变化。

在设置第 2 个条件的时候，要指定两个条件之间的关系是"与"的关系，也就是最终显示的数据是两个条件同时成立时的结果。

在单击"添加条件"对话框中的"添加"按钮后，会打开如图 3.13 所示的"输入参数值"对话框，由于暂时并不指定值的大小，因此直接单击该对话框中的"确定"按钮，完成参数值的设定。单击"添加条件"对话框中的"关闭"按钮，关闭"添加条件"对话框，完成条件的设定。

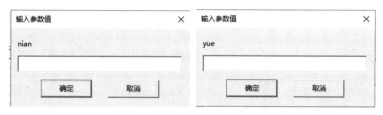

图 3.13　输入参数值

由于没有指定值，因此 Microsoft Query 中显示的内容如图 3.14 所示。

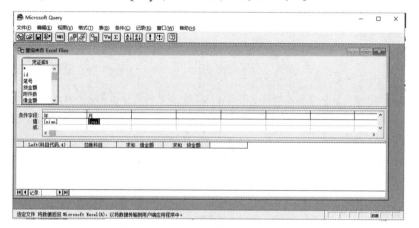

图 3.14　指定参数值后的显示结果

Step 11　执行 Microsoft Query 窗口中"文件"菜单下的"将数据返回 Microsoft Excel"，打开如图 3.15 所示的"导入数据"对话框，将数据放置的位置设置为"科目汇总表"的 A4 单元格，完成数据导入起始位置的设定。

图 3.15　导入数据的起始位置

Step 12 单击"导入数据"对话框中的"确定"按钮,打开如图 3.16 所示的"输入参数值"对话框,单击"nian"下的文本框后的折叠按钮,单击工作表中的 B2 单元格,并且勾选"在以后的刷新中使用该值或该引用"和"当单元格值更改时自动刷新"复选框,单击"确定"按钮完成年份参数的设置。单击"yue"下的文本框后的折叠按钮,单击工作表中的 D2 单元格,并且勾选"在以后的刷新中使用该值或该引用"和"当单元格值更改时自动刷新"复选框。

图 3.16 指定参数值

说明

Microsoft Query 中指定了年份和月份两个参数,这两个参数的具体值是由科目汇总表中 B2 和 D2 两个单元格提供的。当这两个单元格的值发生改变后,查询到的结果也会随之发生变化,从而起到实时刷新的作用。

Step 13 选中 A4 单元格,选中"设计"选项卡,选择"表样式"组中的第一种样式"无",勾选"表样式选项"组中的"汇总行"项,添加一个汇总行,并将借金额和贷金额的汇总方式都设置为"求和"。

Step 14 选中 A3:D19 单元格区域,设置指定的单元格区域包含边框线。

Step 15 选中 C5:D19 单元格区域,右击,执行"设置单元格格式"命令,选择"数值类型"为"会计专用",不显示"货币符号"类型。

Step 16 选中 A4 单元格,选择"设计"选项卡,执行"外部表数据"组中的"属性"命令,打开如图 3.17 所示的"外部数据属性"对话框,保证"调整列宽"复选框不被选中,单击"确定"按钮,完成格式和布局的设置。

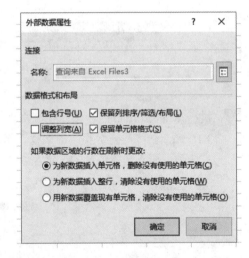

图 3.17 外部数据属性

说明

不调整列宽的含义是今后如果修改了月份的信息,那么表对象不会自动调整列宽来适应显示内容。

Step 17 选中第 4 行,右击,指定"隐藏"命令,隐藏表对象的标题行。

通过上述步骤就完成了科目汇总表的所有设计，设计完成后的科目汇总表如图 3.18 所示。

科目代码	总账科目名称	借方发生额	贷方发生额
\multicolumn{4}{c}{2018年1月科目汇总表}			
年份： 2018		月份： 1	
1001	现金	175,000.00	178,598.00
1002	银行存款	747,125.00	776,876.00
1122	应收帐款	517,120.00	213,000.00
1221	其他应收款	3,500.00	—
1405	库存商品	926,000.00	534,950.00
1601	固定资产	35,000.00	—
2202	应付帐款	400,000.00	1,010,880.00
2211	应付职工薪酬	175,000.00	192,500.00
2221	应交税费	228,802.00	152,745.00
2241	其他应付款	6,022.00	—
6001	主营业务收入	—	898,500.00
6401	主营业务成本	534,950.00	—
6601	销售费用	106,798.00	
6602	管理费用	102,732.00	
汇总		3,958,049.00	3,958,049.00

图 3.18 1 月份科目汇总表

当汇总行的"借方发生额"和"贷方发生额"两个数据一致的时候，说明所有的凭证借贷方金额没有发生输入错误，从而达到试算平衡。当要查看其他月份的时候，只要修改 D2 单元格的值即可。比如当月份修改为 2 的时候，由于 2 月份并没有输入凭证，因此显示的结果如图 3.19 所示。

科目代码	总账科目名称	借方发生额	贷方发生额
\multicolumn{4}{c}{2018年2月科目汇总表}			
年份： 2018		月份： 2	
汇总		—	—

图 3.19 2 月份的科目汇总表

习题

根据第 2 章公司发生的业务，编制公司 1 月份的科目汇总表。

Excel 在会计和财务管理中的应用（第 4 版）

实验 3-2　科目余额表

实验原理

科目余额表是本期所有会计科目的发生额和余额的表格，它反映了某一会计期间相关会计科目的期初余额、本期发生额和期末余额。

与科目汇总表类似，科目余额表反映的是各个科目的余额，但是各个月份的会计科目并不是固定的，部分明细科目会随着企业业务的发展而逐渐加入其中。因此，直接使用公式引用科目代码表并不是一个很好的选择。上一个实验已经介绍了一种导入变动数据的方法，那就是利用 Microsoft Query 组件。

用户通过 Microsoft Query 组件将"科目代码表"中的科目导入工作表后，只需要单击刷新，则不论什么样的会计科目总能够出现在工作表中，并且这些数据是和科目代码表中的数据完全一致的。

同样，科目余额表也会遇到余额的处理问题。科目余额表中涉及的科目余额计算包括期初余额、本期发生额和期末余额。本实验中，企业从年初开始建账，因此期初余额就是年初数，本期发生额是指定期限中的累计借方和累计贷方的发生额，期末余额则是根据期初余额和本期发生额计算的结果。

实验目的与要求

（一）实验目的
掌握科目余额表的结构和 Microsoft Query 提取数据的方法。
（二）实验要求
了解 Microsoft Query 的用法。

实验内容及数据来源

科目余额表需要实现的功能包括：
（1）期初各个会计科目的借方和贷方余额。
（2）当期各会计科目的借方和贷方发生额。
（3）计算本期期末各个会计科目的借方和贷方余额。

实验操作指导

1．科目余额表界面

 新建工作表，将工作表重命名为"科目余额表"。

 选中 E1:G1 单元格区域，执行"开始"选项卡"对齐方式"组中的"合并后居中"命令，设置字体为"仿宋_GB2312",字号为 24,并设置双下画线,完成字体字号的设置。

Step 03 选中 E1 单元格,在编辑栏内输入公式"=B2 & "年" & G2 & "月科目余额表"",完成科目余额表标题的设置。

Step 04 从第 2 行开始输入如图 3.20 所示的科目余额表中的各项。

图 3.20 科目余额表表头部分

2．导入科目代码

引用科目代码的操作过程如下:

Step 01 选中"数据"选项卡,在"获取外部数据"组中,执行"自其他来源"中的"来自 Microsoft Query"命令,打开"选择数据源"对话框。

Step 02 在"选择数据源"对话框中,选择"数据库类型"为"Excel Files*",单击"确定"按钮,打开如图 3.21 所示的"选择工作簿"对话框。

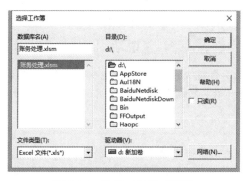

图 3.21 选择工作簿对话框

Step 03 选择工作簿所在的文件路径,单击"确定"按钮,打开如图 3.22 所示的"查询向导-选择列"对话框,单击"科目代码表"前的"+"号,展开该表所包含的字段,选中要显示的列为科目代码、科目名称、性质和年初数。

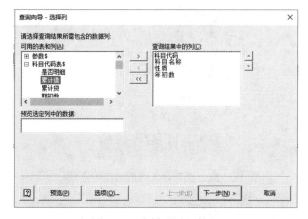

图 3.22 选择要显示的列

Step 04 单击"下一步"按钮,完成要显示的列的选择,进入"查询向导-筛选数据"对话框,单击"下一步"按钮,跳过筛选的过程,打开"查询向导-排序顺序"对话框,在该步骤中不需要设置任何内容。单击"下一步"按钮,打开"查询向导-完成"对话框,在"请确定下一步的动作"选择中,选中"在 Microsoft Query 中查看数据或编辑查询",单击"完成"按钮,完成查询向导的操作,进入 Microsoft Query 界面。

Step 05 在"Microsoft Query"窗口中,执行"条件"菜单下的"添加条件"命令,打开如图 3.23 所示的"添加条件"对话框,选择"字段"为"是否明细","指定值"为"y",单击"添加"按钮,完成条件设置,单击"关闭"按钮。

图 3.23 添加条件

===说明===

只有明细科目才会有期初数和余额信息。虽然在前述步骤中选择要显示的字段只有科目代码、科目名称、性质和年初数,但这并不意味着其他的字段就无法使用,在本步骤就为"是否明细"字段添加了约束性的条件,只显示值为"y"的记录。

Step 06 执行 Microsoft Query 窗口中文件菜单下的"将数据返回 Microsoft Excel"中,打开如图 3.24 所示的"导入数据"对话框,将"数据的放置位置"设置为"科目余额表"的 A5 单元格,完成数据导入的操作。

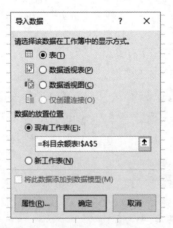

图 3.24 设定导入数据的起始位置

Step 07 选中 A5 单元格,选中"设计"选项卡,在"表样式"组中选择一种样式。选中 D5 单元格，右击，在打开的快捷菜单中执行“插入”下的“在右侧插入表列”命令，插入一个新列。使用同样的操作方法插入其他 5 列，完成表主体结构的设置。

Step 08 选中 A5 单元格，打开“数据”选项卡，执行“排序和筛选”组内的“筛选”命令，退出筛选状态。

Step 09 选中 A5 单元格，选中“设计”选项卡，将“属性”组内的表名称更改为“kmye”，完成表名称的设置。最终完成的结果如图 3.25 所示。

	A	B	E	F	G	H	I	J
1			2018年1月科目余额表					
2	年份：	2018		月份：	1			
3	科目代码	会计科目	期初余额		本期发生额		期末余额	
4			借方	贷方	借方	贷方	借方	贷方
5	科目代码	科目名称	列1	列2	列3	列4	列5	列6
6	1001	现金	3,630.00	-	175,000.00	178,598.00	32.00	-
7	100201	工行	1,670,421.94	-	747,125.00	776,876.00	1,640,670.94	-
8	100202	农行	502,150.00	-	-	-	502,150.00	-
9	1012	其他货币资金	-	-	-	-	-	-
10	1101	交易性金融资产	-	-	-	-	-	-
11	1121	应收票据	-	-	-	-	-	-
12	112201	海尚公司	104,060.00	-	219,940.00	-	324,000.00	-
13	112202	欧丽公司	154,880.00	-	-	88,000.00	66,880.00	-
14	112203	新通讯公司	283,140.00	-	-	125,000.00	158,140.00	-
15	112204	金鑫公司	135,520.00	-	297,180.00	-	432,700.00	-
16	122101	张深	-	-	-	-	-	-
17	122102	方乐	-	-	3,500.00	-	3,500.00	-
18	1231	坏账准备	-	3,388.00	-	-	-	3,388.00
19	1402	在途物资	-	-	-	-	-	-
20	1403	材料	-	-	-	-	-	-
21	140501	JP32	25,168.00	-	45,000.00	6,000.00	64,168.00	-
22	140502	JP33	28,314.00	-	-	5,000.00	23,314.00	-
23	140503	JP34	195,052.00	-	135,000.00	72,500.00	257,552.00	-
24	140504	JP35	551,760.00	-	-	360,100.00	191,660.00	-

图 3.25　完成后的科目余额表结构

3. 科目余额

科目余额是通过计算获得的，需要计算的内容包括期初余额、本期借方和贷方发生额以及期末余额。科目余额表完成后，当 G2 单元格中月份信息发生变动的时候，期初余额、本期借方和贷方发生额以及期末余额也会随之发生变化。计算科目余额的具体操作过程如下：

Step 01 选中 E6 单元格，在编辑栏内输入公式“=IF([@性质]=1,[@性质]*[@年初数]+(SUMIFS(pzk[借金额],pzk[科目代码],[@科目代码],pzk[月],"<"&$G$2)-SUMIFS(pzk[贷金额],pzk[科目代码],[@科目代码],pzk[月],"<"&$G$2)),0)”，完成期初余额的计算。

说明

公式的含义是如果性质字段的值为 1（也就是余额产生的方向为借方余额），那么这种类型的会计科目期初余额的计算方法就是年初数加上凭证库中该会计科目指定月份前的借方发生额总和减去该科目指定月份前贷方发生额总和。如果性质字段的值为-1，则用 0 来表示。

由于暂时只有 1 月份的数据，因此 1 月份的期初数和年初数是相等的。

“[@性质]”这种表示方式表示表对象中当前行“性质”字段的值。

Step 02 选中 F6 单元格，在编辑栏内输入公式“=IF(kmye[[#此行],[性质]]=-1,ABS(kmye[[#此行],[性质]]*kmye[[#此行],[年初数]]+(SUMIFS(pzk[贷金额],pzk[科目代码],kmye[[#此行],[科目代码]],pzk[月],"<"&$G$2)-SUMIFS(pzk[借金额],pzk[科目代码],kmye[[#此行],[科目代码]],pzk[月],"<"&$G$2))),0)”，完成期初贷方余额的计算。

说明

公式的含义是如果某个会计科目的余额产生方向为贷方，那么其期初贷方余额的计算方法就是年初数加上到上月末为止的贷方发生额减去到上月末为止的借方发生额。

Step 03 选中 G6 单元格，在编辑栏内输入公式"=SUMIFS(pzk[借金额],pzk[科目代码],[@科目代码],pzk[月],$G$2)"，完成本月借方发生额的计算。

说明

SUMIFS 函数可以针对多个条件进行求和，本公式设定的条件只有两个：
条件1：凭证库中"科目代码"字段的值和当前表对象中本行的"科目代码"字段的值相等。
条件2：指定的月份和 G2 单元格所规定的值相等。

Step 04 选中 H6 单元格，在编辑栏内输入公式"=SUMIFS(pzk[贷金额],pzk[科目代码],[@科目代码],pzk[月],$G$2)"，完成本月贷方发生额的计算。

Step 05 选中 I6 单元格，在编辑栏内输入公式"=IF([@性质]=1,[@列 1]+[@列 3]-[@列 4],0)"，完成借方余额的计算。

说明

如果性质字段的值为 1，则表示余额产生的方向是借方余额，该科目期末借方余额就等于期初数加上本期借方发生额减去本期贷方发生额。
如果性质字段的值为-1，则用 0 来表示。

Step 06 选中 J6 单元格，在编辑栏内输入公式"=IF([@性质]=-1,[@列 2]+[@列 4]-[@列 3],0)"，完成贷方余额的计算。

说明

如果性质字段的值为-1，则表示余额产生的方向是贷方余额，该科目期末贷方余额就等于贷方期初数加上本期贷方发生额减去本期借方发生额。

Step 07 选中 C6:J79 单元格区域，右击，执行"设置单元格格式"命令，选择数值类型为"会计专用"，不显示货币符号类型。

Step 08 选中"科目余额表"的 A5 单元格，选中"设计"选项卡，执行"表格样式选项"组内的"汇总行"命令，如图 3.26 所示，完成添加"汇总行"的命令。

图 3.26 添加汇总行

Step 09 在"汇总"行中，选中列 5 所在的列，从下拉列表中选择汇总方式为"求和"，如图 3.27 所示，完成汇总期末借方余额的计算。

科目代码	科目名称	性质	年初数	列1	列2	列3	列4	列5	列6
660204	其他	1	0	-	-	1,200.00	-	1,200.00	-
660205	劳保费用	1	0	-	-	8,000.00	-	8,000.00	-
6603	财务费用	1	0	-	-	-	-	-	-
6711	营业外支出	1	0	-	-	-	-	-	-
6801	所得税费用	1	0	-	-	-	-	-	-
6901	以前年度损益调整	1	0	-	-	-	-	-	-
汇总								10,539,206.01	

图 3.27　添加汇总行

Step 10　用同样的方法，将汇总行中列 1、列 2、列 3 和列 4 字段所在的列汇总方式设定为"求和"。

Step 11　在"汇总"行中，选中年初数所在的列，在编辑栏内输入公式"=SUM([性质]*[年初数])"，同时按 Shift+Ctrl 和回车键，完成数组公式的输入。

说明

根据借贷记账法的原理，某个时点所有科目的借贷方余额都必定相等。添加这一步的目的是为了验证年初数是否正确，如果最终计算的结果为 0，表示期初数是正确的。

由于 Excel 本身计算精度的问题，显示给用户的最终结果不一定恰好为 0，可能是一个非常接近 0 的很小的数字，比如会显示为类似于 9.1E-10 样式的数值。如果要避免这样的情况，只需要设置其数值类型为会计专用就会显示为 0.00。

Step 12　选中第 5 行，也就是字段名称所在的行，右击，执行"隐藏"命令，隐藏该行。

Step 13　选中 C 列和 D 列，右击，执行"隐藏"命令，隐藏指定的列。

Step 14　选中 A6 单元格，选择"设计"选项卡，执行"外部表数据"组内的"属性"命令，打开"外部数据属性"对话框，如图 3.28 所示。在"数据格式和布局"下不要选中"调整列宽"项，单击"确定"按钮，完成外部数据属性的设置。

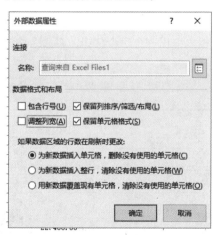

图 3.28　外部数据属性

通过上述方式，最终形成的科目余额表如图 3.29 所示。

Excel 在会计和财务管理中的应用（第 4 版）

	A	B	E	F	G	H	I	J
1					2018年1月科目余额表			
2	年份:	2018			月份:	1		
3	科目代码	会计科目	期初余额		本期发生额		期末余额	
4			借方	贷方	借方	贷方	借方	贷方
6	1001	现金	3,630.00	-	175,000.00	178,598.00	32.00	-
7	100201	工行	1,670,421.94	-	747,125.00	776,876.00	1,640,670.94	-
8	100202	农行	502,150.00	-	-	-	502,150.00	-
9	1012	其他货币资金	-	-	-	-	-	-
10	1101	交易性金融资产	-	-	-	-	-	-
11	1121	应收票据	-	-	-	-	-	-
12	112201	海尚公司	104,060.00	-	219,940.00	-	324,000.00	-
13	112202	欧丽公司	154,880.00	-	-	88,000.00	66,880.00	-
14	112203	新通讯公司	283,140.00	-	-	125,000.00	158,140.00	-
15	112204	金鑫公司	135,520.00	-	297,180.00	-	432,700.00	-
16	122101	张深	-	-	-	-	-	-
17	122102	方乐	-	-	3,500.00	-	3,500.00	-
18	1231	坏账准备	-	3,388.00	-	-	-	3,388.00
19	1402	在途物资	-	-	-	-	-	-
20	1403	材料	-	-	-	-	-	-
21	140501	JP32	25,168.00	-	45,000.00	6,000.00	64,168.00	-
22	140502	JP33	28,314.00	-	-	5,000.00	23,314.00	-
23	140503	JP34	195,052.00	-	135,000.00	72,500.00	257,552.00	-
24	140504	JP35	551,760.00	-	-	360,100.00	191,660.00	-
25	140505	MT3	453,750.00	-	-	-	453,750.00	-
26	140506	MT4	275,880.00	-	487,000.00	-	762,880.00	-
27	140507	MT5	314,600.00	-	226,000.00	28,000.00	512,600.00	-
28	140508	KK2	7,623.00	-	8,000.00	3,350.00	12,273.00	-
29	140509	KK3	54,450.00	-	-	32,000.00	22,450.00	-
30	140510	KK4	29,403.00	-	25,000.00	28,000.00	26,403.00	-
31	1601	固定资产	3,097,600.00	-	35,000.00	-	3,132,600.00	-
32	1602	累计折旧	-	612,543.14	-	-	-	612,543.14
33	1604	在建工程	-	-	-	-	-	-
34	1605	工程物资	-	-	-	-	-	-
35	1606	固定资产清理	-	-	-	-	-	-
36	1701	无形资产	-	-	-	-	-	-
37	1801	长期待摊费用	145,200.00	-	-	-	145,200.00	-
38	1811	递延所得税资产	688,393.20	-	-	-	688,393.20	-
39	2001	短期借款	-	605,000.00	-	-	-	605,000.00
40	2201	应付票据	-	-	-	-	-	-

图 3.29 包含汇总行的科目余额表

4．获取最新数据

会计科目并非是在设计科目代码表的时候一次性设置完毕的，用户可根据业务的需要设置新的会计科目，于是科目代码表中的会计科目和科目余额表中的会计科目在某个时候会有不一致的情况。用户在凭证库中导入数据后，这些数据不会马上就在科目余额表中体现出来，为了获得最新的数据，这时就需要设置一个刷新机制。只要用户查询科目余额表的时候单击一下刷新按钮，就能自动获得新增加的科目，具体操作步骤如下：

Step 01 选中"科目余额表"，选中"开发工具"选项卡，执行"控件"组中的"表单控件"，选择"按钮控件"，在 J1 单元格内拖出一个命令按钮，将命令按钮内的文字更改为"刷新"，如图 3.30 所示，完成命令按钮的放置。

	A	B	E	F	G	H	I	J
1					2018年1月科目余额表			刷新
2	年份:	2018			月份:	1		
3	科目代码	会计科目	期初余额		本期发生额		期末余额	
4			借方	贷方	借方	贷方	借方	贷方
6	1001	现金	3,630.00	-	175,000.00	178,598.00	32.00	-
7	100201	工行	1,670,421.94	-	747,125.00	776,876.00	1,640,670.94	-
8	100202	农行	502,150.00	-	-	-	502,150.00	-
9	1012	其他货币资金	-	-	-	-	-	-
10	1101	交易性金融资产	-	-	-	-	-	-
11	1121	应收票据	-	-	-	-	-	-
12	112201	海尚公司	104,060.00	-	219,940.00	-	324,000.00	-
13	112202	欧丽公司	154,880.00	-	-	88,000.00	66,880.00	-
14	112203	新通讯公司	283,140.00	-	-	125,000.00	158,140.00	-
15	112204	金鑫公司	135,520.00	-	297,180.00	-	432,700.00	-
16	122101	张深	-	-	-	-	-	-
17	122102	方乐	-	-	3,500.00	-	3,500.00	-
18	122103	唐里	-	-	-	-	-	-
19	1231	坏账准备	-	3,388.00	-	-	-	3,388.00

图 3.30 添加按钮

Step 02 选择"开发工具"选项卡,执行"代码"组内的"录制宏"命令,打开"录制宏"对话框,将宏名称更改为"刷新科目",如图 3.31 所示,单击"确定"按钮,开始录制宏。

图 3.31 刷新科目

Step 03 选中 A6 单元格,右击,执行"刷新"命令。单击"开发工具"选项卡的"代码组"内的"停止录制"命令,完成宏的录制。

Step 04 在"刷新数据"按钮上右击,执行"指定宏"命令,打开"指定宏"对话框,选择"刷新科目"项,单击"确定"按钮,完成指定宏的设置。

假设在"科目代码表"中添加 1 个科目代码为 122103 的其他应收款的子科目,在科目代码表中添加完成后的情况如图 3.32 所示。

科目代码	科目名称	性质	是否明细	年初数
1001	现金	1	y	3,630.00
1002	银行存款	1	n	-
100201	工行	1	y	1,670,421.94
100202	农行	1	y	502,150.00
1012	其他货币资金	1	y	-
1101	交易性金融资产	1	y	-
1121	应收票据	1	y	-
1122	应收帐款	1	n	-
112201	海尚公司	1	y	104,060.00
112202	欧丽公司	1	y	154,880.00
112203	新通讯公司	1	y	283,140.00
112204	金鑫公司	1	y	135,520.00
1221	其他应收款	1	n	-
122101	张深	1	y	-
122102	方乐	1	y	-
122103	唐里	1	y	-
1231	坏账准备	-1	y	3,388.00
1402	在途物资	1	y	-
1403	材料	1	y	-

图 3.32 科目代码表中添加会计科目

选择"科目余额表",单击"刷新"按钮,完成数据的刷新操作。刷新后的科目余额表如图 3.33 所示。

Excel 在会计和财务管理中的应用（第 4 版）

	A	B	E	F	G	H	I	J
1				2018年1月科目余额表				
2	年份：	2018		月份：	1			
3	科目代码	会计科目	期初余额		本期发生额		期末余额	
4			借方	贷方	借方	贷方	借方	贷方
5	1001	现金	3,630.00	-	175,000.00	178,598.00	32.00	-
6	100201	工行	1,670,421.94	-	747,125.00	776,876.00	1,640,670.94	-
7	100202	农行	502,150.00	-	-	-	502,150.00	-
8	1012	其他货币资金	-	-	-	-	-	-
9	1101	交易性金融资产	-	-	-	-	-	-
10	1121	应收票据	-	-	-	-	-	-
11	112201	海尚公司	104,060.00	-	219,940.00	-	324,000.00	-
12	112202	欧丽公司	154,880.00	-	-	88,000.00	66,880.00	-
13	112203	新通讯公司	283,140.00	-	-	125,000.00	158,140.00	-
14	112204	金鑫公司	135,520.00	-	297,180.00	-	432,700.00	-
15	122101	张深	-	-	-	-	-	-
16	122102	方乐	-	-	3,500.00	-	3,500.00	-
17	122103	康里	-	-	-	-	-	-
18	1231	坏账准备	-	3,388.00	-	-	-	3,388.00
19	1402	在途物资	-	-	-	-	-	-

图 3.33　导入了新的科目

从图 3.33 可以看出，只需要单击刷新操作，科目代码表中的科目代码就会同步到科目余额表中，从而保证两个表之间的科目一致性。

习题

根据公司发生的业务，编制公司 1 月份的科目余额表。

实验 3-3　编制总分类账

实验原理

总分类账就是我们通常所称的总账，它是根据总分类科目开设账户，用来登记全部经济业务，进行总分类核算，提供总括核算资料的分类账簿。总分类账提供了编制会计报表的主要依据，是所有单位都必须设立的账簿。总分类账全面且总括地反映了业务单位的财务收支和经济活动情况。

总分类账的结构本身并不复杂，使用 Excel 进行设计的时候，只需要更改日期信息和会计科目，就能够得到期初余额、当期的借方发生额和贷方发生额以及期末余额，但是并不反映具体的业务信息。

日期信息是由用户手工更改的，会计科目信息可以通过数据验证的方式交由用户选择而不是直接输入从而避免错误，对于各种余额和发生额则都是通过函数从凭证库中提取的。

实验目的与要求

（一）实验目的
掌握总分类账的结构。
（二）实验要求
了解数据验证的方法和带条件的计算求和方法。

实验内容及数据来源

要求根据已经完成的科目余额表中的期初数和凭证库中的凭证数据编制总分类账。

实验操作指导

1. 总分类账界面

总分类账中要更改的信息包括年份信息、月份信息和科目代码信息。总分类账界面的设计过程如下:

Step 01 新建一张工作表,将工作表名称更改为"总分类账",选中 D1~E1 单元格,将该单元格区域合并并居中,设置"字号"为 24 号,"字体"为"仿宋_GB2312",在 D1 单元格内输入"总分类账",完成总分类账标题的设置。

Step 02 从 A2 单元格开始输入如图 3.34 所示的表格内容。

	A	B	C	D	E	F	G
1				总分类账			
2	年份:		2018		月份:		1
3	科目代码:		100201		会计科目:		银行存款-工行
4	2018年		摘要	借金额	贷金额	借或贷	余额
5	月	日					
6	1	1	期初余额				
7	1	31	本月发生额				
8	1	31	本月合计				

图 3.34 总分类账表格

Step 03 选中 C3 单元格,选中"数据"选项卡,单击"数据工具"组中的"数据验证"按钮,打开如图 3.35 所示的"数据验证"对话框,在"允许"下拉列表中选择"序列",在"来源"下的文本框内输入"=dm",单击"确定"按钮,完成数据验证设置。

图 3.35 数据验证

说明

dm 指的是科目代码表中"科目代码"列中的值，是用户自定义的名称。使用数据验证的时候，来源不能够直接引用某个列表中的列，比如直接指定来源为"=kmdm[科目代码]"就会产生一个错误。

解决的办法是为指定的单元格区域定义一个名称。方法是选中"公式"选项卡，执行"定义的名称"组内的"定义名称"命令，打开如图 3.36 所示的"新建名称"对话框，在名称后的文本框内输入"科目代码"，在引用位置下的文本框内输入"=kmdm[科目代码]"，单击"确定"按钮，完成名称的设置。

图 3.36 新建名称

Step 04 选中 F3 单元格，在编辑栏内输入公式"=IF(LEN(C3)=4,VLOOKUP($C$3,kmdm,2,FALSE),(VLOOKUP(LEFT($C$3,4)+0,kmdm,2,FALSE)) & "-" & VLOOKUP($C$3,kmdm,2,FALSE))"，完成会计科目名称的设置。

说明

科目代码总是对应着一个科目名称，科目名称的显示方式和科目代码的级别有关，如果是一级科目，科目长度为 4，上述公式中的"VLOOKUP($C$3,kmdm,2,FALSE)"就会把公式中的总账科目名称显示出来。

如果是二级科目，显示的时候就同时将其总账科目和明细科目一并显示，比如 100201 就会显示为"银行存款-工行"。

将年份信息设置为 2018，月份信息设置为 1，科目代码设置为 1001，最终显示的科目代码如图 3.37 所示。

	A	B	C	D	E	F	G
1				总分类账			
2	年份：	2018			月份：	1	
3	科目代码：	1001			会计科目：	现金	
4	2018年		摘要	借金额	贷金额	借或贷	余额
5	月	日					
6	1	1	期初余额				
7	1	31	本月发生额				
8	1	31	本月合计				

图 3.37 设置总分类账条件

2. 总分类账数据

为总分类账填充数据的具体操作步骤如下：

Step 01 选中 C2 单元格，在编辑栏内输入公式"=科目余额表!B2"，选中 F2 单元格，在编辑栏内输入公式"=科目余额表!G2"，选中 A4 单元格，在编辑栏内输入公式"=C2&"年""，完成年份和月份信息的设置。

Step 02 选中 A6 单元格，在编辑栏内输入公式 "=$F$2"，按回车键确认，然后将 A6 单元格的内容向下拖曳到 A7 和 A8 单元格内，完成月份信息的填制。

Step 03 在 B6 单元格内输入数值 1，选中 B7 单元格，在编辑栏内输入公式 "=DAY(DATE($C$2,$F$2+1,0))"，计算指定月份的天数，选中 B8 单元格，在编辑栏内输入公式 "=B7"，完成日信息的填制。

● 说明 ●

Day 函数用来指定可以返回指定日期信息中日部分的数据，B7 单元格要显示一个月的最后一天的信息，但是由于每个月的长度是不同的，因此直接指定数字是不合适的。

从另一个角度来看，每个月的最后一天其实就是下个月的第 0 天，比如 1 月 31 日在 Excel 中也可以认为是 2 月 0 日，因此 DATE($C$2,$F$2+1,0)就是指定了下个月的第 0 日，返回结果是当月最后一天的日信息。以此方法来依次计算指定月份的天数。

Step 04 在 C6 单元格内输入"期初余额"，在 C7 单元格内输入"本月发生额"，在 C8 单元格内输入"本月合计"，完成摘要内容的设置。

Step 05 选中 D6 单元格，在编辑栏内输入公式 "=IF(LEN(C3)=6,SUMIFS(kmye[列 1],kmye[科目代码],C3),SUM(IF(LEFT(kmye[科目代码],4)+0=LEFT($C$3,4)+0,kmye[列 1],0)))"，同时按键盘上的 Ctrl+Shift+回车键，完成借金额期初数的设置。

● 说明 ●

这一步是将指定的科目从科目余额表中提取到本表中的操作。总分类账提取的一般是总账科目，但是在本实例中实现的功能是，如果用户输入一个 6 位长度的二级科目，就将该明细科目的借方期初数提取出来；如果用户输入一个 4 位数的科目，就提取所有科目代码左侧 4 位和指定的科目一致的那些会计科目的借方期初数。

"SUMIFS(kmye[列 1],kmye[科目代码],C3)"表示如果科目代码长度为 6，则从科目余额表中第 1 列中直接提取数据；如果是一个 4 位数的科目代码，则利用 sum 函数将 if 函数提取出来的一组数据进行求和计算。

同时，按键盘上的 Ctrl+Shift+回车键表示将单元格中输入的公式转化为一个数组公式。

Step 06 选中 E6 单元格，在编辑栏内输入公式 "=IF(LEN(C3)=6,SUMIFS(kmye[列 2],kmye[科目代码],C3),SUM(IF(LEFT(kmye[科目代码],4)+0=LEFT($C$3,4)+0,kmye[列 2],0)))"，同时按键盘上的 Ctrl+Shift+回车键，完成贷金额期初数的设置。

Step 07 选中 F6 单元格，在编辑栏内输入公式 "=IF(SUMIF(kmdm[科目代码],$C$3,kmdm[性质])>0,"借","贷")"，完成借贷方向的设置。

Step 08 选中 G6 单元格，在编辑栏内输入公式 "=IF(F6="借",D6-E6,E6-D6)"，完成期初余额的设置。

Step 09 选中 D7 单元格，在编辑栏内输入公式 "=IF(LEN(C3)=6,SUMIFS(kmye[列 3],kmye[科目代码],C3),SUM(IF(LEFT(kmye[科目代码],4)+0=LEFT($C$3,4)+0,kmye[列 3],0)))"，同时按键盘上的 Ctrl+Shift+回车键，完成指定月借方发生额的设置。

Step 10 选中 E7 单元格，在编辑栏内输入公式 "=IF(LEN(C3)=6,SUMIFS(kmye[列 4],kmye[科目代码],C3),SUM(IF(LEFT(kmye[科目代码],4)+0=LEFT($C$3,4)+0,kmye[列 4],0)))"，同时按键盘上的 Ctrl+Shift+回车键，完成指定月贷方发生额的设置。

Excel 在会计和财务管理中的应用（第 4 版）

Step 11　选中 G7 单元格，在编辑栏内输入公式"=IF($F$6="借",D7-E7,E7-D7)"，完成当月借方发生额差额的计算。

Step 12　选中 F7 单元格，在编辑栏内输入公式"=IF(AND($F$6="借",G7<0),"贷",IF(AND($F$6="贷",G7<0),"借",IF(G7=0,"平",$F$6)))"，完成借贷方向的设置。

Step 13　选中 D8 单元格，在编辑栏内输入公式"=SUM(D6:D7)"，完成本月借方合计数的计算。

Step 14　选中 E8 单元格，在编辑栏内输入公式"=SUM(E6:E7)"，完成本月贷方合计数的计算。

Step 15　选中 G8 单元格，在编辑栏内输入公式"=IF($F$6="借",D8-E8,E8-D8)"，完成指定科目当月余额的计算。

Step 16　选中 F8 单元格，在编辑栏内输入公式"=IF(AND($F$6="借",G8<0),"贷",IF(AND($F$6="贷",G8<0),"借",IF(G8=0,"平",$F$6)))"，完成指定科目余额借贷方向的设置。

当用户输入不同的科目代码的时候会显示不同的内容：

（1）输入科目代码为 1001 时，长度为 4 且为一个明细科目，显示的内容如图 3.38 所示。

	A	B	C	D	E	F	G
1				总分类账			
2	年份：	2018			月份：	1	
3	科目代码：	1001			会计科目：	现金	
4	2018年		摘要	借金额	贷金额	借或贷	余额
5	月	日					
6	1	1	期初余额	3,630.00	-	借	3,630.00
7	1	31	本月发生额	175,000.00	178,598.00	贷	-3,598.00
8	1	31	本月合计	178,630.00	178,598.00	借	32.00

图 3.38　科目代码为 1001 时显示的内容

（2）输入科目代码为 100201 时，长度为 6 且为一个明细科目，显示的内容如图 3.39 所示。

	A	B	C	D	E	F	G
1				总分类账			
2	年份：	2018			月份：	1	
3	科目代码：	100201			会计科目：	银行存款-工行	
4	2018年		摘要	借金额	贷金额	借或贷	余额
5	月	日					
6	1	1	期初余额	1,670,421.94	-	借	1,670,421.94
7	1	31	本月发生额	747,125.00	776,876.00	贷	-29,751.00
8	1	31	本月合计	2,417,546.94	776,876.00	借	1,640,670.94

图 3.39　科目代码为 100201 时显示的内容

（3）输入科目代码为 1002 时，长度为 4 且不为一个明细科目，显示的内容如图 3.40 所示。

	A	B	C	D	E	F	G
1				总分类账			
2	年份：	2018			月份：	1	
3	科目代码：	1002			会计科目：	银行存款	
4	2018年		摘要	借金额	贷金额	借或贷	余额
5	月	日					
6	1	1	期初余额	2,172,571.94	-	借	2,172,571.94
7	1	31	本月发生额	747,125.00	776,876.00	贷	-29,751.00
8	1	31	本月合计	2,919,696.94	776,876.00	借	2,142,820.94

图 3.40　科目代码为 1002 时显示的内容

3. 优化显示

指定科目余额产生方向为借方，但是当月发生的借方和贷方差额却出现在贷方，那么在余额一栏内就会产生负数，这通常不符合用户查看的习惯。为此，需要将 G 列中内容的显示方式进行修改，具体的设置方法如下：

Step 01 选中 G7:G8 单元格，右击，执行"设置单元格格式"命令，打开如图 3.41 所示的"设置单元格格式"对话框。选择"数字"选项卡，在分类中选择"自定义"，在类型中输入"#,##0.00;#,##0.00"，单击"确定"按钮，完成数值显示方式的设定。

图 3.41　设置数值自定义显示格式

说明

自定义类型"#,##0.00;#,##0.00"的含义是不论该数字为正数还是负数，都会用正数的形式来显示。此时余额的正负不再是通过正负号来看，而是通过借贷方向来获得，比如科目代码设置为 1002 时，最终结果如图 3.42 所示。

	A	B	C	D	E	F	G
1				总分类账			
2		年份:	2018		月份:	1	
3		科目代码:	1002		会计科目:	银行存款	
4	2018年		摘要	借金额	贷金额	借或贷	余额
5	月	日					
6	1	1	期初余额	2,172,571.94	-	借	2,172,571.94
7	1	31	本月发生额	747,125.00	776,876.00	贷	29,751.00
8	1	31	本月合计	2,919,696.94	776,876.00	借	2,142,820.94

图 3.42　总是以正数来显示

Excel 在会计和财务管理中的应用（第 4 版）

Step 02 选中整张工作表，右击，执行"设置单元格格式"命令，选中"保护"选项卡，保持"锁定"被勾选，单击"确定"按钮，完成全部单元格的锁定操作。

Step 03 选中 C3 单元格，右击，执行"设置单元格格式"命令，选中"保护"选项卡，保持"锁定"不被勾选，单击"确定"按钮，完成可编辑单元格的指定操作。

Step 04 单击"开始"选项卡，执行"单元格"组内"格式"下的"保护工作表"命令，打开"保护工作表"对话框，设置一个合适的密码，完成工作表的保护操作。

习题

根据公司发生的业务，编制公司 1 月份的总分类账。

实验 3-4　明细分类账

实验原理

用户从总分类账中得到的仅仅是某个会计科目在指定期间内总的发生额，但是该科目到底发生了什么业务并不明确，这就要求使用明细分类账来显示具体的业务信息。

明细分类账是根据明细分类账户进行分类登记的账簿，是根据单位开展经济管理的需要对经济业务的详细内容进行的核算，是对总分类账进行的补充反映。

从技术角度来说，创建明细分类账需要用户指定的信息如下。

- 会计科目：用户查询的是哪个明细分类账户的信息。
- 日期信息：用户查询的是哪个月份的信息。
- 期初余额：明细分类账期初余额信息，有了期初余额和本月发生信息，就可以计算期末的科目余额。

会计科目是由用户指定的，月份信息可以由用户在科目余额表中指定，期初余额数据通过公式从科目余额表中获得。具体的业务信息数据来自于"凭证库"工作表，为此需要通过 Microsoft Query 组件创建查询来获得相关的数据。期末的余额是通过期初余额和本期借贷方发生额来获得的。

实验目的与要求

（一）实验目的

掌握利用明细分类账的设计方法。

（二）实验要求

了解 Microsoft Query 的用法，掌握宏的录制和指定。

实验内容及数据来源

明细分类账要实现如下几个功能：

（1）列出指定月份和科目代码的期初数。

（2）列出本期指定会计科目的发生记录，并将这些记录填到表中。

（3）计算本期期末的借方和贷方余额。

实验操作指导

1．明细分类账界面

明细分类账的界面信息包括需要指定的信息和要显示内容的表头信息，界面设计的具体操作过程如下：

Step 01 新建一张工作表，将工作表名称更改为"明细分类账"。选中 A1~H1 单元格，将该单元格区域合并并居中，设置"字号"为 24 号，在编辑栏内输入公式"=F3&"明细分类账""，完成明细分类账标题的设置。

Step 02 从 A2 单元格开始设置如图 3.43 所示的内容。

	A	B	C	D	E	F	G	H
1				银行存款-工行明细分类账				
2	年份：	2018			月份：	1		数据刷新
3	科目代码：	100201			会计科目：	银行存款-工行		
4	2018年		凭证号	摘要	借金额	贷金额	借或贷	余额
5	月	日						

图 3.43　明细分类账界面

Step 03 选中 C3 单元格，选中"数据"选项卡，单击"数据工具"组中的"数据验证"按钮，打开如图 3.44 所示的"数据验证"对话框，将"允许"下拉列表中选择"序列"，在"来源"下的文本框内输入"=dm"，单击"确定"按钮，完成数据有效性设置。

图 3.44　数据验证

说明

dm 是前述过程中设置的一个单元格区域名称，指的是"科目代码表"中"科目代码"字段中的值。

Step 04 选中 F3 单元格，在编辑栏内输入公式"=IF(LEN(C3)=4,VLOOKUP($C$3,kmdm,2,FALSE), (VLOOKUP(LEFT($C$3,4)+0,kmdm,2,FALSE)) & "-" & VLOOKUP($C$3,kmdm,2,FALSE))"，完成会计科目名称的设置。

说明

该公式的含义是如果科目代码的长度为 4，就直接显示科目代码的内容，如果科目代码的长度不为 4，则表示为一个 6 位长度的代码，同时显示上级科目代码和本科目代码的内容。

Step 05 选中 F2 单元格，在编辑栏内输入"=科目余额表!G2"，选中 A6 单元格，在编辑栏内输入公式"=F2"，完成月份的设置。

Step 06 在 B6 单元格中输入数值 1，在 D6 单元格内，摘要内容输入"期初余额"。

说明

该行的数据读取的是上期内容的数据，这些数据的内容与科目余额表中一致，因此需要将明细分类账中的月份信息和科目余额表中的月份信息保持一致。

Step 07 选中 E6 单元格，在编辑栏内输入公式"=SUMIF(kmye[科目代码],$C$3,kmye[列 1])"，完成期初借方金额的设置。

说明

计算指定科目指定月份的期初借方金额。

Step 08 选中 F6 单元格，在编辑栏内输入公式"=SUMIF(kmye[科目名称],$C$3,kmye[列 2])"，完成期初贷方金额的设置。

Step 09 选中 G6 单元格，在编辑栏内输入公式"=IF(SUMIF(kmdm[科目代码],$C$3,kmdm[性质])>0,"借","贷")"，完成借贷方向的设置。

说明

指定会计科目的借贷方设置是由科目的性质代码所决定的。

Step 10 选中 H6 单元格，在编辑栏内输入公式"=IF(G6="借",E6-F6,F6-E6)"，完成期初余额的设置。

说明

这里必须使用 IF 判断语句而不能直接使用 abs 绝对值计算函数，因为余额产生在借方的会计科目其余额会因为各种情况出现负数，这就要求将结果明确地显示给用户。

2. 导入业务信息

明细分类账中显示的主体是业务内容及金额,是从凭证库中导入的,导入指定月份的业务信息的操作步骤如下:

Step 01 选中"数据"选项卡,在"获取外部数据"组中执行"自其他来源"中的"来自 Microsoft Query"命令,打开如图 3.45 所示的"选择数据源"对话框。

Step 02 在"选择数据源"对话框中选择数据库类型为"Excel Files*",单击"确定"按钮,打开如图 3.46 所示的"选择工作簿"对话框。

图 3.45 "选择数据源"对话框

图 3.46 选择工作簿对话框

Step 03 选择本工作簿所在的路径,单击"确定"按钮,打开如图 3.47 所示的"查询向导-选择列"对话框,单击"可用的表和列"中"凭证库"前的"+"号,展开该表所包含的列,选中要显示的列为月、日、凭证号、摘要、借金额和贷金额。

图 3.47 选择要显示的列

Step 04 单击"下一步"按钮,完成要显示的列的选择,进入"查询向导-筛选数据"对话框,直接单击"下一步"按钮,跳过筛选的过程,打开如图 3.48 所示的"查询向导-排序顺序"对话框,"主要关键字"设置为"凭证号",完成排序的操作。

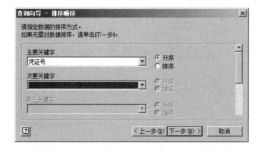

图 3.48 查询向导-排序顺序

Step 05 单击"下一步"按钮,打开"查询向导-完成"对话框,在"请确定下一步的动作"中,选中"在 Microsoft Query 中查看数据或编辑查询",单击"完成"按钮,完成查询向导的操作,进入 Microsoft Query 界面。

Step 06 在 Microsoft Query 窗口中,执行"条件"菜单下的"添加条件"命令,打开如图 3.49 所示的"添加条件"对话框,选择"字段"为"月","指定值"为"[yue]",完成第一个参数条件的设置。

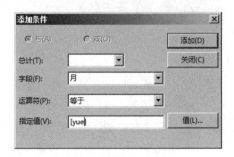

图 3.49 指定月参数

说明

指定值设置为"[yue]"的含义是仅仅查询出指定月的信息,由于月份的信息是通过 F2 单元格给定的,因此当 F2 单元格发生变化的时候,查询的结果会同步发生变化。

Step 07 单击"添加"按钮,打开如图 3.50 所示的"输入参数值"对话框,此时不需要设置任何参数,单击"确定"按钮,完成第一个参数的设置。

图 3.50 输入参数值对话框

Step 08 在"添加条件"对话框中,选择"字段"为"科目代码","指定值"为"[kmdm]",如图 3.51 所示,完成第二个参数条件的设置,单击"添加"按钮,打开"输入参数值"对话框,此时不需要设置任何参数,单击"确定"按钮,完成第二个参数的设置。再次单击"添加条件"对话框中的"关闭"按钮,完成所有参数条件的设置。

Step 09 执行 Microsoft Query 窗口中文件菜单下的"将数据返回 Microsoft Excel",打开如图 3.52 所示的"导入数据"对话框,将数据放置的位置设置为"明细分类账"的 A7 单元格,完成数据导入的操作。

图 3.51 添加科目代码条件

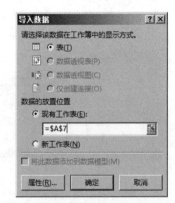

图 3.52 指定导入数据的起始单元格

Step 10	单击"导入数据"对话框中的"确定"按钮后，打开如图 3.53 所示的"输入参数值"对话框，在"yue"下的文本框中，选择工作表中的 F2 单元格，并且勾选"在以后的刷新中使用该值或该引用"和"当单元格值更改时自动刷新"复选框。同样，在打开的指定参数 kmdm 中指定科目代码链接的单元格为 C3 单元格，完成参数的指定操作。

图 3.53 指定参数 yue 的值

说明

勾选的两个复选框的含义是当指定的单元格的值发生变化的时候，从凭证库工作表中导入的数据也会随之发生变化。

Step 11	选中 F7 贷金额字段所在的单元格，右击，执行"插入"下的"在右侧插入表列"命令，插入一个新列，列名称自动设置为"列 1"。选中"列 1"所在的单元格，右击，再次执行"插入"下的"在右侧插入表列"命令，插入一个新列，列名称为"列 2"，完成列的插入操作。
Step 12	选中 A7 单元格，选择"设计"选项卡，在"表样式"组内选择"表样式浅色 8"，完成表样式的选择。
Step 13	选择"设计"选项卡，在"属性"组内，将表名称更改为"flz"。
Step 14	选中第 7 行，右击，执行隐藏命令，完成表头行的隐藏操作。操作完成后的明细分类账如图 3.54 所示。

图 3.54 明细分类账

3．添加汇总行

为了了解指定月份的借方发生额合计和贷方发生额合计数，需要为表对象添加一个汇总行，具体的操作步骤如下：

Step 01	选中 A8 单元格，选中"设计"选项卡，执行"表样式选项"组内的"汇总行"命令，完成添加"汇总行"的命令。
Step 02	删除"月"字段所在列中的"汇总"字样，在汇总行中，在"摘要"字段所在的单元格内输

入文字"本月合计"。

Step 03 在"汇总"行中,选中"借金额"所在的列,在下拉列表中选择"汇总方式"为"求和",如图 3.55 所示,完成本月借方发生额的计算。

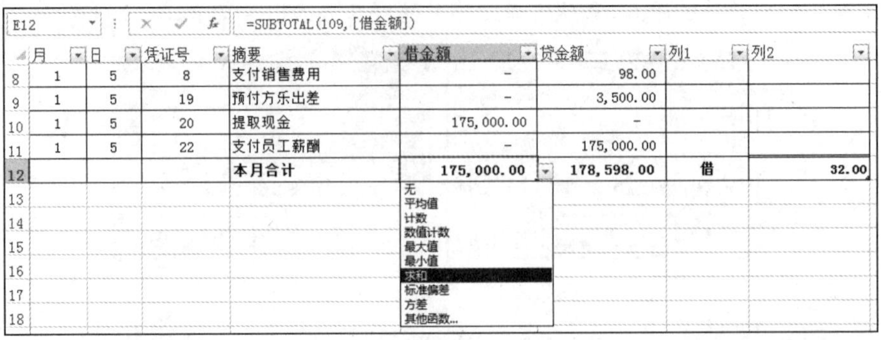

图 3.55 指定汇总行计算类型为求和

Step 04 在"汇总"行中,选中"贷金额"所在的列,在下拉列表中选择汇总方式为"求和",完成本月贷方发生额的计算。

Step 05 在"汇总"行中,选中"列 1"所在的列,在编辑栏中输入公式"=G6",完成借贷方向的设置。

Step 06 在"汇总"行中,选中"列 2"所在的列,在编辑栏内输入公式"=IF($G$6="借",$H$6+flz[[#汇总],[借金额]]-flz[[#汇总],[贷金额]],H6+flz[[#汇总],[贷金额]]-flz[[#汇总],[借金额]])",完成期末余额的计算。

说明

如果余额产生的方向在借方,那么余额的计算方法是期初余额加上汇总行中借金额字段的值减去汇总行中贷金额字段的值。

如果余额产生的方向在贷方,那么余额的计算方法是期初余额加上汇总行中贷金额字段的值减去汇总行中借金额字段的值。

Step 07 调整各列的宽度到合适的位置,选中 A7 单元格,选择"设计"选项卡,单击"外部表数据"组内的属性按钮,打开如图 3.56 所示的"外部数据属性"对话框,保持不勾选"调整列宽"复选框,单击"确定"按钮,完成列宽格式的设置。

图 3.56 外部数据属性对话框

通过上述操作，最终的表样式如图 3.57 所示。

图 3.57　现金明细分类账

将 C3 单元格的科目代码更改为 100201，就会显示工行的明细分类账，如图 3.58 所示。

图 3.58　工行的明细分类账

4．获取最新数据

与总分类账类似，要保证数据显示的结果总是最新的，就需要执行刷新操作，为明细分类账添加刷新功能的具体操作过程如下：

Step 01 选中"明细分类账"工作表，选中"开发工具"选项卡，执行"控件"组中"插入"下的"表单控件"，选择按钮控件，在 H2:H3 单元格内拖曳一个命令按钮，如图 3.59 所示，将命令按钮内的文字更改为"数据刷新"，完成命令按钮的放置。

Step 02 选择"开发工具"选项卡，执行"代码"组内的"录制宏"命令，打开"录制宏"对话框，将宏名称更改为"刷新明细分类账"，单击"确定"按钮，开始录制宏。

Step 03 选中 A8 单元格，单击"数据"选项卡，执行"连接"组内的"全部刷新"命令，完成数据刷新操作。

Excel 在会计和财务管理中的应用（第 4 版）

	A	B	C	D	E	F	G	H
1	现金明细分类账							
2	年份：	2018			月份：	1		数据刷新
3	科目代码：	1001			会计科目：	现金		
4	2018年		凭证号	摘要	借金额	贷金额	借或贷	余额
5	月	日						
6	1	1		期初余额	3,630.00	-	借	3,630.00
7	1	5	8	支付销售费用	-	98.00		
9	1	5	19	预付方乐出差	-	3,500.00		
10	1	5	20	提取现金	175,000.00	-		
11	1	5	22	支付员工薪酬	-	175,000.00		
12				本月合计	175,000.00	178,598.00	借	32.00

图 3.59　添加数据刷新按钮

Step 04 单击在"开发工具"选项卡中"代码组"内的"停止录制"命令，完成宏的录制。

Step 05 在"刷新数据"按钮上右击，执行"指定宏"命令，打开"指定宏"对话框，选择"刷新明细分类账"项，单击"确定"按钮，完成为按钮指定宏的操作。

习题

根据公司发生的业务，编制公司 1 月份的明细分类账。

实验 3-5　设计导航页面

实验原理

用户为自己设计的软件添加了诸多功能后，可能会碰到一个问题，就是如何快速找到自己所需的功能。在一般的软件中是通过添加菜单、导航栏或者添加链接来解决的。由于我们设计的财务管理系统并没有采用编程的方式，因此无法自定义菜单和选项卡。用户要达到相同的目的，可以在工作簿中添加一个导航页面，利用工作表链接的方法快速到达指定的页面。

科目汇总表、科目余额表、总分类账和明细分类账都涉及指定月份的功能，而科目余额表又都为总分类账和明细分类账提供了期初的余额，这就要求上述表格的数据要保持一致性。因此，可以在导航页面上设置月份信息，而其他表格的月份信息都和导航页面中指定的月份信息一致，从而保证不至于因为月份不同步而发生期初余额引用数据上的错误。

实验目的与要求

（一）实验目的
掌握利用导航页面来完成在各个页面之间的跳转。

（二）实验要求
了解链接的方法。

实验内容及数据来源

导航页面要实现的功能包括：
（1）通过导航快速到达指定的页面。
（2）科目汇总表、科目余额表、总分类账和明细分类账的月份信息与导航页面的月份信息一致。

实验操作指导

1．导航页面

导航页面是通过超链接来完成的，创建该页面的具体操作步骤如下：

Step 01 创建一张新的工作表，将工作表的名称更改为"首页"。

Step 02 单击"文件"按钮，单击"Excel 选项"按钮，打开"Excel 选项"对话框，在对话框左侧选择"高级"，在右侧的"此工作表的显示选项"下保持"显示行和列标题"和"显示网格线"复选框不被选中，如图 3.60 所示，单击"确定"按钮，完成去除网格线和行列标题的操作。

图 3.60　不显示网格线和行列标题

Step 03 选择"插入"选项卡，执行"插图"组中的"联机图片"命令，打开如图 3.61 所示的搜索窗口，在搜索范围内输入"计算机"，按 Enter 键确认后，选择一张合适的图片，单击"插入"按钮，完成图片的插入操作。

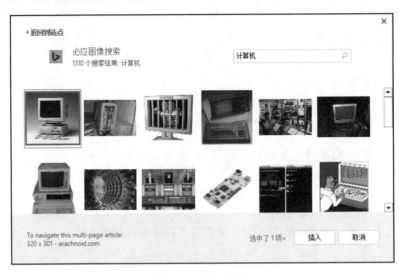

图 3.61　插入图片

---说明---

Office 2019 不再提供剪贴画的功能，用户可以使用必应图像搜索找到合适的图片，也可以通过插入本地硬盘中的一张图片来完成图片插入操作。

放置图片不是必需的步骤。

Step 04　将图片放置在合适的位置，拉升到合适的大小，并在图片下端输入文字"账务处理"，完成后的结果如图 3.62 所示。

图 3.62　插入图片后的首页

2．设置导航功能

Step 01　在工作表的 H8 单元格内输入"凭证处理"。

Step 02　在工作表的 I8 单元格内输入"凭证录入"，选中"插入"选项卡，执行"链接"组内的"超链接"命令，打开如图 3.63 所示的"编辑超链接"对话框，左侧选择链接到的位置为"本文档中的位置"，右侧指定文档中选择的位置为"凭证输入"工作表，单击"确定"按钮，完成凭证输入链接的指定。

第 3 章　会计账簿

图 3.63　链接到指定页面

Step 03　在工作表的 J8 单元格内输入"凭证编辑",选中"插入"选项卡,执行"链接"组内的"超链接"命令,左侧选择链接到的位置为"本文档中的位置",右侧指定文档中选择的位置为"凭证编辑"工作表,单击"确定"按钮,完成凭证编辑链接的指定。

Step 04　在工作表的 K8 单元格内输入"审核打印",选中"插入"选项卡,执行"链接"组内的"超链接"命令,左侧选择链接到的位置为"本文档中的位置",右侧指定文档中选择的位置为"凭证审核与打印"工作表,单击"确定"按钮,完成凭证审核与打印链接的指定。

Step 05　在 G10 中输入"查询月份",选中 H10 单元格,设置边框为双下画线,选中"数据"选项卡,执行"数据"组内的"数据验证"命令,打开如图 3.64 所示的"数据验证"对话框,在对话框的"设置"选项卡的"允许"下选择"序列",序列的内容手工填入"1,2,3,4,5,6,7,8,9,10,11,12"。选中"出错警告"选项卡,标题为"月份错误",错误信息指定为"指定的月份信息错误",单击"确定"按钮,完成月份的指定。

图 3.64　设置月份

Step 06　在工作表的 I10 单元格内输入"科目余额表",选中"插入"选项卡,执行"链接"组内的

"超链接"命令，左侧选择链接到的位置为"本文档中的位置"，右侧指定文档中选择的位置为"科目余额表"工作表，单击"确定"按钮，完成科目余额表链接的指定。

Step 07 在工作表的 J10 单元格内输入"总分类账"，选中"插入"选项卡，执行"链接"组内的"超链接"命令，左侧选择链接到的位置为"本文档中的位置"，右侧指定文档中选择的位置为"总分类账"工作表，单击"确定"按钮，完成总分类账链接的指定。

Step 08 在工作表的 K10 单元格内输入"明细分类账"，选中"插入"选项卡，执行"链接"组内的"超链接"命令，左侧选择链接到的位置为"本文档中的位置"，右侧指定文档中选择的位置为"明细分类账"工作表，单击"确定"按钮，完成明细分类账链接的指定。

Step 09 选中"科目汇总表"，选中 D2 单元格，在编辑栏内输入公式"=首页!H10"，完成查询月份的指定。

Step 10 选中"科目余额表"工作表，选中 G2 单元格，在编辑栏内输入公式"=首页!H10"，完成查询月份的指定。

Step 11 选中"总分类账"工作表，选中 F2 单元格，在编辑栏内输入公式"=首页!H10"，完成查询月份的指定。

Step 12 选中"明细分类账"工作表，选中 F2 单元格，在编辑栏内输入公式"=首页!H10"，完成查询月份的指定。

创建完成后的导航页如图 3.65 所示。

图 3.65　设置完成的导航页面

习题

创建一个导航页面，通过单击链接能够快速到达凭证输入、凭证修改与删除、凭证审核与打印页面。输入指定的月份信息能够快速生成科目余额表、总分类账和明细分类账。

第4章 固定资产管理

固定资产是指企业为生产产品、提供劳务、出租或者经营管理而持有的、使用时间超过一年及以上，价值达到一定标准的非货币性资产，包括房屋、建筑物、机器、机械、运输工具以及其他与生产经营活动有关的设备、器具、工具等。固定资产在企业中的特点是占用的价值比较大，分布范围广，数量和类型都很多，在日常管理中涉及取得、变更和折旧问题。本章介绍如何利用 Excel 设计表格来反映固定资产的取得、变更和折旧的过程，并为固定资产会计处理提供数据。

实验 4-1　固定资产取得登记

实验原理

固定资产的取得登记是固定资产进入会计信息系统的第一步，可以看作是固定资产管理的起点。取得登记包括固定资产取得时候的日期信息、固定资产的价值信息、固定资产类别归属、固定资产的折旧方式等诸多的信息。在日常工作中，当企业获得一项固定资产后，固定资产管理部门会填制表格来表示取得过程。在这张表格中一般都会包含上述内容，因此在会计电算化中也会尽可能模仿这一过程。

折旧是固定资产取得时必须考虑的一项内容，包括折旧期有多长、折旧方式如何、残值为多少。计提折旧按月计提，当月取得的固定资产是不计提折旧的，而是从下月开始计提折旧；当月减少的固定资产则依然需要计提折旧。

在 Excel 中已经预先为用户设计了很多折旧计算函数，包括直线法、双倍余额递减法和年数总和法等，分别用 SLN 函数、DDB 函数和 SYD 函数来表示。这 3 个函数的具体含义如表 4-1 所示。

表 4-1　折旧函数

名称	函数定义	函数表达式结构	参数含义
SLN	用于按直线折旧法计算固定资产折旧，它也可以用于工作量法	SLN(cost，salvage，life)	cost 为资产原值；salvage 为净残值；life 为折旧年限
DDB	按双倍余额递减法计算的固定资产折旧额	DDB(cost，salvage，life，period，factor)	cost 为资产原值；salvage 为净残值；life 为折旧年限；period 为需要计算折旧值的期间，period 必须使用与 life 相同的单位；factor 为余额递减速率，如果 factor 被省略，则假设为 2（双倍余额递减法）
SYD	用于按年数总和法计算的固定资产折旧	SYD(cost，salvage，life，per)	cost 为资产原值；salvage 为净残值；life 为折旧年限；period 为需要计算折旧值的期间，per 为期间，单位与 life 相同

计提的固定资产折旧会根据固定资产的用途被计入产品的成本或者当期损益。比如使用在基本生产车间的固定资产会被纳入制造费用的范畴而进入产品成本；管理部门的固定资产会计入管理费用而进入当期损益。

使用 Excel 进行固定资产管理设计的时候最大的难度在于如何将一个不具备规范格式的表格最后填充到数据表中。固定资产登记的表格其格式一般由用户自行设定，受限于纸张大小、装订要求以及管理需要等，在表格中显示的内容一般都是多行多列的复杂表。但是规范的数据表必须是首行为标题行，其余行为数据行。这两者之间存在着明显的差异，一般不能够直接转化。这就要求用户使用中间表来完成转化的任务，首先用中间表将多行多列数据转化为一行数据，然后将中间表的一行数据填充到数据表中，从而间接完成将复杂表格的数据导入数据表中的任务。

固定资产的查询日期和固定资产的折旧情况也是息息相关的，不同的查询日固定资产的价值是有影响的，例如指定的查询日在某些固定资产的报废日期之后，那么这些固定资产的当月折旧额就为 0，固定资产价值也相应降到 0；如果查询日在报废日之前，则固定资产仍然在正常计提折旧，此时固定资产的折旧额和价值都会有正常的显示。

实验目的与要求

（一）实验目的
了解固定资产取得登记的流程，掌握将复杂格式的表转化为数据表的方法。
（二）实验要求
了解宏的录制方法和固定资产的折旧计算方法。

实验内容及数据来源

公司的固定资产取得状况如下：

（1）2017 年 3 月 6 日购入家具 1 套，型号为 J101，该资产归客服部门使用，该固定资产使用年限为 6 年，折旧方法为直线法，原值为 6000 元，净残值率为 5%。

（2）2017 年 4 月 5 日购入服务器 1 台，型号为 LN331，该资产归客服部门使用，该固定资产使用年限为 8 年，折旧方法为直线法，原值为 160000 元，净残值率为 1%。

（3）2017 年 5 月 12 日购入大型装订机 1 台，型号为 DL-9，该资产归车间使用，该固定资产使用年限为 10 年，折旧方法为双倍余额递减法，原值为 300000 元，净残值率为 2%。

（4）2017 年 5 月 13 日购入办公楼，该资产归经理室使用，该固定资产使用年限为 20 年，折旧方法为直线法，原值为 3000000 元，净残值率为 1%。

（5）2017 年 5 月 22 日购入小型中央空调 1 套，型号为 KR6515，该资产归客服部门使用，该固定资产使用年限为 5 年，折旧方法为直线法，原值为 60000 元，净残值率为 1%。

（6）2017 年 6 月 7 日购入四座乘用车，型号为 CV332，该资产归销售部门使用，该固定资产使用年限为 10 年，折旧方法为年数总和法，原值为 200000 元，净残值率为 5%。

（7）2017 年 8 月 11 日购入轿车，型号为 KM213，该资产归经理室使用，该固定资产使用年限为 8 年，折旧方法为直线法，原值为 180000 元，净残值率为 2%。

假定原先取得固定资产的时候都尚未登记，公司将固定资产集中登记日期定为 2018 年 3 月 1 日。

实验操作指导

1. 固定资产参数表

如果一个会计系统在设计的时候会经常使用一些常量，就需要对这些常量进行预先的定义，在本实验中将这些常数称为参数，不同参数对应的计算方式和内容也不相同。大部分的会计电算化设计过程中都需要设置参数表。参数表的位置一般会放置在独立的工作表中，并且用不同的表对象来放置不同的参数。建立"参数"工作表的操作步骤如下：

Step 01 打开 Excel，将工作表保存为"固定资产管理.xlsm"，选中 Sheet1 工作表，将 Sheet1 工作表重命名为"参数"。

Step 02 在 A1~A4 单元格区域内依次输入内容：固定资产类别、房屋建筑物、家具、机器设备和普通设备。选中 A1 单元格，选中"插入"选项卡，执行"表格"组内的"表格"命令，打开如图 4.1 所示的"创建表"对话框，将指定的单元格区域转化为表对象。选中"设计"选项卡，在"属性"组内将表的名称更改为"类别"。

图 4.1 创建类别参数

=== 说明 ===

参数表将同类的参数值都放在了一个独立的表对象中，一般而言有多少类就设置多少个表对象。参数值的类别一般来说需要一次性全部设置完成，但是参数的值则不需要，可以在需要的时候再行添加，一旦参数对应的表对象设置完成，并且已经在其他工作表中引用了表对象中的内容，那么参数内容只能增加不能减少。

Step 03 在 C1~C6 单元格区域内依次输入内容：部门名称、经理室、财务部、销售部、客服部和生产部。选中 C1 单元格，选中"插入"选项卡，执行"表格"组内的"表格"命令，将指定的单元格区域转化为表对象。选中"设计"选项卡，在"属性"组内将表的名称更改为"部门"。

Step 04 在 E1~E6 单元格区域内依次输入内容：取得方式、自建、外购、盘盈、内部调拨和其他。选中 E1 单元格，选中"插入"选项卡，执行"表格"组内的"表格"命令，将指定的单元格区域转化为表对象。选中"设计"选项卡，在"属性"组内将表的名称更改为"新增"。

Step 05 在 G1~G6 单元格区域内依次输入内容：使用情况、正常使用、未使用、经营性支出和待处置。选中 G1 单元格，选中"插入"选项卡，执行"表格"组内的"表格"命令，将指定的单元格区域转化为表对象。选中"设计"选项卡，在"属性"组内将表的名称更改为"使用"。

Step 06 在 I1~I4 单元格区域内依次输入内容：折旧方法、直线法、双倍余额递减法和年数总和法。选中 I1 单元格，选中"插入"选项卡，执行"表格"组内的"表格"命令，将指定的单元格区域转化为表对象。选中"设计"选项卡，在"属性"组内将表的名称更改为"折旧方式"。

Step 07 在 K1~K7 单元格区域内依次输入内容：处置方式、出售、报废、内部调整、投资转出、盘亏和其他。选中 K1 单元格，选中"插入"选项卡，执行"表格"组内的"表格"命令，将指定的单元格区域转化为表对象。选中"设计"选项卡，在"属性"组内将表的名称更改为"减少方式"。

Step 08 在 M1~M4 单元格区域内依次输入内容：费用类别、制造费用、管理费用和营业费用。选中 M1 单元格，选中"插入"选项卡，执行"表格"组内的"表格"命令，将指定的单元格区域转化为表对象。选中"设计"选项卡，在"属性"组内将表的名称更改为"费用"。

设置参数信息的最终结果如图 4.2 所示。

	A	B	C	D	E	F	G	H	I	J	K	L	M
1	固定资产类别		部门名称		取得方式		使用情况		折旧方法		转出方式		费用类别
2	房屋建筑物		经理室		自建		正常使用		直线法		出售		制造费用
3	家具		财务部		外购		未使用		双倍余额递减法		报废		管理费用
4	机械设备		销售部		盘盈		经营性租出		年数总和法		内部调整		营业费用
5	普通设备		客服部		内部调拨		待处置				投资转出		
6			生产部				已提足折旧				盘亏		
7											其他		

图 4.2 参数信息

表对象虽然已经赋予了名称，但是在某些时候这些名称并不能够直接使用，比如进行数据验证的时候，直接引用表对象的名称就是无效的。同时，在公式中引用这些表对象的时候，公式会变得很长，不够直观。解决的方法就是为这些表格对象定义一些名称，具体的操作方法如下：

Step 01 单击"公式"选项卡，执行"定义的名称"组内的"定义名称"命令，打开如图 4.3 所示的"新建名称"对话框，在"名称"后的文本框中输入"固定资产类别"，在"引用位置"后的文本框中输入"=类别[[固定资产类别]]"，完成"固定资产类别"所指向的单元格区域的设置。

图 4.3 定义固定资产类别

===== 说明 =====

定义的名称不能和已经定义过的名称相同，也不能和表对象的名称相同。

Step 02 为参数表中的其他表对象内容设置不同的名称,具体的名称和引用的位置如表 4-2 所示。

表 4-2　参数表中其他表格对象的名称设置

新建的单元格区域名称	所引用位置
固定资产类别	=类别[[固定资产类别]]
部门名称	=部门[[部门名称]]
取得方式	=新增[[取得方式]]
使用情况	=使用[[使用情况]]
折旧方法	=折旧方式[[折旧方法]]
转出方式	=减少方式[[转出方式]]
费用类别	=费用[[费用类别]]

2. 新增固定资产登记

新增固定资产是登记在固定资产卡片上的,卡片上记录了固定资产的若干基本信息,包括固定资产取得时候的情况,便于管理,通常还需要对固定资产进行编号。

固定资产的卡片也需要编号,不过卡片和固定资产并不一定就是一一对应的,比如成套的家具、图书等都是若干固定资产就给予一张卡片予以登记。固定资产的新增登记设计过程具体操作步骤如下:

Step 01 新建一张工作表,将新工作表重命名为"新增固定资产"。

Step 02 从 B2 单元格开始输入新增登记表格的内容,输入完成后如图 4.4 所示。

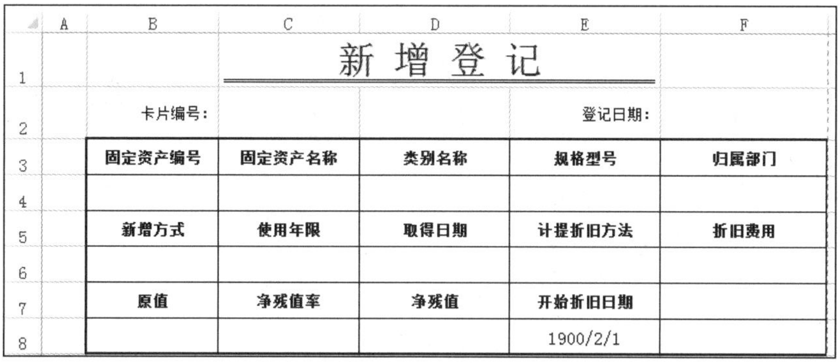

图 4.4　新增固定资产基本信息

Step 03 从 B10 单元格开始,在 B10~F10 单元格区域内输入内容:id、年份、年折旧额、月折旧额和月折旧率,然后从 C11~C30 单元格区域内输入数字 1~20。选中 B10 单元格,选中"插入"选项卡,执行"表格"组内的"表格"命令,将指定的单元格区域转化为表对象。选中 B10 单元格,单击"设计"选项卡,选择"表样式"组内的"表样式浅色 13",完成表样式的选择,在"属性"组中,将表的名称设置为"zjjs"。

说明

这个步骤的目的是将该固定资产未来的折旧情况在固定资产新增登记的时候就予以确定。这里设置了折旧的年份是 1~20,也就是说固定资产的折旧年限最多是 20 年,如果用户的固定资产折旧最高超过 20 年,在预先设置的时候就应该添加更多的行号。

Excel 在会计和财务管理中的应用（第 4 版）

Step 04 选中 B11 单元格，在编辑栏内输入公式 "=$B$4&"-"&[@年份]"，完成 id 的设置。

说明

该 id 表示在表对象中某一行对应的固定资产卡片记载的固定资产在第几年的折旧数据。

Step 05 按住 Ctrl 键的同时选中 F2、D6 和 E8 单元格，右击，执行"设置单元格格式"命令，选中"数字"选项卡，选中"日期"类别中的"2012/3/14"样式，完成指定的单元格格式设置。最终完成的表外观如图 4.5 所示。

图 4.5 完整的固定资产新增信息

3．表格数据编辑

参数表中定义了很多常量，这些常量的作用之一是可以限定用户的输入内容，让用户通过选择内容的方式而不是输入的方式完成单元格内容的设置，这就是输入有效性进行限定，具体的操作步骤如下：

Step 01 选中 D4 单元格，选中"开始"选项卡，执行"数据工具"组内的"数据验证"命令，打开如图 4.6 所示的"数据验证"对话框，在"允许"下拉列表中选择"序列"，在来源中输入"=固定资产类别"，单击"确定"按钮，完成固定资产类别的数据验证。

第 4 章　固定资产管理

图 4.6　设置数据有效性

> **说明**
>
> 数据验证中当允许的情况为"序列"的时候,来源不能够设置为表对象名称,但是可以为预先设定的公式名称。

Step 02　选中 F4 单元格,选中"开始"选项卡,执行"数据工具"组内的"数据验证"命令,打开"数据验证"对话框,在"允许"下拉列表中选择"序列",在"来源"中输入"=部门名称",单击"确定"按钮,完成固定资产部门信息有效性的设置。

Step 03　选中 B6 单元格,选中"开始"选项卡,执行"数据工具"组内的"数据验证"命令,打开"数据验证"对话框,在"允许"下拉列表中选择"序列",在"来源"中输入"=取得方式",单击"确定"按钮,完成固定资产取得方式有效性的设置。

Step 04　选中 E6 单元格,选中"开始"选项卡,执行"数据工具"组内的"数据验证"命令,打开"数据验证"对话框,在"允许"下拉列表中选择"序列",在"来源"中输入"=折旧方法",单击"确定"按钮,完成固定资产折旧方式有效性的设置。

Step 05　选中 F6 单元格,选中"开始"选项卡,执行"数据工具"组内的"数据验证"命令,打开"数据验证"对话框,在"允许"下拉列表中选择"序列",在"来源"中输入"=费用类别",单击"确定"按钮,完成固定资产折旧费用类别的有效性设置。

固定资产取得登记的表格内,并不是所有数据都是通过选择或者输入完成的,还有一部分数据是通过计算公式计算得来的,设置公式的具体操作步骤如下:

Step 01　选中 D8 单元格,在编辑栏内输入公式"=ROUND(B8*C8,0)",完成净残值的计算。

> **说明**
>
> 净残值=固定资产原值×净残值率,为了简化处理,本实验设置固定资产的净残值为一个整数。

Step 02　选中 E8 单元格,在编辑栏内输入公式"=DATE(YEAR(D6),MONTH(D6)+1,1)",完成开始计提折旧日期的设置。

113

> **说明**

固定资产折旧的计提规则是当月取得的固定资产当月不计提折旧,而是从下月开始计提,因此在这里设定固定资产折旧的计提日期总是下个月的 1 日。

Date 函数能够将指定的年月日转化为一个日期信息,MONTH(D6)+1 是指定月份的下一个月,当指定的 D6 单元格中的日期为 12 的时候,该函数会自动将年份加 1 并且月份为指定月份的下一个月。比如指定日期为"2017-12-6",则计算的结果为"2018-1-1"。

Step 03 选中 D11 单元格,在编辑栏内输入公式 "=ROUND(IFERROR(IF($E$6="直线法",IF([@年份]<=$C$6,SLN($B$8,$D$8,$C$6),0),IF($E$6="双倍余额递减法",DDB($B$8,$D$8,$C$6,[@年份]),IF($E$6="年数总和法",SYD($B$8,$D$8,$C$6,[@年份])))),0),2)",完成不同折旧方法下的年折旧额的计算。

> **说明**

直线法的计算方式是,如果指定的年份小于或者等于使用年限,则正常计提折旧,直线法计算折旧使用 SLN 函数。

双倍余额递减法和年数总和法都是加速计提折旧的方法,分别使用 DDB 函数和 SYD 函数进行计算。但是双倍余额递减法在实际应用中有缺陷,因为它不能将折旧期限最后两年的数据进行均分。

Step 04 选中 E11 单元格,在编辑栏内输入公式"=ROUND([@年折旧额]/12,2)",完成月折旧额的计算。

> **说明**

月折旧额的计算方式就是年折旧额除以 12,这里的月折旧额保留两位小数。

Step 05 选中 F11 单元格,在编辑栏内输入公式 "=IFERROR(ROUND([@月折旧额]/[@年折旧额],4),0)",完成月折旧率的计算。

> **说明**

月折旧率就是月折旧额除以年折旧额之后的比率。不论是哪种计提折旧的方法,即使是加速折旧的方法,月折旧额都是年折旧额的十二分之一,也就是说在一年之内,每个月的折旧额是平均进行分配的。

其实月折旧率这一栏可以删除,因为在任何一种折旧方式下,月折旧率都是 8.33%,保留这一栏是为了和上面的表列数相等,外观更协调。

公司 2017 年 3 月购入家具 1 套,型号为 J101,该资产归客服部门使用,该固定资产使用年限为 6 年,折旧方法为直线法,原值为 6000 元,净残值率为 5%。以此为例,编制第一张固定资产卡片,卡片的编号为 C001,登记日期为 2018 年 3 月 1 日。最终的结果如图 4.7 所示。

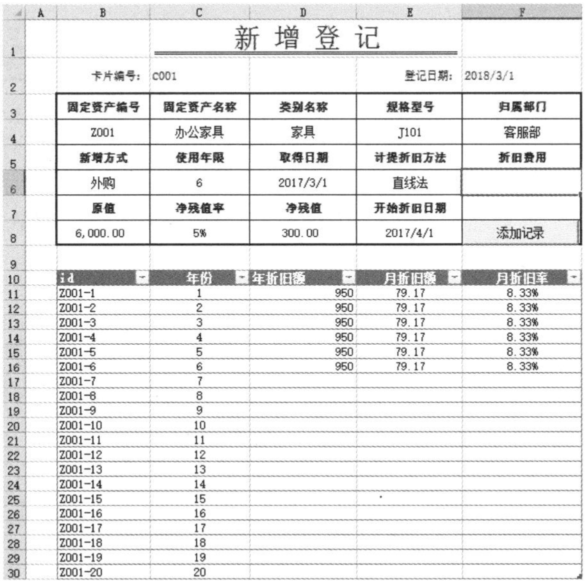

新增登记

卡片编号：C001　　登记日期：2018/3/1

固定资产编号	固定资产名称	类别名称	规格型号	归属部门
Z001	办公家具	家具	J101	客服部
新增方式	使用年限	取得日期	计提折旧方法	折旧费用
外购	6	2017/3/1	直线法	
原值	净残值率	净残值	开始折旧日期	
6,000.00	5%	300.00	2017/4/1	添加记录

id	年份	年折旧额	月折旧额	月折旧率
Z001-1	1	950	79.17	8.33%
Z001-2	2	950	79.17	8.33%
Z001-3	3	950	79.17	8.33%
Z001-4	4	950	79.17	8.33%
Z001-5	5	950	79.17	8.33%
Z001-6	6	950	79.17	8.33%
Z001-7	7			
Z001-8	8			
Z001-9	9			
Z001-10	10			
Z001-11	11			
Z001-12	12			
Z001-13	13			
Z001-14	14			
Z001-15	15			
Z001-16	16			
Z001-17	17			
Z001-18	18			
Z001-19	19			
Z001-20	20			

图 4.7　登记的第一笔资产信息

4．添加数据

从图 4.7 可以看出，固定资产的取得登记表的信息内容是由两部分组成的，第一部分是第 2~8 行部分，这部分内容是一个多行多列的表格，该表格记录了固定资产的基础信息；第二部分是第 10~30 行，这是一个表对象，记录了某项固定资产的折旧信息。

由此看出，该表格并不是一个标准的数据表，要将其转化为标准数据表，需要设置一张临时表，临时表的作用是将不标准表格的内容转换为一行数据，再将临时表中的数据导入数据表内。具体的操作步骤如下：

Step 01 新建一张工作表，将工作表重命名为“临时数据”。

Step 02 在 A1~P1 单元格内输入内容：卡片编号、登记日期、固定资产编号、固定资产名称、类别名称、规格型号、归属部门、新增方式、使用年限、取得日期、折旧方法、折旧费用类别、原值、净残值率、净残值和开始折旧日期，完成字段的设置。

Step 03 选中 A1 单元格，选中“插入”选项卡，执行“表格”组内的“表格”命令，将指定的单元格区域转化为表对象。

Step 04 选中 A2 单元格，在编辑栏内输入公式“=新增固定资产!C2”，第 2 行中其余各字段的公式设置方式如表 4-3 所示。

表 4-3　其余各字段的公式设置

字段内容	单元格名称	公式内容
登记日期	B2	=新增固定资产!F2
固定资产编号	C2	=新增固定资产!B4
固定资产名称	D2	=新增固定资产!C4
类别名称	E2	=新增固定资产!D4
规格型号	F2	=新增固定资产!E4
归属部门	G2	=新增固定资产!F4
新增方式	H2	=新增固定资产!B6

(续表)

字段内容	单元格名称	公式内容
使用年限	I2	=新增固定资产!C6
取得日期	J2	=新增固定资产!D6
折旧方法	K2	=新增固定资产!E6
折旧费用类别	L2	=新增固定资产!F6
原值	M2	=新增固定资产!B8
净残值率	N2	=新增固定资产!C8
净残值	O2	=新增固定资产!D8
开始折旧日期	P2	=新增固定资产!E8

Step 05 选中 B2、J2 和 P2 单元格，执行"单元格格式"命令，在"数字"选项卡下，左侧选择"日期"，右侧单元格格式设置为"2012/3/14"日期样式。

通过上述步骤，原本多行多列的单元格区域就变成了一个标题行和一个数据行的表对象，具备了向真实数据表中导入数据的能力。真实数据表的创建步骤如下：

Step 01 新建一张工作表，将工作表重命名为"取得登记表"。

Step 02 在 A1~P1 单元价格内输入内容：卡片编号、登记日期、固定资产编号、固定资产名称、类别名称、规格型号、归属部门、新增方式、使用年限、取得日期、折旧方法、折旧费用类别、原值、净残值率、净残值和开始折旧日期，完成字段的设置。

Step 03 选中 A1 单元格，选中"插入"选项卡，执行"表格"组内的"表格"命令，将指定的单元格区域转化为表对象。在"属性"组内，将表对象的名称更改为"qddj"。

Step 04 选中 A2 单元格，在该单元格内输入字母"a"。

===== 说明 =====

这里输入的内容是任意的，输入的目的是：如果第一次导入数据，第一行数据就为空的话，会产生一个错误结果，为此需要任意设置一行数据。当导入数据后，第一行数据就可以删除不用。

这种输入方法在前面介绍凭证库导入凭证的时候也使用过。

==========

"新增固定资产"表中除了有固定资产的基本信息外，还有固定资产的折旧信息。折旧信息本身就是一个标题行和多个数据行组成的数据表，需要创建一张折旧表作为数据表来容纳新增固定资产表中的折旧信息，具体的操作步骤如下：

Step 01 新建一张工作表，将工作表重命名为"折旧表"。

Step 02 在 A1~E1 单元价格内输入内容：id、年份、年折旧额、月折旧额、月折旧率和固定资产编号，完成字段的设置。

Step 03 选中 A1 单元格，选中"插入"选项卡，执行"表格"组内的"表格"命令，将指定的单元格区域转化为表对象。选中"设计"选项卡，在"属性"组内，将表对象的名称更改为"zje"。

Step 04 选中 A2 单元格，在该单元格内输入字母"a"。

Step 05 选中 F2 单元格，在编辑栏内输入公式"=LEFT([@id],FIND("-",[@id],1)-1)"，完成固定资产编号的设置。

> **说明**
>
> 该公式的作用是还原折旧信息表内的固定资产编号。

所有数据表结构已经设计完成。接下来介绍如何通过宏的方式将临时数据和折旧信息导入指定的工作表中。具体的操作过程如下：

Step 01 选中"新增固定资产"工作表，选中"开发工具"选项卡，选择"控件"组中"插入"下的"表单控件"中的"按钮"控件，在 F8 单元格中添加一个命令按钮，将按钮上的标题更改为"添加记录"。

Step 02 选择"开发工具"选项卡，执行"代码"组内的"录制宏"命令，打开"录制宏"对话框，将宏名称更改为"取得登记"，单击"确定"按钮，开始录制宏。

Step 03 打开"临时数据"工作表，选中工作表中 A2~P2 单元格区域，右击，执行"复制"命令，完成对指定单元格内容的复制操作。

Step 04 选中"取得登记表"，选中 A1 单元格，选中"开发工具"选项卡，执行"代码"组内的"使用相对模式"命令，将录制模式设置为相对模式。

Step 05 同时按键盘上的 Ctrl 键和向下方向键，再按一次向下方向键，右击，执行"选择性粘贴"命令，粘贴的方式选择为"值"，完成数据的粘贴操作。

Step 06 选中"开发工具"选项卡，再按一次"代码"组内的"使用相对模式"按钮，将录制模式设置为绝对模式。

Step 07 选中 A1 单元格，选中"新增固定资产"工作表，选中工作表中的"D10"单元格，单击下拉箭头，打开"筛选条件"，将"空白"前的勾选去除，如图 4.8 所示，通过筛选将无数据行隐藏。

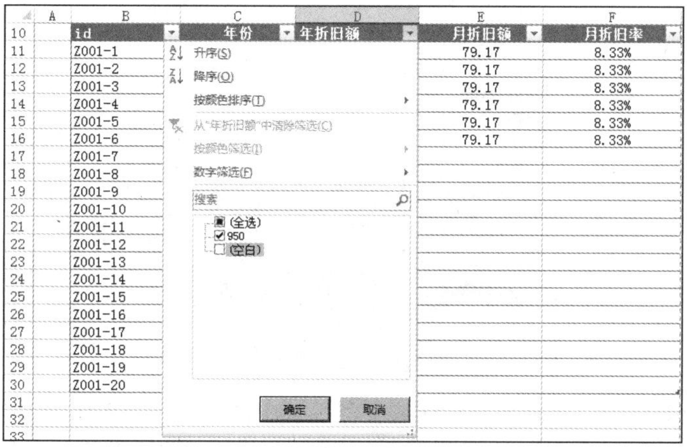

图 4.8 设置筛选条件

> **说明**
>
> 如果折旧年限不足 20 年，比如本实例中，家具的折旧年限仅仅为 6 年，那么从第 7 年开始所有的折旧额都应当为 0，为此需要通过筛选的方式将有折旧额的记录找出来，然后导入数据表"折旧表"中。筛选的结果如图 4.9 所示。

Excel 在会计和财务管理中的应用（第4版）

图 4.9　筛选后的结果

Step 08　选中 D10 单元格，同时按键盘上的 **Ctrl+G** 键，打开"定位"对话框，如图 4.10 所示。在该对话框中，将"引用位置"设置为"=zjjs[[#数据],[id]:[月折旧率]]"，单击"确定"按钮，完成指定单元格区域的选择。

图 4.10　定位对话框

Step 09　按键盘上的 **Ctrl+C** 键，复制定位的区域，然后选中"折旧表"工作表，选中 A1 单元格，选中"开发工具"选项卡，执行"代码"组内的"使用相对模式"命令，将录制模式设置为相对模式。

Step 10　同时按键盘上的 **Ctrl** 键和向下方向键，再按一次向下方向键，右击，执行"选择性粘贴"命令，粘贴的方式选择为"值"，完成数据的粘贴操作。

Step 11　选中"开发工具"选项卡，再按一次"代码"组内的"使用相对模式"按钮，将录制模式设置为绝对模式。

Step 12　选中 A1 单元格，选中"新增固定资产"工作表，选中 D10 单元格，单击"数据"选项卡，执行"排序和筛选"组内的"清除"命令,清除筛选的结果,但是仍旧保持筛选状态。

Step 13 选中 B4:F4 单元格区域,单击 Delete 键,删除第 4 行数据,选中 B6:F6 单元格区域,单击 Delete 键,删除第 6 行数据,选中 B8:C8 单元格区域,单击 Delete 键,再次选中 B3 单元格,清除已经登记的数据。

Step 14 单击在"开发工具"选项卡的"代码组"内的"停止录制"命令,完成宏的录制。

Step 15 在"添加记录"按钮上右击,执行"指定宏"命令,打开如图 4.11 所示的"指定宏"对话框,选择"取得登记"项,单击"确定"按钮,完成指定宏的设置。

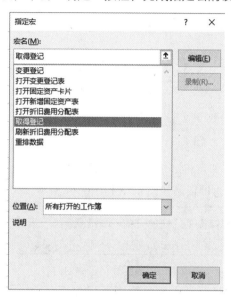

图 4.11 指定宏

Step 16 选中"取得登记表"工作表,选中第 2 行,删除该行数据。选中"折旧表"工作表,选中第 2 行,删除该行数据。

说明

第 2 行数据都是临时性的数据,只在添加第一条记录的时候有用,当第一条记录添加完成后,该记录就可以删除了。不删除该行记录也不会影响后续的计算结果。

5. 操作示例

以第 2 笔固定资产取得资料为例:2017 年 4 月 5 日购入服务器 1 台,型号为 LN331,该资产归客服部门使用,该固定资产使用年限为 8 年,折旧方法为直线法,原值为 160000 元,净残值率为 1%。在"新增固定资产"表中登记后,生成的登记内容如图 4.12 所示。

Excel 在会计和财务管理中的应用（第 4 版）

图 4.12　第 2 笔固定资产登记结果

单击"添加记录"按钮，即可将制定的内容写入"取得登记表"和"折旧表"中。添加了全部固定资产后的取得登记表和折旧信息如图 4.13 和图 4.14 所示。

图 4.13　取得登记表中的内容

图 4.14　折旧表中的内容

习题

公司在 2018 年 3 月 6 日补登固定资产，在 2017 年固定资产取得状况如下：

（1）2017 年 3 月 12 日购入计算机，型号为 KK205，该资产归客服部门使用，该固定资产使用年限为 5 年，折旧方法为直线法，原值为 10000 元，净残值率为 5%。该项目固定资产卡片号为 K001，固定资产编号为 ZK001。

（2）2017 年 5 月 1 日购入服务器，型号为 H552，该资产归客服部门使用，该固定资产使用年限为 8 年，折旧方法为直线法，原值为 160000 元，净残值率为 1%。该项目固定资产卡片号为

K002，固定资产编号为 ZK002。

（3）2017 年 4 月 21 日购入机床，型号为 YP6，该资产归销售部门使用，该固定资产使用年限为 10 年，折旧方法为双倍余额递减法，原值为 300000 元，净残值率为 1%。该项目固定资产卡片号为 K003，固定资产编号为 ZK003。

（4）2017 年 5 月 12 日购入办公楼，型号为 F01，该资产归经理室使用，该固定资产使用年限为 20 年，折旧方法为直线法，原值为 3000000 元，净残值率为 1%。该项目固定资产卡片号为 K004，固定资产编号为 P100。

（5）2017 年 6 月 17 日购入空调，型号为 MS567，该资产归客服部门使用，该固定资产使用年限为 5 年，折旧方法为直线法，原值为 5000 元，净残值率为 1%。该项目固定资产卡片号为 K005，固定资产编号为 P101。

（6）2017 年 7 月 4 日购入四座乘用车，型号为 YG02，该资产归销售部门使用，该固定资产使用年限为 10 年，折旧方法为年数总和法，原值为 120000 元，净残值率为 2%。该项目固定资产卡片号为 K006，固定资产编号为 ZK004。

（7）2017 年 8 月 9 日购入轿车，型号为 KP02，该资产归经理室使用，该固定资产使用年限为 8 年，折旧方法为直线法，原值为 160000 元，净残值率为 2%。该项目固定资产卡片号为 K007，固定资产编号为 ZK005。

要求根据上述数据进行固定资产取得登记。固定资产系统的参数设置方法参见实验 4-1。

实验 4-2　固定资产变更登记

实验原理

固定资产虽然流动性较差，但不意味着在其存续期间是一成不变的。当固定资产发生变化的时候就会涉及固定资产的变更问题。常见的有固定资产使用部门发生变化，虽然固定资产价值没有变，每个月的折旧金额没有变，但是由于固定资产使用部门变化导致固定资产计入的费用科目变化，这就意味着企业需要进行固定资产变更登记，以明确固定资产的使用者和责任费用归属。

固定资产是有生命期的，任意一项固定资产都会在存续期满了以后或者固定资产被提前处置后发生固定资产灭失的事件。这时就意味着企业原先存在的固定资产已经不复存在，发生了变更事件，会在固定资产变更登记表中体现。也就是说，任意一项固定资产在取得的时候都会记录在取得登记表内，在终了后也会在固定资产变更登记表中出现一次。

使用 Excel 进行固定资产变更登记设计时需要两张表，这个填报过程是模拟用户现实中对固定资产进行变更登记的过程。一张用于让用户进行填报的表格，是一张多行多列构成的复杂表格，类似于"变更登记卡片"的样式，是可以由用户根据需要自行设计的；另一张表是一个标题行带多个数据行的数据表，其实就类似于数据库中的一张数据表，将前台填报的数据转移到后台的数据表中来。

Excel 在会计和财务管理中的应用（第 4 版）

实验目的与要求

（一）实验目的
了解变更登记的操作方法。
（二）实验要求
了解将不规则的表格转化为数据表的方法。

实验内容及数据来源

公司在 2017 年发生了如下固定资产变更事件：
（1）6 月 5 日，编号为 Z001 的固定资产交由经理室管理。
（2）8 月 2 日，编号为 Z002 的固定资产交由销售部门。
（3）11 月 17 日，编号为 Z006 的固定资产赠送子公司。

实验操作指导

1．固定资产变更登记表

固定资产变更登记表反映了固定资产的变更情况，每次固定资产的基础信息发生变更后都应当填报变更登记表，具体的操作步骤如下：

Step 01 新建工作表，将工作表重命名为"变更登记表"。在工作表内绘制变更登记表如图 4.15 所示。

图 4.15 变更登记表

Step 02 按住 Ctrl 键的同时选中 C3 和 D9 单元格，右击，执行"单元格格式"命令，在"数字"选项卡下，左侧选择"日期"，右侧单元格格式设置为"2012/3/14"日期样式。

Step 03 选中 B7 单元格，选中"开始"选项卡，执行"数据工具"组内的"数据验证"命令，打开如图 4.16 所示的"数据验证"对话框，在"允许"下拉列表中选择"序列"，在"来源"中输入"=部门名称"，单击"确定"按钮，完成变更后固定资产使用部门的有效性的设置。

第 4 章　固定资产管理

图 4.16　验证部门名称

Step 04　选中 C7 单元格，选中"开始"选项卡，执行"数据工具"组内的"数据验证"命令，打开"数据验证"对话框，在"允许"下拉列表中选择"序列"，在"来源"中输入"=使用情况"，单击"确定"按钮，完成变更后固定资产使用情况的有效性的设置。

Step 05　选中 C9 单元格，选中"开始"选项卡，执行"数据工具"组内的"数据验证"命令，打开"数据验证"对话框，在"允许"下拉列表中选择"序列"，在"来源"中输入"=费用类别"，单击"确定"按钮，完成变更后固定资产折旧费用类别的有效性的设置。

═══════════════════ 说　明 ═══════════════════

固定资产归属变更后，其费用类别也可能发生了变更，比如车间使用的固定资产的折旧费用归属为制造费用，当该项固定资产转移到销售部门后，其折旧费用的归属就会变为营业费用。

───

Step 06　选中 C5 单元格，在编辑栏内输入公式"=IFERROR(VLOOKUP($B$5,qddj[[#全部],[固定资产编号]:[固定资产名称]],2,FALSE),"")"，完成固定资产名称的设置。

═══════════════════ 说　明 ═══════════════════

固定资产的名称是根据取得表中固定资产的编号来获得的，固定资产在不同的部门中转移并不会改变固定资产原有的名称。

任何一项固定资产的出现都会在取得的登记表中得到体现，因此所有的固定资产名称都可以从取得的登记表中获取。

───

Step 07　选中 D5 单元格，在编辑栏内输入公式"=IFERROR(VLOOKUP($B$5,qddj[[#全部],[固定资产编号]:[规格型号]],4,FALSE),"")"，完成固定资产规格型号的设置。

以编号为 Z001 的固定资产交由经理室管理为例，假设此时的变动序号可以自定义为 BD001，按照给定的条件，登记在"变更登记"表内的内容如图 4.17 所示。

Excel 在会计和财务管理中的应用（第 4 版）

	A	B	C	D
1		变更登记表		
2		变更登记单号：	BD001	
3		变更登记日期：	2017/6/5	
4		固定资产编号	固定资产名称	规格型号
5		Z001	办公家具	J101
6		现保管地点	使用状况	变更事由
7		经理室	正常使用	固定资产使用移交
8		现保管人	折旧费用类别	结束计提日期
9		张三	管理费用	添加记录

图 4.17 变更登记

所有的变动事项内容都记录在"变更登记"工作表后，和上一个实验中介绍的固定资产基本信息类似，是无法直接显示在数据表中的，为此需要在临时表中添加数据，将变动表中不规则排列的内容转换为一行数据，再放入变更登记表中，其操作步骤如下：

Step 01 打开名为"临时数据"的工作表，在 A4~K4 单元格区域内输入内容：变更登记单号、变更日期、固定资产编号、固定资产名称、规格型号、现保管地点、使用状况、变更事由、现保管人、折旧费用类别、结束计提日期和最大行号，完成数据表中字段的设置。

Step 02 选中 A4 单元格，选中"插入"选项卡，执行"表格"组内的"表格"命令，将指定的单元格区域转化为表对象。

Step 03 选中 A5 单元格，在编辑栏内输入公式"=更登记!C2"，该行中其余各字段的公式设置方式如表 4-4 所示。

表 4-4 其余各字段的公式设置

字段内容	单元格名称	公式内容
变更日期	B5	=变更登记!C3
固定资产编号	C5	=变更登记!B5
固定资产名称	D5	=变更登记!C5
规格型号	E5	=变更登记!D5
现保管地点	F5	=变更登记!B7
使用状况	G5	=变更登记!C7
变更事由	H5	=变更登记!D7
现保管人	I5	=变更登记!B9
折旧费用类别	J5	=变更登记!C9
结束计提日期	K5	=变更登记!D9

Step 04 选中 B5 和 K5 单元格，右击，执行"单元格格式"命令，在"数字"选项卡下，左侧选择"日期"，右侧单元格格式设置为"2012/3/14"日期样式。

与固定资产取得登记类似，临时数据表中的数据需要转移到数据表中，具体的操作方法如下：

| Step 01 | 新建工作表，将工作表名称更改为"变更登记表"。
| Step 02 | 在 A1~M1 单元格区域内输入内容：序号、变更单登记号、变更日期、固定资产编号、固定资产名称、规格型号、现保管地点、使用状况、变更事由、现保管人、折旧费用类别和结束计提日期，完成数据表中字段的设置。
| Step 03 | 选中 A1 单元格，选中"插入"选项卡，执行"表格"组内的"表格"命令，将指定的单元格区域转化为表对象。
| Step 04 | 选中"设计"选项卡，在"属性"组中将表对象的名称更改为"bgb"。
| Step 05 | 选中 A2 单元格，在编辑栏内输入公式"=ROW()-1"，完成序号的设置。
| Step 06 | 选中 M2 单元格，在编辑栏内输入公式"=MAX(IF([固定资产编号]=bgb[[#此行],[固定资产编号]],[序号]+1,0))"，同时按 Ctrl+Shift+回车键，将公式转化为数组公式，计算指定固定资产在变更登记表中的最大行号。

===== 说明 =====

一项固定资产并不一定只是会变动一次，比如固定资产会从销售部门转移到客服部门，接着又从客服部门转移到其他部门，由于固定资产的变动在变更登记表中总是按照顺序排列的，最后一次变动的记录总在变更登记表的后面。

计算最大的行号其实就是定位最后一次变动记录在变更登记表中的位置。

| Step 07 | 选中 B2 单元格，在其中输入内容"a"，完成数据的设置。

===== 说明 =====

第一次导入数据前需要设置内容，导入完成后删除该行数据。

2．添加数据

临时表中的数据并不会永久保留，它最终的去向是导入"变更登记"表中，具体的的操作方法如下：

| Step 01 | 选中"变更登记"工作表，选中"开发工具"选项卡，选择"控件"组内的"插入"下的"表单控件"中的"按钮"控件，在 D9 单元格的合适位置中添加一个命令按钮，将按钮上的标题更改为"添加记录"。
| Step 02 | 选择"开发工具"选项卡，执行"代码"组内的"录制宏"命令，打开"录制宏"对话框，将宏名称更改为"变更登记"，单击"确定"按钮，开始录制宏。
| Step 03 | 选中"临时数据"工作表，选中工作表中 A4~K4 单元格区域，右击，执行"复制"命令，完成对指定单元格内容的复制操作。
| Step 04 | 选中"变更登记"工作表，选中 B1 单元格，选中"开发工具"选项卡，执行"代码"组内的"使用相对模式"命令，完成将录制模式设置为相对模式。按键盘上的 Ctrl 键的同时按向下方向键，再按一次向下方向键，右击，执行"选择性粘贴"命令，粘贴的方式选择为"值"，完成数据的粘贴操作。
| Step 05 | 选中"开发工具"选项卡，再按一次"代码"组内的"使用相对模式"按钮，完成将录制模式设置为绝对模式。
| Step 06 | 选中"变更登记"工作表，选中 C2:C3 单元格区域，单击键盘上的 Delete 键，删除内容。按

住 Ctrl 键的同时选中 B5、B7:D7 以及 B9:D9 单元格区域，单击键盘上的 Delete 键，删除内容。

Step 07　单击在"开发工具"选项卡中"代码组"内的"停止录制"命令，完成宏的录制。

Step 08　在"添加记录"按钮上右击，执行"指定宏"命令，打开如图 4.18 所示的"指定宏"对话框，选择"变更登记"项，单击"确定"按钮，完成指定宏的设置。

图 4.18　指定宏

3．操作示例

企业在 8 月 2 日，将编号为 Z002 的固定资产交由销售部门，上述固定资产变更的操作步骤如图 4.19 所示。

	B	C	D
1	变更登记表		
2	变更登记单号：	BD002	
3	变更登记日期：	2017/8/2	
4	固定资产编号	固定资产名称	规格型号
5	Z002	服务器	LN331
6	现保管地点	使用状况	变更事由
7	销售部	正常使用	交由销售部门使用
8	现保管人	折旧费用类别	结束计提日期
9	张三	营业费用	添加记录

图 4.19　变更登记表内容

单击"添加记录"按钮，就能将指定的内容添加到"变更登记表"工作表内。最终完成的表格如图 4.20 所示。

序号	变更单登记号	变更日期	固定资	固定	规格型号	保管地点	使用状况	变更事由	保管人	折旧费用类别	结束计提日期	最大行号
1	BD001	2014/6/5	Z001	办公家具	J101	经理室	正常使用	家具移交给张三		管理费用	1900/1/0	2
2	BD002	2014/8/2	Z002	服务器	LN331	销售部	正常使用	交由销售部门张三		营业费用	1900/1/0	3

图 4.20　变更登记表中登记的内容

习题

公司在 2017 年发生了如下固定资产变更事件：

（1）5 月 22 日，编号为 ZK001 的固定资产交由销售部门管理，固定资产变动编号为 B001。

（2）8 月 12 日，编号为 P01 的固定资产交由经理室管理，固定资产变动编号为 B002。

（3）12 月 25 日，编号为 ZK004 的固定资产由于事故彻底报废，因此固定资产变动编号为 B003。

实验 4-3　折旧费用分配表

实验原理

使用 Excel 管理固定资产的目的在于加强固定资产管理、明确责任，计算固定资产折旧的金额，将不同部门的固定资产折旧计提的费用分配到不同的费用类别中。折旧费用分配表描述了指定的月份中，不同的折旧费用类别其金额的大小，体现了在指定的月份内，不同的折旧费用类别其折旧额的大小。计算的数据来源是"折旧信息"工作表，折旧信息工作表描述了在指定月内的折旧信息，包括指定月的折旧额和折旧费用。进一步将折旧信息表中的数据进行数据透视，就能够计算出每种费用的折旧额，据此登记会计凭证并入账。借方记录归属于成本费用科目，贷方计入"累计折旧"科目。

固定资产在其生命周期内是会发生变更的，固定资产变更通常包括使用对象的变更以及金额的变更，金额变更的情况一般不多，本书仅考虑了固定资产使用对象的变更问题。固定资产使用对象的变更就会带来折旧费用归属类别的变更。

我们要编制折旧费用分配表就必须考虑这样的情况，在某个指定的查询月份固定资产折旧费用金额和折旧费用类别。指定查询日期时，首先要知道在该时间范围内有多少固定资产是需要计提折旧的。固定资产取得登记表中记录了所有的固定资产，但是如果用户指定了一个较早的日期，那么在该日期之后取得的固定资产是无须计提折旧的，而在指定的日期前已经提满折旧的固定资产无须计提折旧。当然，这个过程不可能通过人工的方式来进行判断，需要让 Excel 自动判断，将查询日期前的固定资产全部列示出来。这种带条件的查询问题就需要使用 Microsoft Query 组件，通过查询只将满足条件的记录显示出来。

实验目的与要求

（一）实验目的

了解折旧费用分配表的设计方法。

（二）实验要求

了解 Microsoft Query 和数据透视表的使用方法。

实验内容及数据来源

通过本实验要达到以下目的：

（1）编制"折旧信息"表，该表能够反映在不同的查询日期下固定资产的折旧费用类别和折旧信息。

（2）获取 2017 年 6 月和 2017 年 12 月的折旧信息。

（3）根据折旧信息编制折旧费用分配表。

实验操作指导

1．折旧信息表

固定资产变更是固定资产管理中比较复杂的部分，一旦固定资产发生变更，其折旧信息会发生变化，新的折旧信息也要放置在折旧信息表中。创建"折旧信息"表的具体操作步骤如下：

Step 01 新建工作表，将工作表重命名为"折旧信息"，选中 A1 单元格，在单元格内输入"查询日期："。

Step 02 选中 B1 单元格，右击，执行"单元格格式"命令，在"数字"选项卡下，左侧选择"日期"，右侧单元格格式设置为"2012/3/14"日期样式，并在该单元格内输入日期"2017-6-1"。

Step 03 选中"数据"选项卡，在"获取外部数据"组中，执行"自其他来源"中的"来自 Microsoft Query"命令，打开"选择数据源"对话框。

Step 04 在"选择数据源"对话框中选择数据库类型为"Excel Files*"，单击"确定"按钮，打开如图 4.21 所示的"选择工作簿"对话框。

Step 05 选择"固定资产管理.xlsm"所在的路径，单击"确定"按钮，打开如图 4.22 所示的"查询向导-选择列"对话框，单击"可用的表和列"中的"取得登记表"前的"+"号，展开该表所包含的列，选中要显示的列为固定资产编号、固定资产名称、原值和开始计提折旧日期。

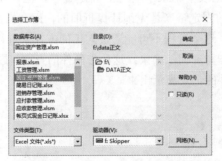

图 4.21　选择工作簿对话框

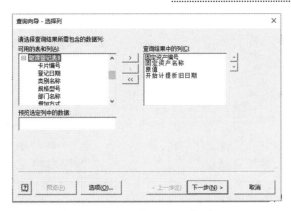

图 4.22　选择要显示的列

Step 06　单击"下一步"按钮，完成要显示的列的选择，进入"查询向导-筛选数据"对话框，单击"下一步"按钮，跳过筛选的过程，打开"查询向导-排序顺序"对话框，在该步骤中不需要设置任何内容。单击"下一步"按钮，打开"查询向导-完成"对话框，在"请确定下一步的动作"中，选中"在 Microsoft Query 中查看数据或编辑查询"，单击"完成"按钮，完成查询向导的操作，进入 Microsoft Query 界面。

Step 07　在"Microsoft Query"窗口中，执行"条件"菜单下的"添加条件"命令，打开如图 4.23 所示的"添加条件"对话框，在该对话框中，"字段"选择为"开始计提折旧日期"，"运算符"指定为"小于或等于"，"指定值"设置为"[rq]"，完成条件的设置。

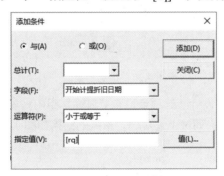

图 4.23　添加条件

说明

查询日期是不固定的，用户具体输入什么日期事先并不知道，因此需要添加一个日期变量，查询的结果会随着用户输入日期的变化而变化，只有在指定日期前计提折旧的固定资产才会被显示。

Step 08　单击"添加条件"对话框中的"添加"按钮，打开如图 4.24 所示的"输入参数值"对话框，单击"确定"按钮，完成参数值的输入。单击"添加条件"对话框中的"关闭"按钮，关闭该对话框。

Step 09　执行 Microsoft Query 窗口中文件菜单下的"将数据返回 Microsoft Excel"，打开如图 4.25 所示的"导入数据"对话框，将"数据的放置位置"设置为"折旧信息"的 A3 单元格，完成数据导入的操作。

Excel 在会计和财务管理中的应用（第 4 版）

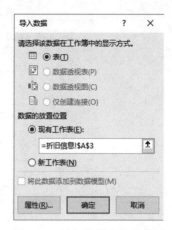

图 4.24　输入参数值　　　　　图 4.25　导入数据的起始位置

Step 10 单击"导入数据"对话框中的"确定"按钮，打开如图 4.26 所示的"输入参数值"对话框，在"rq"下的文本框中，选择工作表中的 B1 单元格，并且勾选"在以后的刷新中使用该值或该引用"和"当单元格值更改时自动刷新"复选框，单击"确定"按钮，完成参数值的指定。

图 4.26　指定参数值

Step 11 选中 A3 单元格，单击"设计"选项卡，在"属性"组内将表对象的名称更改为"cx"，完成表样式和表名称的设定。通过上述步骤，最终的结果如图 4.27 所示。

	A	B	C	D	I	J
1	查询日期：	2017/6/1				数据重排
2						
3	固定资产编号	固定资产名称	原值	开始计提	折旧费	折旧额
4	Z001	办公家具	6000	2017/4/1	营业费用	79.17
5	Z002	服务器	160000	2017/5/1	营业费用	1,650.00
6	Z003	装订机	300000	2017/6/1	制造费用	5,000.00
7	Z004	办公楼	3000000	2017/6/1	管理费用	12,375.00
8	Z005	中央空调	60000	2017/6/1	营业费用	990.00

图 4.27　查询结果

说明

四座乘用车计提折旧的日期是 7 月 1 日，轿车计提折旧的日期是 9 月 1 日，这些日期都在指定的日期之后，在图 4.27 中都没有显示出来。

2．完善折旧信息表

只有上述 4 个字段是无法完成折旧费用分配表的，这 4 个字段仅仅显示了固定资产折旧的基本信息，并没有涉及固定资产折旧费用类别和月折旧额的数据，这些数据设置计算公式获取，具体的操作步骤如下：

Step 01 选中 D3 单元格，右击，执行"插入"下的"在右侧插入表列"命令，插入一个新列，列名称为"列1"。选中"列1"所在的单元格，将"列1"更改为"结束计提日期"。

Step 02 选中 E3 单元格，右击，执行"插入"下的"在右侧插入表列"命令，插入一个新列，列名称为"列1"。选中"列1"所在的单元格，将"列1"更改为"出现次数"。

● 说明

此处的"出现次数"字段表示到查询日为止，指定的固定资产在变更登记表中出现的次数。

Step 03 选中 F3 单元格，右击，执行"插入"下的"在右侧插入表列"命令，插入一个新列，列名称为"列1"。选中"列1"所在的单元格，将"列1"更改为"所在行号"。

● 说明

所在行号表示到指定查询日为止，指定的固定资产在变更登记表中最后一次出现时的行号。

Step 04 选中 G3 单元格，右击，执行"插入"下的"在右侧插入表列"命令，插入一个新列，列名称为"列1"。选中"列1"所在的单元格，将"列1"更改为"年份"。

Step 05 选中 H3 单元格，右击，执行"插入"下的"在右侧插入表列"命令，插入一个新列，列名称为"列1"。选中"列1"所在的单元格，将"列1"更改为"折旧费用类别"。

Step 06 选中 I3 单元格，右击，执行"插入"下的"在右侧插入表列"命令，插入一个新列，列名称为"列1"。选中"列1"所在的单元格，将"列1"更改为"折旧额"。

通过上述步骤，最终的结果如图 4.28 所示。

	A	B	C	D	E	F	G	H	I	J
1	查询日期：		2017/6/1							
2										
3	固定资产编号	固定资产名称	原值	开始计提	结束计提	出现次	所在行	年份	折旧费	折旧额
4	Z001	办公家具	6000	2017/4/1				1	营业费用	79.17
5	Z002	服务器	160000	2017/5/1				1	营业费用	1,650.00
6	Z003	装订机	300000	2017/6/1				1	制造费用	5,000.00
7	Z004	办公楼	3000000	2017/6/1				1	管理费用	12,375.00
8	Z005	中央空调	60000	2017/6/1				1	营业费用	990.00

图 4.28 添加字段后的表

当固定资产发生使用部门变更的时候，会涉及固定资产费用类别的变化，例如当某项固定资产由车间变为销售部门之后，其费用类别可能会从产品的成本变成期间费用；如果固定资产被提前处置，那么其折旧额不能完全根据取得表中的固定资产获知。为此，需要进一步考虑固定资产是否出现在变更登记表中，如果在变更登记表中已经有了数据，就要想方设法去掉这些数据，具体的操作步骤如下：

Step 01 选中 E4 单元格，在编辑栏内输入公式"=SUMIF(bgb[固定资产编号],[@固定资产编号],bgb[结束计提日期])"，完成结束计提日期的计算。

● 说明

日期在 Excel 中其实只是数字的另一种表达方式，既然是数字，必然可以进行计算。
本步骤公式的含义是：在变更登记表中，将所有固定资产编号为指定编号的资产，按其"结束计提日期"一列的值相加。如果某一固定资产发生了多次变动，但是不涉及固定资产灭失的问题，那么结束计提日期字段的值都为 0，利用 SUMIF 函数计算的结果自然也就是 0；如果某固定资产发生了处置事件，那么在变更表中，该固定资产会有"结束计提日期"的值，并且该值只会出现一次，使用 SUMIF 函数计算的结果自然就获得了"结束计提日期"值。

Step 02 选中 F4 单元格，在编辑栏内输入公式"=COUNTIFS(bgb[固定资产编号],[@固定资产编号],bgb[变更日期],"<=" & $B$1)"，完成到指定查询日为止出现次数的统计。

说明

在指定的查询日，某项固定资产可能会发生多次变动，此处的"出现次数"表示的是在查询日期之前一共变动了多少次。它的作用是为了后续提取数据方便。

Step 03 选中 G4 单元格，在编辑栏内输入公式"=IFERROR(SMALL(IF(bgb[固定资产编号]=[@固定资产编号],bgb[序号]+1,65536),[@出现次数]),"")"，同时按 Ctrl+Shift+回车键，完成数组公式的输入，完成行号的设置。

说明

这是一个数组公式，首先将变更表中固定资产编号等于指定编号的所有行号都罗列出来，然后使用 Small 函数取得第几个编号。比如在指定的日期前，某项固定资产在变更表中出现次数为 2，就从列举的各个行号中取得第 2 小的行号即可。因此，使用该公式表示在查询日之前，距离查询日最近的一次变动所在行的行号。

在上述公式中，IF 函数的含义是，如果找到对应的固定资产，就用行号来表示，其中"bgb[序号]+1"表示的是行号，如果没有找到对应的固定资产，就用 65536 来表示行号。65536 是为了兼容以前版本的 Excel 所设置的，实际上用户可以设定任何一个比较大的数字。

Step 04 选中 H4 单元格，在编辑栏内输入公式"=IFERROR(DATEDIF([@开始计提折旧日期],$B$1,"y"),0)+1"，完成查询日距离开始计提折旧日之间的年份。

说明

年份字段的含义是该项固定资产在指定的查询日属于第几年的折旧。如果不满一年，就表示一年内的折旧，用数字 1 来表示，同理，如果数字为 2，表示查询日距开始计提折旧日期有两年不到的时间，属于两年内的折旧。

计算两个日期之间的年份差异用的是 DATEDIF 函数，DATEDIF 函数是特殊的函数，用户无法从插入函数的对话框中找到该函数，也不能从帮助文件中找到该函数的帮助信息，但可以直接使用。DATEDIF 函数的主要作用是计算两个日期之间的天数、月数和年数。

DATEDIF 函数的完整格式为：DATEDIF（起始日期，结束日期，计算类型参数）。

参数含义如下。

起始日期：时间段的起点。

结束日期：时间段的终点。

计算类型参数的含义如表 4-5 所示。

表 4-5 Datedif 参数的含义

类型	返回值意义
"y"	两个日期之间的完整年数
"m"	两个日期之间的完整月数
"d"	两个日期之间的完整天数
"md"	两个日期之间相差的天数，日期的月和年将会被忽略
"ym"	两个日期之间相差的月数，日期的年和日将会被忽略
"yd"	两个日期之间相差的天数，日期的年将会被忽略

Step 05 选中 I4 单元格，在编辑栏内输入公式"=IFERROR(INDEX(bgb[[#全部],[序号]:[最大行号]],[@所在行号],11),VLOOKUP([@固定资产编号],qddj[[#全部],[固定资产编号]:[折旧费用类别]],10,FALSE))"，完成折旧费用类别的设置。

说明

正是因为变更表的存在，使得固定资产折旧费用类别可能会发生变化。上述公式的含义是，如果在变更登记表中能够找到相应的记录，就从变更登记表中查找在查询日期之前，并且距离查询日最近的那行记录所记载的固定资产折旧费用类别。这里利用的是 INDEX 函数。

如果在"变更登记表"中无法找到对应的记录，则表示该固定资产取得后尚未有变更事项，因此要提取的数据在"取得登记表"中。

Step 06 选中 J4 单元格，在编辑栏内输入公式"=IFERROR(IF(AND($B$1>=[@结束计提日期],[@结束计提日期]>0),0,VLOOKUP([@固定资产编号]&"-"&[@年份],zje[#全部],4,FALSE)),0)"，完成固定资产在指定查询日期所在月的固定资产折旧额。

说明

固定资产的折旧计算就更复杂了，需要考虑到更多的情形。首先要知道在指定的查询日固定资产是否还在计提折旧，如果不计提折旧了，那么其折旧额就是 0，表示此时是无须计提折旧的。在公式中，AND($B$1>=[@结束计提日期],[@结束计提日期]>0)就是为了进行该判断。

如果不符合上述情况，就表示固定资产都需要计提折旧。月折旧额的计算方式是从"折旧表"工作表中提取，在"折旧表"工作表中，表对象的名称是"zje"，每一年计提折旧的固定资产用一个唯一标示 id 来表示，并通过该 id 找到月折旧额。唯一标示的 id 表示方式是"固定资产编号-年份"，通过"[@固定资产编号]&"-"&[@年份]"就可以表示出该 id。

Step 07 选中 F:H 列，右击，执行"隐藏"命令，完成隐藏指定列。

说明

F:H 列都属于辅助列，计算完成后可以选择隐藏。

Step 08 选中 A3 单元格，选中"设计"选项卡，执行"外部表数据"组内的"属性"命令，保持"调整列宽"不被选中，单击"确定"按钮，完成外部数据属性的设置。

当指定查询日期为 2017 年 6 月时，"折旧信息"工作表如图 4.29 所示。

	A	B	C	D	I	J
1	查询日期：	2017/6/1				
2						
3	固定资产编号	固定资产名称	原值	开始计提	折旧费	折旧额
4	Z001	办公家具	6000	2017/4/1	营业费用	79.17
5	Z002	服务器	160000	2017/5/1	营业费用	1,650.00
6	Z003	装订机	300000	2017/6/1	制造费用	5,000.00
7	Z004	办公楼	3000000	2017/6/1	管理费用	12,375.00
8	Z005	中央空调	60000	2017/6/1	营业费用	990.00

图 4.29　2017 年 6 月的查询结果

当指定的查询日期为 2017 年 12 月时，"折旧信息"工作表如图 4.30 所示。

	A	B	C	D	I	J
1	查询日期：	2017/12/1				
2						
3	固定资产编号	固定资产名称	原值	开始计提	折旧费	折旧额
4	Z001	办公家具	6000	2017/4/1	管理费用	79.17
5	Z002	服务器	160000	2017/5/1	营业费用	1,650.00
6	Z003	装订机	300000	2017/6/1	制造费用	5,000.00
7	Z004	办公楼	3000000	2017/6/1	管理费用	12,375.00
8	Z005	中央空调	60000	2017/6/1	营业费用	990.00
10	Z007	轿车	180000	2017/9/1	营业费用	1,837.50

图 4.30　2017 年 12 月的查询结果

从图 4.29 和图 4.30 中可以看出，如果查询日定在 2017 年 6 月 1 日，则编号为"Z001"的固定资产为家具，其本来是由客服部门使用的，折旧费用类别为"营业费用"，该固定资产在 6 月 5 日移交给经理室使用，折旧费用类别已经更改为"管理费用"。

如果查询日定为 2017 年 12 月 1 日，那么编号为"Z006"的固定资产已经在 11 月份进行了赠送，当月处置的固定资产还会进行计提折旧，将查询日期更改为 2017-11-1，其查询结果如图 4.31 所示。

	A	B	C	D	I	J
1	查询日期：	2014/11/1				
2						
3	固定资产编号	固定资产名称	原值	开始计提	折旧费	折旧额
4	Z001	办公家具	6000	2014/4/1	管理费用	79.17
5	Z002	服务器	160000	2014/5/1	营业费用	1,650.00
6	Z003	装订机	300000	2014/6/1	制造费用	5,000.00
7	Z004	办公楼	3000000	2014/6/1	管理费用	12,375.00
8	Z005	中央空调	60000	2014/6/1	营业费用	990.00
9	Z006	四座乘用车	200000	2014/7/1	营业费用	2,878.79
10	Z007	轿车	180000	2014/9/1	营业费用	1,837.50

图 4.31　2017 年 11 月的查询结果

到了 12 月份，由于编号为 Z006 的固定资产折旧计提已经完成，因此查询日期为 2017 年 12 月的时候，就不再为固定资产计提折旧，2017 年 12 月份的查询结果中也显示月折旧额为 0。

从 2017 年 12 月的查询结果中可以看到，编号为 Z006 的固定资产虽然已经被处置，但是仍然出现在折旧信息的表中，通常对于这些折旧额为 0 的数据会进行隐藏操作，为此可以对该表进行进一步的优化，具体的操作步骤如下：

Step 01 选中"折旧信息"工作表，选中"开发工具"选项卡，选择"控件"组中"插入"下的"表单控件"中的"按钮"控件，在 J1:J2 单元格区域位置添加一个命令按钮，将按钮上的标题更改为"数据重排"。

Step 02 选择"开发工具"选项卡,执行"代码"组内的"录制宏"命令,打开"录制宏"对话框,将宏名称更改为"重排数据",单击"确定"按钮,开始录制宏。

Step 03 选中 J3 单元格,单击下拉箭头,打开"筛选条件"窗格,执行"数字筛选"下的"大于"命令,打开如图 4.32 所示的"自定义自动筛选方式"对话框,设置"折旧额"显示条件为大于 0,单击"确定"按钮,完成筛选条件的设置。

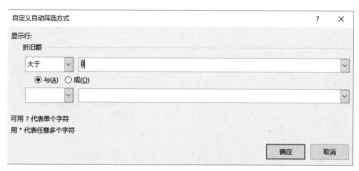

图 4.32　设置筛选条件

Step 04 单击在"开发工具"选项卡的"代码组"内的"停止录制"命令,完成宏的录制。

Step 05 在"数据重排"按钮上右击,执行"指定宏"命令,打开"指定宏"对话框,选择"重排数据"项,单击"确定"按钮,完成指定宏的设置。

如果查询日期定为"2017-12-1",单击"数据重排"按钮,最终的结果如图 4.33 所示。

图 4.33　不显示折旧额为 0 的记录

3. 折旧费用分配

折旧信息工作表为折旧费用分配提供了数据基础。折旧费用分配表就是在指定的查询日期下,将不同类别的折旧费用进行汇总,以 2017 年 12 月为例,具体的操作步骤如下:

Step 01 选中"折旧信息"工作表,将 B1 单元格的内容更改为"2017-12-1",完成日期的设置。

Step 02 新建一张工作表,将工作表重命名为"折旧费用分配表"。

Step 03 选中 A1:B1 单元格区域,选择"开始"选项卡,执行"对齐方式"组内的"合并后居中"命令,然后为其添加双下画线,输入内容为"折旧费用分配表",设置字体大小为 22 号。

Step 04 选中 A2:B2 单元格区域,选择"开始"选项卡,执行"对齐方式"组内的"合并后居中"命令,然后在编辑栏内输入公式"=YEAR(折旧信息!$B$1) & "年" & MONTH(折旧信息!$B$1) & "月"",如图 4.34 所示,完成显示日期的设置。

图 4.34　表头设计

| Step 05 | 选中"插入"选项卡,执行"表格"组内的"数据透视表"命令,设置要进行数据透视的单元格区域为 cx 的表对象,放置的"位置"为 A3 单元格,单击"确定"按钮,完成创建数据透视表,如图 4.35 所示。 |

| Step 06 | 在打开的"数据透视表字段"对话框中,将"折旧费用类别"拖曳到"行"区域内,将"折旧额"字段拖曳到"值"区域内,如图 4.36 所示。 |

图 4.35 创建数据透视表

图 4.36 数据透视表字段列表

| Step 07 | 选中 A3 单元格,在编辑栏内将内容更改为"费用科目",选中 B3 单元格,将内容更改为"月折旧额",如图 4.37 所示。 |

折旧费用分配表

2017年12月

费用科目	月折旧额
管理费用	12454.17
营业费用	4477.5
制造费用	5000
总计	21931.67

图 4.37 折旧费用分配表

| Step 08 | 选中 A3 单元格,单击"设计"选项卡,在"数据透视表样式"组内选择"数据透视表样式浅色 8",选中 A3:B7 单元格区域,为整个单元格区域绘制边框线。 |

| Step 09 | 选中 A3 单元格,右击,执行"数据透视表"选项命令,打开"数据透视表"对话框,在"布局和格式"选项卡下,保持"更新时自动调整列宽"不被选中。 |

折旧信息工作表中的数据,一旦更改了查询日期,其查询的结果会自动刷新,但是数据透视表一般需要手动刷新,可以为折旧费用分配表添加一个刷新按钮来完成刷新操作,具体的操作步骤如下:

| Step 01 | 选中"折旧费用分配表"工作表,选中"开发工具"选项卡,选择"控件"组中"插入"下的"表单控件"中的"按钮"控件,在 B10 单元格区域位置添加一个命令按钮,将按钮上的 |

标题更改为"刷新"。

Step 02 选择"开发工具"选项卡，执行"代码"组内的"录制宏"命令，打开"录制宏"对话框，将宏名称更改为"刷新折旧费用分配表"，单击"确定"按钮，开始录制宏。

Step 03 选中 A3 单元格，右击，执行快捷菜单中的"刷新"命令，完成数据刷新操作。

Step 04 单击在"开发工具"选项卡的"代码组"内的"停止录制"命令，完成宏的录制。

Step 05 在"刷新"按钮上右击，执行"指定宏"命令，打开"指定宏"对话框，选择"刷新折旧费用分配表"项，单击"确定"按钮，完成指定宏的设置。

如果要查询 2017 年 6 月的折旧费用分配表，其操作步骤如下：

Step 01 选中"折旧信息"工作表，将查询日期更改为"2017-6-1"。

Step 02 选中"折旧费用分配表"，单击刷新按钮完成数据刷新，最终结果如图 4.38 所示。

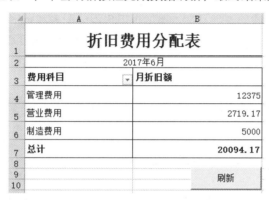

图 4.38　2017 年 6 月折旧费用分配表

习题

根据前述数据：

（1）编制"折旧信息"表，该表能够反映在不同的查询日期下，固定资产的折旧费用类别和折旧信息。

（2）获取 2017 年 9 月和 2017 年 12 月的折旧信息，并根据折旧信息编制折旧费用分配表。

 ## 实验 4-4　固定资产卡片和导航页面

实验原理

固定资产卡片记录了固定资产的各种信息，通常是一张具有正反两面内容的硬质纸质卡片。其正面记载了固定资产的一些基本信息，例如固定资产的编号、名称、规格、原值、预计残值、折旧年限以及月折旧率等信息；固定资产卡片的反面列明了原值变动、大修理记录，停用记录，主体、附属设备及其变动记录，出售记录，报废清理记录，等等。

在本书设计的固定资产管理系统中，重要的信息内容包括固定资产的"取得登记表""变更登记表"和"折旧信息表"等，它们为固定资产卡片提供了数据来源依据。

固定资产卡片的内容虽然各异，但是其外观基本统一，具有相同的内容，因此在电算化条件下是通过制作动态卡片的方式来完成的。用户只需要输入固定资产的编号就可以将指定的内容查询出来。在这张卡片中能够动态反映出固定资产的基本信息和折旧信息。用户通过查看卡片就能够知晓固定资产的变动情况和折旧情况。

为一些功能复杂的系统添加导航页在账务处理模块中已经实现了。在账务处理中，通过设置超级链接的方式，单击某个链接，就能够到达链接所指定的工作表。除此之外，还可以通过设置按钮的方式来达到同样的功能。用户只要单击按钮，就可以到达指定功能所在的工作表，方法是为每个按钮录制宏，这些宏的功能非常简单，仅仅是打开指定的工作表，然后将宏指定给按钮。

在不同的页面需要不同的查询日期，比如折旧费用分配表和折旧信息表，为了统一查询日期，可以将日期的指定放在导航页面中，只需要指定导航页面中的日期信息，就可以使得其他各表的查询日期保持一致，不至于因为月份不同步而发生引用数据上的错误。

实验目的与要求

（一）实验目的

了解固定资产卡片的内容以及不同功能页面的跳转方法。

（二）实验要求

通过不同的数据来获取固定资产卡片的信息，要求实验者能够录制宏。

实验内容及数据来源

本节实验内容包括：

（1）根据前述固定资产登记的内容设计固定资产卡片。

（2）创建一个导航页面，单击导航页面中的按钮即可打开指定的页面。用户在指定的位置输入月份信息，使得固定资产折旧信息表上的查询日期和首页上的查询日期同步。

实验操作指导

1. 固定资产卡片样式设计

本实验设置了一个简单的固定资产卡片，具体的操作步骤如下：

Step 01 新建一张工作表，将工作表重命名为"固定资产卡片"。

Step 02 选中 B1~H1 单元格区域，选择"开始"选项卡，执行"对齐方式"组内的"合并后居中"命令，然后为其添加双下画线，输入内容为"固定资产卡片"，设置字体大小为 24 号，字体为"仿宋_GB2312"。

Step 03 从 B2 单元格开始输入固定资产变更登记的内容，输入完成后如图 4.39 所示。

固定资产卡片						
卡片编号:					资产取得日期:	
固定资产编号	固定资产名称	类别名称	规格型号	现使用部门名称	增加方式	使用状况
使用年限	折旧开始日期	原值	净残值率	净残值	折旧方法	结束计提日期
已计提月数	已提累计折旧额	尚可使用月数	尚可计提折旧额	折旧费用类别		
折旧额计算						
年份	年折旧额	年折旧率	月折旧额	月折旧率	累计折旧额	折余价值
	-	-	-		-	6,000.00
2	950.00	0.1583	79.17	1.32%	1,900.00	4,100.00
4	950.00	0.1583	79.17	1.32%	3,800.00	2,200.00
6	950.00	0.1583	79.17	1.32%	5,700.00	300.00
8	-		-		-	-
10	-		-		-	-
12	-		-		-	-
14	-		-		-	-
16	-		-		-	-
18	-		-		-	-
20	-		-		-	-

图 4.39　固定资产卡片

说明

B10:H31 是一个表对象。在 B12:B31 中分别填列了 1~20 的整数，表示单位固定资产折旧年限最长为 20 年，这个折旧年限最大时间长度和固定资产的取得登记表中设置的最大年限是一致的。

Step 04 选中 H3、C6 和 H6 单元格，右击，执行“设置单元格格式”命令，选中“数字”选项卡，选中“日期”类别中的“2012/3/14”样式，完成指定的单元格格式设置。

2. 公式设置

固定资产卡片中的信息都是从其余的工作表中提取的，为固定资产卡片设置公式的操作步骤如下：

Step 01 选中 C2 单元格，在编辑栏内输入公式“=LOOKUP(B4,qddj[[#全部],[固定资产编号]],qddj[[#全部],[卡片编号]])”，完成固定资产卡片号的提取。

说明

固定资产卡片号是从“取得登记表”中获得的，在整张固定资产卡片中，用户要输入的唯一数据就是固定资产编号。

Step 02 选中 H2 单元格，在编辑栏内输入公式"=VLOOKUP($B$4,qddj[[#全部],[固定资产编号]:[开始计提折旧日期]],8,FALSE)"，完成资产取得日期的设置。

Step 03 选中 C4 单元格，在编辑栏内输入公式"=VLOOKUP($B$4,qddj[[#全部],[固定资产编号]:[开始计提折旧日期]],2,FALSE)"，完成固定资产名称的提取。

Step 04 在第 4 行中，不同单元格中的公式设置如表 4-6 所示。

表 4-6 第 4 行各单元格公式

单元格名称	公式
C4	=VLOOKUP($B$4,qddj[[#全部],[固定资产编号]:[开始计提折旧日期]],2,FALSE)
D4	=VLOOKUP($B$4,qddj[[#全部],[固定资产编号]:[开始计提折旧日期]],3,FALSE)
E4	=VLOOKUP($B$4,qddj[[#全部],[固定资产编号]:[开始计提折旧日期]],4,FALSE)
F4	=IFERROR(INDEX(bgb[[#全部],[序号]:[最大行号]],VLOOKUP($B$4,bgb[[#全部],[固定资产编号]:[最大行号]],10,FALSE),7),VLOOKUP($B$4,qddj[[#全部],[固定资产编号]:[折旧费用类别]],5,FALSE))
G4	=VLOOKUP($B$4,qddj[[#全部],[固定资产编号]:[开始计提折旧日期]],6,FALSE)
H4	=IFERROR(INDEX(bgb[[#全部],[序号]:[最大行号]],VLOOKUP($B$4,bgb[[#全部],[固定资产编号]:[最大行号]],10,FALSE),8),"正常使用")

说明

固定资产如果未发生使用部门变更，则其使用部门信息可在取得登记表中获得，如果固定资产发生了变更，则其现使用部门的信息要从变更登记表中获得。F4 单元格现使用部门的信息就要遵循这样的原则。

Step 05 在第 6 行中，不同单元格中的公式设置如表 4-7 所示。

表 4-7 第 6 行各单元格公式

单元格名称	公式
B6	=VLOOKUP($B$4,qddj[[#全部],[固定资产编号]:[开始计提折旧日期]],7,FALSE)
C6	=VLOOKUP($B$4,qddj[[#全部],[固定资产编号]:[开始计提折旧日期]],14,FALSE)
D6	=VLOOKUP($B$4,qddj[[#全部],[固定资产编号]:[开始计提折旧日期]],11,FALSE)
E6	=VLOOKUP($B$4,qddj[[#全部],[固定资产编号]:[开始计提折旧日期]],12,FALSE)
F6	=VLOOKUP($B$4,qddj[[#全部],[固定资产编号]:[开始计提折旧日期]],13,FALSE)
G6	=VLOOKUP($B$4,qddj[[#全部],[固定资产编号]:[开始计提折旧日期]],9,FALSE)
H6	=IFERROR(INDEX(bgb[[#全部],[序号]:[最大行号]],VLOOKUP($B$4,bgb[[#全部],[固定资产编号]:[最大行号]],10,FALSE),12),0)

Step 06 在第 8 行中，不同单元格中的公式设置如表 4-8 所示。

表 4-8 第 8 行各单元格公式

单元格名称	公式
B8	=MIN(DATEDIF(固定资产卡片!$C$6,折旧信息!$B$1,"m"),IFERROR(DATEDIF(固定资产卡片!$C$6,$H$6,"m"),65536))
C8	=SUMIFS(zje[[#全部],[年折旧额]],zje[[#全部],[固定资产编号]],$B$4,zje[[#全部],[年份]],"<="&ROUNDUP(B8/12,0)-1)+(B8-(ROUNDUP(B8/12,0)-1)*12)*VLOOKUP(B4&"-"&ROUND(B8/12,0)+1,zje[[#全部],[id]:[月折旧率]],4,FALSE)
D8	=B6*12-B8
E8	=D6-F6-C8
F8	=VLOOKUP($B$4,cx[#全部],9,FALSE)

说明

累计折旧额的计算是一个复杂的过程，需要分不同的折旧计提方法来计算。其方法是将月份中的年份信息分离出来，年折旧额可以从"折旧表"中提取到相应的数据，再将剩余的月份和对应的月折旧额相乘。

Step 07 选中 C11 单元格，在编辑栏内输入公式"=IF(B11>$B$6,0,IF(B11=0,0,IF($G$6="直线法",SLN($D$6,$F$6,$B$6),IF($G$6="年数总和法",SYD($D$6,$F$6,$B$6,表15[[#此行],[年份]]),IF($G$6="双倍余额递减法",ROUND(DDB($D$6,$F$6,$B$6,表15[[#此行],[年份]]),2))))))"，完成年折旧额的计算。

Step 08 选中 D11 单元格，在编辑栏内输入公式"=IF(B11>$B$6,"",C11/$D$6)"，完成年折旧率的计算。

Step 09 选中 E11 单元格，在编辑栏内输入公式"=IF(B11>$B$6,0,IF(B11=0,0,ROUND(C11/12,2)))"，完成月折旧额的计算。

Step 10 选中 F11 单元格，在编辑栏内输入公式"=IF(B11>$B$6,"",IF(B11="","",ROUND(D11/12,4)))"，完成月折旧率的计算。

Step 11 选中 G11 单元格，在编辑栏内输入公式"=IF(B11>$B$6,0,IF(B11=0,0,IF($G$6="工作量法",G10+C11*B11,G10+C11)))"，完成累计折旧额的计算。

Step 12 选中 H11 单元格，在编辑栏内输入公式"=D6"，选中 H12 单元格，在编辑栏内输入公式"=IF(B12>$B$6,0,IF(B12=0,0,$H$11-G12))"，完成折余价值的计算，然后将 H12 单元格的公式复制到 H31 单元格。

3. 操作示例

以固定资产编号为 Z001 的固定资产为例，在 B4 单元格内输入"Z001"，生成的固定资产卡片如图 4.40 所示。

4. 导航页面设置

固定资产管理系统的结构比较复杂，为了将众多的内容有机地组织在一起，可以为工作簿创建一个导航页面。创建该页面的过程具体操作步骤

固定资产卡片

卡片编号：	C001			资产取得日期：	2017/3/6	
固定资产编号	固定资产名称	类别名称	规格型号	现使用部门名称	增加方式	使用状况
Z001	办公家具	家具	J101	经理室	外购	正常使用
使用年限	折旧开始日期	原值	净残值率	净残值	折旧方法	结束计提日期
6	2017/4/1	6,000.00	0.05	300.00	直线法	
已计提月数	已提累计折旧额	尚可使用月数	尚可计提折旧额	折旧费用类别		
2.00	158.34	70.00	5,541.66	营业费用		
折旧额计算						
年份	年折旧额	年折旧率	月折旧额	月折旧率	累计折旧额	折余价值
	-	-	-	-	-	6,000.00
1	950.00	0.1583	79.17	1.32%	950.00	5,050.00
2	950.00	0.1583	79.17	1.32%	1,900.00	4,100.00
3	950.00	0.1583	79.17	1.32%	2,850.00	3,150.00
4	950.00	0.1583	79.17	1.32%	3,800.00	2,200.00
5	950.00	0.1583	79.17	1.32%	4,750.00	1,250.00
6	950.00	0.1583	79.17	1.32%	5,700.00	300.00
7	-	-	-	-	-	-
8	-	-	-	-	-	-
9	-	-	-	-	-	-
10	-	-	-	-	-	-
11	-	-	-	-	-	-
12	-	-	-	-	-	-
13	-	-	-	-	-	-
14	-	-	-	-	-	-
15	-	-	-	-	-	-
16	-	-	-	-	-	-
17	-	-	-	-	-	-
18	-	-	-	-	-	-
19	-	-	-	-	-	-
20	-	-	-	-	-	-

图 4.40 固定资产卡片

如下：

Step 01 创建一张新的工作表，将工作表的名称更改为"首页"。

Step 02 单击"文件"按钮，单击"Excel 选项"按钮，打开"Excel 选项"对话框，在对话框左侧选择"高级"，在右侧的"此工作表的显示选项"下，去除已经勾选的"显示行和列标题"和"显示网格线"复选框，如图 4.41 所示，单击"确定"按钮，完成去除网格线和行列标题的操作。

图 4.41　不显示网格线和行列标题

Step 03 选择"插入"选项卡，执行"插图"组中的"联机图片"命令，打开如图 4.42 所示的搜索窗口，在搜索范围内输入"计算机"，按 Enter 键确认后，选择一张合适的图片，单击"插入"按钮，完成图片的插入操作。

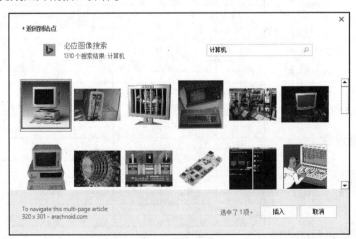

图 4.42　插入图片

Step 04　将图片放置在合适的位置，并拉升到合适的大小，在图片下端输入文字"固定资产管理"，完成后的结果如图 4.43 所示。

图 4.43　插入图片后的首页

在本实验中，快速到达指定页面的技术是通过单击附有宏的按钮来实现的，具体的操作步骤如下所示：

Step 01　选中"开发工具"选项卡，执行"控件"组内"插入"下的"表单控件"，选择按钮控件，在工作表中拖曳出一个命令按钮，将命令按钮内的文字更改为"新增固定资产"。

Step 02　选中"开发工具"选项卡，执行"控件"组内"插入"下的"表单控件"，选择按钮控件，在工作表中拖曳出一个命令按钮，将命令按钮内的文字更改为"变更登记"。

Step 03　选中"开发工具"选项卡，执行"控件"组内"插入"下的"表单控件"，选择按钮控件，在工作表中拖曳出一个命令按钮，将命令按钮内的文字更改为"固定资产卡片"。

Step 04　选中"开发工具"选项卡，执行"控件"组内"插入"下的"表单控件"，选择按钮控件，在工作表中拖曳出一个命令按钮，将命令按钮内的文字更改为"折旧费用分配表"。

Step 05　选中"折旧信息"工作表中的 B1 单元格，在编辑栏内输入公式"=首页!G10"，完成查询月份的制定。

创建完成后的导航页如图 4.44 所示。

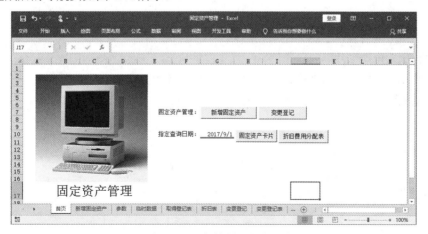

图 4.44　添加按钮后的首页

导航页中的按钮创建和指定宏的操作过程如下:

Step 01 选择"开发工具"选项卡,执行"代码"组内的"录制宏"命令,打开"录制宏"对话框,将宏名称更改为"打开新增固定资产表",单击"确定"按钮,开始录制宏。

Step 02 选中"新增固定资产"工作表,完成打开指定工作表的操作。

Step 03 执行"开发工具"选项卡的"代码组"内的"停止录制"命令,完成宏的录制。

Step 04 在"新增固定资产"按钮上右击,执行"指定宏"命令,打开"指定宏"对话框,选择"打开新增固定资产表"项,单击"确定"按钮,完成指定宏的设置。

Step 05 选择"开发工具"选项卡,执行"代码"组内的"录制宏"命令,打开"录制宏"对话框,将宏名称更改为"打开变更登记表",单击"确定"按钮,开始录制宏。

Step 06 选中"变更登记"工作表,完成打开指定工作表的操作。

Step 07 执行"开发工具"选项卡的"代码组"内的"停止录制"命令,完成宏的录制。

Step 08 在"变更登记"按钮上右击,执行"指定宏"命令,打开"指定宏"对话框,选择"打开变更登记表"项,单击"确定"按钮,完成指定宏的设置。

Step 09 选择"开发工具"选项卡,执行"代码"组内的"录制宏"命令,打开"录制宏"对话框,将宏名称更改为"打开固定资产卡片",单击"确定"按钮,开始录制宏。

Step 10 选中"固定资产卡片"工作表,完成打开指定工作表的操作。

Step 11 执行"开发工具"选项卡的"代码组"内的"停止录制"命令,完成宏的录制。

Step 12 在"固定资产卡片"按钮上右击,执行"指定宏"命令,打开"指定宏"对话框,选择"打开固定资产卡片"项,单击"确定"按钮,完成指定宏的设置。

Step 13 选择"开发工具"选项卡,执行"代码"组内的"录制宏"命令,打开"录制宏"对话框,将宏名称更改为"打开折旧费用分配表",单击"确定"按钮,开始录制宏。

Step 14 选中"折旧费用分配表"工作表,完成打开指定工作表的操作。

Step 15 执行"开发工具"选项卡的"代码组"内的"停止录制"命令,完成宏的录制。

Step 16 在"固定资产卡片"按钮上右击,执行"指定宏"命令,打开"指定宏"对话框,选择"打开折旧费用分配表"项,单击"确定"按钮,完成指定宏的设置。

习题

根据前面章节的内容,实现下述功能:

(1)设计固定资产卡片。

(2)用户单击指定的按钮就能快速地进行固定资产新增登记和变更登记。

(3)指定查询日期,能够快速生成固定资产卡片和折旧费用分配表。

第5章 工资管理

工资管理涉及企业的人事管理和财务管理两方面,它和企业的管理方式以及工资政策息息相关。工资数据是企业成本费用的一部分。在工资核算过程中,要重点关注职工的基本信息、考勤信息和业绩信息。工资最终会交给个人,每个人都会对自己的收入非常关心,为此需要及时为个人提供工资条。工资管理的目的是创建一个能提高工资核算、工资管理速度和精准性的系统。

实验 5-1 员工信息表

实验原理

工资管理不是财务部门可以独立完成的工作。当企业录用一名员工后,企业的员工信息就会在人事管理部门进行登记,即该员工的基本情况,其中某些数据就会反映在工资管理中。这些数据可以由财务部门单独建立,由人事部门提供。

在不同的企业,工资管理方式是不相同的,员工信息表的创建方法也不尽相同,需要切合企业的生产特点。比如对于一些生产型的劳动密集型企业,其管理过程中更侧重于产品的产量,员工流动性一般比较大。对于这样的企业其员工管理是比较复杂的,本实验就以此为例介绍工资管理的方法。

从前述的账务设计过程中可以看到,表对象通常需要一个唯一的 id 号来标示每笔记录。对于员工信息,也需要设计一个唯一的 ID 标示。这个 ID 标示编制方法可以选择身份证号码,也可以选择其他的标示方式。身份证号码理论上是不会重复的,具有唯一性,但是身份证号码数字管理是基于地理信息的,和企业的管理并不一致,不能给企业提供更多的信息。因此需要用其他的方式来编制员工信息表,比如在企业中广泛采用的工号管理。

对于流动性较大的企业来说,同一个工号在不同的月份对应的人并不一定是一致的,例如某个工号会在原先员工离职后交由新进员工使用,这就导致同一工号在不同的时期对应的并非是同一人。本实验为了工资管理的方便采用了另一种编号方式,它是将员工的工号和年份以及月份信息相结合构建的 ID 号。"员工编号-年-月"的结构既保证了员工信息的唯一性,又保证了能够为工资管理提供足够的信息。

实验目的与要求

(一)实验目的

建立工资管理的员工信息表,掌握工资政策对工资管理的影响。

（二）实验要求

了解财务系统设计方法，掌握 Microsoft Query 组件的用法。

实验内容及数据来源

公司 2018 年 1 月员工构成情况如下：

（1）部门一李辛，性别为男，账号为 NH2231，入职时间为 2008 年 8 月 2 日，职级为销售 3 级。

（2）部门一张菲，性别为女，账号为 NH2232，入职时间为 2007 年 6 月 5 日，职级为专业 2 级。

（3）部门二肖楠，性别为男，账号为 NH2233，入职时间为 2009 年 7 月 1 日，职级为专业 2 级。

（4）部门二林里，性别为女，账号为 NH2234，入职时间为 2002 年 9 月 5 日，职级为销售 2 级。

（5）部门二穆源，性别为女，账号为 NH2235，入职时间为 2003 年 6 月 5 日，职级为专业 3 级。

（6）办公室王越，性别为男，账号为 NH2236，入职时间为 2004 年 9 月 5 日，职级为管理 3 级。

（7）办公室赵英，性别为女，账号为 NH2237，入职时间为 2004 年 9 月 5 日，职级为管理 1 级。

基本工资的基本情况设定如下：

（1）销售 1 级基本工资 2000 元。

（2）销售 2 级基本工资 2800 元。

（3）销售 3 级基本工资 3800 元。

（4）专业 1 级基本工资 2500 元。

（5）专业 2 级基本工资 3600 元。

（6）专业 3 级基本工资 4500 元。

（7）管理 1 级基本工资 4000 元。

（8）管理 2 级基本工资 5000 元。

（9）管理 3 级基本工资 8000 元。

员工工龄计算的起始日为按照入职当月的 1 号开始计算，分成 3 个级别，其中：

（1）销售级 5 年以下（含 5 年）每年 500 元，5~10 年（含 10 年）每年 600 元，10 年以上 700 元。

（2）专业级 5 年以下（含 5 年）每年 700 元，5~10 年（含 10 年）每年 800 元，10 年以上 900 元。

（3）管理级 5 年以下（含 5 年）每年 1000 元，5~10 年（含 10 年）每年 1100 元，10 年以上 1200 元。

员工最近的变动情况：

（1）2 月份林里离职。

（2）3 月份庄尚诚入职本公司，性别为男，职级为管理 3 级。

实验操作指导

1. 参数表

对于一些规则性的常量信息，通常都是以参数表的方式进行定义的。这样做的好处是：以基本工资的规则为例，如果今后修改基本工资规则，无须更改公式，只需要修改参数表中相关数据

即可。定义基本工资和工龄工资参数表的操作步骤如下:

Step 01 打开 Excel,将工作簿保存为"工资管理.xlsm"。

Step 02 将"Sheet1"工作表重命名为"参数",完成建立"参数"工作表。

Step 03 在 A1 单元格内输入"职级",在 B1 单元格内输入"基本工资"。

Step 04 选中 A1 单元格,选中"插入"选项卡,执行"表格"组内的"表格"命令,打开如图 5.1 所示的"创建表"对话框,单击"确定"按钮,创建一个表对象。

Step 05 选中 A1 单元格,选中"设计"选项卡,在"属性"组内将表名称更改为"jbgz",完成表对象的设置。

Step 06 从 A2 单元格开始输入职级和对应的基本工资,输入完成后如图 5.2 所示。

	A	B
1	职级	基本工资
2	销售1级	2000
3	销售2级	2800
4	销售3级	3800
5	专业1级	2500
6	专业2级	3600
7	专业3级	4500
8	管理1级	4000
9	管理2级	5000
10	管理3级	8000

图 5.1 创建表　　　　图 5.2 职级和基本工资

Step 07 在 D1:G1 单元格区域内分别输入"职位""最小年份""最大年份"和"工龄工资"。

Step 08 选中 D1 单元格,选中"插入"选项卡,执行"表格"组内的"表格"命令,打开"创建表"对话框,单击"确定"按钮,创建一个表对象。

Step 09 选中 D1 单元格,选中"设计"选项卡,在"属性"组内将表名称更改为"glgz",完成表对象的设置。

Step 10 从 D2 单元格开始输入职位和对应的工龄工资标准,输入完成后如图 5.3 所示。

D	E	F	G
职位	最小年份	最大年份	工龄工资
销售	0	5	500
销售	5	10	600
销售	10	100	700
专业	0	5	700
专业	5	10	800
专业	10	100	900
管理	0	5	1000
管理	5	10	1100
管理	10	100	1200

图 5.3 职位和工龄工资对应表

对于一些常用的常量信息也可以放在表对象中,比如性别信息、部门信息、级别信息和职位信息等,具体的操作过程如下:

Step 01 在 I1~L1 单元格区域内输入如图 5.4 所示的内容。

I	J	K	L
部门	性别	级别	职位
部门一	男	1级	销售
部门二	女	2级	专业
办公室		3级	管理

图 5.4 其他参数内容

Step 02　选中 I1 单元格，选中"插入"选项卡，执行"表格"组内的"表格"命令，打开"创建表"对话框，单击"确定"按钮，创建一个表对象。

Step 03　选中 I1 单元格，选中"设计"选项卡，在"属性"组内将表名称更改为"cs"，完成表对象的设置。

Step 04　选中"公式"选项卡，执行"定义的名称"组内的"定义名称"命令，打开如图 5.5 所示的"新建名称"对话框，在对话框的"名称"后的文本框内输入"部门"，在引用位置内输入"=cs[部门]"，完成新建名称的设置。

图 5.5　新建名称

Step 05　选中"公式"选项卡，执行"定义的名称"组内的"定义名称"命令，打开"新建名称"对话框，在对话框的"名称"后的文本框内输入"性别"，在引用位置内输入"=cs[性别]"，完成新建名称的设置。

Step 06　选中"公式"选项卡，执行"定义的名称"组内的"定义名称"命令，打开"新建名称"对话框，在对话框的"名称"后的文本框内输入"级别"，在引用位置内输入"=cs[级别]"，完成新建名称的设置。

Step 07　选中"公式"选项卡，执行"定义的名称"组内的"定义名称"命令，打开"新建名称"对话框，在对话框的"名称"后的文本框内输入"职位"，在引用位置内输入"=cs[职位]"，完成新建名称的设置。

2. 员工基本信息表

员工基本信息表的作用体现在工资管理上就是将人和基本工资以及工龄进行对应，便于后面的工资计算。设置员工基本信息表的具体操作步骤如下：

Step 01　新建工作表，将工作表重命名为"员工基本信息"。

Step 02　在"员工基本信息"工作表中从 A1 单元格位置开始输入年、月、姓名、账号、员工编号、部门、性别、职位、级别、入职时间、工龄、id、基本工资和工龄工资等字段，完成字段输入。

Step 03　选中 A1 单元格，选中"插入"选项卡，执行"表格"组内的"表格"命令，打开"创建表"对话框，单击"确定"按钮，创建一个表对象。

Step 04　选中 A1 单元格，选中"设计"选项卡，在"属性"组内将表名称更改为"ygxx"，完成表对象的设置。

Step 05　选中 J 列，右击，执行"设置单元格格式"命令，打开"设置单元格格式"对话框。单击"数字"标签，选择"数字格式"为"日期"，将"类型"设置为"2012/3/14"，完成对 J

列的数据格式设定。

在设计财务管理系统的时候,如果表格较多,表和表之间有关联,就需要设置专门用来连接的字段,通过这些字段将不同的表格连接起来。本实验中,id 字段就起到了这样的作用,各字段公式的设置如下:

Step 01 单击 K2 单元格,在编辑栏内输入 "=DATEDIF([入职时间],DATE([年],[月],1),"y")",完成员工工龄的设置。

说明

使用 DATEDIF 函数计算起始日期和截止日期之间按年计算的时间间隔。

Step 02 选中 L2 单元格,在编辑栏内输入公式 "=[员工编号]&"-"&[年]&"-"&[月]",完成 id 字段的设置。

说明

id 字段的设置是员工编号、年和月 3 个字段组合的结果,目的是防止同一个员工编号在不同的时期被不同的人所应用。例如,3 月份某员工的编号为 A001,当 4 月份该员工辞职后,又新进了一名员工,A001 的员工编号可能会为新员工所用,这就造成了同一个员工编号在不同的时间点对应的人不一致。这点在员工人事管理上是没有任何问题的,但可能给工资管理带来计算上的麻烦,为此可以以员工编号为基础,创建一个新的 id,该 id 只在工资管理系统中使用。

即使新进员工的编号不使用以往员工的 id 号,也推荐用这个方式来设计 id,因为该 id 中包含年份和月份信息,可以为今后的工资统计带来方便。

Step 03 选中 M2 单元格,在编辑栏内输入公式 "=VLOOKUP([@职位]&[@级别],jbgz,2,FALSE)",完成基本工资的计算。

Step 04 选中 N2 单元格,在编辑栏内输入公式 "=[@工龄]*SUMIFS(glgz[工龄工资],glgz[职位],[@职位],glgz[最小年份],"<"&[@工龄],glgz[最大年份],">="&[@工龄])",完成工龄工资的计算。

说明

假定公司工龄工资的计算方法是工龄乘以对应的工龄标准,工龄数据取自工龄字段的值。

使用 SUMIFS 函数方便设置多重条件,在本公式中的作用是利用该函数来获取对应职位和工龄的工龄工资标准。

最终完成的员工信息表如图 5.6 所示。

图 5.6 员工基本信息

为了控制用户在表格内的输入,可以为某些数据设置数据验证,具体的操作步骤如下:

Step 01 选中 F2 单元格,选择"数据"选项卡,执行"数据工具"中的"数据验证"命令,打开如图 5.7 所示的"数据验证"对话框,在"设置"选项卡内的"允许"下拉列表中选择"序列","来源"下的文本框内输入公式"=部门",单击"确定"按钮,完成部门字段验证的设置。

图5.7 数据验证

Step 02 选中 G2 单元格，选择"数据"选项卡，执行"数据工具"中的"数据验证"命令，打开"数据验证"对话框，在"设置"选项卡内的"允许"下拉列表中选择"序列"，"来源"下的文本框内输入公式"=性别"，单击"确定"按钮，完成部门字段验证的设置。

Step 03 选中 H2 单元格，选择"数据"选项卡，执行"数据工具"中的"数据验证"命令，打开"数据验证"对话框，在"设置"选项卡内的"允许"下拉列表中选择"序列"，"来源"下的文本框内输入公式"=职位"，单击"确定"按钮，完成部门字段验证的设置。

Step 04 选中 J2 单元格，选择"数据"选项卡，执行"数据工具"中的"数据验证"命令，打开"数据验证"对话框，在"设置"选项卡内的"允许"下拉列表中选择"序列"，"来源"下的文本框内输入公式"=级别"，单击"确定"按钮，完成部门字段验证的设置。

3．数据输入

数据输入包括首次数据输入和次月员工数据输入两种，这两种输入方式是不相同的。首次数据必须通过输入数据的方式来完成，而从第 2 个月开始可以复制上个月的记录，然后修改复制的内容来完成。首次数据输入的具体操作步骤如下：

Step 01 在 A2 单元格内输入"2018"，在 B2 单元格内输入数据"1"。
Step 02 在 C2 单元格内输入"李辛"。
Step 03 在 D2 单元格内输入"NH2231"。
Step 04 在 E2 单元格内输入"M01"。
Step 05 在 F2 单元格内输入"部门一"。
Step 06 在 G2 单元格内输入"男"。
Step 07 在 H2 单元格内输入"销售"。
Step 08 在 I2 单元格内输入"3 级"。
Step 09 在 J2 单元格内输入"2008-8-2"。

然后根据实验内容及数据来源中给定的数据，输入其他的员工信息，最终的结果如图 5.8 所示。

	A	B	C	D	E	F	G	H	I	J	K	L	M	N
1	年	月	姓名	账号	员	部门	性	职位	级别	入职时间	工	id	基本	工龄
2	2018	1	李辛	NH2231	M01	部门一	男	销售	3级	2008/8/2	9	M01-2018-1	3800	5400
3	2018	1	张菲	NH2232	M02	部门一	女	专业	2级	2007/6/5	10	M02-2018-1	3600	8000
4	2018	1	肖楠	NH2233	M03	部门二	男	专业	2级	2009/7/1	8	M03-2018-1	3600	6400
5	2018	1	林里	NH2234	M04	部门二	女	销售	2级	2002/9/5	15	M04-2018-1	2800	10500
6	2018	1	穆源	NH2235	M05	部门二	女	专业	3级	2003/6/5	14	M05-2018-1	4500	12600
7	2018	1	王越	NH2236	M06	办公室	男	管理	3级	2004/9/5	13	M06-2018-1	8000	15600
8	2018	1	赵英	NH2237	M07	办公室	女	管理	1级	2004/9/5	13	M07-2018-1	4000	15600

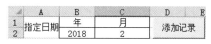

图 5.8 首次输入的员工信息

从第 2 个月开始，员工信息就无须再进行手工输入了。从第 2 个月来看，员工信息表变动的人员一般比较少，为此可以考虑从上月中复制数据，然后进行修改，最后将次月数据复制到指定表中。本月的员工信息获取方式是通过 Microsoft Query 组件查询上月工资取得的，具体的操作步骤如下：

Step 01 新建工作表，将工作表重命名为“本月员工信息”。

Step 02 在工作表中输入如图 5.9 所示的内容，完成指定条件的设置。

	A	B	C	D	E
1	指定日期	年	月	添加记录	
2		2018	2		

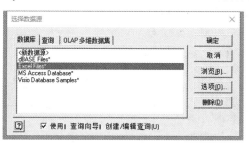

图 5.9 指定查询条件

Step 03 选中“开发工具”选项卡，选择“控件”组中“插入”下的“表单控件”中的“按钮”控件，在如图 5.9 所示的位置添加一个命令按钮，将按钮上的标题更改为“添加记录”。

Step 04 选中 A4 单元格，选中“数据”选项卡，在“获取外部数据”组中，执行“自其他来源”中的“来自 Microsoft Query”命令，打开如图 5.10 所示的“选择数据源”对话框。

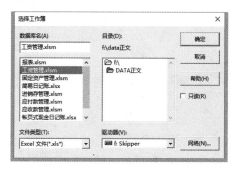

图 5.10 选择数据源

Step 05 在“选择数据源”对话框中，选择数据库类型为“Excel Files*”，单击“确定”按钮，打开如图 5.11 所示的“选择工作簿”对话框。

图 5.11 “选择工作簿”对话框

Step 06 选择"工资管理.xlsm"所在的路径,单击"确定"按钮,打开如图 5.12 所示的"查询向导-选择列"对话框,单击"可用的表和列"中的"员工基本信息"前的"+"号,展开该表所包含的列,选中要显示的列为姓名、账号、员工编号、部门、性别、职位、级别和入职时间等。

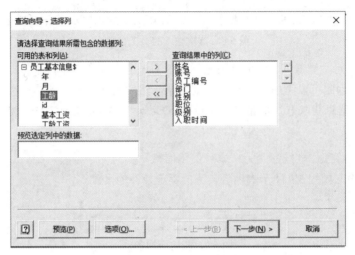

图 5.12　选择要显示的列

Step 07 单击"下一步"按钮,完成要显示的列的选择,进入"查询向导-筛选数据"对话框,单击"下一步"按钮,跳过筛选的过程,打开"查询向导-排序顺序"对话框,在该步骤中不需要设置任何内容。单击"下一步"按钮,打开"查询向导-完成"对话框,在"请确定下一步的动作"选择中,选中"在 Microsoft Query 中查看数据或编辑查询",单击"完成"按钮,完成查询向导的操作,进入 Microsoft Query 界面。

Step 08 执行 Microsoft Query 窗口中的"视图"菜单下的"条件"命令,打开如图 5.13 所示的条件栏。

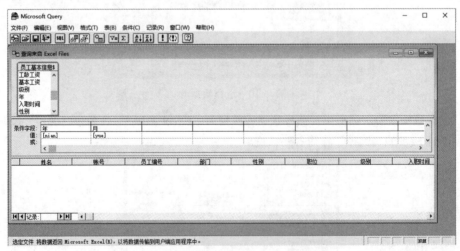

图 5.13　Microsoft Query 窗口

Step 09 在条件栏的第一列中将"条件字段"设置为"年","值"设置为"[nian]",然后在条件栏的第二列中单击,打开如图 5.14 所示的"输入参数值"对话框,在左图中直接单击"确定"按钮,然后在第 2 列将"条件字段"名称设置为"月","值"设置为"[yue]",在右图中单击"确定"按钮,完成参数值的设定。

图 5.14 输入参数值

Step 10　执行 Microsoft Query 窗口中文件菜单下的"将数据返回 Microsoft Excel",打开如图 5.15 所示的"导入数据"对话框,将"数据的放置位置"设置为 A4 单元格,完成数据导入的操作。

图 5.15 导入数据的起始位置

Step 11　单击"导入数据"对话框中的"确定"按钮后,打开如图 5.16 所示的"输入参数值"对话框(左图),在"nian"下的文本框中,单击工作表中的 B2 单元格,并且勾选"在以后的刷新中使用该值或该引用"和"当单元格值更改时自动刷新"复选框,单击"确定"按钮,完成参数年的值的设定。在接着弹出的"输入参数值"对话框(右图)中,在"yue"下的文本框中,单击工作表中的 B2 单元格并勾选"在以后的刷新中使用该值或该引用"和"当单元格值更改时自动刷新"复选框,完成参数值的指定。

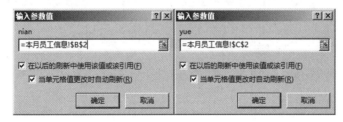

图 5.16 指定参数值

Step 12　选中 A4 单元格,选中"设计"选项卡,在"属性"组内将表名称更改为"byyg",完成表对象的设置。

Step 13　选中"设计"选项卡,执行"外部表数据"下的"属性"命令,打开如图 5.17 所示的"外部数据属性"对话框,保持"数据格式和布局"下的"调整列宽"不被选中,单击"确定"按钮，完成格式的设置。

图 5.17　设置外部数据属性

将上月的数据导入工作表中，最终结果如图 5.18 所示。

图 5.18　查询所得数据

上月的记录直接导入员工信息表中是不合适的，需要对某些信息进行修改，比如导出的数据中是不含年份和月份信息的，需要手动添加，具体的操作步骤如下：

Step 01　选中 A4 单元格，右击，执行"插入"下的"在左侧插入表列"命令，再次选中 A4 单元格，右击，执行"插入"下的"在左侧插入表列"命令，完成插入两个空列。

Step 02　选中 A4 单元格，将 A4 单元格的名称更改为"年"。

Step 03　选中 B4 单元格，将 B4 单元格的名称更改为"月"。

Step 04　选中 A5 单元格，将 A5 单元格的名称更改为"=IF($C$2=12,$B$2+1,$B$2)"，完成新年份的设置。

> **说明**
>
> B2 和 C2 单元格指定的是上月的年份和月份信息，当查询指定的月份为 12 月的时候，本月的年份就是上月的年份数字加 1。

Step 05　选中 B5 单元格，将 B5 单元格的名称更改为"=IF($C$2=12, 1,$C$2+1)"，完成年月份的设置。

> **说明**
>
> 如果上月月份是 12 月，本月就是 1 月，其他情况下就是本月的月份加 1。

4．导入数据

在 2 月份发生了名为林里的员工离职的事件，就需要将该员工从查询数据中删除，再将数据导入员工信息表中，具体的操作步骤如下：

Step 01 打开"本月员工信息"，选中"林里"，右击，执行"删除"命令下的"表行"命令，完成对离职员工的修改操作。

Step 02 选择"开发工具"选项卡，执行"代码"组内的"录制宏"命令，打开 5.19 所示的"录制宏"对话框，将宏名称更改为"添加记录"，单击"确定"按钮，开始录制宏。

Step 03 选中"A5:J5"单元格区域，选择"开发工具"选项卡，执行"代码"组内的"使用相对引用"命令，按住 Ctrl+Shift+向下方向键，选中数据区域，右击，执行复制命令，完成数据的复制操作。

Step 04 选择"开发工具"选项卡，执行"代码"组内的"使用相对引用"命令，取消相对引用模式，选中"员工基本信息"工作表，选中 A1 单元格。

图 5.19　录制新宏

Step 05 选择"开发工具"选项卡，执行"代码"组内的"使用相对引用"命令，恢复相对引用模式，按 Ctrl+向下方向键，再按一次向下方向键，右击，执行"选择性粘贴"命令，打开"选择性粘贴"对话框，选择"粘贴类型"为"数值"。

Step 06 选择"开发工具"选项卡，执行"代码"组内的"使用相对引用"命令，退出相对引用模式，选中 A1 单元格，双击该单元格，退出复制模式。

Step 07 选中"本月员工信息"工作表，完成数据的导入操作。

Step 08 选中"添加记录"按钮，右击，在打开的快捷菜单中执行"指定宏"命令，将命令按钮指定的宏设置为"添加记录"宏，完成按钮指定宏的操作。

数据导入完成后，其结果如图 5.20 所示。

	A	B	C	D	E	F	G	H	I	J	K	L	M	N
1	年	月	姓名	账号	员工	部门	性	职位	级别	入职时间	工龄	id	基本	工资
2	2018	1	李辛	NH2231	M01	部门一	男	销售	3级	2008/8/2	9	M01-2018-1	3800	5400
3	2018	1	张菲	NH2232	M02	部门一	女	专业	2级	2007/6/5	10	M02-2018-1	3600	8000
4	2018	1	肖楠	NH2233	M03	部门二	男	专业	2级	2009/7/1	8	M03-2018-1	3600	6400
5	2018	1	林里	NH2234	M04	部门二	女	销售	2级	2002/9/5	15	M04-2018-1	2800	10500
6	2018	1	穆源	NH2235	M05	部门二	女	专业	3级	2003/6/5	14	M05-2018-1	4500	12600
7	2018	1	王越	NH2236	M06	办公室	男	管理	3级	2004/9/5	13	M06-2018-1	8000	15600
8	2018	1	赵英	NH2237	M07	办公室	女	管理	1级	2004/9/5	13	M07-2018-1	4000	15600
9	2018	2	李辛	NH2231	M01	部门一	男	销售	3级	2008/8/2	9	M01-2018-2	3800	5400
10	2018	2	张菲	NH2232	M02	部门一	女	专业	2级	2007/6/5	10	M02-2018-2	3600	8000
11	2018	2	肖楠	NH2233	M03	部门二	男	专业	2级	2009/7/1	8	M03-2018-2	3600	6400
12	2018	2	穆源	NH2235	M05	部门二	女	专业	3级	2003/6/5	14	M05-2018-2	4500	12600
13	2018	2	王越	NH2236	M06	办公室	男	管理	3级	2004/9/5	13	M06-2018-2	8000	15600
14	2018	2	赵英	NH2237	M07	办公室	女	管理	1级	2004/9/5	13	M07-2018-2	4000	15600

图 5.20　导入新月份的员工信息

5．操作示例

3 月份庄尚诚入职本公司，性别为男，职级为管理 3 级，账号为 NH2238，员工编号 M08，据此编制 3 月份的员工基本信息表，具体操作步骤如下：

Excel 在会计和财务管理中的应用（第 4 版）

Step 01　选中"本月员工信息"工作表，在 B2 单元格中输入数字 2018，在 C2 单元格中输入数字 2，确认输入后完成导入 2 月份工资的操作。

Step 02　选中 C11 单元格，然后输入姓名庄尚诚，完成新员工姓名字段的输入。

Step 03　从 D11 单元格开始按照字段输入信息，最终结果如图 5.21 所示。

图 5.21　添加新记录的人员信息内容

说明

年和月的信息由于是受公式控制的，因此无须输入。

Step 04　单击"添加记录"按钮，完成将数据添加到"员工基本信息"工作表中。最终的结果如图 5.22 所示。

图 5.22　添加记录后的人员信息表

6．删除记录

如果要再次导入 3 月份的信息，首先要删除原来 3 月份员工的信息记录，具体的操作方法如下：

Step 01　打开"员工基本信息"，选中 A1 单元格，单击下拉箭头，选择 2018。

Step 02　选中 B1 单元格，单击下拉箭头，保持月份中只有 3 被选中。

Step 03　选中所有 3 月份记录，右击，执行"删除行"操作，完成删除记录。

Step 04　选中 A1 单元格，选择"数据"选项卡，执行"排序和筛选"组内的"清除"命令，显示未被删除的内容。

习题

公司 2018 年 1 月员工构成情况如下：

（1）第一门店专业岗方建，性别为男，级别为 3 级，入职时间是 2008 年 3 月，账号为 M5561。

（2）第一门店销售陈兰，性别为女，级别为 3 级，入职时间是 2009 年 4 月，账号为 M5562。

（3）第一门店专业岗王运，性别为男，级别为 1 级，入职时间是 2012 年 1 月，账号为 M5583。

（4）第二门店销售李顾，性别为女，级别为 1 级，入职时间是 2012 年 8 月，账号为 M5614。

（5）第二门店专业岗胡婧雯，性别为女，级别为 2 级，入职时间是 2011 年 10 月，账号为 M5615。

（6）第二门店销售陶成，性别为女，级别为 2 级，入职时间是 2010 年 1 月，账号为 M5616。

（7）经理室管理李唐，性别为男，级别为 3 级，入职时间是 2009 年 6 月，账号为 M5617。

公司员工的基本工资和职级相关联，基本工资和职级工资的规则如下。

基本工资的规则如下：

（1）销售 1 级基本工资为 2100。
（2）销售 2 级基本工资为 2900。
（3）销售 3 级基本工资为 4100。
（4）专业 1 级基本工资为 2200。
（5）专业 2 级基本工资为 3400。
（6）专业 3 级基本工资为 4800。
（7）管理 1 级基本工资为 4200。
（8）管理 2 级基本工资为 6200。
（9）管理 3 级基本工资为 9200。

员工的工龄按照入职当月的 1 号开始计算，分成 3 个级别，其中：

（1）销售级 5 年以下（含 5 年）每年 400 元，5~10 年（含 10 年）每年 600 元，10 年以上 800 元。

（2）专业级 5 年以下（含 5 年）每年 700 元，5~10 年（含 10 年）每年 800 元，10 年以上 900 元。

（3）管理级 5 年以下（含 5 年）每年 1000 元，5~10 年（含 10 年）每年 1100 元，10 年以上 1200 元。

公司的员工在 2 月份没有发生变动。要求根据上述数据建立公司的管理员工信息表。

实验 5-2　考勤与业绩

实验原理

员工工资除了基本工资和工龄工资外，在大多数企业的管理中对于缺勤的员工会进行经济处罚，对于业绩突出的员工会给予经济奖励。这种奖惩制度对于员工的管理是非常必要的，可以激发员工的积极性，在工资管理中就体现为考勤工资和业绩工资。

考勤工资的依据为考勤信息表。考勤信息表登记了员工的缺勤数据和加班数据，缺勤员工会按照预先定义的缺勤天数进行工资的扣除，加班工资会根据预先定义的加班工资标准计算加班费。在记录考勤信息的表中，表中的 id 字段与员工基本信息表中的 id 字段相关联。

考勤记录并不是财务部门执行的，财务部门在工资结算前会收到各个管理部门送达财务部门的考勤原始数据，财务部门根据这些原始记录汇总到"考勤记录"工作表中，据此计算考勤工资。

业绩工资是企业对业绩优秀的人员给予的奖励。比如在计件工资的条件下，超过了一定的计件量就会给予超额的标准，对于销售人员，通常会给予一个比较低的基本工资，然后根据超额的销售量予以提成。这部分工资就构成了员工的业绩工资。

当然除了考勤工资和业绩工资外，某些企业还存在着一些津贴补贴，这些津贴补贴的计算方法和业绩工资是比较类似的。某些从事特殊岗位的职工，比如危险岗位的职工的补贴，其计算方法和业绩工资是非常类似的。

对于使用 Excel 设计考勤和业绩工资来说，其设计难度不高，主要问题就是通过 id 字段与不同的表格进行互通。

实验目的与要求

（一）实验目的

熟悉考勤和业绩的计算方法。

（二）实验要求

能够熟练使用 Microsoft Query。

实验内容及数据来源

公司 2018 年考勤方面的政策是：

（1）迟到早退每次扣工资 100 元。

（2）请假每次扣工资 50 元。

（3）旷工每次扣工资 300 元。

（4）加班每次是 120 元。

2018 年 1 月的考勤情况如下：
（1）李辛迟到早退 1 次，请假 2 次，旷工 0 次，加班 3 次。
（2）张菲迟到早退 0 次，请假 2 次，旷工 0 次，加班 2 次。
（3）肖楠迟到早退 0 次，请假 3 次，旷工 0 次，加班 1 次。
（4）林里迟到早退 0 次，请假 0 次，旷工 0 次，加班 1 次。
（5）穆源迟到早退 1 次，请假 2 次，旷工 0 次，加班 2 次。
（6）王越迟到早退 0 次，请假 0 次，旷工 1 次，加班 3 次。
（7）赵英迟到早退 0 次，请假 1 次，旷工 0 次，加班 1 次。

公司 2018 年业绩方面的政策是：
（1）销售量超过基础销售量在 0~120 之间的，每件按照 35 元计算。
（2）销售量超过基础销量在 120~200 之间的，每件按照 40 元计算。
（3）销售量超过基础销量在 200 以上的，每件按照 45 元计算。

对于某些管理层的业绩并不像销售人员业绩那么容易确定，比如基础销售量为 200 件，那么销售人员销售了 300 件就很容易确定其超销售量 100 件，但是对于管理人员来说，他们并不直接体现在销量上，而且有的时候他们由于岗位的特殊性，很可能突然完成巨大的销售量，这个时候单独按照销量去考虑管理层的业绩是不合适的，本实验通过对管理层人员的业绩进行折算，1 月份各部门员工的超基础业绩数量情况如下：
（1）部门一李辛超过基础销量 112 件。
（2）部门一张菲超过基础销量 207 件。
（3）部门二肖楠超过基础销量 186 件。
（4）部门二林里超过基础销量 211 件。
（5）部门二穆源超过基础销量 203 件。
（6）办公室王越折算为销售量超过基础销量 172 件。
（7）办公室赵英折算为销售量超过基础销量 208 件。

实验操作指导

1．考勤工资参数

考勤参数主要是违反考勤记录的惩罚和加班工作的奖励。由于企业的考勤奖惩措施会在不同的年份有不同的金额，因此要在参数表中设计一个表来反映企业的这种考勤制度。具体的操作过程如下：

Step 01 选中"参数"工作表，在"N1:Q1"单元格区域内输入内容"编号""考勤项目""标准"和"备注"。

Step 02 选中 N1 单元格，选中"插入"选项卡，执行"表格"组内的"表格"命令，打开"创建表"对话框，单击"确定"按钮，创建一个表对象。

Step 03 选中 N1 单元格，选中"设计"选项卡，在"属性"组内将表名称更改为"kqbz"，完成表对象的设置。

Step 04 从 N2 单元格开始输入相关内容，结果如图 5.23 所示。

Excel 在会计和财务管理中的应用（第4版）

编号	考勤项目	标准	备注
A1	迟到早退	100	2018年标准
A2	请假	20	2018年标准
A3	旷工	300	2018年标准
A4	加班	120	2018年标准

图 5.23 考勤标准

说明

这里其实是介绍了另一种动态参数的设置方法。参数并不是一成不变的，比如扣款的标准可能每个年度都是不一样的。

当标准变化调整的时候，如果不管年份直接调整参数，可能的结果是使得以前的数据也按照后续的标准重新进行计算，导致数据的错误。要解决这样的问题，方法是每一年都设置一个新的标准，这个标准在一年内是不变的，对某个标准的改动也不会影响其他年份的数据。

2. 考勤记录

其他部门将考勤记录数据送达财务部门之后，财务部门需要对数据进行重新登记，据此进行考勤工资的计算，不同的月份员工并不一定相同，而在员工信息表中已经记录了不同月份的员工，因此在这个时候无须再输入一遍，只需要通过 Microsoft Query 组件来查询指定月份员工数据。具体的操作步骤如下：

Step 01 新建工作表并重命名为"考勤记录"，完成建立"考勤记录"工作表。

Step 02 选中 A1 单元格，选中"数据"选项卡，在"获取外部数据"组中，执行"自其他来源"中的"来自 Microsoft Query"命令，打开如图 5.24 所示的"选择数据源"对话框。

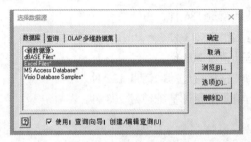

图 5.24 选择数据源

Step 03 在"选择数据源"对话框中，选择数据库类型为"Excel Files*"，单击"确定"按钮，打开如图 5.25 所示的"选择工作簿"对话框。

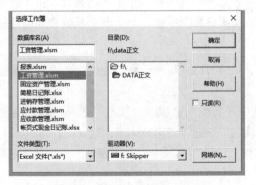

图 5.25 "选择工作簿"对话框

Step 04 指定"工资管理.xlsm"文件路径所在的位置，单击"确定"按钮，打开如图 5.26 所示的

"查询向导-选择列"对话框,单击"可用的表和列"中的"员工基本信息"前的"+"号,展开该表所包含的列,选中要显示的列为年、月、姓名、部门和 ID 等字段。

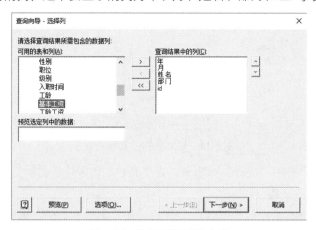

图 5.26　选择要显示的字段

Step 05　单击"下一步"按钮,完成要显示的列的选择,进入"查询向导-筛选数据"对话框,单击"下一步"按钮,跳过筛选的过程,打开"查询向导-排序顺序"对话框,在该步骤中不需要设置任何内容。单击"下一步"按钮,打开"查询向导-完成"对话框,在"请确定下一步的动作"中,选中"将数据返回 Microsoft Excel",如图 5.27 所示,单击"完成"按钮,完成查询向导的操作。

图 5.27　直接将数据返回工作表

说明

由于此时并不需要定义查询条件,因此用户无须进入 Microsoft Query 界面进行进一步的设置,而只需直接返回工作表即可。

Step 06　打开如图 5.28 所示的"导入数据"对话框,将数据放置的位置设置为 A1 单元格,完成数据导入的操作。

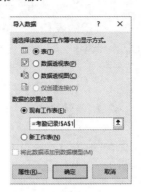

图 5.28　导入数据的起始位置

Step 07　选中 A1 单元格，选中"设计"选项卡，在"属性"组内将表名称更改为"kqyj"，完成表对象的设置。

Step 08　选中 E1 单元格，右击，执行"插入"下的"在右侧插入表列"命令，将新建的列更改为"迟到早退"。

Step 09　选中 F1 单元格，右击，执行"插入"下的"在右侧插入表列"命令，将新建的列更改为"请假"。

Step 10　选中 G1 单元格，右击，执行"插入"下的"在右侧插入表列"命令，将新建的列更改为"旷工"。

Step 11　选中 H1 单元格，右击，执行"插入"下的"在右侧插入表列"命令，将新建的列更改为"旷工"。

Step 12　选中 I1 单元格，右击，执行"插入"下的"在右侧插入表列"命令，将新建的列更改为"扣除工资"。

Step 13　选中 J1 单元格，右击，执行"插入"下的"在右侧插入表列"命令，将新建的列更改为"加班费"。

Step 14　选中 J2 单元格，在编辑栏内输入公式"=[@迟到早退]*VLOOKUP("A1",kqbz,3,FALSE)+[@请假]*VLOOKUP("A2",kqbz,3,FALSE)+[@旷工]*VLOOKUP("A3",kqbz,3,FALSE)"，完成工资扣除数的计算。

说明

工资扣除数就是迟到早退次数、请假次数和旷工次数按照各自不同的扣除标准基数计算出来的结果。
"VLOOKUP("A1",kqbz,3,FALSE)"表示迟到扣除工资的标准。
"VLOOKUP("A2",kqbz,3,FALSE)"表示请假扣除工资的标准。
"VLOOKUP("A3",kqbz,3,FALSE)"表示旷工扣除工资的标准。

Step 15　选中 K2 单元格，在编辑栏内输入公式"=[@加班]*VLOOKUP("A4",kqbz,3,FALSE)"，完成加班费的计算。

说明

"VLOOKUP("A4",kqbz,3,FALSE)"表示加班工资的标准。

通过上述步骤，最终完成的结果如图 5.29 所示。

第 5 章 工资管理

年	月	姓名	部门	id	迟到早退	请假	旷工	加班	扣除工资	加班费
2018	1	李辛	部门一	M01-2018-1	2	1		4	220	480
2018	1	张菲	部门一	M02-2018-1	1			1	100	120
2018	1	肖楠	部门二	M03-2018-1	2			2	200	240
2018	1	林里	部门二	M04-2018-1				2	0	240
2018	1	穆源	部门二	M05-2018-1	4			1	400	120
2018	1	王越	办公室	M06-2018-1				5	0	600
2018	1	赵英	办公室	M07-2018-1		1			20	0
2018	2	李辛	部门一	M01-2018-2					0	
2018	2	张菲	部门一	M02-2018-2					0	
2018	2	肖楠	部门二	M03-2018-2					0	
2018	2	穆源	部门二	M05-2018-2					0	
2018	2	王越	办公室	M06-2018-2					0	
2018	2	赵英	办公室	M07-2018-2					0	
2018	3	李辛	部门一	M01-2018-3					0	
2018	3	张菲	部门一	M02-2018-3					0	
2018	3	肖楠	部门二	M03-2018-3					0	
2018	3	穆源	部门二	M05-2018-3					0	
2018	3	王越	办公室	M06-2018-3					0	
2018	3	赵英	办公室	M07-2018-3					0	
2018	3	庄尚诚	办公室	M08-2018-3					0	0

图 5.29 考勤信息

3．业绩工资参数

本实验业绩工资部分是采用销售量计算的制度，按照超出基础销售量的工资部分给员工计算业绩工资。当然，按照销售量来计算业绩工资，不同范围的业绩其标准是不一样的，和考勤工资类似，也需要考虑不同年份的差异。设置业绩工资的相关参数的操作步骤如下：

Step 01 选中"参数"工作表，在"S1:V1"单元格区域内输入内容"年份""下限""上限"和"标准"。

Step 02 选中 S1 单元格，选中"插入"选项卡，执行"表"组内的"表"命令，打开"创建表"对话框，单击"确定"按钮，创建一个表对象。

Step 03 选中 S1 单元格，选中"设计"选项卡，选择样式为"表样式"组内的"表样式浅色 13"，在"属性"组内将表名称更改为"yjbz"，完成表对象的设置。

Step 04 从 S2 单元格开始输入相关内容，输入完成后如图 5.30 所示。

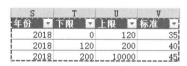

图 5.30 业绩标准

> **说明**
>
> 用口头描述销售量业绩可以是 200 件以上，但是输入到 Excel 表对象中就必须给定一个具体的范围，通常的做法是将上限定一个不可能达到的非常大的数字，在本例中就将最后一项定义为 200~10000。

4．业绩表

业绩表是员工总工资的另一个部分，根据业绩标准和业绩的数量进行计算，具体的操作过程如下：

Step 01 新建工作表重命名"业绩"，完成建立"业绩"工作表。

Step 02 选中 A1 单元格，选中"数据"选项卡，在"获取外部数据"组中，执行"自其他来源"中

"来自 Microsoft Query"命令,打开如图 5.31 所示的"选择数据源"对话框。

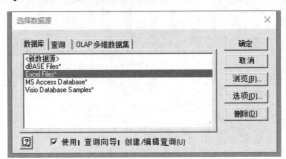

图 5.31 选择数据源

Step 03 在"选择数据源"对话框中,选择数据库类型为"Excel Files*",单击"确定"按钮,打开如图 5.32 所示的"选择工作簿"对话框。

图 5.32 "选择工作簿"对话框

Step 04 指定"工资管理.xlsm"所在的位置,单击"确定"按钮,打开如图 5.33 所示的"查询向导-选择列"对话框,单击"可用的表和列"中的"员工基本信息"前的"+"号,展开该表所包含的列,选中要显示的列为年、月、姓名、部门和 id 等字段。

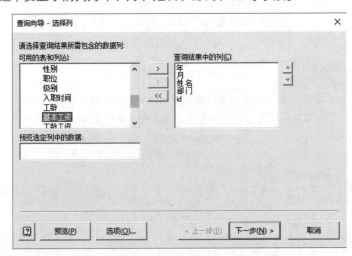

图 5.33 选择要显示的字段

Step 05 单击"下一步"按钮,完成要显示的列的选择,进入"查询向导-筛选数据"对话框,单击"下一步"按钮,跳过筛选的过程,打开"查询向导-排序顺序"对话框,在该步骤中不需要设置任何内容。单击"下一步"按钮,打开"查询向导-完成"对话框,在"请确定下一步的动作"选择中,选中"将数据返回 Microsoft Excel",如图 5.34 所示,单击"完成"按钮,完成查询向导的操作。

Step 06 打开如图 5.35 所示的"导入数据"对话框,将数据放置的位置设置为 A1 单元格,完成数据导入的操作。

图 5.34 直接将数据返回工作表

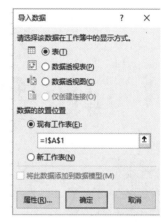
图 5.35 导入数据的起始位置

Step 07 选中 A1 单元格,选中"设计"选项卡,在"属性"组内将表名称更改为"yj",完成表对象的设置。

Step 08 选中 E1 单元格,右击,执行"插入"下的"在右侧插入表列"命令,将新建的列更改为"超工作量"。

Step 09 选中 F1 单元格,右击,执行"插入"下的"在右侧插入表列"命令,将新建的列更改为"业绩标准"。

Step 10 选中 G1 单元格,右击,执行"插入"下的"在右侧插入表列"命令,将新建的列更改为"业绩工资"。

Step 11 输入 1 月份各员工的超量情况,完成超量额的确定。

Step 12 选中 G2 单元格,在编辑栏内输入公式"=SUMIFS(yjbz[标准],yjbz[下限],"<" & [@超工作量],yjbz[上限],">="&[@超工作量],yjbz[年份],[@年])",完成计算标准的确定。

=== 说明 ===

每个工作量都对应着业绩标准中的一个唯一值,要提取这个唯一值,使用 SUMIFS 函数是最简单的途径。

使用 SUMIFS 函数来提取参数表 yjbz 表对象中超工作量的计算标准,需要确定的标准有三项:一是指定的工作量要大于等于 yjbz 中的下限;二是指定的工作量要小于 yjbz 中的上限;三是指定的年份要等于 yjbz 中的年份数据。

Step 13 选中 H2 单元格,在编辑栏内输入公式"=yjxx[[#此行],[超工作量]]*yjxx[[#此行],[计算标准]]",完成业绩工资的计算。

最终的计算结果如图 5.36 所示。

	A	B	C	D	E	F	G	H
1	年	月	姓名	部门	id	超工作量	业绩标准	业绩工资
2	2018	1	李辛	部门一	M01-2018-1	112	35	3920
3	2018	1	张菲	部门一	M02-2018-1	207	45	9315
4	2018	1	肖楠	部门一	M03-2018-1	186	40	7440
5	2018	1	林里	部门二	M04-2018-1	211	45	9495
6	2018	1	穆源	部门二	M05-2018-1	203	45	9135
7	2018	1	王越	办公室	M06-2018-1	172	40	6880
8	2018	1	赵英	办公室	M07-2018-1	208	45	9360
9	2018	2	李辛	部门一	M01-2018-2		0	0
10	2018	2	张菲	部门一	M02-2018-2		0	0
11	2018	2	肖楠	部门一	M03-2018-2		0	0
12	2018	2	穆源	部门二	M05-2018-2		0	0
13	2018	2	王越	办公室	M06-2018-2		0	0
14	2018	2	赵英	办公室	M07-2018-2		0	0
15	2018	3	李辛	部门一	M01-2018-3		0	0
16	2018	3	张菲	部门一	M02-2018-3		0	0
17	2018	3	肖楠	部门一	M03-2018-3		0	0
18	2018	3	穆源	部门二	M05-2018-3		0	0
19	2018	3	王越	办公室	M06-2018-3		0	0
20	2018	3	赵英	办公室	M07-2018-3		0	0
21	2018	3	庄尚诚	办公室	M08-2018-3		0	0

图 5.36 业绩工资

说明

导入业绩工资和考勤工资的时候将 2 月和 3 月的信息都导入,虽然 2 月和 3 月还没有数据。

如果今后有更多的月份数据,只需要在表上右击,执行刷新操作即可。刷新后,以往有的考勤记录和业绩等数据并不会消失。

习题

公司 2018 年 1 月的考勤情况如下:

(1)方建迟到早退 1 次,请假 1 次,旷工 0 次,加班 4 次。

(2)陈兰迟到早退 0 次,请假 1 次,旷工 0 次,加班 4 次。

(3)王运迟到早退 2 次,请假 0 次,旷工 0 次,加班 4 次。

(4)李因迟到早退 0 次,请假 2 次,旷工 0 次,加班 2 次。

(5)胡婧雯迟到早退 0 次,请假 0 次,旷工 0 次,加班 4 次。

(6)陶成迟到早退 0 次,请假 0 次,旷工 0 次,加班 5 次。

(7)李唐迟到早退 0 次,请假 1 次,旷工 0 次,加班 0 次。

2018 年 2 月的考勤情况如下:

(1)方建迟到早退 0 次,请假 1 次,旷工 0 次,加班 4 次。

(2)陈兰迟到早退 0 次,请假 0 次,旷工 0 次,加班 4 次。

(3)王运迟到早退 0 次,请假 0 次,旷工 0 次,加班 5 次。

(4)李顾迟到早退 0 次,请假 2 次,旷工 0 次,加班 4 次。

(5)胡婧雯迟到早退 0 次,请假 0 次,旷工 0 次,加班 3 次。

(6)陶成迟到早退 0 次,请假 0 次,旷工 0 次,加班 4 次。

（7）李唐迟到早退 0 次，请假 1 次，旷工 0 次，加班 3 次。

公司 2018 年考勤方面的政策是：

（1）迟到早退每次扣工资 100 元。

（2）请假每次扣工资 20 元。

（3）旷工每次扣工资 400 元。

（4）加班每次是 120 元。

公司 2018 年业绩方面的政策是：

（1）销售量超量在 0 到 100 之间的，每件按照 9 元计算。

（2）销售量超量在 100 到 200 之间的，每件按照 12 元计算。

（3）销售量超量在 200 以上的，每件按照 15 元计算。

管理人员的业绩标准折算成超量标准进行。1 月份各员工的超量生产情况如下：

（1）方建超量 207 件。

（2）陈兰超量 195 件。

（3）王运超量 214 件。

（4）李顾超量 156 件。

（5）胡婧雯超量 172 件。

（6）陶成超量 211 件。

（7）李唐超量 207 件。

2 月份各员工的超量生产情况如下：

（1）方建超量 210 件。

（2）陈兰超量 205 件。

（3）王运超量 210 件。

（4）李顾超量 182 件。

（5）胡婧雯超量 197 件。

（6）陶成超量 205 件。

（7）李唐超量 210 件。

要求根据上述内容，结合上节实验习题中的数据，计算考勤和业绩相关信息。

实验 5-3　员工工资表

实验原理

员工工资表要能够同时满足企业账务处理的需要和员工的需要。账务处理侧重于工资的归属，员工关注的是自身的工资组成情况。在本实验中，每个员工的工资包括基本工资、工龄工资、考勤和业绩工资等，不过这些工资项目暂时还不在同一个工作表中体现，基本工资和工龄工资位于员工信息表中，考勤和业绩工资分别位于考勤记录和业绩表中。本节的实验就是要将 3 张表中的工资合并成为一个总的工资表。

在一些员工流动性比较强的企业，需要考虑的问题包括在指定年份和月份，企业有些什么样的员工，这些员工在不同的年份和月份的考勤和业绩情况如何？这些问题的答案都在不同的表中，而不同的表之间是需要联系的，否则无法将各个表联通起来。联通不同表之间的那个字段就是 id 字段。

为了计算方便，需要将不同的表合并为一张总的工资表，总的工资表的姓名来源就是通过 Microsoft Query 组件从员工信息表中提取数据，然后通过公式将考勤工资和业绩工资合并到总的工资表中。

上述计算的结果属于员工的应发数，也就是在未扣除五险一金时的金额，为维护劳动者的合法权益，我国的劳动法规定，用户单位应与员工签订用工合同，并按规定缴纳五险一金，"五险"指的是 5 种保险，包括养老保险、医疗保险、失业保险、工伤保险和生育保险；"一金"指的是住房公积金。其中，养老保险、医疗保险和失业保险是由企业和个人共同缴纳保费，工伤保险和生育保险完全是由企业承担的，个人不需要缴纳。因此，从职工工资中扣除的部分仅仅是三险一金。

工资表除了代扣个人缴纳的保险和公积金外，还有代扣代缴个人所得税的义务。按照我国税法规定，工资薪金所得缴纳的个人所得税应缴税额的计算方法如下：

个人所得税的计算公式是应缴所得税=（工资薪金所得－三险一金－起征点标准）×相应税率－速算扣除数=应纳税所得×相应税率－速算扣除数

根据 2018 年 8 月 31 日第十三届全国人民代表大会常务委员会第五次会议《关于修改〈中华人民共和国个人所得税法〉的决定》第七次修正，自 2018 年 10 月 1 日起施行新的个人所得税税率及速算扣除数。

新的速算扣除数的完整情况如表 5-1 所示。

表 5-1 个人所得税和速算扣除数

级数	全月应纳税所得额	税率%	速算扣除数
1	不超过 3000 元的	3	0
2	超过 3000 元至 12000 元的部分	10	210
3	超过 12000 元至 25000 元的部分	20	1410
4	超过 25000 元至 35000 元的部分	25	2660
5	超过 35000 元至 55000 元的部分	30	4410
6	超过 55000 元至 80000 元的部分	35	7160
7	超过 80000 元	45	15160

为了使员工了解到自己的工资信息，核实工资数据，通常要将员工的工资信息反馈给员工个人，因此通常情况下都会为员工打印工资条。工资条的生成方式可以分为两种：一种是使用 Word 和 Excel 联合应用生成工资表，这种方式的好处是外观上比较美观，劣势是过程比较复杂；另一种是直接在 Excel 中使用公式生成工资条，通过找到标题行、内容行之间的行号关系就可以通过复制公式的方法生成工资条，本实验就是直接在 Excel 中使用公式来生成表格。在本实例中，根据行号除以 3 后的余数来判定哪些行为标题内容，哪些行为具体工资数据，哪些行为空行。

实验目的与要求

（一）实验目的

掌握利用多表来生成员工工资数据。

（二）实验要求

熟练使用 Microsoft Query 组件，能够通过设置条件来控制数据的输出显示。

实验内容及数据来源

员工工资表是对基本工资、考勤工资以及业绩工资的一个汇总。本实验内容包括：

（1）根据用户设置的年份和月份信息生成总的工资表。

（2）计算每个员工的应发数、应纳税所得额、应缴所得税和实发数等数据。

（3）将工资表中的工资内容通过使用 Excel 公式生成员工的工资条。

实验操作指导

1. 工资表

工资表的数据必须随着用户设定的年份和月份信息而动态生成表格，工资表的数据来源是员工信息工作表和业绩考勤表，不同年份和月份的员工信息是通过 Microsoft Query 来生成的，具体的操作过程如下：

Step 01 新建一张工作表，将新建的工作表重命名为"工资表"，完成建立"工资表"工作表。

Step 02 打开"工资表"工作表，在 A1:B2 单元格区域输入如图 5.37 所示的数据。

图 5.37 指定年份和月份

Step 03 选中 D1 单元格，选中"数据"选项卡，在"获取外部数据"组中，执行"自其他来源"中的"来自 Microsoft Query"命令，打开如图 5.38 所示的"选择数据源"对话框。

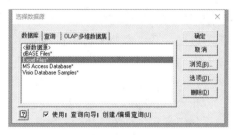

图 5.38 选择数据源

Step 04 在"选择数据源"对话框中，选择数据库类型为"Excel Files*"，单击"确定"按钮，打开如图 5.39 所示的"选择工作簿"对话框。

图 5.39　选择工作簿对话框

Step 05　选中"工资管理.xlsm"所在位置，单击"确定"按钮，打开如图 5.40 所示的"查询向导-选择列"对话框，单击"可用的表和列"中的"员工基本信息"前的"+"号，展开该表所包含的列，选中要显示的列为 id、姓名、账号、部门、基本工资和工龄工资等。

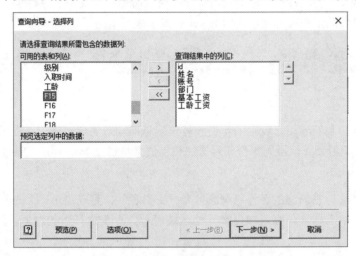

图 5.40　选择列

════════════════════ 说明 ════════════════════

各个字段可以通过如图 5.40 所示的对话框中的上下箭头按钮来调整显示的顺序。

──

Step 06　单击"下一步"按钮，完成要显示的列的选择，进入"查询向导-筛选数据"对话框，单击"下一步"按钮，跳过筛选的过程，打开"查询向导-排序顺序"对话框，在该步骤中不需要设置任何内容。单击"下一步"按钮，打开"查询向导-完成"对话框，在"请确定下一步的动作"选择中，选中"在 Microsoft Query 中查看数据或编辑查询"，单击"完成"按钮，完成查询向导的操作，进入 Microsoft Query 界面。

Step 07　执行 Microsoft Query 窗口中的"视图"菜单下的"表"命令，显示如图 5.41 所示的"添加表"对话框，双击列表框中的"业绩"和"考勤记录"，单击"关闭"按钮，关闭"添加表"对话框。

第 5 章 工资管理

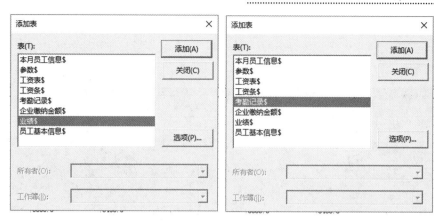

图 5.41 添加表

Step 08 执行"表"菜单下的"连接"命令，打开如图 5.42 所示的"连接"对话框。在左侧选"员工基本信息$.id"，"运算符"为等于，在右侧表选择"考勤记录$.id"，"连接内容"选择 1，单击"添加"按钮，添加一个连接。

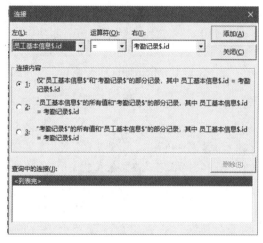

图 5.42 连接

Step 09 在图 5.42 中，在左侧选择"员工基本信息$.id"，"运算符"为等于，在右侧选择"业绩$.id"，"连接内容"选择 1，单击"添加"按钮，添加一个新的连接。通过上述操作就建立了如图 5.43 所示的连接关系图。

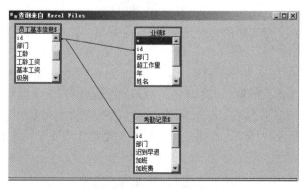

图 5.43 连接关系图

Step 10 在"业绩"表中,将"业绩工资"拖曳到记录显示的栏内,将"考勤记录"中的"加班费"和"扣除工资"也拖曳到记录显示的栏内,完成工资表中要显示字段的操作。生成的结果如图 5.44 所示。

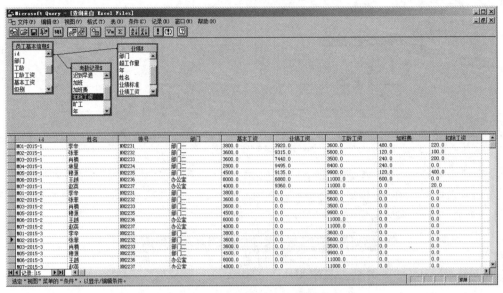

图 5.44　Microsoft Query 窗口

说明

员工基本信息表、考勤记录和业绩表中都有 id 字段,通过该 id 字段将 3 张表联系了起来。同时,考勤记录表和业绩表都必须匹配员工基本信息表中的内容,也就是说,员工基本信息表显示什么员工,则考勤记录和业绩表才能用相同 id 号的员工匹配,而员工基本信息表中没有显示的员工,则不会有考勤记录和业绩表中的员工匹配。

Step 11 执行"视图"菜单下的"查询属性"命令,打开如图 5.45 所示的"查询属性"对话框,勾选"不选重复的记录"复选框。

图 5.45　查询属性

Step 12 执行 Microsoft Query 窗口中的"视图"菜单下的"条件"命令,打开如图 5.46 所示的条件栏。

Step 13 将"员工基本信息"表中的字段"年"拖曳到条件栏的第一列中,"值"设置为"[nian]",然后在条件栏的第二列中单击,打开如图 5.47 所示的"输入参数值"对话框(左图),直接单击"确定"按钮,然后字段"yue"拖曳到条件栏的第二列中,"值"设置为"[yue]",打开如图 5.47 所示的"输入参数值"对话框(右图),单击"确定"按钮,完成参数值的设定。

第 5 章　工资管理

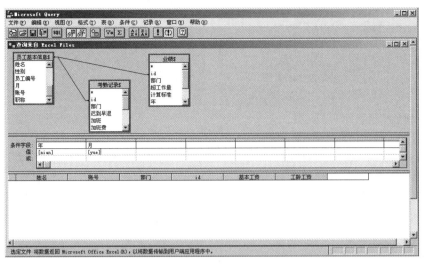

图 5.46　Microsoft Query 窗口

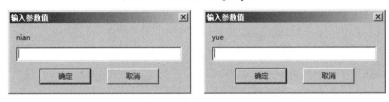

图 5.47　输入参数值

Step 14　执行 Microsoft Query 窗口中文件菜单下的"将数据返回 Microsoft Excel",打开如图 5.48 所示的"导入数据"对话框,将"数据的放置位置"设置为 D1 单元格,完成数据导入的操作。

图 5.48　导入数据的起始位置

Step 15　单击"导入数据"对话框中的"确定"按钮后,打开如图 5.49 左图所示的"输入参数值"对话框,在"nian"下的文本框中,选择工作表中的 B1 单元格,并且勾选"在以后的刷新中使用该值或该引用"和"当单元格值更改时自动刷新"复选框,单击"确定"按钮,完成参数年的值的设定。再次单击"导入数据"对话框中的"确定"按钮后,打开如图 5.49 右图所示的"输入参数值"对话框,在"yue"下的文本框中,选择工作表中的 B2 单元格,并且勾选"在以后的刷新中使用该值或该引用"和"当单元格值更改时自动刷新"复选框,单击"确定"按钮,完成参数月的值的设定。

173

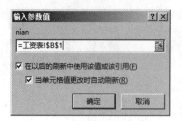 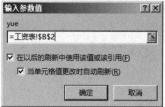

图 5.49 指定输入参数值

Step 16 选中 D1 单元格,选中"设计"选项卡,在"属性"组内将表名称更改为"gzb",完成表对象的设置。

Step 17 选中"设计"选项卡,执行"外部表数据"下的"属性"命令,打开如图 5.50 所示的"外部数据属性"对话框,保持"数据格式和布局"下的"调整列宽"不被选中,单击"确定"按钮,完成格式的设置。

图 5.50 外部数据属性

Step 18 选中 K1 单元格,右击,执行"插入"下的"在右侧插入表列"命令,选中 L1 单元格,将其名称更改为"应发数"。

Step 19 选中 L2 单元格,在编辑栏内输入公式"=SUM(gzb[@[基本工资]:[加班费]])-[@扣除工资]",完成应发数的计算。至此,就完成了工资表的计算,最终结果如图 5.51 所示。

年份	2018	姓名	账号	部门	id	基本工资	工龄工资	业绩工资	加班费	扣除工资	应发数	养老保险	医疗保险	失业保险	住房公积金	个人所得税	实发数
月份	1	张菲	NH2232	部门一	M02-2018-1	3600	8000	9315	120	100	20935	1674.8	418.7	104.68	2093.5	2230.83	14412.5
		穆源	NH2235	部门二	M05-2018-1	4500	12600	9135	120	400	25955	2076.4	519.1	129.78	2595.5	3228.56	17405.7
		李辛	NH2231	部门一	M01-2018-1	3800	5400	3920	480	220	13380	1070.4	267.6	66.9	1338	729.28	9907.82
		赵英	NH2237	办公室	M07-2018-1	4000	15600	9360	0	20	28940	2315.2	578.8	144.7	2894	3821.83	19185.5
		王越	NH2236	办公室	M06-2018-1	8000	15600	6880	600	0	31080	2486.4	621.6	155.4	3108	4247.15	20461.5
		肖楠	NH2233	部门二	M03-2018-1	3600	6400	7440	240	200	17480	1398.4	349.6	87.4	1748	1544.15	12352.5
		林里	NH2234	部门二	M04-2018-1	2800	10500	9495	240	0	23035	1842.8	460.7	115.18	2303.5	2648.21	15664.6

图 5.51 工资表

2.计算五险一金

根据国家相关法律规定,企业要根据比例为职工缴纳五险一金,这个五险一金的标准通常是不变的,为此可以设置一个缴费参数作为标准,计算的时候只需要到参数表中提取数据即可,如果今后国家相关的法律更改了,则只需更改参数表中的缴费标准即可,设置参数的具体操作过程如下:

Step 01 选中"参数"工作表,在"X1:Z1"单元格区域内输入内容:项目、单位比例和个人比例。

Step 02 选中 X1 单元格，选中"插入"选项卡，执行"表"组内的"表"命令，打开"创建表"对话框，单击"确定"按钮，创建一个表对象。

Step 03 选中 X1 单元格，选中"设计"选项卡，在"属性"组内将表名称更改为"sbbz"，完成表对象的设置。

Step 04 从 X2 单元格开始输入相关内容，输入完成后如图 5.52 所示。

X	Y	Z
项目	单位比例	个人比例
养老保险	0.2	0.08
医疗保险	0.1	0.02
失业保险	0.015	0.005
工伤	0.01	0
生育	0.008	0
住房公积金	0.1	0.1

图 5.52　五险一金缴费标准

本实验以税前工资作为缴费基数进行计算，具体的操作方法如下：

Step 01 选中"工资表"工作表中的 M1 单元格，右击，执行"插入"下的"在右侧插入表列"命令，选中 N1 单元格，将其名称更改为"养老保险"。

Step 02 选中"工资表"工作表中的 N1 单元格，右击，执行"插入"下的"在右侧插入表列"命令，选中 O1 单元格，将其名称更改为"医疗保险"。

Step 03 选中"工资表"工作表中的 O1 单元格，右击，执行"插入"下的"在右侧插入表列"命令，选中 P1 单元格，将其名称更改为"失业保险"。

Step 04 选中"工资表"工作表中的 P1 单元格，右击，执行"插入"下的"在右侧插入表列"命令，选中 Q1 单元格，将其名称更改为"住房公积金"。

接下来就可以根据参数来计算个人应当缴纳的三险一金。具体的操作步骤如下：

Step 01 选中 N2 单元格，在编辑栏内输入公式"=ROUND([@应发数]*VLOOKUP(gzb[[#标题],[养老保险]],sbbz,3,FALSE),2)"，完成养老保险的计算。

Step 02 选中 O2 单元格，在编辑栏内输入公式"=ROUND([@应发数]*VLOOKUP(gzb[[#标题],[医疗保险]],sbbz,3,FALSE),2)"，完成医疗保险的计算。

Step 03 选中 P2 单元格，在编辑栏内输入公式"=ROUND([@应发数]*VLOOKUP(gzb[[#标题],[失业保险]],sbbz,3,FALSE),2)"，完成失业保险的计算。

Step 04 选中 Q2 单元格，在编辑栏内输入公式"=ROUND([@应发数]*VLOOKUP(gzb[[#标题],[住房公积金]],sbbz,3,FALSE),2)"，完成住房公积金的计算。

至此，就完成了个人需要缴纳的三险一金的计算，最终的结果如图 5.53 所示。

Excel 在会计和财务管理中的应用（第 4 版）

	D	E	F	G	H	I	J	K	L	M	N	O	P	Q	R	S
1	姓名	账号	部门	id	基本工资	工龄工资	业绩工资	加班费	扣除工资	应发数	养老保险	医疗保险	失业保险	住房公积金	个人所得税	实发数
2	张菲	NH2232	部门一	M02-2018-1	3600	8000	9315	120	100	20935	1674.8	418.7	104.68	2093.5	918.66	15724.7
3	穆源	NH2235	部门二	M05-2018-1	4500	12600	9135	120	400	25955	2076.4	519.1	129.78	2595.5	1716.84	18917.4
4	李辛	NH2231	部门一	M01-2018-1	3800	5400	3920	480	220	13380	1070.4	267.6	66.9	1338	353.71	10283.4
5	赵英	NH2237	办公室	M07-2018-1	4000	15600	9360	0	20	28940	2315.2	578.8	144.7	2894	2191.46	20815.8
6	王越	NH2236	办公室	M06-2018-1	8000	15600	6880	600	0	31080	2486.4	621.6	155.4	3108	2267.15	22441.5
7	肖楠	NH2233	部门二	M03-2018-1	3600	6400	7440	240	200	17480	1398.4	349.6	87.4	1748	369.32	13527.3
8	林里	NH2234	部门二	M04-2018-1	2800	10500	9495	240	0	23035	1842.8	460.7	115.18	2303.5	1252.56	17060.3

图 5.53 个人缴纳三险一金的工资表

工资表中扣除了个人缴纳的部分，按规定企业也需要缴纳五险一金，并且这一部分资金是进入账务处理系统的。计算企业缴纳五险一金的具体操作过程如下：

Step 01 选中 D1 单元格，选中"插入"选项卡，执行"表格"组内的"数据透视表"命令，打开如图 5.54 所示的"创建数据透视表"对话框，设置表的区域为 gzb，将新建的数据透视表放置在新工作表中。然后将打开的新工作表重命名为"企业缴纳金额"。

Step 02 在新工作表中，将"部门"放置在行标签内，如图 5.55 所示，完成"部门"字段的放置位置设置。

图 5.54 设置数据源

图 5.55 放置部门字段

Step 03 选中 A3 单元格，选中"分析"选项卡，执行"计算"组内的"字段、项目和集"下的"计算字段"命令，打开如图 5.56 所示的"插入计算字段"对话框，将名称设置为"养老保险"，将公式设置为"应发数*0.2"，单击"确定"按钮，完成养老保险计算字段的设置。

第 5 章 工资管理

图 5.56 插入养老保险计算字段

> **说明**
>
> 在"名称"后的文本框中输入的"养老保险"前加一个空格,以便和已有的字段相区别。养老保险的计算方法是应发数乘以 0.2。

Step 04　选中 A3 单元格,选中"分析"选项卡,执行"计算"组内的"字段、项目和集"下的"计算字段"命令,打开"插入计算字段"对话框,将名称设置为" 医疗保险",将公式设置为"应发数*0.1",单击"确定"按钮,完成医疗保险计算字段的设置。

Step 05　选中 A3 单元格,选中"分析"选项卡,执行"计算"组内的"字段、项目和集"下的"计算字段"命令,打开"插入计算字段"对话框,将名称设置为" 失业保险",将公式设置为"应发数*0.015",单击"确定"按钮,完成失业保险计算字段的设置。

Step 06　选中 A3 单元格,选中"分析"选项卡,执行"计算"组内的"字段、项目和集"下的"计算字段"命令,打开"插入计算字段"对话框,将名称设置为"工伤保险",将公式设置为"应发数*0.01",单击"确定"按钮,完成工伤保险计算字段的设置。

Step 07　选中 A3 单元格,选中"分析"选项卡,执行"计算"组内的"字段、项目和集"下的"计算字段"命令,打开"插入计算字段"对话框,将名称设置为"生育保险",将公式设置为"应发数*0.008",单击"确定"按钮,完成生育保险计算字段的设置。

Step 08　选中 A3 单元格,选中"分析"选项卡,执行"计算"组内的"字段、项目和集"下的"计算字段"命令,打开"插入计算字段"对话框,将名称设置为"住房公积金",将公式设置为"应发数*0.1",单击"确定"按钮,完成住房公积金计算字段的设置。

Step 09　选中数据透视表中任意一个单元格,如果看不到"数据透视表字段列表",可以单击"分析"选项卡,执行"显示"组内的"字段列表"命令,勾选"养老保险""医疗保险""失业保险"和"住房公积金"项,如图 5.57 所示。

图 5.57　添加字段

Step 10　选中 A1 单元格，在编辑栏内输入公式"=工资表!B1&"年"&工资表!B2&"月企业缴纳五险一金汇总表""，完成表头的设置。

Step 11　选中 A1:K1 单元格区域，将单元格合并后居中，"字体"以粗体显示，"字号"为 16 号，并隐藏第 4 行。

Step 12　在第 2 行和第 3 行中添加如图 5.58 所示的表头。

	A	B	C	D	E	F	G	H	I	J	K
1		2018年1月企业缴纳五险一金汇总表									
2	部门	单位缴纳部分						个人缴纳部分			
3		养老保险	医疗保险	失业保险	工伤保险	生育保险	住房公积金	养老保险	医疗保险	失业保险	住房公积金
6	部门一	6023	3011.5	451.725	301.15	240.92	3011.5	2409.2	602.3	150.58	3011.5
7	部门二	11754	5877	881.55	587.7	470.16	5877	4701.6	1175.4	293.86	5877
8	办公室	10164	5082	762.3	508.2	406.56	5082	4065.6	1016.4	254.1	5082
9	总计	27941	13970.5	2095.58	1397.05	1117.64	13970.5	11176.4	2794.1	698.54	13970.5

图 5.58　计算结果

Step 13　选中数据透视表中任意一个单元格，右击，执行"数据透视表选项"命令，打开如图 5.59 所示的"数据透视表选项"对话框，选择"布局和格式"选项卡，保持"更新时自动调整列宽"不被选中，完成格式的设置。

第 5 章　工资管理

图 5.59　数据透视表选项

只要在"工资表"工作表中更换月份，然后回到"企业缴纳金额"表中，刷新数据即可获得最新的数据。

3．计算个人所得税

基于同样的道理，可以将个人所得税的扣除政策放置在参数表中，作为扣除的标准，具体的操作过程如下：

Step 01 选中"参数"工作表，在"AB1:AE1"单元格区域内输入内容：下限、上限、税率和速算扣除数。

Step 02 选中 AB1 单元格，选中"插入"选项卡，执行"表格"组内的"表格"命令，打开"创建表"对话框，单击"确定"按钮，创建一个表对象。

Step 03 选中 AB1 单元格，选中"设计"选项卡，在"属性"组内将表名称更改为"sdsbz"，完成表对象的设置。

Step 04 从 AB2 单元格开始输入相关内容，输入完成后如图 5.60 所示。

AB 下限	AC 上限	AD 税率	AE 速算扣除数
-2000	0	0	0
0	3000	0.03	0
3000	12000	0.1	210
12000	25000	0.2	1410
25000	35000	0.25	2660
35000	55000	0.3	4410
55000	80000	0.35	7160
80000	1000000	0.45	15160

图 5.60　所得税标准

说明

员工的工资在扣除了三险一金和起征点后可能会成为负数，所以在第一档中设置了一个小于 0 的级别，

至于 -2000 的下限则是自己确定的，事实上用户可以设置任意的足够小的负数。该级别的含义是尚不够扣除个人所得税。

最后的一档标准为 80000 元以上，在 Excel 中必须给定一个明确的上限，如图 5.60 所示的上限是任意设定的，通常只需将该值设定得足够大。

Step 05 选中"工资表"工作表中的 Q1 单元格，右击，执行"插入"下的"在右侧插入表列"命令，选中 R1 单元格，将其名称更改为"个人所得税"。

Step 06 选中"工资表"工作表中的 R1 单元格，右击，执行"插入"下的"在右侧插入表列"命令，选中 S1 单元格，将其名称更改为"实发数"。

Step 07 选中 R2 单元格，在编辑栏内输入公式"=ROUND((([@应发数]-SUM(gzb[@[养老保险]:[住房公积金]])-5000)*LOOKUP([@应发数]-5000,sdsbz[下限],sdsbz[税率])-LOOKUP([@应发数]-5000,sdsbz[下限],sdsbz[速算扣除数]),2)"，完成个人所得税的计算。

说明

个人所得税的计算方法是应纳税所得额乘以对应的税率减去对应的速算扣除数。应纳税所得额要扣除个人缴纳的三险一金和起征点。

2018 年 8 月 31 日，修改个人所得税法的决定通过，起征点每月 5000 元，2018 年 10 月 1 日起实施最新起征点和税率。

使用 LOOKUP 函数可以很方便地找出对应的税率和速算扣除数，因为在参数表的所得税标准中，第一列下限是按照升序排列的，使用 LOOKUP 函数可以找到小于等于指定值的最大值。

Step 08 选中 R2 单元格，在编辑栏内输入公式"=[@应发数]-SUM(gzb[@[养老保险]:[个人所得税]])"，完成实发数的计算。

最终的计算结果如图 5.61 所示。

	D	E	F	G	H	I	J	K	L	M	N	O	P	Q	R	S
1	姓名	账号	部门	id	基本工资	工龄工资	业绩工资	加班费	扣除工资	应发数	养老保险	医疗保险	失业保险	住房公积金	个人所得税	实发数
2	张菲	NH2232	部门一	M02-2018-1	3600	8000	9315	120	100	20935	1674.8	418.7	104.68	2093.5	918.66	15724.7
3	穆源	NH2235	部门二	M05-2018-1	4500	12600	9135	120	400	25955	2076.4	519.1	129.78	2595.5	1716.84	18917.4
4	李辛	NH2231	部门一	M01-2018-1	3800	5400	3920	480	220	13380	1070.4	267.6	66.9	1338	353.71	10283.4
5	赵英	NH2237	办公室	M07-2018-1	4000	15600	9360	0	20	28940	2315.2	578.8	144.7	2894	2191.46	20815.8
6	王越	NH2236	办公室	M06-2018-1	8000	15500	6880	600	0	31080	2486.4	621.6	155.4	3108	2267.15	22441.5
7	肖楠	NH2233	部门二	M03-2018-1	3600	6400	7440	240	200	17480	1398.4	349.6	87.4	1748	369.32	13527.3
8	林里	NH2234	部门二	M04-2018-1	2800	10500	9495	240	0	23035	1842.6	460.7	115.18	2303.5	1252.56	17060.3

图 5.61 工资表

4．生成工资条

使用 Excel 公式生成工资表的操作过程如下：

Step 01 新建工作表，重命名为"工资条"，完成新建工资条工作表。

Step 02 单击"工资条"工作表的 A1 单元格，输入公式"=IF(MOD(ROW(),3)=0,"",IF(MOD(ROW(),3)=1,工资表!D$1,INDEX(gzb,(ROW()-1)/3+1,COLUMN())))"，完成 A1 单元格的公式设置。

第 5 章 工资管理

> **说明**
>
> 该公式比较复杂，首先对行号进行判断，在工资条中一共有 3 种行，一种是标题行，一种是数据行，一种是空行，空行的作用是用来剪切。
>
> 凡是行号是 3 的倍数的都是空行，因此用 MOD(ROW(),3)=0 来表示，该公式的含义是：如果行号除以 3，余数为 0，表示为空行，用 "" 表示。
>
> 凡是行号是 1,4,7……的行都是标题行，它们的共同特点是标题行除以 3 后，余数都是 1，公式 MOD(ROW(),3)=1 表示如果行号除以 3 余数为 1，则该行是标题行。
>
> 当 MOD(ROW(),3)=2，表示行号除以 3 余数为 2，属于员工工资数据行。在工资表中，员工的工资数据存在于第 2、3、4……行中，因此在本公式中使用了 "INDEX(gzb,(ROW()+1)/3+1,COLUMN())"，其含义是用 INDEX 函数指向的引用区域为 gzb 表对象所在的单元格区域。INDEX 指向的列位置该区域中的是 "COLUMN()"。

Step 03 选中 A1 单元格，把鼠标放置于 A1 单元格右下角，当鼠标形状变为细十字的时候，按住鼠标左键不放，向右拖曳到 M 列，向下拖曳到合适的位置，完成工资条的设置，如图 5.62 所示。

	A	B	C	D	E	F	G	H	I	J	K	L	M	N	O	P
1	姓名	账号	部门	id	基本工资	工龄工资	业绩工资	加班费	扣除工资	应发数	养老保险	医疗保险	失业保险	住房公积金	个人所得税	实发数
2	张菲	NH2232	部门一	M02-2018-1	3600	8000	9315	120	100	20935	1674.8	418.7	104.68	2093.5	918.66	15724.66
3																
4	姓名	账号	部门	id	基本工资	工龄工资	业绩工资	加班费	扣除工资	应发数	养老保险	医疗保险	失业保险	住房公积金	个人所得税	实发数
5	穆源	NH2235	部门二	M05-2018-1	4500	12600	9135	120	400	25955	2076.4	519.1	129.78	2595.5	1716.84	18917.38
6																
7	姓名	账号	部门	id	基本工资	工龄工资	业绩工资	加班费	扣除工资	应发数	养老保险	医疗保险	失业保险	住房公积金	个人所得税	实发数
8	李辛	NH2231	部门一	M01-2018-1	3800	5400	3920	480	220	13380	1070.4	267.6	66.9	1338	353.71	10283.39
9																
10	姓名	账号	部门	id	基本工资	工龄工资	业绩工资	加班费	扣除工资	应发数	养老保险	医疗保险	失业保险	住房公积金	个人所得税	实发数
11	赵英	NH2237	办公室	M07-2018-1	4000	15600	9360	0	20	28940	2315.2	578.8	144.7	2894	2191.46	20815.84
12																
13	姓名	账号	部门	id	基本工资	工龄工资	业绩工资	加班费	扣除工资	应发数	养老保险	医疗保险	失业保险	住房公积金	个人所得税	实发数
14	王越	NH2236	办公室	M06-2018-1	8000	15600	6880	600	0	31080	2486.4	621.6	155.4	3108	2267.15	22441.45
15																
16	姓名	账号	部门	id	基本工资	工龄工资	业绩工资	加班费	扣除工资	应发数	养老保险	医疗保险	失业保险	住房公积金	个人所得税	实发数
17	肖楠	NH2233	部门二	M03-2018-1	3600	6400	7440	240	200	17480	1398.4	349.6	87.4	1748	369.32	13527.28
18																
19	姓名	账号	部门	id	基本工资	工龄工资	业绩工资	加班费	扣除工资	应发数	养老保险	医疗保险	失业保险	住房公积金	个人所得税	实发数
20	林里	NH2234	部门二	M04-2018-1	2800	10500	9495	240	0	23035	1842.8	460.7	115.18	2303.5	1252.56	17060.26
21																
22	姓名	账号	部门	id	基本工资	工龄工资	业绩工资	加班费	扣除工资	应发数	养老保险	医疗保险	失业保险	住房公积金	个人所得税	实发数
23	#REF!	#REF!	#REF!	#REF!	#REF!	#REF!	#REF!	#REF!	#REF!	#REF!	#REF!	#REF!	#REF!	#REF!	#REF!	#REF!

图 5.62 工资条

> **说明**
>
> 第 23 行数据行出现了错误，表示第 23 行没有对应的员工，也就是说工资条在上一条记录就已经生成完毕，现在生成的这行记录是多余的记录。

习题

要求根据上述两节实验习题中的内容制作员工 1 月份与 2 月份的工资条和工资汇总情况。

第6章 应收款管理

企业基于扩大销售规模等方面的考虑,通常会采用赊销的方式来销售企业产品。赊销是基于企业信用而展开的,因此企业应当加强应收款管理,及时回笼现金。本章介绍的应收款管理包括记录应收款的产生、应收款的冲销以及应收款的分析等内容。应收款管理的方法同样适用于其他按照应收款管理的业务。

 实验 6-1 应收款的取得与冲销

实验原理

应收款的取得与冲销是应收款管理的核心内容,其中应收款的取得是应收款管理的起点。依据以往的设计思路,必须给每次产生应收款取得记录一个唯一的 ID 号,本章中该 ID 号被称为对冲号,它的表示方式是使用"年-月-凭证号-笔号"来对应一笔应收款,对冲号将作为应收款的唯一标示符。使用对冲号的优势在于:

(1)可以避免使用大量的二级科目。
(2)一对一的冲销,便于管理。

使用 Excel 进行管理的时候需要设置客户名单的数据表,表示收取应收款的对象,作用是方便今后在应收款管理中提取客户信息。和固定资产取得会生成固定资产取得表一样,应收款的取得也有一套相应的工作表来表示,在本实验中称为"应收款清单",应收款清单归集了应收款取得登记时的基本信息。

随着时间的推移,原先产生的应收款会被企业逐步收回,这就是应收款的冲销。为了描述这个过程,我们建立一张名为"收款记录"的工作表来记录回收应收款的情况,在该工作表中记录企业收回的应收款款项。

判断某笔应收款是否收回完毕,其实就是将指定对冲号的收款金额和付款总额进行比较,是利用对冲号在不同表格中提取数据并进行计算,如果某笔对冲号的应收款余额为 0,则表示该笔记录已经冲销完毕,企业无须再对此进行管理;如果某笔对冲号的应收款余额大于 0,则表示企业尚未对该笔记录冲销完毕,需要通过各种方式进行收款;如果某笔应收款的余额小于 0,则表示企业在先前的记录中发生了错误。

要注意的是,赊销一次就可以形成一笔应收款记录,对应一个对冲号,但是企业收回应收款却是一个逐步的过程,有可能收到的一笔款项对应多笔应收款,也有可能企业收到的一笔款项只归还了一笔应收款的部分款项。

实验目的与要求

（一）实验目的

了解对冲号在应收款管理中的作用。

（二）实验要求

能够熟练使用表对象。

实验内容及数据来源

公司有一些往来的客户，客户的信息如下。

（1）客户名称：海尚公司，联系电话是：021-65228953，地址位于：三马路 125 号，法人代表姓名为：赵梓。

（2）客户名称：欧丽公司，联系电话是：021-54778215，地址位于：合众街 1315 号，法人代表姓名为：张渡。

（3）客户名称：新通讯公司，联系电话是：0571-28896541，地址位于：滨江大道 251 号，法人代表姓名为：孙梓里。

（4）客户名称：金鑫公司，联系电话是：025-65335296，地址位于：金钟广场，法人代表姓名为：李金鑫。

（5）客户名称：尚诚贸易公司，联系电话是：025-57563989，地址位于：紫霞路 217 号，法人代表姓名为：庄尚诚。

假设在 2018 年 1 月到 4 月间发生了一些业务，相关的业务人员都为胡婧雯，具体数据如下：

（1）与新通讯公司发生一笔业务，业务内容为出售手机，金额为：6423.3 元，对冲号为：2018-1-5-2，业务发生时间为：1 月 4 日，信用期为：60 天。

（2）与欧丽公司发生一笔业务，业务内容为出售复印机，金额为：122411.25 元，对冲号为：2018-1-6-1，业务发生时间为：1 月 16 日，信用期为：90 天。

（3）与新通讯公司发生一笔业务，业务内容为出售手机，金额为：138206.25 元，对冲号为：2018-25-2，业务发生时间为：1 月 17 日，信用期为：120 天。

（4）与欧丽公司发生一笔业务，业务内容为出售打印机，金额为：21937.5 元，对冲号为：2018-2-51-1，业务发生时间为：2 月 22 日，信用期为：90 天。

（5）与金鑫公司发生一笔业务，业务内容为出售显示器，金额为：51246 元，对冲号为：2018-2-52-2，业务发生时间为：2 月 23 日，信用期为：120 天。

（6）与金鑫公司发生一笔业务，业务内容为出售电脑，金额为：31590 元，对冲号为：2018-2-55-1，业务发生时间为：2 月 27 日，信用期为：150 天。

（7）与新通讯公司发生一笔业务，业务内容为出售手机，金额为：74587.5 元，对冲号为：2018-3-8-1，业务发生时间为：3 月 15 日，信用期为：180 天。

（8）与海尚公司发生一笔业务，业务内容为出售复印机，金额为：23341.5 元，对冲号为：2018-3-19-1，业务发生时间为：3 月 19 日，信用期为：150 天。

（9）与尚诚贸易公司发生一笔业务，业务内容为出售服务器，金额为：255704 元，对冲号为：2018-3-23-1，业务发生时间为：3月26日，信用期为：60天。

（10）与欧丽公司发生一笔业务，业务内容为出售笔记本，金额为：30712.5元，对冲号为：2018-3-21-1，业务发生时间为：3月27日，信用期为：30天。

（11）与新通讯公司发生一笔业务，业务内容为出售手机，金额为：39487.5元，对冲号为：2018-3-31-1，业务发生时间为：3月28日，信用期为：90天。

（12）与新通讯公司发生一笔业务，业务内容为出售手机，金额为：7020元，对冲号为：2018-4-6-1，业务发生时间为：4月5日，信用期为：90天。

（13）与海尚公司发生一笔业务，业务内容为出售显示屏，金额为：34047元，对冲号为：2018-4-10-1，业务发生时间为：4月9日，信用期为：90天。

（14）与欧丽公司发生一笔业务，业务内容为出售显示器，金额为：31590元，对冲号为：2018-4-17-1，业务发生时间为：4月10日，信用期为：90天。

（15）与尚诚贸易公司发生一笔业务，业务内容为出售路由器，金额为：34914元，对冲号为：2018-4-25-1，业务发生时间为：4月15日，信用期为：60天。

（16）与海尚公司发生一笔业务，业务内容为出售网络设备，金额为：45981元，对冲号为：2018-4-28-1，业务发生时间为：4月18日，信用期为：60天。

（17）与欧丽公司发生一笔业务，业务内容为出售服务器，金额为：75114元，对冲号为：2018-4-29-2，业务发生时间为：4月19日，信用期为：90天。

（18）与金鑫公司发生一笔业务，业务内容为出售主机，金额为：7897.5元，对冲号为：2018-4-32-1，业务发生时间为：4月21日，信用期为：60天。

（19）与海尚公司发生一笔业务，业务内容为出售显示屏，金额为：74587.5元，对冲号为：2018-4-33-2，业务发生时间为：4月21日，信用期为：90天。

（20）与尚诚贸易公司发生一笔业务，业务内容为出售路由器，金额为：45630元，对冲号为：2018-4-39-1，业务发生时间为：4月26日，信用期为：90天。

公司1月到4月产生的应收款收回情况如下，本实验要求将下述内容填列在收款记录表中：

（1）2月9日收到对冲号为：2018-1-5-2的应收款，收款金额为6423元，优惠金额为：0元，当月凭证号为：2018-2-22-1。

（2）3月1日收到对冲号为：2018-1-6-1的应收款，收款金额为122000元，优惠金额为：411元，当月凭证号为：2018-3-2-1。

（3）3月5日收到对冲号为：2018-1-25-2的应收款，收款金额为60000元，优惠金额为：0元，当月凭证号为：2018-3-5-1。

（4）4月15日收到对冲号为：2018-2-51-1的应收款，收款金额为10000元，优惠金额为：0元，当月凭证号为：2018-4-22-1。

（5）4月18日收到对冲号为：2018-3-23-1的应收款，收款金额为50000元，优惠金额为：0元，当月凭证号为：2018-4-23-1。

（6）5月9日收到对冲号为：2018-3-8-1的应收款，收款金额为74500元，优惠金额为：88元，当月凭证号为：2018-5-14-2。

（7）5月10日收到对冲号为：2018-3-19-1的应收款，收款金额为23000元，优惠金额为：342元，当月凭证号为：2018-5-17-1。

(8) 5 月 11 日收到对冲号为：2018-2-52-2 的应收款，收款金额为 51000 元，优惠金额为：246 元，当月凭证号为：2018-5-18-1。

(9) 5 月 14 日收到对冲号为：2018-3-31-1 的应收款，收款金额为 39400 元，优惠金额为：88 元，当月凭证号为：2018-5-41-3。

(10) 5 月 20 日收到对冲号为：2018-4-10-1 的应收款，收款金额为 10000 元，优惠金额为：0 元，当月凭证号为：2018-5-45-1。

(11) 6 月 1 日收到对冲号为：2018-4-10-1 的应收款，收款金额为 14047 元，优惠金额为：0 元，当月凭证号为：2018-6-2-1。

(12) 6 月 1 日收到对冲号为：2018-2-55-1 的应收款，收款金额为 20000 元，优惠金额为：0 元，当月凭证号为：2018-6-1-1。

(13) 6 月 7 日收到对冲号为：2018-4-25-1 的应收款，收款金额为 34000 元，优惠金额为：914 元，当月凭证号为：2018-6-10-2。

(14) 6 月 15 日收到对冲号为：2018-4-39-1 的应收款，收款金额为 45000 元，优惠金额为：630 元，当月凭证号为：2018-6-12-2。

(15) 7 月 1 日收到对冲号为：2018-3-23-1 的应收款，收款金额为 100000 元，优惠金额为：元，当月凭证号为：2018-7-41-2。

实验操作指导

1. 创建客户名单

客户名单描述的是和企业发生应收款关系的企业名称，有了客户信息表，便于今后从不同的表格中提取客户的名称。创建客户名单表的过程如下：

Step 01 打开 Excel，将工作簿保存为"应收款管理.xlsm"。

Step 02 将"Sheet1"工作表重命名为"客户名单"，完成建立"客户名单"工作表。

Step 03 在 A1:D1 单元格区域内输入"客户名称""联系电话""地址"和"法人代表"4 个字段内容。

Step 04 选中 A1 单元格，选中"插入"选项卡，执行"表格"组内的"表格"命令，打开如图 6.1 所示的"创建表"对话框，单击"确定"按钮，创建一个表对象。

图 6.1 创建表

Step 05 选中 A1 单元格，选中"设计"选项卡，在"属性"组内将表名称更改为"khxx"，完成表对象的设置。

Step 06 从 A2 单元格开始输入对应的客户信息，如图 6.2 所示。

Excel 在会计和财务管理中的应用（第 4 版）

	A	B	C	D
1	客户名称	联系电话	地址	法人代表
2	海尚公司	021-65228953	三马路125号	赵梓
3	欧丽公司	021-54778215	合众街1315号	张渡
4	新通讯公司	0571-28896541	滨江大道251号	孙梓里
5	金鑫公司	025-65335296	金钟广场	李金鑫
6	尚诚贸易公司	025-57563989	紫霞路217号	庄尚诚

图 6.2　客户的基本信息

2．创建"应收款清单"

应收款清单反映了应收款收取的情况和应收款余额结存的情况，具体的操作步骤如下：

Step 01 新建一张工作表，将工作表名称更改为"应收款清单"。

Step 02 在 A1~L1 单元格内输入内容：客户名称、联系电话、地址、法人代表、业务员、对冲号、应收款发生时间、信用期、应收款到期时间、应收款金额、摘要和应收款余额，完成字段的设置。

Step 03 选中 A1 单元格，选中"插入"选项卡，执行"表格"组内的"表格"命令，将指定的单元格区域转化为表对象。

Step 04 选中 A1 单元格，选中"设计"选项卡，在"属性"组内将表名称更改为"yskqd"，完成表对象的设置。

Step 05 同时选中 G1 和 I1 单元格，右击，执行"设置单元格格式"命令，选中"数字"选项卡，设置为"日期"分类中的"2012/3/14"类型，完成日期格式的设置。

Step 06 打开"客户名称"表，选中"公式"选项卡，在"定义的名称"组内执行"定义名称"命令，打开如图 6.3 所示的"新建名称"对话框，将"名称"设置为"客户名称"，将"引用位置"设置为"=khxx[客户名称]"，完成新建名称的操作。

图 6.3　定义客户名称

Step 07 选中 A 列，单击"数据"选项卡，执行"数据工具"组内的"数据验证"命令，打开如图 6.4 所示的"数据验证"对话框，选中"设置"选项卡，在"允许"下拉列表中设置为"序列"，在"来源"中设置为"=客户名称"。选中"出错警告"选项卡，"标题"设置为"单位名称错误"，"错误信息"设置为"输入错误的单位名称"，单击"确定"按钮，完成 A 列数据验证的设置。

图 6.4 设置数据验证规则

Step 08 选中 B2 单元格,在编辑栏内输入公式"=VLOOKUP([@客户名称],khxx,2,FALSE)",完成联系电话的设置。

Step 09 选中 C2 单元格,在编辑栏内输入公式"=VLOOKUP([@客户名称],khxx,3,FALSE)",完成客户地址的设置。

Step 10 选中 D2 单元格,在编辑栏内输入公式"=VLOOKUP([@客户名称],khxx,4,FALSE)",完成客户法人代表的设置。

Step 11 选中 I2 单元格,在编辑栏内输入公式"=[@应收款发生时间]+[@信用期]",完成应收款到期时间的设置。

说明

企业在发生赊销业务后,会给对方一个信用期,客户在信用期内付款通常会享受到优惠,这就是信用付款方式。

一般来说,客户在信用期内付全款会给予一定的优惠。如果在信用期外付款,则不能享受到这个优惠,但是也不会要求支付额外的金额。超过信用期再付款影响的是企业的信用情况,在今后会招致更加严厉的信用约束。

在本实验中,为了简便起见,支付全款的时候会对尾数进行优惠。

Step 12 同时选中 B2、C2、D2 和 I2 单元格,单击"开始"选项卡,在"字体"组内选择填充色为"橙色"。

说明

由于在本实验中应收款的数据是手动添加的,为了避免用户将有公式的单元格手工填入记录,用填充颜色的方式明示用户无须填写。

根据实验所给的数据,将内容填充到"应收款清单"中,结果如图 6.5 所示。

	A	B	C	D	E	F	G	H	I	J	K	L
1	客户名称	联系电话	地址	法人代表	业务员	对冲号	应收款发生时间	信用期	应收款到期时间	应收款金额	摘要	应收款余额
2	新通讯公司	0571-288965	滨江大道2	孙梓里	胡婧雯	2018-1-5-2	2018/1/4	60	2018/3/5	6423	出售手机	
3	欧丽公司	021-5477821	合众街131	张渡	胡婧雯	2018-1-6-1	2018/1/16	90	2018/4/16	122411	出售复印机	
4	新通讯公司	0571-288965	滨江大道2	孙梓里	胡婧雯	2018-1-25-2	2018/1/17	120	2018/5/17	138206	出售手机	
5	欧丽公司	021-5477821	合众街131	张渡	胡婧雯	2018-2-51-1	2018/2/22	90	2018/5/23	21938	出售打印机	
6	金鑫公司	025-6533529	金钟广场	李金鑫	胡婧雯	2018-2-52-2	2018/2/23	120	2018/6/23	51246	出售显示器	
7	金鑫公司	025-6533529	金钟广场	李金鑫	胡婧雯	2018-2-55-1	2018/2/27	150	2018/7/27	31590	出售电脑	
8	新通讯公司	0571-288965	滨江大道2	孙梓里	胡婧雯	2018-3-8-1	2018/3/15	180	2018/9/11	74588	出售手机	
9	海尚公司	021-6522895	三马路125	赵梓	胡婧雯	2018-3-19-1	2018/3/19	150	2018/8/16	23342	出售复印机	
10	尚诚贸易公司	025-5756398	紫霞路217	庄尚诚	胡婧雯	2018-3-23-1	2018/3/26	60	2018/5/25	255704	出售服务器	
11	欧丽公司	021-5477821	合众街131	张渡	胡婧雯	2018-3-21-1	2018/3/27	30	2018/4/26	30713	出售笔记本	
12	新通讯公司	0571-288965	滨江大道2	孙梓里	胡婧雯	2018-3-31-1	2018/3/28	90	2018/6/26	39488	出售手机	
13	新通讯公司	0571-288965	滨江大道2	孙梓里	胡婧雯	2018-4-6-1	2018/4/5	90	2018/7/4	7020	出售手机	
14	海尚公司	021-6522895	三马路125	赵梓	胡婧雯	2018-4-10-1	2018/4/9	90	2018/7/8	34047	出售显示屏	
15	欧丽公司	021-5477821	合众街131	张渡	胡婧雯	2018-4-17-1	2018/4/10	90	2018/7/9	31590	出售显示器	
16	尚诚贸易公司	025-5756398	紫霞路217	庄尚诚	胡婧雯	2018-4-25-1	2018/4/16	60	2018/6/14	34914	出售路由器	
17	海尚公司	021-6522895	三马路125	赵梓	胡婧雯	2018-4-28-1	2018/4/18	60	2018/6/17	45981	出售网络设备	
18	欧丽公司	021-5477821	合众街131	张渡	胡婧雯	2018-4-29-2	2018/4/19	90	2018/7/18	75114	出售服务器	
19	金鑫公司	025-6533529	金钟广场	李金鑫	胡婧雯	2018-4-32-1	2018/4/21	60	2018/6/20	7898	出售主机	
20	海尚公司	021-6522895	三马路125	赵梓	胡婧雯	2018-4-33-2	2018/4/21	90	2018/7/20	74588	出售显示屏	
21	尚诚贸易公司	025-5756398	紫霞路217	庄尚诚	胡婧雯	2018-4-39-1	2018/4/26	90	2018/7/25	45630	出售路由器	

图 6.5　完成后的"应收款清单"

> **说明**
>
> "应收款余额"字段表示该笔应收款还需支付的金额。

3. 创建"收款记录"表

"收款记录"表反映了企业收回应收款的情况,设置收款记录表的具体操作方法如下:

Step 01 新建一张工作表,将工作表名称更改为"收款记录"。

Step 02 在 A1~F1 单元价格内输入内容:客户名称、凭证号、对冲号、收款日期、收款金额和优惠金额,完成字段的设置。

> **说明**
>
> 收款金额是实际收取的金额,优惠金额是企业在收回应收款的时候基于信用奖励或者其他因素给予的优惠。

Step 03 选中 A1 单元格,选中"插入"选项卡,执行"表格"组内的"表格"命令,将指定的单元格区域转化为表对象。

Step 04 选中 A1 单元格,选中"设计"选项卡,在"属性"组内将表名称更改为"skjl",完成表对象的设置。

Step 05 选中 D 列,右击,执行"设置单元格格式"命令,选中"数字"选项卡,设置为"日期"分类中的"2012/3/14"类型,完成日期格式的设置。

Step 06 选中 A 列,单击"数据"选项卡,执行"数据工具"组内的"数据验证"命令,打开"数据验证"对话框,单击"设置"选项卡,在"允许"下拉列表中设置为"序列",在"来源"中设置为"=客户名称",单击"确定"按钮,完成 A 列数据有效性的设置。

Step 07 选中 G2 单元格,在编辑栏内输入公式"=VLOOKUP(skjl[[#此行],[对冲号]],yskqd[[对冲号]:[摘要]],6,FALSE)",完成指定对冲号摘要的设置。

> **说明**
>
> 设置摘要字段的目的是为了查看收到的款项和对冲号是否相符。

Step 08 选中"应收款清单"工作表，选中 L2 单元格，在编辑栏内输入公式"=ROUND([@应收款金额]-SUMIF(skjl[对冲号],[@对冲号],skjl[收款金额])-SUMIF(skjl[对冲号],[@对冲号],skjl[优惠金额]),2)"，完成应收款余额的计算。

> **说明**
>
> 计算指定对冲号应收款尚需支付的余额，其公式为：
> 应收款尚需收取的余额=应收款应收取的金额-收款金额-优惠金额
> 一笔应收款可能会对应多笔收款记录，因此需要使用 SUMIF 函数来计算收款金额和优惠金额。

根据实验所给出的数据，将收款的内容填列到"收款记录"表中，完成后的"收款记录"工作表如图 6.6 所示。

图 6.6 收款记录内容

通过上述步骤完成的"应收款清单"如图 6.7 所示。

图 6.7 计算应收款余额的应收款清单

习题

和公司有关的业务单位基本信息如下：

（1）客户名称为：嘉华公司，联系电话：025-75613398，地址为：方山街1526号，法人代表是张嘉华。

（2）客户名称为：华盛公司，联系电话：021-28435561，地址为：和正街616号，法人代表是林华盛。

（3）客户名称为：牌楼商场，联系电话：025-23145576，地址为：牌楼路2243号，法人代表是赵渡。

（4）客户名称为：惠深商场，联系电话：025-59886670，地址为：惠深广场，法人代表是林强。

在2018年1月到3月间，发生的具体业务数据如下：

（1）与嘉华公司在1月7日发生一笔业务，业务内容为出售笔记本电脑，产生的应收款金额为45000元，信用期为120天，该笔业务的对冲号为 2018-1-4-2。

（2）与华盛公司在1月8日发生一笔业务，业务内容为出售PC主机，产生的应收款金额为80000元，信用期为90天，该笔业务的对冲号为 2018-1-11-1。

（3）与华盛公司在1月18日发生一笔业务，业务内容为出售PC主机，产生的应收款金额为78000元，信用期为90天，该笔业务的对冲号为 2018-1-32-1。

（4）与华盛公司在2月25日发生一笔业务，业务内容为出售路由器，产生的应收款金额为75000元，信用期为90天，该笔业务的对冲号为 2018-2-16-1。

（5）与华盛公司在2月25日发生一笔业务，业务内容为出售显示器，产生的应收款金额为53000元，信用期为90天，该笔业务的对冲号为 2018-2-18-1。

（6）与牌楼商场在2月27日发生一笔业务，业务内容为出售笔记本电脑，产生的应收款金额为32000元，信用期为120天，该笔业务的对冲号为 2018-2-22-1。

（7）与牌楼商场在3月20日发生一笔业务，业务内容为出售笔记本电脑，产生的应收款金额为109000元，信用期为120天，该笔业务的对冲号为 2018-3-12-1。

（8）与嘉华公司在3月22日发生一笔业务，业务内容为出售摄像头，产生的应收款金额为40000元，信用期为90天，该笔业务的对冲号为 2018-3-18-1。

（9）与嘉华公司在3月22日发生一笔业务，业务内容为出售路由器，产生的应收款金额为20000元，信用期为90天，该笔业务的对冲号为 2018-3-19-1。

（10）与牌楼商场在3月28日发生一笔业务，业务内容为出售显示器，产生的应收款金额为50000元，信用期为120天，该笔业务的对冲号为 2018-3-25-1。

（11）与惠深商场在4月2日发生一笔业务，业务内容为出售PC主机，产生的应收款金额为62000元，信用期为120天，该笔业务的对冲号为 2018-3-27-1。

要求根据上述内容创建应收款清单。公司1月到3月产生的应收款记录收回情况如下，如果客户在信用期内付款，可以享受1%的折扣，要求将下述内容填列在收款记录表中：

（1）在2月6日收到嘉华公司的货款25000元，对应的对冲号为2018-1-4-2，记账凭证号为2018-2-9-1，优惠金额为0元。

（2）在2月25日收到华盛公司的货款79200元，对应的对冲号为2018-1-11-1，记账凭证号为 2018-2-31-2，优惠金额为 800 元。

（3）在 3 月 2 日收到嘉华公司的货款 19550 元，对应的对冲号为 2018-1-4-2，记账凭证号为 2018-3-19-1，优惠金额为 450 元。

（4）在 3 月 14 日收到华盛公司的货款 77220 元，对应的对冲号为 2018-1-32-1，记账凭证号为 2018-3-27-1，优惠金额为 780 元。

（5）在 4 月 17 日收到华盛公司的货款 50000 元，对应的对冲号为 2018-2-16-1，记账凭证号为 2018-4-34-2，优惠金额为 0 元。

（6）在 6 月 17 日收到华盛公司的货款 20000 元，对应的对冲号为 2018-2-18-1，记账凭证号为 2018-6-55-1，优惠金额为 0 元。

实验 6-2　超龄笔数与超龄金额分析

实验原理

应收款分析的目的是为了加强应收款管理，提高回款速度。企业通常会区别对待一些超龄的应收款，会依据超龄的期限不同予以不同的催收方式。因此，要进行应收款分析，首先要对应收款的超龄情况进行分析，包括应收款超龄笔数分析和超龄金额分析。

图表是最好、最直观的反映方式，将超龄情况用图形的方式表示出来，可以使得数据更加有趣且有吸引力，让用户以一种非常直观的方式来分析和比较数据的变化趋势，图表方式比数据方式容易阅读。

在 Excel 中绘制图表是一件非常容易的事情，用户需要关心的是如何组织数据，而不需要关注图表的绘制方法。图表的数据主要来自于两方面：

一方面是应收款清单，在该数据表中，给出了应收款取得的情况，所有的应收款数据不论是已经核销的还是尚未核销的都会在该表中出现。

另一方面是收款记录工作表，反映了应收款的收回情况，综合这两个表的数据就可以获知在指定的查询日期下，应收款的余额和超龄分布情况。

为了使得程序更加智能，应收款的查询日期是由用户指定的而不是每次查询的时候都是查询当前日期。为此，要创建一张反映查询结果的工作表，在本实验中，该表的名称为"查询数据"，可以根据"查询数据"表的内容创建图表，作为图表分析的数据基础。

查询数据是通过 Microsoft Query 产生的，其反映的结果是一条条零散的记录。依次绘制图表依旧有难度，为了降低图表的绘制难度，可以进一步设置一个计算区域。

计算区域可以看作绘制图表的一个辅助区域，在该区域中会对"查询数据"表中的内容进行提取分析和计算，最终生成的图表不再根据"查询数据"表做出，而是根据计算区域的内容做出。当用户在"查询数据"表查询获得最新数据后，计算区域中的内容也会随之发生变化，因此图表和"查询数据"表之间的变动仍旧是同步的。

Excel 在会计和财务管理中的应用（第 4 版）

实验目的与要求

（一）实验目的

掌握利用图表进行应收款分析的方法。

（二）实验要求

能够利用 Excel 图表功能绘制简单图表。

实验内容及数据来源

为了加强对应收款的管理，决定对不同的超龄应收款采取不同的措施，要求根据实验数据完成下述两个任务：

（1）用饼状图反映不同超龄时间段的笔数分布比例。

（2）用柱状图反映不同超龄时间段内的应收款金额。

实验操作指导

1．创建"查询数据"表

"查询数据"是图表的数据来源，创建"查询数据"表的操作步骤如下：

Step 01 新建一张工作表，将工作表的名称更改为"查询数据"。

Step 02 在 A1 单元格中输入"查询日期"，在 B1 单元格中输入一个日期数据，如图 6.8 所示。

图 6.8　设定查询日期

Step 03 选中 A3 单元格，选择"数据"选项卡，执行"获取外部数据"组内的"自其他来源"下的"来自 Microsoft Query"命令，打开如图 6.9 所示的"选择数据源"对话框，单击"数据库"标签页，选择"Excel Files*"，单击"确定"按钮，完成数据库类型的选择。

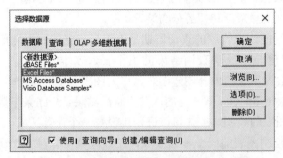

图 6.9　选择数据库类型

Step 04 在如图 6.10 所示的"选择工作簿"对话框中，选择"应收款管理.xlsm"所在的路径，单击"确定"按钮，打开"添加表"对话框，完成数据库位置的确定。

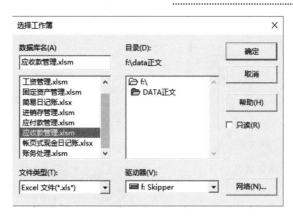

图 6.10 选择工作簿

Step 05 在如图 6.11 所示的"查询向导-选择列"对话框中,选择"应收款清单$"工作表,选择对冲号、客户名称、应收款发生时间、信用期、应收款到期时间和应收款金额等字段,单击"下一步"按钮,完成要显示的指定字段的确定。

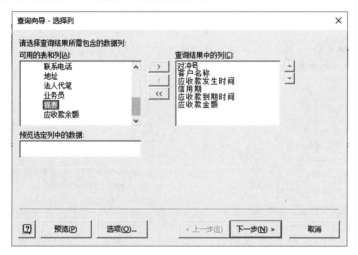

图 6.11 选择要显示的字段

Step 06 单击"下一步"按钮,完成要显示的列的选择,进入"查询向导-筛选数据"对话框,单击"下一步"按钮,跳过筛选的过程,打开"查询向导-排序顺序"对话框,在该步骤中不需要设置任何内容。单击"下一步"按钮,打开"查询向导-完成"对话框,在"请确定下一步的动作"选择中,选中"在 Microsoft Query 中查看数据或编辑查询",单击"完成"按钮,完成查询向导的操作,进入 Microsoft Query 界面。

Step 07 在 Microsoft Query 窗口中,执行"条件"菜单下的"添加条件"命令,打开如图 6.12 所示的"添加条件"对话框,在该对话框中,"字段"选择为"应收款发生时间","运算符"指定为"小于或等于","指定值"设置为"[rq]",完成条件的设置。

Step 08 单击"添加条件"对话框中的"添加"按钮,打开如图 6.13 所示的"输入参数值"对话框,单击"确定"按钮,完成参数值的输入。

Step 09 单击"添加条件"对话框中的"关闭"按钮,关闭该对话框。

图 6.12 添加条件

图 6.13 输入参数值

Step 10 执行 Microsoft Query 窗口中文件菜单下的"将数据返回 Microsoft Excel",打开如图 6.14 所示的"导入数据"对话框,将"数据的放置位置"设置为 A3 单元格,完成数据导入的操作。

Step 11 单击"导入数据"对话框中的"确定"按钮,打开如图 6.15 所示的"输入参数值"对话框,在"rq"下的文本框中输入"=查询数据!$B$1",并且勾选"在以后的刷新中使用该值或该引用"和"当单元格值更改时自动刷新"复选框,单击"确定"按钮,完成参数值的指定。

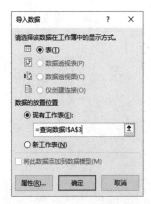

图 6.14 导入数据的起始位置

图 6.15 指定参数值

Step 12 选中 A3 单元格,单击"设计"选项卡,在"属性"组内将表名称更改为"cxsj",完成表对象的设置。最终的结果如图 6.16 所示。

	A	B	C	D	E	F
1	查询日期	2018/6/30				
2						
3	对冲号	客户名称	应收款发生时间	信用期	应收款到期时间	应收款金额
4	2018-1-5-2	新通讯公司	2018/1/4 0:00	60	2018/3/5 0:00	6423
5	2018-1-6-1	欧丽公司	2018/1/16 0:00	90	2018/4/16 0:00	122411
6	2018-1-25-2	新通讯公司	2018/1/17 0:00	120	2018/5/17 0:00	138206
7	2018-2-51-1	欧丽公司	2018/2/22 0:00	90	2018/5/23 0:00	21938
8	2018-2-52-2	金鑫公司	2018/2/23 0:00	120	2018/6/23 0:00	51246
9	2018-2-55-1	金鑫公司	2018/2/27 0:00	150	2018/7/27 0:00	31590
10	2018-3-8-1	新通讯公司	2018/3/15 0:00	180	2018/9/11 0:00	74588
11	2018-3-19-1	海尚公司	2018/3/19 0:00	150	2018/8/16 0:00	23342
12	2018-3-23-1	尚诚贸易公司	2018/3/26 0:00	60	2018/5/25 0:00	255704
13	2018-3-21-1	欧丽公司	2018/3/27 0:00	30	2018/4/26 0:00	30713
14	2018-3-31-1	新通讯公司	2018/3/28 0:00	90	2018/6/26 0:00	39488
15	2018-4-6-1	新通讯公司	2018/4/5 0:00	90	2018/7/4 0:00	7020
16	2018-4-10-1	海尚公司	2018/4/9 0:00	90	2018/7/8 0:00	34047
17	2018-4-17-1	欧丽公司	2018/4/10 0:00	90	2018/7/9 0:00	31590
18	2018-4-25-1	尚诚贸易公司	2018/4/15 0:00	60	2018/6/14 0:00	34914
19	2018-4-28-1	海尚公司	2018/4/18 0:00	60	2018/6/17 0:00	45981
20	2018-4-29-2	欧丽公司	2018/4/18 0:00	90	2018/7/17 0:00	75114
21	2018-4-32-1	金鑫公司	2018/4/21 0:00	60	2018/6/20 0:00	7898
22	2018-4-33-2	海尚公司	2018/4/21 0:00	90	2018/7/20 0:00	74588
23	2018-4-39-1	尚诚贸易公司	2018/4/26 0:00	90	2018/7/25 0:00	45630

图 6.16 查询数据结果

2. 创建图表数据

通过查询数据所得到的结果还无法生成图表，这就需要进一步进行设计，添加更多的字段，具体的操作步骤如下：

Step 01 在"查询数据"工作表中选中 F3 单元格，右击，执行"插入"下的"在右侧插入表列"命令，创建一个新列。

Step 02 将新列的名称更改为"应收款余额"，选中 G4 单元格，在编辑栏内输入公式"=ROUND([@应收款金额]-SUMIFS(skjl[收款金额],skjl[对冲号],[@对冲号],skjl[收款日期],"<=" & $B$1)-SUMIFS(skjl[优惠金额],skjl[对冲号],[@对冲号],skjl[收款日期],"<=" & $B$1),2)"，完成应收款余额的计算。

> **说明**
>
> 应收款余额的计算方法是指定对冲号和查询日期前，将应收款金额减去已经收回的金额和优惠金额。"[@应收款金额]"表示当前对冲号下的应收款的金额，"SUMIFS(skjl[收款金额],skjl[对冲号],[@对冲号],skjl[收款日期],"<=" & $B$1)"表示在指定对冲号和查询日期前的各次收款金额之和，"SUMIFS(skjl[优惠金额],skjl[对冲号],[@对冲号],skjl[收款日期],"<=" & $B$1),2)"表示在指定对冲号和查询日期前的优惠金额之和。

Step 03 在"查询数据"工作表中选中 G3 单元格，右击，执行"插入"下的"在右侧插入表列"命令，创建一个新列。

Step 04 将新列的名称更改为"间隔天数"，选中 H4 单元格，在编辑栏内输入公式"=DATEDIF([@应收款发生时间],$B$1,"d")"，完成指定查询日期间隔天数的计算。

> **说明**
>
> 使用 DATEDIF 函数可以查找两个指定日期之间的天数差，这个字段主要用来判断是否已经超过信用期。

Step 05 在"查询数据"工作表中选中 H3 单元格，右击，执行"插入"下的"在右侧插入表列"命令，创建一个新列。

Step 06 将新列的名称更改为"未到龄"，选中 I4 单元格，在编辑栏内输入公式"=IF(AND([@应收款余额]>0,[@间隔天数]<=[@信用期]),1,0)"，完成以指定查询日期为标准，未到龄的应收款笔数的计算。

> **说明**
>
> 判断某笔业务是否为未到龄的依据有两个条件，首先是应收款余额是否仍旧大于 0，其次是间隔天数要小于等于信用期，只有这两个条件同时满足，才是一笔未到龄的应收款。

Step 07 在"查询数据"工作表中选中 I3 单元格，右击，执行"插入"下的"在右侧插入表列"命令，创建一个新列。

Step 08 将新列的名称更改为"30 日内"，选中 J4 单元格，在编辑栏内输入公式"=IF(AND([@应收款余额]>0,[@间隔天数]>[@信用期],[@间隔天数]<=[@信用期]+30),1,0)"，完成以指定查询日期为标准，超龄时间在 30 天内的应收款笔数的计算。

Excel 在会计和财务管理中的应用（第 4 版）

说明

超龄天数在 30 天内需要同时满足的条件包括 3 个：第 1 个条件是应收款的余额要大于 0；第 2 个条件是间隔天数要大于信用期；第 3 个条件是间隔天数超过信用期的天数要小于等于 30 天。

Step 09 在"查询数据"工作表中选中 J3 单元格，右击，执行"插入"下的"在右侧插入表列"命令，创建一个新列。

Step 10 将新列的名称更改为"60 日内"，选中 K4 单元格，在编辑栏内输入公式"=IF(AND([@应收款余额]>0,[@间隔天数]<=[@信用期]+60,[@间隔天数]>[@信用期]+30),1,0)"，完成以指定查询日期为标准，超龄时间在 30 天以上 60 天以内的应收款笔数的计算。

Step 11 在"查询数据"工作表中选中 K3 单元格，右击，执行"插入"下的"在右侧插入表列"命令，创建一个新列。

Step 12 将新列的名称更改为"90 日内"，选中 L4 单元格，在编辑栏内输入公式"=IF(AND([@应收款余额]>0,[@间隔天数]<=[@信用期]+90,[@间隔天数]>[@信用期]+60),1,0)"，完成以指定查询日期为标准，超龄时间在 60 天以上 90 天以内的应收款笔数的计算。

Step 13 在"查询数据"工作表中选中 K3 单元格，右击，执行"插入"下的"在右侧插入表列"命令，创建一个新列。

Step 14 将新列的名称更改为"90 日以上"，选中 M4 单元格，在编辑栏内输入公式"=IF(AND([@应收款余额]>0,[@间隔天数]>[@信用期]+90),1,0)"，完成以指定查询日期为标准，超龄时间在 90 天以上的应收款笔数的计算。

Step 15 选中 A3 单元格，单击"设计"选项卡，在表样式选项中勾选"汇总行"命令，完成为表对象添加汇总行的操作。

Step 16 单击"应收款余额"在汇总行下的下拉箭头，从给出的汇总方式中选择"求和"，如图 6.17 所示。

12	2018-3-23-1	尚诚贸易公司	2018/3/26 0:00	60	2018/5/25 0:00	255704	205704
13	2018-3-21-1	欧丽公司	2018/3/27 0:00	30	2018/4/26 0:00	30713	30713
14	2018-3-31-1	新通讯公司	2018/3/28 0:00	90	2018/6/26 0:00	39488	无
15	2018-4-6-1	新通讯公司	2018/4/5 0:00	90	2018/7/4 0:00	7020	平均值
16	2018-4-10-1	海尚公司	2018/4/9 0:00	90	2018/7/8 0:00	34047	计数
17	2018-4-17-1	欧丽公司	2018/4/10 0:00	90	2018/7/9 0:00	31590	数值计数
18	2018-4-25-1	尚诚贸易公司	2018/4/15 0:00	60	2018/6/14 0:00	34914	最大值
19	2018-4-28-1	海尚公司	2018/4/18 0:00	60	2018/6/17 0:00	45981	最小值
20	2018-4-29-2	欧丽公司	2018/4/19 0:00	90	2018/7/18 0:00	75114	求和
21	2018-4-32-1	金鑫公司	2018/4/21 0:00	60	2018/6/20 0:00	7898	标准偏差
22	2018-4-33-2	海尚公司	2018/4/21 0:00	90	2018/7/20 0:00	74588	方差
23	2018-4-39-1	尚诚贸易公司	2018/4/26 0:00	90	2018/7/25 0:00	45630	其他函数...
24	汇总					1152431	590342

图 6.17 添加汇总方式

Step 17 同样为"未到龄""30 日内""60 日内""90 日内"和"90 日以上"字段添加"求和"的汇总方式。

Step 18 选中"查询数据"工作表，在"查询数据"工作表中选中 M3 单元格，右击，执行"插入"下的"在右侧插入表列"命令，创建一个新列。

Step 19 将新列的名称更改为"未到龄余额"，选中 N4 单元格，在编辑栏内输入公式"=[@未到龄]*[@应收款余额]"，完成指定对冲号未到龄余额的计算。

> **说明**
>
> 未到龄余额的计算方法为其笔数乘以其余额。

Step 20 选中"查询数据"工作表,在"查询数据"工作表中选中 N3 单元格,右击,执行"插入"下的"在右侧插入表列"命令,创建一个新列。

Step 21 将新列的名称更改为"30 日内余额",选中 O4 单元格,在编辑栏内输入公式"=[@30 日内]*[@应收款余额]",完成指定对冲号超龄时间在 30 日内的应收款余额的计算。

Step 22 选中"查询数据"工作表,在"查询数据"工作表中选中 O3 单元格,右击,执行"插入"下的"在右侧插入表列"命令,创建一个新列。

Step 23 将新列的名称更改为"60 日内余额",选中 P4 单元格,在编辑栏内输入公式"=[@60 日内]*[@应收款余额]",完成指定对冲号超龄时间在 60 日内的应收款余额的计算。

Step 24 选中"查询数据"工作表,在"查询数据"工作表中选中 P3 单元格,右击,执行"插入"下的"在右侧插入表列"命令,创建一个新列。

Step 25 将新列的名称更改为"90 日内余额",选中 Q4 单元格,在编辑栏内输入公式"=[@应收款余额]*[@90 日内]",完成指定对冲号超龄时间在 90 日内的应收款余额的计算。

Step 26 选中"查询数据"工作表,在"查询数据"工作表中选中 Q3 单元格,右击,执行"插入"下的"在右侧插入表列"命令,创建一个新列。

Step 27 将新列的名称更改为"90 日以上余额",选中 R4 单元格,在编辑栏内输入公式"=[@应收款余额]*[@90 日以上]",完成指定对冲号超龄时间在 90 日以上的应收款余额的计算。

通过上述计算,最终的"查询数据"结果如图 6.18 所示。

图 6.18 查询数据结果

3. 应收款超龄笔数分布图

"查询数据"表给出了绘制图表所需的所有原始数据,不过直接通过原始数据绘制图表仍旧非常困难,为此可以创建一个计算区域,其作用是将"查询数据"中的数据做进一步的加工处理,以便直接生成图表。计算区域包括计算不同账龄下的笔数和金额信息,具体的操作方法如下:

Step 01 新建工作表,将工作表重命名为"图表分析"。

Step 02 在"图表分析"工作表中输入如图 6.19 所示的内容,完成计算区域格式的设置。

	A	B	C	D	E	F
1	账龄	未到龄	30日内	60日内	90日内	90日以上
2						
3	余额	未到龄	30日内	60日内	90日内	90日以上
4						

图 6.19　计算区域

Step 03 选中 B2 单元格，在编辑栏内输入公式“=cxsj[[#汇总],[未到龄]]”，完成未到龄笔数的计算。

说明

“=cxsj[[#汇总],[未到龄]]”表示直接从表对象的汇总行中提取数据。

Step 04 选中 C2 单元格，在编辑栏内输入公式“=cxsj[[#汇总],[30 日内]]”，完成超龄 30 日内应收款笔数的计算。

Step 05 选中 D2 单元格，在编辑栏内输入公式“=cxsj[[#汇总],[60 日内]]”，完成超龄 30 日以上 60 日以内的应收款笔数的计算。

Step 06 选中 E2 单元格，在编辑栏内输入公式“=cxsj[[#汇总],[90 日内]]”，完成超龄 60 日以上 90 日内应收款笔数的计算。

Step 07 选中 F2 单元格，在编辑栏内输入公式“=cxsj[[#汇总],[90 日以上]]”，完成超龄 90 日以上应收款笔数的计算。

通过上述步骤，完成超龄笔数的计算，最终的结果如图 6.20 所示。

	A	B	C	D	E	F
1	账龄	未到龄	30日内	60日内	90日内	90日以上
2		0	7	1	0	1

图 6.20　超龄笔数计算结果

通过上述计算结果就可以绘制超龄笔数分布图，具体的操作步骤如下：

Step 01 打开“图表分析”工作表，单击“插入”选项卡，选择“图表”组中的“饼图”下的“三维饼图”，如图 6.21 所示，完成图表类型的设置。

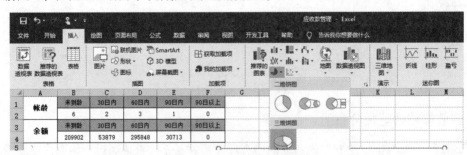

图 6.21　三维饼图的位置

Step 02 在“图表分析”工作表中出现一个空白的图表区，选择“设计”选项卡，执行“数据”组内的“选择数据”命令，打开“选择数据源”对话框，如图 6.22 所示，单击图表数据区域文本框后的折叠按钮，选中“B1:F2”单元格区域，单击“确定”按钮，完成数据源的选择。

Step 03　单击"设计"选项卡,选择"图表样式"组内的"样式6",完成图表布局样式的设定。

Step 04　在图表区中的"图表标题"文本框上右击,执行"编辑文本"命令,将"图表标题"文字更改为"不同超龄时间应收款所占比例",在图标区的任意空白位置单击,完成图表标题文字的设置。

Step 05　选中图表中的标题,右击,执行"设置图表标题格式"命令,打开如图 6.23 所示的"设置图表区格式",在其中设置图表标题区域的填充颜色和边框颜色,完成图表标题的格式设置。

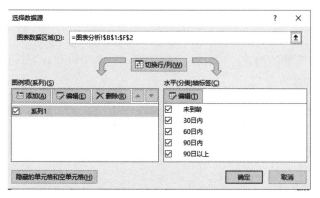

图 6.22　选择饼状图的数据源

图 6.23　设置图表标题格式

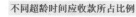
说明

只要在图表中单击不同的区域,上述对话框就会立即变成更改指定区域的对话框,方便用户对指定区域的样式进行修改。

最终形成的"不同超龄时间的应收款所占比例"图如图 6.24 所示。

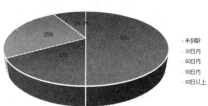

图 6.24　超龄笔数图表

图表只是数据的一种直观表示方法,因此用户只需要简单地更改"查询数据"表中的"查询日期"就可以得到不同查询日期下超龄笔数的图表,比如将查询日期更改为"2018-8-1",那么形成的图表如图 6.25 所示。

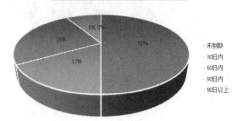

图 6.25　2018 年 8 月 1 日超龄笔数图表

4．应收款超龄金额分布图

超龄金额的图表绘制方法和超龄笔数的图表绘制方法大致相同，也是先设定计算区域的公式，再进行图表绘制，具体的操作步骤如下：

Step 01　选中 B4 单元格，在编辑栏内输入公式"=cxsj[[#汇总],[未到龄余额]]"，完成未到龄金额的计算。

Step 02　选中 C4 单元格，在编辑栏内输入公式"=cxsj[[#汇总],[30 日内余额]]"，完成超龄 30 日内应收款金额的计算。

Step 03　选中 D4 单元格，在编辑栏内输入公式"=cxsj[[#汇总],[60 日内余额]]"，完成超龄 30 日以上 60 日以内应收款金额的计算。

Step 04　选中 E4 单元格，在编辑栏内输入公式"=cxsj[[#汇总],[90 日内余额]]"，完成超龄 60 日以上 90 日以内应收款金额的计算。

Step 05　选中 F4 单元格，在编辑栏内输入公式"=cxsj[[#汇总],[90 日以上余额]]"，完成超龄 90 日以上应收款金额的计算。

通过上述计算，在指定查询日期为 2018 年 6 月 30 日的情况下，计算结果如图 6.26 所示。

	A	B	C	D	E	F
1	账龄	未到龄	30日内	60日内	90日内	90日以上
2		6	2	3	1	0
3	余额	未到龄	30日内	60日内	90日内	90日以上
4		209902	53879	295848	30713	0

图 6.26　计算结果

根据上述计算结果绘制超龄余额的具体的操作步骤如下：

Step 01　打开"图表分析"工作表，单击"插入"选项卡，选择"图表"组内的"柱形图"，选择"二维柱形图"中的"簇形柱形图"命令，如图 6.27 所示，完成图表类型的设置。

Step 02　选中图表，选择"设计"选项卡，执行"数据"组内的"选择数据"命令，打开"选择数据源"对话框，如图 6.28 所示，单击图表数据区域中文本框后的折叠按钮，选中"B3:F4"单元格区域，单击"确定"按钮，完成数据源的选择。

第 6 章 应收款管理

图 6.27　选择图表类型

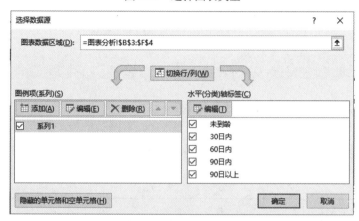

图 6.28　选择超龄金额数据源

Step 03　选中图表，选择"设计"选项卡，选择"图表样式"中的"样式 6"，完成图表样式的设置。

Step 04　在图表区中的"图表标题"文本框上右击，执行"编辑文本"命令，将"图表标题"文字更改为"不同超龄时间应收款余额"，在图标区的任意空白位置单击，完成图表标题文字的设置。

Step 05　选择"设计"选项卡，执行"图表布局"组内的"添加图表元素"中的"数据标签"下的"数据标签外"命令，设置数据标签的样式。

Step 06　选择"设计"选项卡，执行"图表布局"组内的"添加图表元素"中的"数据表"下的"显示图例项标示"命令，完成为图表添加数据表的功能，最终完成的图表如图 6.29 所示。

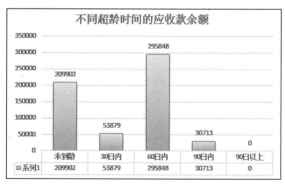

图 6.29　超龄金额图表

同样，用户只需要简单更改"查询数据"表中的"查询日期"就可以得到不同查询日期下超龄笔数的图表，例如将日期更改为"2018-8-1"，形成的图表如图 6.30 所示。

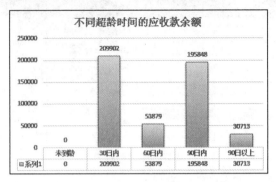

图 6.30　2018 年 8 月 1 日时超龄金额图表

习题

根据上面两节实验的内容，完成下述查询操作：
（1）创建"查询数据"工作表。
（2）应收款超龄笔数分布图。
（3）应收款超龄金额分布图。

实验 6-3　计提坏账准备和客户明细表分析

实验原理

企业的任何资产都会存在风险，正确的做法是在风险发生前就预估风险的大小，并在会计处理中予以恰当的处理。应收款项目也是这样，在坏账发生前就预先估计坏账可能的发生金额，并计入坏账准备科目作为应收款项科目的备抵科目。在本实验中，企业对坏账损失的核算采用备抵法。所谓备抵法，就是在每期末都预估坏账损失，并将金额计入"坏账准备"账户内，当日后实际发生坏账时，直接冲减已计提坏账准备，同时减少相应的应收账款余额的一种处理方法。

备抵法所说的期末通常并不是月末，而是指年中或者年末，企业在这两个时间点来计提坏账准备。计提的方法包括应收账款余额百分比法、账龄分析法以及销货百分比法。本书的实验中只介绍利用账龄分析法来计提坏账准备。

账龄分析法是指根据应收账款的时间长短来估计坏账损失的一种方法，其理论依据是债务拖欠时间越长，偿还的可能性就越小。在使用该方法时，先对账龄进行分析，将不同账龄的应收账款进行分组，并根据前期坏账实际发生的有关资料确定各账龄组预估出现坏账损失的可能性，然后将各账龄组的应收款金额和预估的百分比相乘，就是该账龄组预估发生坏账损失的金额。

使用"查询数据"可以为用户提供到指定工作日位置超龄的信息和超龄的金额，不过在实际应用中应当注意，客户信息表中的客户信息是和企业发生业务往来的所有客户信息，查询是企业随时随刻可以发生的行为，而这些客户在查询日的时候并不一定都存在，因此不能根据客户信息表中的客户信息来确定客户名称。

客户明细表分析的内容是不同的客户在指定的月份中所发生的应收款信息，它是根据客户名称汇总本期期初应收款金额、本期应收款、本期收款金额和本期期末应收款余额。分析的目的在于根据应收款在不同客户之间的分布情况和回收情况来调整对不同客户的信用政策。

实验目的与要求

（一）实验目的

掌握坏账准备金额的计算方法以及利用客户明细表来反映不同客户在本月的应收款金额变动情况。

（二）实验要求

能够熟练使用表对象，利用 Excel 图表功能绘制简单图表。

实验内容及数据来源

在 2018 年 6 月 30 日，计算各个单位超龄的应收款余额，并计算各个单位应计提的坏账准备金额。坏账准备的计提标准为：

（1）超龄时间在 30 日以内的按照应收款余额的 3%计提坏账准备。

（2）超龄时间在 30 日以上 60 日以内的按照应收款余额的 5%计提坏账准备。

（3）超龄时间在 60 日以上 90 日以内的按照应收款余额的 7%计提坏账准备。

（4）超龄时间在 90 日以上的按照应收款余额的 10%计提坏账准备。

根据上述数据计算各客户期初的应收款余额、本月应收款的发生额、本月收回应收款的金额以及应收款的期末余额。

实验操作指导

1．创建"坏账准备计提明细表"

"坏账准备计提明细表"的作用是计算各个客户的坏账准备金额，具体的操作步骤如下。

Step 01 新建一张工作表，将工作表更名为"坏账准备计提明细表"。

Step 02 在 A1 单元格中输入"坏账准备计提明细表"，选中 A1:H1 单元格区域，执行"开始"选项卡下"对齐方式"组中的"合并后居中"命令，将字体设置为"仿宋_GB2312"，字号大小为"20"。

Step 03 在 A2 单元格中输入公式"=查询数据!B1"，选中 A2:H2 单元格区域，执行"开始"选项卡下"对齐方式"组中的"合并后居中"命令，将字体设置为"仿宋_GB2312"，字号大小为"12"。

说明

由于要使用"查询数据"工作表的数据，因此需要将两者的日期保持一致。

Step 04 选中 A2 单元格,右击,执行"设置单元格格式"命令,选中"数字"选项卡,设置为"日期"分类中的"2012年3月"类型,完成日期格式的设置。

Step 05 从 A3 单元格开始,绘制表头,如图 6.31 所示。

图 6.31 坏账准备计提明细表

2. 导入客户名称

若只显示查询日所有的客户,则可以在应收款清单表中用 Microsoft Query 来获取客户名称,具体的操作方法如下:

Step 01 选中 A5 单元格,选择"数据"选项卡,执行"获取外部数据"组内的"自其他来源"下的"来自 Microsoft Query"命令,打开如图 6.32 所示的"选择数据源"对话框,单击"数据库"标签页,选择"Excel Files*",单击"确定"按钮,完成数据库类型的选择。

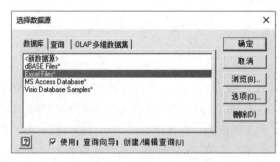

图 6.32 选择数据库类型

Step 02 选择如图 6.33 所示的"应收款管理.xlsm"文件所在的路径,单击"确定"按钮,打开"添加表"对话框,完成数据库位置的确定。

图 6.33 选择工作簿

Step 03 在如图 6.34 所示的"查询向导-选择列"对话框中,选择"应收款清单"工作表,选择"客户名称"字段,单击"下一步"按钮,完成要显示的指定字段的确定。

第 6 章　应收款管理

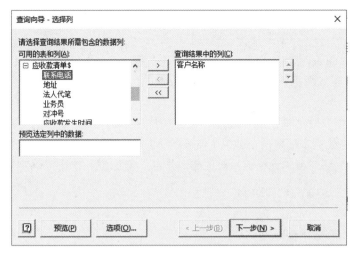

图 6.34　选择字段

Step 04　单击"下一步"按钮，完成要显示的列的选择，进入"查询向导-筛选数据"对话框，单击"下一步"按钮，跳过筛选的过程，打开"查询向导-排序顺序"对话框，在该步骤中不需要设置任何内容。单击"下一步"按钮，打开"查询向导-完成"对话框，在"请确定下一步的动作"选择中，选中"在 Microsoft Query 中的查看数据或编辑查询"，单击"完成"按钮，完成查询向导的操作，进入 Microsoft Query 界面。

Step 05　在"Microsoft Query"窗口中，执行"条件"菜单下的"添加条件"命令，打开如图 6.35 所示的"添加条件"对话框，在该对话框中，字段选择为"应收款发生时间"，运算符指定为"小于或等于"，指定值设置为"[rq]"，完成条件的设置。

图 6.35　添加条件

Step 06　单击"添加条件"对话框中的"添加"按钮，打开如图 6.36 所示的"输入参数值"对话框，单击"确定"按钮，完成参数值的输入。

Step 07　单击"添加条件"对话框中的"关闭"按钮，关闭该对话框。

Step 08　执行"视图"菜单下的"查询属性"命令，打开如图 6.37 所示的"查询属性"对话框，勾选"不选重复的记录"项，单击"确定"按钮，完成客户名称的设置。

图 6.36　输入参数值

图 6.37　设置查询属性

说明

在指定的查询日之前，某个客户可能会发生多笔业务，如果不设置如图 6.37 所示的选项，该客户就可能

205

会出现多次。为了避免这样的情况，可以通过选择“不选重复的记录”项来保证客户名称只显示一次。

Step 09 执行 Microsoft Query 窗口中文件菜单下的“将数据返回 Microsoft Excel”命令，打开如图 6.38 所示的“导入数据”对话框，将数据放置的位置设置为 A5 单元格，完成数据导入的操作。

Step 10 单击“导入数据”对话框中的“确定”按钮，打开如图 6.39 所示的“输入参数值”对话框，在“rq”下的文本框单击，选中工作表的 A2 单元格，并且勾选“在以后的刷新中使用该值或该引用”和“当单元格值更改时自动刷新”复选框，单击“确定”按钮，完成参数值的指定。

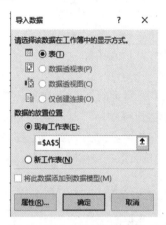

图 6.38　导入数据的起始位置

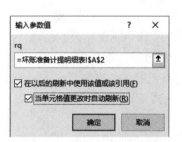

图 6.39　指定参数值

Step 11 选中 A5 单元格，选中“设计”选项卡，在“属性”组内将表名称更改为“hz”，完成表对象的设置。

通过上述操作，最终的结果如图 6.40 所示。

	A	B	C	D	E	F	G	H
1	坏账准备计提明细表							
2	2018年6月							
3	客户名称	信用期内	逾期账龄				合计	提取坏账准备
4			30日内	30~60日内	60~90日内	90日以上		
5	客户名称							
6	尚诚贸易公司							
7	欧丽公司							
8	海尚公司							
9	新通讯公司							
10	金鑫公司							

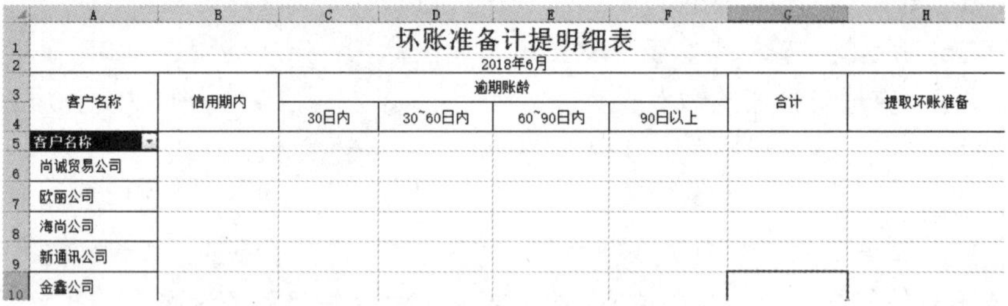

图 6.40　导入客户名称后的表

3．计算各账龄下的应收款余额

要计提坏账准备，首先要计算各账龄条件下的应收款余额，具体的操作方法如下。

Step 01 选中 B6 单元格，在编辑栏内输入公式“=SUMIFS(cxsj[未到龄余额],cxsj[客户名称],[@客户名称])”，完成信用期内应收款余额的计算。

说明

“cxsj[未到龄余额]”表示从“查询数据”工作表中提取指定客户名称的未超过信用期的应收款余额。

Step 02 选中 C6 单元格,在编辑栏内输入公式"=SUMIFS(cxsj[30 日内余额],cxsj[客户名称],[@客户名称])",完成超龄时间在 30 日以内应收余额的计算。

Step 03 选中 D6 单元格,在编辑栏内输入公式"=SUMIFS(cxsj[60 日内余额],cxsj[客户名称],[@客户名称])",完成超龄时间在 30 日以上 60 日以内应收款余额的计算。

Step 04 选中 E6 单元格,在编辑栏内输入公式"=SUMIFS(cxsj[90 日内余额],cxsj[客户名称],[@客户名称])",完成超龄时间在 60 日以上 90 日以内应收款余额的计算。

Step 05 选中 F6 单元格,在编辑栏内输入公式"=SUMIFS(cxsj[90 日以上余额],cxsj[客户名称],[@客户名称])",完成超龄时间在 90 日以上应收款余额的计算。

Step 06 选中 G6 单元格,在编辑栏内输入公式"=SUM(hz[@[列 1]:[列 5]])",完成指定客户各超龄日期下应收款余额总和的计算。

Step 07 选中 A5 单元格,单击"设计"选项卡,勾选"表样式选项"组内的"汇总行"命令,为表对象添加一个汇总行。

Step 08 选中 A11 单元格,将内容更改为"合计"。

Step 09 选中 B11 单元格,将汇总方式选择为"求和",如图 6.41 所示。对于表对象中的列 2 到列 6,同样将汇总方式更改为"求和"。

Step 10 选中 A5 单元格,单击"设计"选项卡,执行"外部表数据"组中的"属性"命令,打开如图 6.42 所示的"外部数据属性"对话框,保持"数据格式和布局"中的"调整列宽"项不被选中,完成列宽的设置。

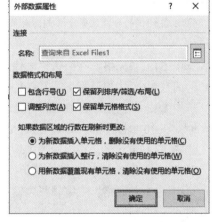

图 6.41 汇总方式选择   图 6.42 不调整列宽

Step 11 选中第 5 行,右击,执行"隐藏"命令,完成对表对象标题行的隐藏操作。

完成上述操作,最终的结果如图 6.43 所示。

Excel 在会计和财务管理中的应用（第 4 版）

客户名称	信用期内	逾期账龄				合计	提取坏账准备
		30日内	30~60日内	60~90日内	90日以上		

坏账准备计提明细表
2018年6月

客户名称	信用期内	30日内	30~60日内	60~90日内	90日以上	合计	提取坏账准备
尚诚贸易公司	-	-	205,704.00	-	-	205,704.00	10,285.20
欧丽公司	106,704.00	-	11,938.00	30,713.00	-	149,355.00	2,746.81
海尚公司	84,588.00	45,981.00	-	-	-	130,569.00	1,379.43
新通讯公司	7,020.00	-	78,206.00	-	-	85,226.00	3,910.30
金鑫公司	11,590.00	7,898.00	-	-	-	19,488.00	236.94
合计	209,902.00	53,879.00	295,848.00	30,713.00	-	590,342.00	18,558.68

图 6.43 计算结果

4．计提坏账准备

图 6.43 计算出了各个客户的超龄应收款余额，在账龄分析法中，可以根据超龄的日期和预先设定的比例来计算坏账准备，具体的操作步骤如下。

Step 01 选中 A12 单元格，输入"坏账准备计提比例"，在 A13 单元格内输入"坏账准备金额"。

Step 02 在 B12~F12 单元格区域内输入 0%、3%、5%、7%和 10%，完成坏账准备计提比例的设置。

Step 03 选中 B13 单元格，在编辑栏内输入公式"=ROUND(hz[[#汇总],[列 1]]*B12,2)"，完成信用期内应计提坏账准备的金额计算。

> **说明**
> 坏账准备计提的金额就等于各超龄时间段内应收款余额乘以计提标准。

Step 04 选中 C13 单元格，在编辑栏内输入公式"=ROUND(hz[[#汇总],[列 2]]*C12,2)"，完成超龄时间在 30 日内应计提坏账准备的金额计算。

Step 05 选中 D13 单元格，在编辑栏内输入公式"=ROUND(hz[[#汇总],[列 3]]*D12,2)"，完成超龄时间在 30 日以上 60 日以内应计提坏账准备的金额计算。

Step 06 选中 E13 单元格，在编辑栏内输入公式"=ROUND(hz[[#汇总],[列 4]]*E12,2)"，完成超龄时间在 60 日以上 90 日以内应计提坏账准备的金额计算。

Step 07 选中 F13 单元格，在编辑栏内输入公式"=ROUND(hz[[#汇总],[列 5]]*F12,2)"，完成超龄时间在 90 日以上应计提坏账准备的金额计算。

Step 08 选中 G13 单元格，在编辑栏内输入公式"=SUM(B13：F13)"，完成应计提坏账准备总额的计算。

Step 09 选中 H6 单元格，在编辑栏内输入公式"=[@列 2]*$C$12+[@列 3]*$D$12+[@列 4]*$E$12+[@列 5]*$F$12"，完成指定客户应计提坏账准备的计算。

> **说明**
> 指定客户坏账准备的计算方法是不同超龄时间段的应收款余额和计提标准乘积之和。
> "[@列 2]*$C$12"表示超龄 30 日以内应收款金额与计提比例的乘积计算得到的坏账准备，其他的含义相同。

最终的计算结果如图 6.44 所示。

客户名称	信用期内	逾期账龄				合计	提取坏账准备
		30日内	30~60日内	60~90日内	90日以上		

坏账准备计提明细表
2018年6月

客户名称	信用期内	30日内	30~60日内	60~90日内	90日以上	合计	提取坏账准备
尚诚贸易公司	-	-	205,704.00	-	-	205,704.00	10,285.20
欧丽公司	106,704.00	-	11,938.00	30,713.00	-	149,355.00	2,746.81
海尚公司	84,588.00	45,981.00	-	-	-	130,569.00	1,379.43
新通讯公司	7,020.00	-	78,206.00	-	-	85,226.00	3,910.30
金鑫公司	11,590.00	7,898.00	-	-	-	19,488.00	236.94
合计	209,902.00	53,879.00	295,848.00	30,713.00	-	590,342.00	18,558.68
坏账准备计提比例	0.00%	3.00%	5.00%	7.00%	10.00%		
坏账准备金额		1,616.37	14,792.40	2,149.91	-		18,558.68

图 6.44　计提坏账准备结果

用户在"查询数据"工作表中更改查询日期后,只要在"坏账准备计提明细表"中选中 A6 单元格,右击,执行"刷新"操作,即可获得最新的数据。

5. 图表分析

要分析各时间段要计提的坏账准备金额,可以采用图表分析的方法进行直观地查看,具体的操作方法如下。

Step 01 选中 C4:F4 单元格区域,按住 Ctrl 键的同时选中 C13:F13 单元格区域。

Step 02 单击"插入"选项卡,选择"图表"组中的"饼图"下的"三维饼图",完成图表类型的设置。

Step 03 单击"设计"选项卡,选择"图表样式"组内的"样式 8",完成图表布局样式的设定。

Step 04 在图表区中的"图表标题"文本框上右击,执行"编辑文本"命令,将"图表标题"文字更改为"各超龄时间段计提坏账准备比例",在图标区的任意空白位置单击,完成图表标题文字的设置。最终形成的图表如图 6.45 所示。

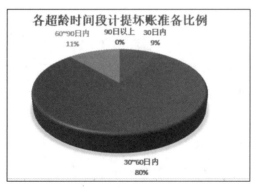

图 6.45　各超龄时间段计提坏账准备比例

6. 创建"客户明细表"

"客户明细表"反映各客户应收款在本月的变动情况,通过该表可方便管理层进行应收款分析,创建客户明细表的具体操作步骤如下。

Step 01 新建一张工作表，将工作表的名称更改为"客户明细表"。

Step 02 在 A1 单元格中输入"应收款客户明细表"，选中 A1:E1 单元格区域，执行"开始"选项卡下"对齐方式"组中的"合并后居中"命令，将字体设置为"仿宋_GB2312"，字号大小为"20"。

Step 03 在 A2 单元格中输入公式"2018-6-30"，选中 A2:E2 单元格区域，执行"开始"选项卡下"对齐方式"组中的"合并后居中"命令，将字体设置为"仿宋_GB2312"，字号大小为"12"。

Step 04 选中 A2 单元格，右击，执行"设置单元格格式"命令，选中"数字"选项卡，设置为"日期"分类中的"2012 年 3 月"类型，完成日期格式的设置。

Step 05 从 A3 单元格开始，绘制表头，如图 6.46 所示。

图 6.46 客户明细表

7．导入客户名称

同样客户名称也是通过 Microsoft Query 来获取的，具体的操作方法如下：

Step 01 选中 A5 单元格，选择"数据"选项卡，执行"获取外部数据"组内的"自其他来源"下的"来自 Microsoft Query"命令，打开如图 6.47 所示的"选择数据源"对话框，单击"数据库"标签页，选择"Excel Files*"，单击"确定"按钮，完成数据库类型的选择。

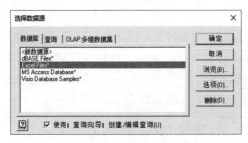

图 6.47 选择数据库类型

Step 02 选择如图 6.48 所示的"应收款管理.xlsm"文件所在的路径，单击"确定"按钮，打开"添加表"对话框，完成数据库位置的确定。

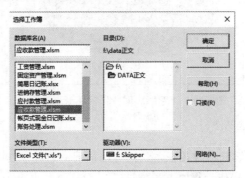

图 6.48 选择工作簿

第 6 章　应收款管理

Step 03 在如图 6.49 所示的"查询向导-选择列"对话框中，选择"应收款清单$"工作表，选择"客户名称"字段，单击"下一步"按钮，完成要显示的指定字段的确定。

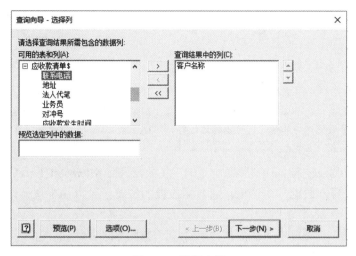

图 6.49　选择字段

Step 04 单击"下一步"按钮，完成要显示的列的选择，进入"查询向导-筛选数据"对话框，单击"下一步"按钮，跳过筛选的过程，打开"查询向导-排序顺序"对话框，在该步骤中不需要设置任何内容。单击"下一步"按钮，打开"查询向导-完成"对话框，在"请确定下一步的动作"选择中，选中"在 Microsoft Query 中的查看数据或编辑查询"，单击"完成"按钮，完成查询向导的操作，进入 Microsoft Query 界面。

Step 05 在 Microsoft Query 窗口中，执行"条件"菜单下的"添加条件"命令，打开如图 6.50 所示的"添加条件"对话框，在该对话框中，字段选择为"应收款发生时间"，运算符指定为"小于或等于"，指定值设置为"[rq]"，完成条件的设置。

图 6.50　添加条件

Step 06 单击"添加条件"对话框中的"添加"按钮，打开如图 6.51 所示的"输入参数值"对话框，单击"确定"按钮，完成参数值的输入。

Step 07 单击"添加条件"对话框中的"关闭"按钮，关闭该对话框。

Step 08 执行"视图"菜单下的"查询属性"命令，打开如图 6.52 所示的"查询属性"对话框，勾选"不选重复的记录"项，单击"确定"按钮，完成客户名称的设置。

 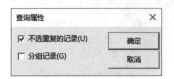

图 6.51 输入参数值　　　　　图 6.52 设置查询属性

说明

在指定的查询日之前,某个客户可能会发生多笔业务,如果不设置如图 6.52 所示的选项,那么该客户就可能会出现多次。为了避免这样的情况,可以通过选择"不选重复的记录"项来保证客户名称只显示一次。

Step 09 执行 Microsoft Query 窗口中文件菜单下的"将数据返回 Microsoft Excel"命令,打开如图 6.53 所示的"导入数据"对话框,将数据放置的位置设置为 A5 单元格,完成数据导入的操作。

Step 10 单击"导入数据"对话框中的"确定"按钮,打开如图 6.54 所示的"输入参数值"对话框,在"rq"下的文本框单击,选中工作表的 A2 单元格,并且勾选"在以后的刷新中使用该值或该引用"和"当单元格值更改时自动刷新"复选框,单击"确定"按钮,完成参数值的指定。

 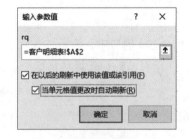

图 6.53 导入数据的操作　　　　图 6.54 指定参数值

Step 11 选中 A5 单元格,选中"设计"选项卡,在"属性"组内将表名称更改为"khhz",完成表对象的设置。

通过上述操作,最终的结果如图 6.55 所示。

	A	B	C	D	E
1	应收款客户明细表				
2			2018年6月		
3	客户名称	期初余额	本月发生		期末余额
4			发生额	本月收回	
5	客户名称				
6	尚诚贸易公司				
7	欧丽公司				
8	海尚公司				
9	新通讯公司				
10	金鑫公司				

图 6.55 导入客户名称后的表

8．计算客户当月的应收款变动

根据"应收款清单"和"收款记录"两个表来计算各客户在本月的应收款变动情况，具体的操作方法如下：

Step 01 选中 B6 单元格，在编辑栏内输入公式"=SUMIFS(yskqd[应收款金额],yskqd[客户名称],[@客户名称],yskqd[应收款发生时间],"<" &DATE(YEAR($A$2),MONTH($A$2),1))-SUMIFS(skjl[收款金额],skjl[客户名称],[@客户名称],skjl[收款日期],"<" &DATE(YEAR($A$2),MONTH($A$2),1))-SUMIFS(skjl[优惠金额],skjl[客户名称],[@客户名称],skjl[收款日期],"<" &DATE(YEAR($A$2),MONTH($A$2),1))"，完成指定客户期初余额的计算。

说明

客户期初余额的计算方法是将应收款清单中的应收款金额减去收回的应收款余额和优惠金额。

"SUMIFS(yskqd[应收款金额],yskqd[客户名称],[@客户名称],yskqd[应收款发生时间],"<" &DATE(YEAR($A$2),MONTH($A$2),1))"用来计算应收款清单中指定月份 1 号前指定客户的应收款金额。其中"DATE(YEAR($A$2),MONTH($A$2),1"表示指定月份的 1 号。

该公式的后半部分表示的是指定月初以前收回应收款的金额和优惠金额。

Step 02 选中 C6 单元格，在编辑栏内输入公式"=SUMIFS(yskqd[应收款金额],yskqd[客户名称],[@客户名称],yskqd[应收款发生时间],">=" &DATE(YEAR($A$2),MONTH($A$2),1),yskqd[应收款发生时间],"<=" &DATE(YEAR($A$2),MONTH($A$2)+1,0))"，完成本月指定应收款发生额的计算。

说明

本月应收款发生额来自于"应收款清单"。

其中，"DATE(YEAR($A$2),MONTH($A$2),1)"表示当月 1 号，"DATE(YEAR($A$2),MONTH($A$2)+1,0))"表示当月的最后一天。

Step 03 选中 D6 单元格，在编辑栏内输入公式"=SUMIFS(skjl[收款金额],skjl[客户名称],[@客户名称],skjl[收款日期],">=" &DATE(YEAR($A$2),MONTH($A$2),1),skjl[收款日期],"<=" &DATE(YEAR($A$2),MONTH($A$2)+1,0))+SUMIFS(skjl[优惠金额],skjl[客户名称],[@客户名称],skjl[收款日期],">=" &DATE(YEAR($A$2),MONTH($A$2),1),skjl[收款日期],"<=" &DATE(YEAR($A$2),MONTH($A$2)+1,0))"，完成对本月指定客户还款额的计算。

说明

还款额包括两方面，一方面是实际支付的金额，另一方面是由于客户在信用期内还款而给予的优惠金额。

Step 04 选中 E6 单元格，在编辑栏内输入公式"=[@列 1]+[@列 2]-[@列 3]"，完成期末应收款余额的计算。

Step 05 选中 A5 单元格，单击"设计"选项卡，勾选"表样式选项"组内的"汇总行"命令，为表对象添加一个汇总行。

Step 06 选中 A11 单元格，将内容更改为"合计"。选中 B11 单元格，将汇总方式选择为"求和",在表对象中的列2到列4各列,同样将汇总方式更改为"求和"。

Step 07 选中 A5 单元格,单击"设计"选项卡,执行"外部表数据"组中的"属性"命令,打开"外部数据属性"对话框,保持"数据格式和布局"中"调整列宽"项不被选中,完成列宽的设置。

Step 08 选中第5行,右击,执行"隐藏"命令,完成对表对象标题行的隐藏操作。

通过上述操作最终的结果如图 6.56 所示。

客户名称	期初余额	本月发生		期末余额
		发生额	本月收回	
尚诚贸易公司	286,248.00	—	80,544.00	205,704.00
欧丽公司	149,355.00	—	—	149,355.00
海尚公司	144,616.00	—	14,047.00	130,569.00
新通讯公司	85,226.00	—	—	85,226.00
金鑫公司	39,488.00	—	20,000.00	19,488.00
合计	704,933.00	—	114,591.00	590,342.00

应收款客户明细表
2018年6月

图 6.56 计算结果

由于客户明细表的数据来源并不是"查询数据"工作表,用户要查询数据的时候,只需要在 A2 单元格中输入日期进行查询即可,操作的方法是更改 A2 单元格的日期,然后选中 A6 单元格,右击,执行"刷新"操作,即可获得在指定日下的应收款客户明细表。比如将日期更改为 2018 年 4 月,最终的结果如图 6.57 所示。

客户名称	期初余额	本月发生		期末余额
		发生额	本月收回	
尚诚贸易公司	255,704.00	80,544.00	50,000.00	286,248.00
欧丽公司	52,651.00	106,704.00	10,000.00	149,355.00
海尚公司	23,342.00	154,616.00	—	177,958.00
新通讯公司	192,282.00	7,020.00	—	199,302.00
金鑫公司	82,836.00	7,898.00	—	90,734.00
合计	606,815.00	356,782.00	60,000.00	903,597.00

应收款客户明细表
2018年4月

图 6.57 计算结果

习题

公司坏账准备的计提标准是:

超龄时间在 30 日以内的按照应收款余额的 1%计提坏账准备,超龄时间在 30 日以上 60 日以内的按照应收款余额的 3%计提坏账准备,超龄时间在 60 日以上 90 日以内的按照应收款余额的 5%计提坏账准备,超龄时间在 90 日以上的按照应收款余额的 10%计提坏账准备。

根据上面两节实验的内容，计算各客户在 6 月 30 日应当计提的坏账准备金额，并绘制图表分析不同超龄时间段下所计提坏账准备的比例。

根据上述数据创建"客户明细表"。

第7章 应付款管理

应付款是往来款项的一种,其管理方法和应收款类似。使用 Excel 进行应付款管理的过程包括应付款的产生、应付款的冲销以及应付款的分析等内容。无法收回的应收款会给企业带来坏账损失,但是未及时支付的应付款不会给企业带来利益上的损失,而是会产生信用污点,导致今后付款的时候遇到更加苛刻的付款条件。应付款管理除了适用于应付账款管理外,还可以用于其他应付性质款项的管理。

实验 7-1　应付款的取得与冲销

实验原理

设计应付款管理的思路可以借鉴和模仿应收款管理的方式,处置一笔应付款的流程包括应付款的产生与支付两方面的内容。产生应付款是通过"应付款清单"来完成的,该表反映了应付款的取得情况;随着应付款的逐步支付,需要一个实际的支付表来体现应付款的支付情况,这就是"付款管理"所需要完成的任务。"应付款清单"和"付款记录"构成了整个应付款管理的核心内容。

应付款作为往来款项的一种,其管理方式和应收款很类似,其 ID 也是通过对冲号来完成的,对冲号的字段构成用"年-月-凭证号-笔号"来表示。在应付款管理中,使用对冲号的目的也是为了避免使用大量的二级科目,在冲销的时候是一对一完成的,而且对冲号中有了年份、月份和凭证号的数据,因此要找到被冲销的凭证变得非常简单。

本实验采用手工录入数据的方法来建立"应付款清单"工作表。要建立应付款清单就必须完善下述表格的内容:

(1)单位信息:该表的作用是登记债权人的信息数据,包括债权人的名称、地址、法人代表以及联系方式等。

(2)应付款清单:登记应付款取得登记时的基本信息。

应付款作为一项企业的债务,是需要企业用自己的资产去偿付的,当企业偿付应付款的时候就涉及应付款的冲销问题。我们用一张名为"付款记录"的工作表来登记应付款的支付情况,应付款的取得是一笔记录,但是应付款的偿付却有可能是分批完成的,付款记录表中要对每笔应付款的偿付都进行及时完整地登记。

要判断一笔应付款是否已经支付完毕,其判定依据就是将某一对冲号对应的余额和零值进行比较。如果某对冲号对应的应付款余额为 0,则表示该笔应付款业务已经结清,企业对该笔应付款的管理已经结束;如果某对冲号对应的余额大于 0,则表示该笔应付款业务尚未最终完成;如果某对冲号对应的余额小于 0，表示企业在管理该笔业务的时候发生了错误。

实验目的与要求

（一）实验目的

了解对冲号在应付款管理中的作用。

（二）实验要求

能够熟练使用表对象。

实验内容及数据来源

和公司发生应付款往来的单位基本信息如下：

（1）单位名称为：合力企业；联系电话：0311-89476321；地址：城东路 1236 号；法人代表为：张小勇。

（2）单位名称为：一通公司；联系电话：0511-66239522；地址：建国路 251 号；法人代表为：唐乐。

（3）单位名称为：兴乐公司；联系电话：025-56971453；地址：文广新路 102 号；法人代表为：林兴乐。

（4）单位名称为：建平科技公司；联系电话：0551-48751023；地址：汇文路 123 号；法人代表为：杨建平。

（5）单位名称为：学林公司；联系电话：022-72139641；地址：紫霞路 203 号；法人代表为：柯学林。

发生了一些和应付账款相关业务，相关的业务人员都为胡婧雯，具体数据如下：

（1）在 2 月 3 日与合力企业发生了一笔应付款业务，其对冲号为：2018-2-17-6，信用期为：60 天，业务内容为：购买主板，发生的应付款金额为：598710 元。

（2）在 2 月 4 日与学林公司发生了一笔应付款业务，其对冲号为：2018-2-17-7，信用期为：90 天，业务内容为：购买主机，发生的应付款金额为：139382 元。

（3）在 2 月 14 日与合力企业发生了一笔应付款业务，其对冲号为：2018-2-34-5，信用期为：60 天，业务内容为：购买主机，发生的应付款金额为：205906 元。

（4）在 2 月 14 日与一通公司发生了一笔应付款业务，其对冲号为：2018-2-34-6，信用期为：90 天，业务内容为：购买摄像头，发生的应付款金额为：7128 元。

（5）在 3 月 27 日与兴乐公司发生了一笔应付款业务，其对冲号为：2018-3-18-2，信用期为：60 天，业务内容为：购买打印机，发生的应付款金额为：49333 元。

（6）在 3 月 30 日与建平科技公司发生了一笔应付款业务，其对冲号为：2018-3-22-2，信用期为：90 天，业务内容为：购买摄像头，发生的应付款金额为：30410 元。

（7）在 4 月 19 日与合力企业发生了一笔应付款业务，其对冲号为：2018-4-8-2，信用期为：60 天，业务内容为：购买打印机，发生的应付款金额为：71803 元。

（8）在 4 月 22 日与兴乐公司发生了一笔应付款业务，其对冲号为：2018-4-17-2，信用期为：90 天，业务内容为：购买主机，发生的应付款金额为：22470 元。

（9）在 4 月 22 日与建平科技公司发生了一笔应付款业务，其对冲号为：2018-4-20-2，信用期为：60 天，业务内容为：购买电脑，发生的应付款金额为：5491 元。

（10）在 5 月 1 日与学林公司发生了一笔应付款业务，其对冲号为：2018-4-21-2，信用期为：90 天，业务内容为：购买硬盘，发生的应付款金额为：29566 元。

（11）在 5 月 3 日与合力企业发生了一笔应付款业务，其对冲号为：2018-4-28-2，信用期为：60 天，业务内容为：购买内存，发生的应付款金额为：38013 元。

（12）在 5 月 7 日与一通公司发生了一笔应付款业务，其对冲号为：2018-5-5-8，信用期为：90 天，业务内容为：购买打印机，发生的应付款金额为：6758 元。

（13）在 5 月 11 日与一通公司发生了一笔应付款业务，其对冲号为：2018-5-5-2，信用期为：90 天，业务内容为：购买主机，发生的应付款金额为：32776 元。

（14）在 5 月 14 日与建平科技公司发生了一笔应付款业务，其对冲号为：2018-5-10-6，信用期为：60 天，业务内容为：购买电脑，发生的应付款金额为：30410 元。

（15）在 5 月 21 日与学林公司发生了一笔应付款业务，其对冲号为：2018-5-15-2，信用期为：90 天，业务内容为：购买硬盘，发生的应付款金额为：4731 元。

（16）在 5 月 18 日与兴乐公司发生了一笔应付款业务，其对冲号为：2018-5-20-2，信用期为：60 天，业务内容为：购买内存，发生的应付款金额为：44264 元。

（17）在 5 月 19 日与合力企业发生了一笔应付款业务，其对冲号为：2018-5-28-2，信用期为：60 天，业务内容为：购买打印机，发生的应付款金额为：72310 元。

（18）在 5 月 21 日与学林公司发生了一笔应付款业务，其对冲号为：2018-5-30-2，信用期为：90 天，业务内容为：购买主机，发生的应付款金额为：7603 元。

（19）在 5 月 23 日与建平科技公司发生了一笔应付款业务，其对冲号为：2018-5-40-2，信用期为：60 天，业务内容为：购买主机，发生的应付款金额为：71803 元。

（20）在 5 月 24 日与一通公司发生了一笔应付款业务，其对冲号为：2018-5-41-2，信用期为：90 天，业务内容为：购买硬盘，发生的应付款金额为：43926 元。

公司支付的应付款情况如下：

（1）3 月 15 日，合力企业偿付对冲号为 2018-2-17-6 的应付款，本次支付金额为：100000 元，优惠金额为：0 元，支付对应的凭证号和笔号信息为：2018-2-35-2。

（2）6 月 2 日，合力企业偿付对冲号为 2018-2-17-6 的应付款，本次支付金额为：300000 元，优惠金额为：0 元，支付对应的凭证号和笔号信息为：2018-4-29-4。

（3）6 月 13 日，合力企业偿付对冲号为 2018-2-34-5 的应付款，本次支付金额为：200000 元，优惠金额为：5906 元，支付对应的凭证号和笔号信息为：2018-5-32-3。

（4）6 月 18 日，一通公司偿付对冲号为 2018-2-34-6 的应付款，本次支付金额为：7000 元，优惠金额为：128 元，支付对应的凭证号和笔号信息为：2018-5-44-3。

（5）6 月 19 日，兴乐公司偿付对冲号为 2018-3-18-2 的应付款，本次支付金额为：49000 元，优惠金额为：333 元，支付对应的凭证号和笔号信息为：2018-5-45-3。

（6）6 月 28 日，合力企业偿付对冲号为 2018-2-17-6 的应付款，本次支付金额为：190000 元，优惠金额为：8710 元，支付对应的凭证号和笔号信息为：2018-5-52-4。

（7）6 月 28 日，建平科技公司偿付对冲号为 2018-3-22-2 的应付款，本次支付金额为：30000 元，优惠金额为：410 元，支付对应的凭证号和笔号信息为：2018-5-54-6。

（8）6 月 28 日，合力企业偿付对冲号为 2018-4-8-2 的应付款，本次支付金额为：71000 元，优惠金额为：803 元，支付对应的凭证号和笔号信息为：2018-5-56-3。

（9）6 月 28 日，兴乐公司偿付对冲号为 2018-4-17-2 的应付款，本次支付金额为：20000 元，优惠金额为：0 元，支付对应的凭证号和笔号信息为：2018-5-68-3。

（10）7 月 8 日，建平科技公司偿付对冲号为 2018-4-20-2 的应付款，本次支付金额为：5400 元，优惠金额为：91 元，支付对应的凭证号和笔号信息为：2018-6-19-3。

（11）7 月 10 日，学林公司偿付对冲号为 2018-4-21-2 的应付款，本次支付金额为：10000 元，优惠金额为：0 元，支付对应的凭证号和笔号信息为：2018-6-28-3。

（12）8 月 2 日，合力企业偿付对冲号为 2018-4-28-2 的应付款，本次支付金额为：10000 元，优惠金额为：0 元，支付对应的凭证号和笔号信息为：2018-7-12-3。

（13）9 月 19 日，一通公司偿付对冲号为 2018-5-5-8 的应付款，本次支付金额为：6700 元，优惠金额为：58 元，支付对应的凭证号和笔号信息为：2018-8-33-3。

（14）9 月 25 日，一通公司偿付对冲号为 2018-5-5-2 的应付款，本次支付金额为：32000 元，优惠金额为：776 元，支付对应的凭证号和笔号信息为：2018-8-46-3。

（15）9 月 27 日，建平科技公司偿付对冲号为 2018-5-10-6 的应付款，本次支付金额为：10000 元，优惠金额为：0 元，支付对应的凭证号和笔号信息为：2018-8-67-2。

实验操作指导

1．创建"单位信息"表

单位信息表记录了和本企业发生应付款业务往来的单位信息，创建单位信息表的过程如下：

Step 01 打开 Excel，将工作簿保存为"应付款管理.xlsm"。

Step 02 将"Sheet1"工作表重命名"单位信息"，完成建立"单位信息"工作表。

Step 03 在 A1:D1 单元格区域内输入"单位名称""联系电话""地址"和"法人代表"4 个字段内容。

Step 04 选中 A1 单元格，选中"插入"选项卡，执行"表格"组内的"表格"命令，打开如图 7.1 所示的"创建表"对话框，单击"确定"按钮，创建一个表对象。

图 7.1 创建表

Step 05 选中 A1 单元格，选中"设计"选项卡，在"属性"组内将表名称更改为"dwxx"，完成表对象的设置。

Step 06 从 A2 单元格开始输入实验数据中的客户信息，完成后如图 7.2 所示。

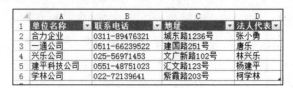

图 7.2 单位信息内容

2．创建"应付款清单"表

应付款清单展示了每笔应付款的取得情况，创建应付款清单的具体操作步骤如下：

Step 01 新建工作表，将工作表名称更改为"应付款清单"。

Step 02 在 A1~L1 单元格内输入内容：单位名称、联系电话、地址、法人代表、业务员、对冲号、应付款发生时间、信用期、应付款到期时间、应付款金额、摘要和应付款余额，完成字段的设置。

Step 03 选中 A1 单元格，选中"插入"选项卡，执行"表格"组内的"表格"命令，将指定的单元格区域转化为表对象。

Step 04 选中 A1 单元格，选中"设计"选项卡，在"属性"组内将表名称更改为"yfkqd"，完成表对象的设置。

Step 05 打开"单位信息"工作表，选中"公式"选项卡，在"定义的名称"组内执行"定义名称"命令，打开如图 7.3 所示的"新建名称"对话框，将名称设置为"单位名称"，将引用位置设置为"=dwxx[单位名称]"，完成新建名称的操作。

Step 06 选中 A 列，单击"数据"选项卡，执行"数据工具"组内的"数据验证"命令，打开如图 7.4 所示的"数据验证"对话框，在"设置"选项卡下，在"允许"下拉列表中设置为"序列"，在"来源"中设置为"=单位名称"，单击"确定"按钮，完成 A 列数据有效性的设置。

图 7.3　定义单位名称　　　　　　　　图 7.4　设置数据有效性

Step 07 选中 B2 单元格，在编辑栏内输入公式"=VLOOKUP([@单位名称],dwxx,2,FALSE)"，完成联系电话的设置。

Step 08 选中 C2 单元格，在编辑栏内输入公式"=VLOOKUP([@单位名称],dwxx,3,FALSE)"，完成单位地址的设置。

Step 09 选中 D2 单元格，在编辑栏内输入公式"=VLOOKUP([@单位名称],dwxx,4,FALSE)"，完成单位法人代表的设置。

Step 10 选中 I2 单元格，在编辑栏内输入公式"=[@应付款发生时间]+[@信用期]"，完成应付款到期时间的设置。

> **说明**
>
> 应付款的信用期是对方企业给予本企业的信用期，本企业在信用期限内付款将会享受到一定的付款优惠，如果在信用期过后进行付款，则不能享受到优惠，但是一般也不会被要求支付额外的金额。
>
> 但这并非意味着企业可以任意选择付款期限，如果企业不能够在给定的信用期内支付款项，则有可能在今后受到严厉的信用约束，对于本企业的赊购会带来困难。因此，企业要按照实际综合利弊考虑付款日期。
>
> 本实验为了简便，给予的优惠并未按照应付金额的百分比计算金额，而是采用优惠应付款尾数抹除零头的方式。

Step 11 同时选中 G 列和 I 列，右击，执行"设置单元格格式"命令，选中"数字"选项卡，设置为"日期"分类中的"2012/3/14"类型，完成日期格式的设置。

Step 12 同时选中 B2、C2、D2 和 I2 单元格，单击"开始"选项卡，在"字体"组内选择填充色为"橙色"。

> **说明**
>
> 添加填充色的目的是为了明示这些单元格区域包含公式，用户无须填写。

完成后的"应付款清单"如图 7.5 所示。

	A	B	C	D	E	F	G	H	I	J	K	L
1	单位名称	联系电话	地址	法人代表	业务	对冲号	应付款发生	信用期	应付款到期	应付款	摘要	应付款余额
2	合力企业	0311-89476321	城东路1236号	张小勇	胡婧雯	2018-2-17-6	2018/2/3	60	2018/4/4	598710	购买主板	
3	学林公司	022-72139641	紫霞路203号	柯学林	胡婧雯	2018-2-17-7	2018/2/4	90	2018/5/5	139382	购买主机	
4	合力企业	0311-89476321	城东路1236号	张小勇	胡婧雯	2018-2-34-5	2018/2/14	60	2018/4/15	205906	购买主机	
5	一通公司	0511-66239522	建国路251号	唐乐	胡婧雯	2018-2-34-6	2018/2/14	90	2018/5/15	7128	购买摄像头	
6	兴乐公司	025-56971453	文广新路102号	林兴乐	胡婧雯	2018-3-18-2	2018/3/27	60	2018/5/26	49333	购买打印机	
7	建平科技公司	0551-48751023	汇文路123号	杨建平	胡婧雯	2018-3-22-2	2018/3/30	90	2018/6/28	30410	购买摄像头	
8	合力企业	0311-89476321	城东路1236号	张小勇	胡婧雯	2018-4-8-2	2018/4/19	60	2018/6/18	71803	购买打印机	
9	兴乐公司	025-56971453	文广新路102号	林兴乐	胡婧雯	2018-4-17-2	2018/4/22	90	2018/7/21	22470	购买主机	
10	建平科技公司	0551-48751023	汇文路123号	杨建平	胡婧雯	2018-4-20-2	2018/4/22	60	2018/6/21	5491	购买电脑	
11	学林公司	022-72139641	紫霞路203号	柯学林	胡婧雯	2018-4-21-2	2018/5/1	90	2018/7/30	29566	购买硬盘	
12	合力企业	0311-89476321	城东路1236号	张小勇	胡婧雯	2018-5-3-2	2018/5/3	60	2018/7/2	38013	购买内存	
13	一通公司	0511-66239522	建国路251号	唐乐	胡婧雯	2018-5-5-8	2018/5/7	90	2018/8/5	6758	购买打印机	
14	一通公司	0511-66239522	建国路251号	唐乐	胡婧雯	2018-5-5-9	2018/5/11	90	2018/8/9	32776	购买主机	
15	建平科技公司	0551-48751023	汇文路123号	杨建平	胡婧雯	2018-5-10-6	2018/5/14	60	2018/7/13	30410	购买电脑	
16	学林公司	022-72139641	紫霞路203号	柯学林	胡婧雯	2018-5-15-2	2018/5/21	90	2018/8/19	4731	购买硬盘	
17	兴乐公司	025-56971453	文广新路102号	林兴乐	胡婧雯	2018-5-20-2	2018/5/18	60	2018/7/17	44264	购买内存	
18	合力企业	0311-89476321	城东路1236号	张小勇	胡婧雯	2018-5-28-2	2018/5/19	60	2018/7/18	72310	购买打印机	
19	学林公司	022-72139641	紫霞路203号	柯学林	胡婧雯	2018-5-30-2	2018/5/21	90	2018/8/19	7603	购买主机	
20	建平科技公司	0551-48751023	汇文路123号	杨建平	胡婧雯	2018-5-40-2	2018/5/23	60	2018/7/22	71803	购买主机	
21	一通公司	0511-66239522	建国路251号	唐乐	胡婧雯	2018-5-41-2	2018/5/24	90	2018/8/22	43926	购买硬盘	

图 7.5 完成后的"应付款清单"

> **说明**
>
> "应付款余额"列中尚未设置公式，因此暂时为空。

3．创建"付款记录"表

"付款记录"表反映了企业偿付应付款的情况，创建付款记录表的具体操作步骤如下：

Excel 在会计和财务管理中的应用（第 4 版）

Step 01 新建一张工作表，将工作表名称更改为"付款记录"。

Step 02 在 A1~K1 单元格内输入内容：单位名称、凭证号、对冲号、付款日期、付款金额、优惠金额和摘要，完成字段的设置。

Step 03 选中 A1 单元格，选中"插入"选项卡，执行"表格"组内的"表格"命令，将指定的单元格区域转化为表对象。

Step 04 选中 A1 单元格，选中"设计"选项卡，在"属性"组内将表名称更改为"fkjl"，完成表对象的设置。

Step 05 选中 D 列，右击，执行"设置单元格格式"命令，选中"数字"选项卡，设置为"日期"分类中的"2012/3/14"类型，完成日期格式的设置。

Step 06 选中 A 列，单击"数据"选项卡，执行"数据工具"组内的"数据验证"命令，打开"数据验证"对话框，在"设置"选项卡下，在"允许"下拉列表中设置为"序列"，在"来源"中设置为"=单位名称"，单击"确定"按钮，完成 A 列数据有效性的设置。

Step 07 选中 A 列，单击"数据"选项卡，执行"数据工具"组内的"数据验证"命令，打开"数据验证"对话框，在"设置"选项卡下，在"允许"下拉列表中设置为"序列"，在"来源"中设置为"=单位名称"，单击"确定"按钮，完成 A 列数据有效性的设置。

Step 08 选中 K2 单元格，在编辑栏内输入公式"=VLOOKUP([@对冲号],yfkqd[[对冲号]:[摘要]],6,FALSE)"，完成指定对冲号摘要的设置。根据实验所给的数据，将付款记录填入"付款记录"表中，完成后的"付款记录"工作表如图 7.6 所示。

单位名称	对冲号	凭证号	付款日期	付款金额	优惠金额	摘要
合力企业	2018-2-17-6	2018-2-35-2	2018/3/15	100000	0	购买主板
合力企业	2018-2-17-6	2018-4-29-4	2018/6/2	300000	0	购买主板
合力企业	2018-2-34-5	2018-5-32-3	2018/6/13	200000	5906	购买主机
一通公司	2018-2-34-6	2018-5-44-3	2018/6/18	7000	128	购买摄像头
兴乐公司	2018-3-18-2	2018-5-45-3	2018/6/19	49000	333	购买打印机
合力企业	2018-2-17-6	2018-5-52-4	2018/6/28	190000	8710	购买主板
建平科技公司	2018-3-22-2	2018-5-54-6	2018/6/28	30000	410	购买摄像头
合力企业	2018-4-8-2	2018-5-56-3	2018/6/28	71000	803	购买打印机
兴乐公司	2018-4-17-2	2018-5-68-3	2018/6/28	20000	0	购买主机
建平科技公司	2018-4-20-2	2018-6-19-3	2018/7/8	5400	91	购买电脑
学林公司	2018-4-21-2	2018-6-28-3	2018/7/10	10000	0	购买硬盘
合力企业	2018-4-28-2	2018-7-12-3	2018/8/2	10000	0	购买内存
一通公司	2018-5-5-8	2018-8-33-3	2018/9/19	6700	58	购买打印机
一通公司	2018-5-5-2	2018-8-46-3	2018/9/25	32000	776	购买主机
建平科技公司	2018-5-10-6	2018-8-67-2	2018/9/27	10000	0	购买电脑

图 7.6　付款记录

Step 09 选中"应付款清单"工作表，选中 L2 单元格，在编辑栏内输入公式"=ROUND([@应付款金额]-SUMIF(fkjl[对冲号],[@对冲号],fkjl[付款金额])-SUMIF(fkjl[对冲号],[@对冲号],fkjl[优惠金额]),2)"，完成应付款余额的计算。

═══════════════════ 说明 ═══════════════════

应付款余额的计算方法为指定对冲号的应付款金额扣除已经付款金额和优惠金额之和，用公式表示为：

应付款余额=应付款的金额－付款金额－优惠金额

═══

"付款记录"内容填写完成后，其付款记录的内容就会对"应付款清单"中的数据产生影响，最终"应付款清单"工作表中的内容如图 7.7 所示。

	A	B	C	D	E	F	G	H	I	J	K	L
1	单位名称	联系电话	地址	法人代表	业务	对冲号	应付款发	信用	应付款至	应付款	摘要	应付款余额
2	合力企业	0311-89476321	城东路1236号	张小勇	胡婧雯	2018-2-17-6	2018/2/3	60	2018/4/4	598710	购买主板	0
3	学林公司	022-72139641	紫霞路203号	柯学林	胡婧雯	2018-2-17-7	2018/2/4	90	2018/5/5	139382	购买主机	139382
4	合力企业	0311-89476321	城东路1236号	张小勇	胡婧雯	2018-2-34-5	2018/2/14	60	2018/4/15	205906	购买主机	0
5	一通公司	0511-66239522	建国路251号	唐乐	胡婧雯	2018-2-34-6	2018/2/14	90	2018/5/15	7128	购买摄像头	0
6	兴乐公司	025-56971453	文广新路102号	林兴乐	胡婧雯	2018-3-18-2	2018/3/27	60	2018/5/26	49382	购买打印机	0
7	建平科技公司	0551-48751023	汇文路123号	杨建平	胡婧雯	2018-3-22-2	2018/3/30	90	2018/6/28	30410	购买摄像头	0
8	合力企业	0311-89476321	城东路1236号	张小勇	胡婧雯	2018-4-8-2	2018/4/19	60	2018/6/18	71803	购买打印机	0
9	兴乐公司	025-56971453	文广新路102号	林兴乐	胡婧雯	2018-4-17-2	2018/4/22	90	2018/7/21	22470	购买主机	2470
10	建平科技公司	0551-48751023	汇文路123号	杨建平	胡婧雯	2018-4-20-2	2018/4/22	60	2018/6/21	5491	购买电脑	0
11	学林公司	022-72139641	紫霞路203号	柯学林	胡婧雯	2018-4-21-2	2018/5/1	90	2018/7/30	29566	购买硬盘	19566
12	合力企业	0311-89476321	城东路1236号	张小勇	胡婧雯	2018-4-28-2	2018/5/3	60	2018/7/2	38013	购买内存	28013
13	一通公司	0511-66239522	建国路251号	唐乐	胡婧雯	2018-5-5-8	2018/5/7	90	2018/8/5	6758	购买打印机	0
14	一通公司	0511-66239522	建国路251号	唐乐	胡婧雯	2018-5-5-2	2018/5/11	90	2018/8/9	32776	购买主机	0
15	建平科技公司	0551-48751023	汇文路123号	杨建平	胡婧雯	2018-5-10-6	2018/5/14	60	2018/7/13	30410	购买电脑	20410
16	学林公司	022-72139641	紫霞路203号	柯学林	胡婧雯	2018-5-15-2	2018/5/21	90	2018/8/19	4731	购买硬盘	4731
17	兴乐公司	025-56971453	文广新路102号	林兴乐	胡婧雯	2018-5-20-2	2018/5/18	60	2018/7/17	44264	购买内存	44264
18	合力企业	0311-89476321	城东路1236号	张小勇	胡婧雯	2018-5-28-2	2018/5/19	60	2018/7/18	72310	购买打印机	72310
19	学林公司	022-72139641	紫霞路203号	柯学林	胡婧雯	2018-5-30-2	2018/5/20	90	2018/8/18	7603	购买主机	7603
20	建平科技公司	0551-48751023	汇文路123号	杨建平	胡婧雯	2018-5-40-2	2018/5/23	60	2018/7/22	71803	购买主机	71803
21	一通公司	0511-66239522	建国路251号	唐乐	胡婧雯	2018-5-41-2	2018/5/24	90	2018/8/22	43926	购买硬盘	43926

图 7.7　应付款余额变化情况

习题

和公司有关的业务单位基本信息如下：

（1）单位名称为：菲力公司，联系电话为：021-13025567，地址为：安平路 16 号，法人代表为：张涛。

（2）单位名称为：宝平科技公司，联系电话为：021-36257891，地址为：滨江路 1203 号，法人代表为：唐里。

（3）单位名称为：平安科技公司，联系电话为：021-24556718，地址为：紫霞路 751 号，法人代表为：许纯。

（4）单位名称为：宝胜公司，联系电话为：025-89556785，地址为：新安路 623 号，法人代表为：常熙。

（5）单位名称为：多彩科技公司，联系电话为：025-66071423，地址为：华山路 210 号，法人代表为：林贵。

在 2018 年公司发生的具体业务数据如下：

（1）在 1 月 6 日发生了购买电脑配件的应付款项，其对冲号为 2018-1-28-4，应付金额为 300000 元，信用期为 60 天。

（2）在 1 月 7 日发生了对冲号为 2018-1-31-3 的购买主机配件的应付款事项，应付金额为 78000 元，信用期为 90 天。

（3）在 1 月 17 日发生了对冲号为 2018-1-33-2 的购买主机配件的应付款事项，应付金额为 125000 元，信用期为 60 天。

（4）在 1 月 17 日发生了对冲号为 2018-1-37-4 的购买键盘的应付款事项，应付金额为 4200 元，信用期为 90 天。

（5）在 2 月 27 日发生了对冲号为 2018-2-21-1 的购买显示器的应付款事项，应付金额为 37100 元，信用期为 60 天。

（6）在 3 月 2 日发生了对冲号为 2018-2-26-1 的购买键盘的应付款事项，应付金额为 16800

元，信用期为90天。

（7）在3月22日发生了对冲号为2018-3-12-1的购买显示器的应付款事项，应付金额为40000元，信用期为60天。

（8）在3月25日发生了对冲号为2018-3-29-1的购买主机配件的应付款事项，应付金额为150000元，信用期为90天。

（9）在3月25日发生了对冲号为2018-3-31-1的购买电脑的应付款事项，应付金额为42000元，信用期为60天。

（10）在3月27日发生了对冲号为2018-3-45-1的购买路由器的应付款事项，应付金额为16300元，信用期为90天。

（11）在3月28日发生了对冲号为2018-3-51-1的购买网络线的应付款事项，应付金额为21000元，信用期为60天。

（12）在3月29日发生了对冲号为2018-3-58-2的购买显示器的应付款事项，应付金额为4700元，信用期为90天。

（13）在3月31日发生了对冲号为2018-3-60-3的购买主机配件的应付款事项，应付金额为18000元，信用期为90天。.

要求根据上述内容创建应付款清单。

公司产生的应付款记录收回情况如下，要求将下述内容填入付款记录表中：

（1）2月12日偿付菲力公司应付款项，对冲号为2018-1-28-4，本次支付的金额为：100000元，优惠金额为：0元，凭证号为：2018-1-24-1。

（2）4月1日偿付宝平科技公司应付款项，对冲号为2018-1-31-3，本次支付的金额为：77000元，优惠金额为：1000元，凭证号为：2018-3-30-3。

（3）4月12日偿付菲力公司应付款项，对冲号为2018-1-28-4，本次支付的金额为：200000元，优惠金额为：0元，凭证号为：2018-4-31-2。

（4）4月17日偿付平安科技公司应付款项，对冲号为2018-1-33-2，本次支付的金额为：50000元，优惠金额为：0元，凭证号为：2018-4-46-2。

（5）4月18日偿付宝胜公司应付款项，对冲号为2018-1-37-4，本次支付的金额为：4000元，优惠金额为：200元，凭证号为：2018-4-52-2。

（6）4月23日偿付多彩科技公司应付款项，对冲号为2018-2-21-1，本次支付的金额为：10000元，优惠金额为：0元，凭证号为：2018-4-56-3。

（7）4月25日偿付平安科技公司应付款项，对冲号为2018-2-26-1，本次支付的金额为：16000元，优惠金额为：800元，凭证号为：2018-4-60-5。

（8）4月27日偿付宝胜公司应付款项，对冲号为2018-3-12-1，本次支付的金额为：40000元，优惠金额为：0元，凭证号为：2018-4-67-2。

（9）4月29日偿付菲力公司应付款项，对冲号为2018-3-29-1，本次支付的金额为：12000元，优惠金额为：0元，凭证号为：2018-4-68-2。

（10）5月8日偿付宝平科技公司应付款项，对冲号为2018-3-31-1，本次支付的金额为：3000元，优惠金额为：0元，凭证号为：2018-5-18-2。

（11）5月11日偿付平安科技公司应付款项，对冲号为2018-3-45-1，本次支付的金额为：16000元，优惠金额为：0元，凭证号为：2018-5-22-2。

（12）5 月 30 日偿付宝平科技公司应付款项，对冲号为 2018-3-51-1，本次支付的金额为：21000 元，优惠金额为：0 元，凭证号为：2018-6-17-2。

（13）7 月 21 日偿付平安科技公司应付款项，对冲号为 2018-3-58-2，本次支付的金额为：4600 元，优惠金额为：100 元，凭证号为：2018-7-25-2。

（14）7 月 27 日偿付菲力公司应付款项，对冲号为 2018-3-60-3，本次支付的金额为：18000 元，优惠金额为：0 元，凭证号为：2018-7-38-2。

（15）7 月 29 日偿付平安科技公司应付款项，对冲号为 2018-1-33-2，本次支付的金额为：50000 元，优惠金额为：0 元，凭证号为：2018-7-51-1。

实验 7-2　应付款分析

实验原理

应付款分析通常是企业根据信用期来有效安排还款的一种依据。不过本书的实验并不涉及浮游资金的成本计算等内容，本实验的应付款分析仅仅是应付款的超龄分析和超龄应付款金额分析。

企业超龄应付款并不会为企业带来额外的资金负担，但是按时付款涉及企业的信用问题，可能会对企业今后的付款行为造成影响，一般而言，信用越好的企业越能够得到付款优惠，而信用越差的企业则可能会面临越来越苛刻的付款条件。

应付款的分析过程和应收款类似，是通过图表来完成的。图表数据的来源为应付款清单和付款记录，综合这两个表的数据就能够知道在当前日期下应付款的余额和应付未付的笔数及金额。

本实验可以结合应收款的相关知识来完成，比如同样可以建立一个名为"查询数据"的表，在查询过程中，可以指定任意查询日期，显示的便是在该日期下的查询结果。我们通过该结果为今后的图表绘制分析服务。分析的结果主要有两个表，一个表记录超龄笔数的构成情况；另一个表记录超龄金额的构成情况。

查询数据得到的结果是一个多条记录的集合，而绘制图表的依据是查询结果综合计算后的结果。这就需要用户设置一个计算区域，该区域是绘制图表的数据依据，也是对"查询数据"表中的内容进行提取分析和计算的结果。当查询数据的内容发生变动后，计算区域的内容也会发生变化，图表作为一种图形化的数据会同步发生变化。

实验目的与要求

（一）实验目的
掌握利用图表进行应付款分析的方法。
（二）实验要求
能够利用 Excel 图表功能绘制简单图表。

Excel 在会计和财务管理中的应用（第 4 版）

实验内容及数据来源

管理层为了更好地对应付账款进行控制，采用不同的付款方式，要求财务部门提供不同信用期的应付款笔数分布情况和分布金额。

根据上述要求，本实验要完成下述两个任务：

（1）用饼状图反映不同超龄时间段内应付款笔数占总的超龄时间段笔数的比例。

（2）用柱状图反映不同超龄时间段内的应付款金额。

实验操作指导

1．创建"查询数据"表

应付款清单和付款记录只是如实反映了企业的应付款产生和支付情况，这种原始数据一般不能够直接用于分析，为此首先要创建"查询数据"表，该表的数据是从应付款清单和付款记录中根据预先给定的条件获得的，获得数据的方法依旧是使用 Microsoft Query 组件。创建"查询数据"表的具体操作步骤如下：

Step 01 新建一张工作表，将工作表的名称更改为"查询数据"。

Step 02 在 A1 单元格中输入"查询日期"，在 B1 单元格中输入一个日期数据，如图 7.8 所示。

图 7.8　预先指定的查询日期

Step 03 选中 A3 单元格，选择"数据"选项卡，执行"获取外部数据"组内的"自其他来源"下的"来自 Microsoft Query"命令，打开如图 7.9 所示的"选择数据源"对话框，单击"数据库"标签页，选择"Excel Files*"，单击"确定"按钮，完成数据库类型的选择。

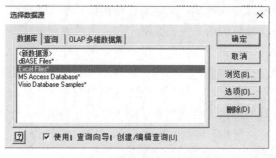

图 7.9　选择数据库类型

Step 04 在如图 7.10 所示的"选择工作簿"对话框中，选择"应付款管理.xlsm"的文件所在路径，单击"确定"按钮，打开添加表对话框，完成数据库位置的确定。

第 7 章 应付款管理

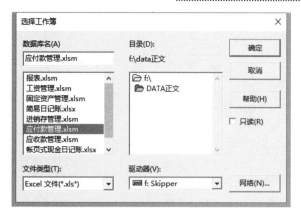

图 7.10 选择数据库文件路径

Step 05 在如图 7.11 所示的"查询向导-选择列"对话框中,选择"应付款清单$"工作表,选择对冲号、单位名称、应付款发生时间、信用期、应付款到期时间和应付款金额等字段,单击"下一步"按钮,完成要显示的指定字段的确定。

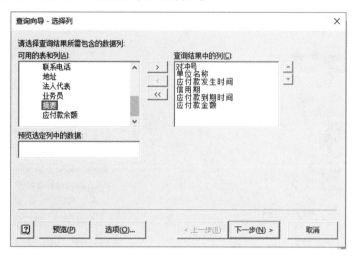

图 7.11 选择要显示的字段

Step 06 单击"下一步"按钮,完成要显示的列的选择,进入"查询向导-筛选数据"对话框,单击"下一步"按钮,跳过筛选的过程,打开"查询向导-排序顺序"对话框,在该步骤中不需要设置任何内容。单击"下一步"按钮,打开"查询向导-完成"对话框,在"请确定下一步的动作"选择中,选中"在 Microsoft Query 中查看数据或编辑查询",单击"完成"按钮,完成查询向导的操作,进入 Microsoft Query 界面。

Step 07 在 Microsoft Query 窗口中,执行"条件"菜单下的"添加条件"命令,打开如图 7.12 所示的"添加条件"对话框,在该对话框中,字段选择为"应付款发生时间",运算符指定为"小于或等于",指定值设置为"[rq]",完成条件的设置。

Step 08 单击"添加条件"对话框中的"添加"按钮,打开如图 7.13 所示的输入参数值对话框,单击"确定"按钮,完成参数值的设置。单击"添加条件"对话框中的"关闭"按钮,关闭该对话框。

Excel 在会计和财务管理中的应用（第 4 版）

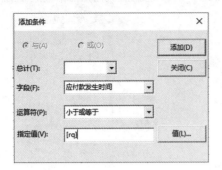

图 7.12 添加日期条件

图 7.13 设置参数值

Step 09 执行 Microsoft Query 窗口中文件菜单下的"将数据返回 Microsoft Excel"，打开如图 7.14 所示的"导入数据"对话框，将数据放置的位置设置为 A3 单元格，完成数据导入的操作。

Step 10 单击"导入数据"对话框中的"确定"按钮，打开如图 7.15 所示的"输入参数值"对话框，在"rq"下的文本框中输入"=查询数据!$B$1"，并且勾选"在以后的刷新中使用该值或该引用"和"当单元格值更改时自动刷新"复选框，单击"确定"按钮，完成参数值的指定。

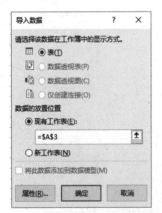

图 7.14 导入数据的起始位置

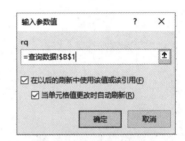

图 7.15 指定参数值

Step 11 选中 A3 单元格，单击"设计"选项卡，在"属性"组内将表名称更改为"sjcx"，完成表对象的设置，如图 7.16 所示。

	A	B	C	D	E	F	G
1	查询日期	2018/9/1					
2							
3	对冲号	单位名称	应付款发生时间	信用期	应付款到期时间	应付款金额	应付款余额
4	2018-2-17-6	合力企业	2018/2/3	60	2018/4/4	598710	0
5	2018-2-17-7	学林公司	2018/2/4	90	2018/5/5	139382	139382
6	2018-2-34-5	合力企业	2018/2/14	60	2018/4/15	205906	0
7	2018-2-34-6	一通公司	2018/2/14	90	2018/5/15	7128	0
8	2018-3-18-2	兴乐公司	2018/3/27	60	2018/5/26	49333	0
9	2018-3-22-2	建平科技公司	2018/3/30	90	2018/6/28	30410	0
10	2018-4-8-2	合力企业	2018/4/19	60	2018/6/18	71803	0
11	2018-4-17-2	兴乐公司	2018/4/22	90	2018/7/21	22470	2470
12	2018-4-20-2	建平科技公司	2018/4/22	60	2018/6/21	5491	0
13	2018-4-21-2	学林公司	2018/5/1	90	2018/7/30	29566	19566
14	2018-4-28-2	合力企业	2018/5/3	60	2018/7/2	38013	28013
15	2018-5-5-8	一通公司	2018/5/7	90	2018/8/5	6758	6758
16	2018-5-5-2	一通公司	2018/5/11	90	2018/8/9	32776	32776
17	2018-5-10-6	建平科技公司	2018/5/14	60	2018/7/13	30410	30410
18	2018-5-15-2	学林公司	2018/5/18	60	2018/7/17	4731	4731
19	2018-5-20-2	兴乐公司	2018/5/18	60	2018/7/17	44264	44264
20	2018-5-28-2	合力企业	2018/5/19	60	2018/7/18	72310	72310
21	2018-5-30-2	学林公司	2018/5/21	60	2018/7/20	7603	7603
22	2018-5-40-2	建平科技公司	2018/5/23	60	2018/7/22	71803	71803
23	2018-5-41-2	一通公司	2018/5/24	90	2018/8/22	43926	43926

图 7.16 数据查询结果

2. 创建图表数据

如图 7.16 所示的数据还无法直接生成图表，需要添加和信用相关的一些字段，具体的操作步骤如下：

Step 01 在"查询数据"工作表中选中 F3 单元格，右击，执行"插入"下的"在右侧插入表列"命令，创建一个新列。

Step 02 将新列的名称更改为"应付款余额"，选中 G4 单元格，在编辑栏内输入公式"=ROUND([@应付款金额]-SUMIFS(fkjl[付款金额],fkjl[对冲号],[@对冲号],fkjl[付款日期],"<=" & $B$1)-SUMIFS(fkjl[优惠金额],fkjl[对冲号],[@对冲号],fkjl[付款日期],"<=" & $B$1),2)"，完成应付款余额的计算。

> **说明**
>
> 应付款余额的计算方法要考虑到将某对冲号下指定的查询日期前的该记录的应付款余额扣除已经支付的金额和优惠的金额。
>
> "[@应付款金额]"就表示指定对冲号的应付款金额，由于涉及多个条件的求和问题，因此使用 SUMIFS 函数是最好的解决方法。"SUMIFS(fkjl[付款金额],fkjl[对冲号],[@对冲号],fkjl[付款日期],"<=" & $B$1)"表示在付款记录的表格中和指定对冲号一致的记录以及在指定查询日期前的各次付款金额之和。同理，"SUMIFS(fkjl[优惠金额],fkjl[对冲号],[@对冲号],fkjl[付款日期],"<=" & $B$1)"表示在付款记录的表格中和指定对冲号一致的记录以及在指定查询日期前的优惠金额之和。

Step 03 在"查询数据"工作表中选中 G3 单元格，右击，执行"插入"下的"在右侧插入表列"命令，创建一个新列。将新列的名称更改为"间隔天数"，选中 H4 单元格，在编辑栏内输入公式"=DATEDIF(cxsj[[#此行],[应付款发生时间]],$B$1,"d")"，完成指定查询日期间隔天数的计算。

> **说明**
>
> 使用 DATEDIF 函数可以查找两个指定日期之间的天数差，也可以使用"=$B$1-[@应付款发生时间]"来计算两个日期之间的时间间隔。

Step 04 在"查询数据"工作表中选中 H3 单元格，右击，执行"插入"下的"在右侧插入表列"命令，创建一个新列。将新列的名称更改为"未到龄"，选中 I4 单元格，在编辑栏内输入公式"=IF(AND([@应付款余额]>0,[@间隔天数]<=[@信用期]),1,0)"，完成以指定查询日期为标准，未到龄的应付款笔数的计算。

> **说明**
>
> 判断一笔应付款是否为未到龄的应付款，其判断的依据有两个，第 1 个是应付款余额仍旧大于 0，第 2 个条件是到指定的查询日期位置间隔天数未超过信用期，只有同时满足这两个条件，才构成未到龄的应付款。

Step 05 在"查询数据"工作表中选中 I3 单元格，右击，执行"插入"下的"在右侧插入表列"命令，创建一个新列。将新列的名称更改为"30日内"，选中 J4 单元格，在编辑栏内输入公式"=IF(AND([@应付款余额]>0,[@间隔天数]>[@信用期],[@间隔天数]<=[@信用期]+30),1,0)"，完成以指定查询日期为标准，超龄时间在 30 天内的应付款笔数的计算。

说明

判断一笔应付款超龄天数是否在30日内需要同时满足3个条件，第1个条件是应付款的余额要大于0；第2个条件是间隔天数要大于信用期；第3个条件是间隔天数超过信用期的天数要小于等于30天。

Step 06 在"查询数据"工作表中选中J3单元格，右击，执行"插入"下的"在右侧插入表列"命令，创建一个新列。将新列的名称更改为"60日内"，选中K4单元格，在编辑栏内输入公式"=IF(AND([@应付款余额]>0,[@间隔天数]<=[@信用期]+60,[@间隔天数]>[@信用期]+30),1,0)"，完成以指定查询日期为标准，超龄时间在30天以上60天以内的应付款笔数的计算。

Step 07 在"查询数据"工作表中选中K3单元格，右击，执行"插入"下的"在右侧插入表列"命令，创建一个新列。将新列的名称更改为"90日内"，选中L4单元格，在编辑栏内输入公式"=IF(AND([@应付款余额]>0,[@间隔天数]<=[@信用期]+90,[@间隔天数]>[@信用期]+60),1,0)"，完成以指定查询日期为标准，超龄时间在60天以上90天以内的应付款笔数的计算。

Step 08 在"查询数据"工作表中选中K3单元格，右击，执行"插入"下的"在右侧插入表列"命令，创建一个新列。将新列的名称更改为"90日以上"，选中M4单元格，在编辑栏内输入公式"=IF(AND([@应付款余额]>0,[@间隔天数]>[@信用期]+90),1,0)"，完成以指定查询日期为标准，超龄时间在90天以上的应付款笔数的计算。

说明

判断某笔应付款超龄天数在90天以上需要满足两个条件，第1个条件是应付款的余额要大于0，第2个条件是间隔天数要超过信用期90天。

Step 09 选中A3单元格，单击"设计"选项卡，在"表格样式选项"组中选择"汇总行"命令，完成为表对象添加汇总行的操作。

Step 10 选中"应付款余额"在汇总行下的下拉箭头，从给出的汇总方式中选择"求和"，如图7.17所示。

12	2018-4-20-2	建平科技公司	2018/4/22	60	2018/6/21	5491	0
13	2018-4-21-2	学林公司	2018/5/1	90	2018/7/30	29566	19566
14	2018-4-28-2	合力企业	2018/5/3	60	2018/7/2	38013	
15	2018-5-5-8	一通公司	2018/5/7	90	2018/8/5	6758	
16	2018-5-5-2	一通公司	2018/5/11	90	2018/8/9	32776	
17	2018-5-10-6	建平科技公司	2018/5/14	60	2018/7/13	30410	
18	2018-5-15-2	学林公司	2018/5/21	90	2018/8/19	4731	
19	2018-5-20-2	兴乐公司	2018/5/18	60	2018/7/17	44264	
20	2018-5-28-2	合力企业	2018/5/19	60	2018/7/18	72310	
21	2018-5-30-2	学林公司	2018/5/21	90	2018/8/19	7603	
22	2018-5-40-2	建平科技公司	2018/5/23	60	2018/7/22	71803	
23	2018-5-41-2	一通公司	2018/5/24	90	2018/8/22	43926	
24	汇总						504012

图7.17 添加汇总行

Step 11 同样为"未到龄""30日内""60日内""90日内"和"90日以上"字段添加"求和"的汇总方式。

通过上述步骤，完成"查询数据"表的最终设计，如图7.18所示。

第 7 章 应付款管理

	A	B	C	D	E	F	G	H	I	J	K	L	M
1	查询日期	2018/9/1											
2													
3	对冲号	单位名称	应付款发生时间	信用期	应付到期时间	应付款金额	应付款余额	间隔天数	未到龄	30日内	60日内	90日内	90日以上
4	2018-2-17-6	合力企业	2018/2/3	60	2018/4/4	598710	0	210	0	0	0	0	0
5	2018-2-17-7	学林公司	2018/2/4	90	2018/5/5	139382	139382	209	0	0	0	0	1
6	2018-2-34-5	合力企业	2018/2/14	60	2018/4/15	205906	0	199	0	0	0	0	0
7	2018-2-34-6	一通公司	2018/2/14	90	2018/5/15	7128	0	199	0	0	0	0	0
8	2018-3-18-2	兴乐公司	2018/3/27	60	2018/5/26	49333	0	158	0	0	0	0	0
9	2018-3-22-2	建平科技公司	2018/3/30	90	2018/6/28	30410	0	155	0	0	0	0	0
10	2018-4-8-2	合力企业	2018/4/19	60	2018/6/18	71803	0	135	0	0	0	0	0
11	2018-4-17-2	兴乐公司	2018/4/22	90	2018/7/21	22470	2470	132	0	0	1	0	0
12	2018-4-20-2	建平科技公司	2018/4/22	60	2018/6/21	5491	0	132	0	0	0	0	0
13	2018-4-21-2	学林公司	2018/5/1	90	2018/7/30	29566	19566	123	0	0	1	0	0
14	2018-4-28-2	合力企业	2018/5/3	60	2018/7/2	38013	28013	121	0	0	0	1	0
15	2018-5-5-8	一通公司	2018/5/7	60	2018/8/5	6758	6758	117	0	0	1	0	0
16	2018-5-5-2	一通公司	2018/5/11	90	2018/8/9	32776	32776	113	0	1	0	0	0
17	2018-5-10-6	建平科技公司	2018/5/13	60	2018/7/13	30410	30410	110	0	0	1	0	0
18	2018-5-15-2	学林公司	2018/5/21	90	2018/8/19	4731	4731	103	0	1	0	0	0
19	2018-5-20-2	学林公司	2018/5/17	60	2018/7/17	44264	44264	106	0	0	1	0	0
20	2018-5-28-2	合力企业	2018/5/19	60	2018/7/18	72310	72310	105	0	1	0	0	0
21	2018-5-30-2	学林公司	2018/5/20	60	2018/8/19	7603	7603	103	0	1	0	0	0
22	2018-5-40-2	建平科技公司	2018/5/23	60	2018/7/22	71803	71803	101	0	1	0	0	0
23	2018-5-41-2	一通公司	2018/5/24	90	2018/8/22	43926	43926	100	0	1	0	0	0
24	汇总					504012		2731	0	5	6	1	1

图 7.18 查询数据最终结果

当 B1 单元格更换不同的查询日期时，查询的结果也会随之发生变化。由于查询结果依旧是为图表分析计算区域提供数据基础，因此无须对该表进行过多的格式设置。

3．应付款超龄笔数分布图

"查询数据"表虽然已经给出了绘制图表所需的所有数据，但是直接通过这些数据绘制图表依旧很困难，为此可以创建一个计算区域将"查询数据"中的数据做进一步的加工处理，具体的操作方法如下：

Step 01 新建工作表，将工作表重命名为"图表分析"。

Step 02 在"图表分析"工作表中输入如图 7.19 所示的内容，完成计算区域格式设置。

	A	B	C	D	E	F
1	账龄	未到龄	30日内	60日内	90日内	90日以上
2						
3	余额	未到龄	30日内	60日内	90日内	90日以上
4						

图 7.19 计算区域

Step 03 选中 B2 单元格，在编辑栏内输入公式"=sjcx[[#汇总],[未到龄]]"，完成未到龄笔数的计算。

Step 04 选中 C2 单元格，在编辑栏内输入公式"=sjcx[[#汇总],[30 日内]]"，完成超龄 30 日内应付款笔数的计算。

Step 05 选中 D2 单元格，在编辑栏内输入公式"=sjcx[[#汇总],[60 日内]]"，完成超龄 30 日以上 60 日以内的应付款笔数的计算。

Step 06 选中 E2 单元格，在编辑栏内输入公式"=sjcx[[#汇总],[90 日内]]"，完成超龄 60 日以上 90 日内应付款笔数的计算。

Step 07 选中 F2 单元格，在编辑栏内输入公式"=sjcx[[#汇总],[90 日以上]]"，完成超龄 90 日以上应付款笔数的计算。

计算完成的超龄笔数结果如图 7.20 所示。

Excel 在会计和财务管理中的应用（第 4 版）

	A	B	C	D	E	F
1	账龄	未到龄	30日内	60日内	90日内	90日以上
2		6	6	0	1	0
3	余额	未到龄	30日内	60日内	90日内	90日以上
4						

图 7.20　超龄笔数计算结果

根据上述结果绘制超龄笔数分布图的操作步骤如下：

Step 01 打开"图表分析"工作表，单击"插入"选项卡，选择"图表"组中"饼图"下的"三维饼图"，如图 7.21 所示，完成图表类型的设置。

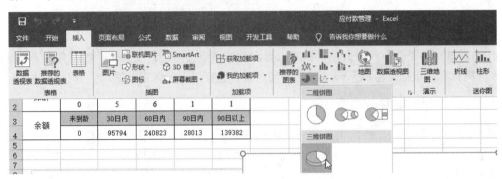

图 7.21　设置图表类型

Step 02 在"图表分析"工作表中出现了一个空白的图表区，选择"设计"选项卡，执行"数据"组内的"选择数据"命令，打开"选择数据源"对话框，如图 7.22 所示，单击"图表数据区域"文本框后的折叠按钮，选中"B1:F2"单元格区域，单击"确定"按钮，完成数据源的选择。

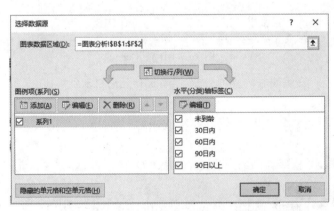

图 7.22　"选择数据源"对话框

Step 03 单击"设计"选项卡，选择"设计"组内"图表样式"下的"样式 8"，完成图表布局样式的设定。

Step 04 在图表区中的"图表标题"文本框上右击，执行"编辑文本"命令，将"图表标题"文字更改为"不同超龄时间应付账款所占比例"，将鼠标在图标区的任意空白位置单击，完成图表标题文字的设置。

Step 05 选中图表区域中的标题，右击，执行"设置图表标题格式"命令，打开"设置图表表格格式"窗口，在该窗口中设置一种合适的填充色，如图 7.23 所示。

图 7.23　设置标题区域格式

最终形成的"不同超龄时间的应付账款所占比例"图如图 7.24 所示。

图 7.24　超龄笔数图表

查询日期的变动会直接导致查询结果的变化，也就会影响计算区域的值，例如当用户的查询日期由 2018 年 7 月 28 日修改为 2018 年 9 月 1 日时，对应的图表如图 7.25 所示。

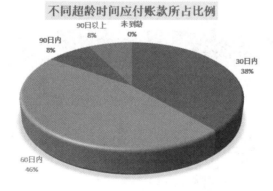

图 7.25　变更查询日期后的超龄笔数图表

4．应付款超龄金额分布图

超龄的笔数可以大致反映企业还款的意愿，但是超龄笔数多并不意味着企业还款压力大，超龄的金额可反映企业未来的偿付压力，也可以通过图表的形式将此直观地表达出来。绘制应付款超龄金额分布图的具体操作步骤如下：

Step 01 选中 B4 单元格，在编辑栏内输入公式 "=SUM(sjcx[未到龄]*sjcx[应付款余额])"，同时按 Ctrl+Shift+回车键，完成未到龄金额的计算。

说明

未到龄的金额就等于未到龄的各对冲号对应的笔数和对应的应付款余额相乘后的结果。

由于在同一列可能会有多笔未到龄的应付款，因此需要使用数组公式来解决这样的问题。下述其他各列的计算方法含义是一致的。

Step 02 选中 C4 单元格，在编辑栏内输入公式 "=SUM(sjcx[30 日内]*sjcx[应付款余额])"，同时按 Ctrl+Shift+回车键，完成超龄 30 日内应付款金额的计算。

Step 03 选中 D4 单元格，在编辑栏内输入公式 "=SUM(sjcx[60 日内]*sjcx[应付款余额])"，同时按 Ctrl+Shift+回车键，完成超龄 30 日以上 60 日以内的应付款金额的计算。

Step 04 选中 E4 单元格，在编辑栏内输入公式 "=SUM(sjcx[90 日内]*sjcx[应付款余额])"，同时按 Ctrl+Shift+回车键，完成超龄 60 日以上 90 日以内应付款金额的计算。

Step 05 选中 F4 单元格，在编辑栏内输入公式 "=SUM(sjcx[90 日以上]*sjcx[应付款余额])"，同时按 Ctrl+Shift+回车键，完成超龄 90 日以上应付款金额的计算。

在指定查询日期为 2018 年 7 月 28 日的条件下，计算结果如图 7.26 所示。

	A	B	C	D	E	F
1	账龄	未到龄	30日内	60日内	90日内	90日以上
2		6	6	0	1	0
3	余额	未到龄	30日内	60日内	90日内	90日以上
4		115360	259270	0	139382	0

图 7.26　超龄金额计算结果

根据计算区域的计算结果，绘制超龄金额图表具体的操作步骤如下：

Step 01 打开"图表分析"工作表，单击"插入"选项卡，选择"图表"组内"柱形图"下"二维柱形图"中的"簇形柱形图"命令，完成图表类型的设置，如图 7.27 所示。

图 7.27　选择图表类型

Step 02 在"图表分析"工作表中出现了一个空白的图表区，选择"设计"选项卡，执行"数据"组内的"选择数据"命令，打开如图 7.28 所示的"选择数据源"对话框，单击图表数据区域后的折叠按钮⬆，选中"B3:F4"单元格区域，单击"确定"按钮，完成数据源的选择。

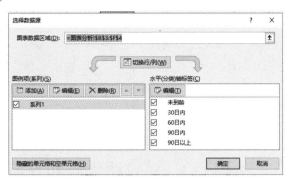

图 7.28　选择图表对应的数据区域

Step 03　选中图表，选择"设计"选项卡，执行"图表样式"组中的"样式 6"，完成图表样式的选择。

Step 04　选中图表标题，右击，执行"编辑文字"命令，将图表的标题更改为"不同超龄时间应付款余额"。

Step 05　选中图表，选择"设计"选项卡，选择"图表布局"组中的"添加图表元素"下的"图表标签"中的"数据标签外"命令，完成数据标签的显示设置。

Step 06　选中图表，选择"设计"选项卡，选择"图表布局"组中的"添加图表元素"下的"数据表"中的"显示图例项标示"命令，完成数据表的显示设置。最终完成绘制图表的操作，如图 7.29 所示。

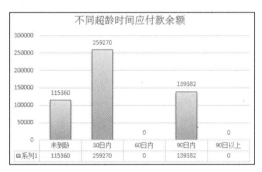

图 7.29　超龄金额图表

同样，当用户修改查询日期时，超龄金额图表的内容也会随之发生变化。例如，将查询日期修改为 2018 年 9 月 1 日，则显示的图表如图 7.30 所示。

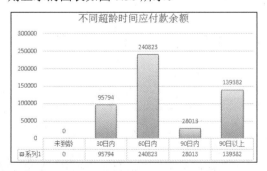

图 7.30　2018 年 9 月 1 日时超龄金额图表

习题

根据上面两节实验的内容，完成下述查询操作：
（1）创建"查询数据"工作表。
（2）绘制应付款超龄笔数分布图。
（3）绘制应付款超龄金额分布图。

实验 7-3　单位明细表和导航页面

实验原理

一般而言，为企业供货的单位基本是固定的，这就为企业提出了另一个问题，在某个时间段和时间点，企业欠不同供货单位的应付款金额有多少？单位明细表就起到了这样的作用，它分析了不同的单位在指定月份中应付款的发生情况，包括期初应付款金额、本期应付款发生额、本期期末应付款余额等。以单位汇总应付款进行分析，其目的在于根据应付款在不同单位之间的分布情况和归还情况来调整资金支付。

在应收款管理中并没有创建导航页面，事实上任何一个复杂的财务系统中都需要创建导航页面，其作用在于方便用户快速定位指定的功能页面。实现的途径一般有两种：第一种方法是通过创建工作表内链接，单击这些链接就可以到达指定的页面；第二种方法是设置表单按钮，将到达指定页面的宏附加到这些按钮上，单击这些按钮即可到达指定的页面。

实验目的与要求

（一）实验目的

利用单位明细表来反映不同单位在本月的应付款金额变动情况。

（二）实验要求

能够熟练使用表对象，掌握简单的宏的录制方法。

实验内容及数据来源

计算 2018 年 5 月 1 日各单位期初的应付款余额、本月应付款的发生额、本月支付的应付款金额以及应付款的期末余额。

实验操作指导

1．创建"单位明细表"

"单位明细表"反映的是不同单位在本月的应付款变动情况，创建单位明细表的具体操作步骤如下：

Step 01 新建一张工作表，将工作表的名称更改为"单位明细表"。

Step 02 在 A1 单元格中输入"应付各单位明细表"，选中 A1:E1 单元格区域，执行"开始"选项卡下"对齐方式"组中的"合并后居中"命令，将字体设置为"仿宋_GB2312"，字号大小为"20"。

Step 03 在 A2 单元格中输入"2018-5-1"，选中 A2:E2 单元格区域，执行"开始"选项卡下"对齐方式"组中的"合并后居中"命令，将字体设置为"仿宋_GB2312"，字号大小为"12"。

> **说明**
> 本表计算过程中无须引用"查询数据"中的内容，不需要使用公式将两表的日期保持一致。

Step 04 选中 A2 单元格，右击，执行"设置单元格格式"命令，选中"数字"选项卡，设置为"日期"分类中的"2012 年 3 月"类型，完成日期格式的设置。

Step 05 从 A3 单元格开始绘制表头，绘制完成的表头部分如图 7.31 所示。

图 7.31　表头部分内容

2．导入单位名称

单位名称并不是要显示所有的单位名称，而是需要提出在查询日之后的单位，为此可以使用 Microsoft Query 组件来获取单位名称，具体的操作方法如下：

Step 01 选中 A5 单元格，选择"数据"选项卡，执行"获取外部数据"组内"自其他来源"下的"来自 Microsoft Query"命令，打开如图 7.32 所示的"选择数据源"对话框，单击"数据库"标签页，选择"Excel Files*"，单击"确定"按钮，完成数据库类型的选择。

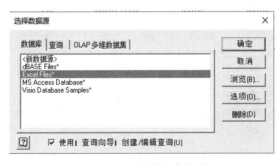

图 7.32　选择数据库类型

Step 02 在如图 7.33 所示的"选择工作簿"对话框中，选择工作簿"应付款管理.xlsm"所在的路径，单击"确定"按钮，打开"添加表"对话框，完成数据库位置的确定。

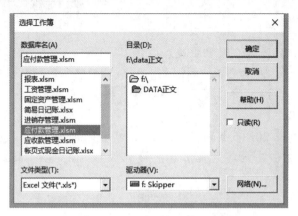

图 7.33　选择工作簿

Step 03　在如图 7.34 所示的"查询向导-选择列"对话框中,选择"应付款清单$"工作表,选择"单位名称"字段,单击"下一步"按钮,完成要显示的指定字段的确定。

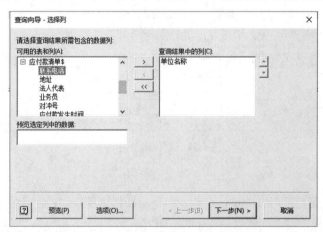

图 7.34　选择工作表和要显示的字段

Step 04　单击"下一步"按钮,完成要显示的列的选择,进入"查询向导-筛选数据"对话框,单击"下一步"按钮,跳过筛选的过程,打开"查询向导-排序顺序"对话框,在该步骤中不需要设置任何内容。单击"下一步"按钮,打开"查询向导-完成"对话框,在"请确定下一步的动作"选择中,选中"在 Microsoft Query 中查看数据或编辑查询",单击"完成"按钮,完成查询向导的操作,进入 Microsoft Query 界面。

Step 05　在"Microsoft Query"窗口中,执行"条件"菜单下的"添加条件"命令,打开如图 7.35 所示的"添加条件"对话框,在该对话框中,字段选择为"应付款发生时间",运算符指定为"小于或等于",指定值设置为"[rq]",完成条件的设置。

Step 06　单击"添加条件"对话框中的"添加"按钮,打开如图 7.36 所示的"输入参数值"对话框,单击"确定"按钮,完成参数值的输入。单击"添加条

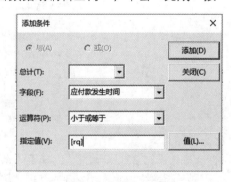

图 7.35　添加条件

第 7 章　应付款管理

件"对话框中的"关闭"按钮，关闭该对话框。

Step 07　执行"视图"菜单下的"查询属性"命令，打开如图 7.37 所示的"查询属性"对话框，勾选"不选重复的记录"复选框，单击"确定"按钮，完成不重复显示单位的设置。

图 7.36　输入参数值

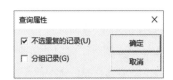

图 7.37　设置查询属性

Step 08　执行 Microsoft Query 窗口中文件菜单下的"将数据返回 Microsoft Excel"，打开如图 7.38 所示的"导入数据"对话框，将数据放置的位置设置为 A5 单元格，完成导入数据的操作。

Step 09　单击"导入数据"对话框中的"确定"按钮，打开如图 7.39 所示的"输入参数值"对话框，在"rq"下的文本框单击，选中工作表的 A2 单元格，并且勾选"在以后的刷新中使用该值或该引用"和"当单元格值更改时自动刷新"复选框，单击"确定"按钮，完成参数值的输入。

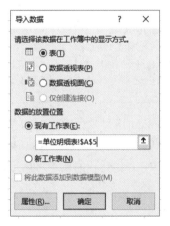

图 7.38　导入数据的起始单元格位置

图 7.39　输入参数值

Step 10　选中 A5 单元格，选中"设计"选项卡，在"属性"组内将表名称更改为"dwhz"，完成表对象的设置。

通过上述操作，最终的结果如图 7.40 所示。

单位名称	期初余额	本月发生		期末余额
		发生额	本月归还	
单位名称				
一通公司				
合力企业				
学林公司				
兴乐公司				
建平科技公司				

应付各单位明细表　2018年5月

图 7.40　导入单位名称后的表

239

3. 计算单位当月应付款变动

根据"应付款清单"和"收款记录"两个表来计算各单位在本月的应付款变动情况，具体的操作方法如下：

Step 01 选中 B6 单元格，在编辑栏内输入公式 "=SUMIFS(yfkqd[应付款金额],yfkqd[单位名称],[@单位名称],yfkqd[应付款发生时间],"<" &DATE(YEAR($A$2),MONTH($A$2),1))-SUMIFS(fkjl[付款金额],fkjl[单位名称],[@单位名称],fkjl[付款日期],"<" &DATE(YEAR($A$2),MONTH($A$2),1))-SUMIFS(fkjl[优惠金额],fkjl[单位名称],[@单位名称],fkjl[付款日期],"<" &DATE(YEAR($A$2),MONTH($A$2),1))"，完成指定单位期初余额的计算。

说明

计算某个单位的期初余额是一个非常复杂的过程，期初余额就等于指定单位在应付款清单中指定日期前形成的应付款金额减去收回的应付款余额减去付款记录表中的应付款金额和优惠金额。

"SUMIFS(yfkqd[应付款金额],yfkqd[单位名称],[@单位名称],yfkqd[应付款发生时间],"<" &DATE(YEAR($A$2),MONTH($A$2),1))" 表示"应付款清单"工作表中指定单位在本月初之前支付的应付款金额之和。其中，计算单位名称和指定的单位名称一致，并且应付款清单中发生的日期为指定的月份 1 号之前，"DATE(YEAR($A$2),MONTH($A$2),1"表示指定月份的 1 号。

"SUMIFS(fkjl[付款金额],fkjl[单位名称],[@单位名称],fkjl[付款日期],"<" &DATE(YEAR($A$2),MONTH($A$2),1))" 表示"付款记录"工作表中指定单位在本月初之前支付的应付款金额之和。

"SUMIFS(fkjl[优惠金额],fkjl[单位名称],[@单位名称],fkjl[付款日期],"<" &DATE(YEAR($A$2),MONTH($A$2),1))" 表示"付款记录"工作表中指定单位在本月初之前支付的应付款优惠金额总和。

Step 02 选中 C6 单元格，在编辑栏内输入公式 "=SUMIFS(yfkqd[应付款金额],yfkqd[单位名称],[@单位名称],yfkqd[应付款发生时间],">=" &DATE(YEAR($A$2),MONTH($A$2),1),yfkqd[应付款发生时间],"<=" &DATE(YEAR($A$2),MONTH($A$2)+1,0))"，完成本月指定单位支付的应付款发生额的计算。

说明

本月应付款发生额的数值从"应付款清单"中获取，其中"DATE(YEAR($A$2),MONTH($A$2),1)"和"DATE(YEAR($A$2),MONTH($A$2)+1,0))"分别表示指定月份的第一天和最后一天。

Step 03 选中 D6 单元格，在编辑栏内输入公式 "=SUMIFS(fkjl[付款金额],fkjl[单位名称],[@单位名称],fkjl[付款日期],">=" &DATE(YEAR($A$2),MONTH($A$2),1),fkjl[付款日期],"<=" &DATE(YEAR($A$2),MONTH($A$2)+1,0))+SUMIFS(fkjl[优惠金额],fkjl[单位名称],[@单位名称],fkjl[付款日期],">=" &DATE(YEAR($A$2),MONTH($A$2),1),fkjl[付款日期],"<=" &DATE(YEAR($A$2),MONTH($A$2)+1,0))"，完成本月指定单位还款额的计算。

说明

还款金额包括两方面的内容，一方面是实际支付的金额；另一方面是对方企业给予的优惠金额。

"SUMIFS(fkjl[付款金额],fkjl[单位名称],[@单位名称],fkjl[付款日期],">=" &DATE(YEAR($A$2),MONTH($A$2),1),fkjl[付款日期],"<=" &DATE(YEAR($A$2),MONTH($A$2)+1,0))"计算的是企业实际支付的金额。

"SUMIFS(fkjl[优惠金额],fkjl[单位名称],[@单位名称],fkjl[付款日期],">=" &DATE(YEAR($A$2),MONTH($A$2),1),fkjl[付款日期],"<=" &DATE(YEAR($A$2),MONTH($A$2)+1,0))"计算的是对方企业给予的优

惠金额。

Step 04　选中 E6 单元格，在编辑栏内输入公式"=[@列 1]+[@列 2]-[@列 3]"，完成期末应付款余额的计算。

说明

期末应付款余额就等于期初余额加上本月发生额减去本月还款额。

Step 05　选中 A5 单元格，单击"设计"选项卡，勾选"表样式选项"组内的"汇总行"命令，为表对象添加一个汇总行。选中 A11 单元格，将内容更改为"合计"。

Step 06　选中 B11 单元格，将汇总方式选择为"求和"，对于表对象中列 2 到列 4 各列，同样将汇总方式更改为"求和"。

Step 07　选中 A5 单元格，单击"设计"选项卡，执行"外部表数据"组中的"属性"命令，打开如图 7.41 所示的"外部数据属性"对话框，保持"数据格式和布局"中的"调整列宽"复选框不被选中，完成列宽的设置。

图 7.41　不自动调整列宽

Step 08　选中第 5 行，右击，执行"隐藏"命令，完成表对象标题行的隐藏操作。通过上述步骤，最终的结果如图 7.42 所示。

	A	B	C	D	E
1	应付各单位明细表				
2		2018年5月			
3	单位名称	期初余额	本月发生		期末余额
4			发生额	本月归还	
6	一通公司	7,128.00	83,460.00	-	90,588.00
7	合力企业	776,419.00	110,323.00	-	886,742.00
8	学林公司	139,382.00	41,900.00	-	181,282.00
9	兴乐公司	71,803.00	44,264.00	-	116,067.00
10	建平科技公司	35,901.00	102,213.00	-	138,114.00
11	合计	1,030,633.00	382,160.00	-	1,412,793.00

图 7.42　计算结果

单位明细表是不依赖于"查询数据"工作表的，用户只需要更改 A2 单元格的日期即可获得在指定日下应付款单位明细表的最新内容。

4. 设置导航功能

凭证和账簿所涉及的内容非常多，为了将众多内容有机地组织在一起，可以考虑为工作簿创建一个导航页面。创建该页面的过程如下：

Step 01 创建一张新的工作表，将工作表的名称更改为"首页"。

Step 02 单击"文件"按钮，单击"Excel 选项"按钮，打开"Excel 选项"对话框，在对话框左侧选择"高级"，在右侧的"此工作表的显示选项"下，去除已经勾选的"显示行和列标题"和"显示网格线"复选框，如图 7.43 所示，单击"确定"按钮，完成去除网格线和行列标题的操作。

图 7.43 不显示网格线和行列标题

Step 03 选择"插入"选项卡，执行"插图"组中的"联机图片"命令，打开如图 7.44 所示的搜索窗口，在"搜索范围"内输入"计算机"，按 Enter 键确认后，选择一张合适的图片，单击"插入"按钮，完成图片的插入操作。

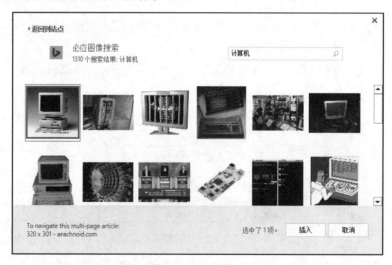

图 7.44 插入图片

Step 04 将图片放置在合适的位置，并拉升到合适的大小，并在图片下端输入文字"应付款管理"，完成后的结果如图 7.45 所示。

图 7.45 插入图片后的首页

Step 05 选中"开发工具"选项卡，执行"插入"组中的"表单控件"，选择按钮控件，在工作表中拖曳出一个命令按钮，将命令按钮内的文字更改为"应付款取得登记"。

Step 06 选中"开发工具"选项卡，执行"插入"组中的"表单控件"，选择按钮控件，在工作表中拖曳出一个命令按钮，将命令按钮内的文字更改为"应付款付款登记"。

Step 07 选中"开发工具"选项卡，执行"插入"组中的"表单控件"，选择按钮控件，在工作表中拖曳出一个命令按钮，将命令按钮内的文字更改为"修改单位名称"。

Step 08 选中"开发工具"选项卡，执行"插入"组中的"表单控件"，选择按钮控件，在工作表中拖曳出一个命令按钮，将命令按钮内的文字更改为"图表分析"。

Step 09 选中"开发工具"选项卡，执行"插入"组中的"表单控件"，选择按钮控件，在工作表中拖曳出一个命令按钮，将命令按钮内的文字更改为"单位分析"。

Step 10 选中"查询数据"工作表，选中 B2 单元格，在编辑栏内输入公式"=首页!G12"，完成查询日期的指定。

创建完成后的导航页如图 7.46 所示。

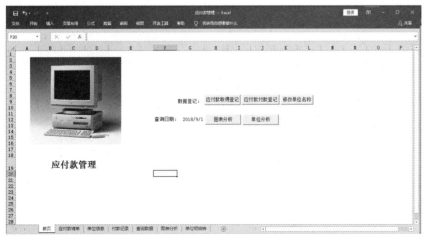

图 7.46 添加导航按钮后的导航页面

导航页中的按钮设置完成后，需要为这些按钮创建和指定宏才能实现单击按钮到达指定页面的功能，具体的操作过程如下：

Step 01 选择"开发工具"选项卡，执行"代码"组内的"录制宏"命令，打开"录制宏"对话框，将宏名称更改为"打开应付款取得登记表"，单击"确定"按钮，开始录制宏。

Step 02 选中"应付款清单"工作表，完成打开指定工作表的操作。

Step 03 单击在"开发工具"选项卡中"代码组"内的"停止录制"命令，完成宏的录制。

Step 04 在"应付款取得登记"按钮上右击，执行"指定宏"命令，打开"指定宏"对话框，选择"打开应付款取得登记表"项，单击"确定"按钮，完成指定宏的设置。

Step 05 选择"开发工具"选项卡，执行"代码"组内的"录制宏"命令，打开"录制宏"对话框，将宏名称更改为"打开应付款付款登记表"，单击"确定"按钮，开始录制宏。

Step 06 选中"付款记录"工作表，完成打开指定工作表的操作。

Step 07 单击在"开发工具"选项卡中"代码组"内的"停止录制"命令，完成宏的录制。

Step 08 在"应付款付款登记"按钮上右击，执行"指定宏"命令，打开"指定宏"对话框，选择"打开应付款付款登记表"项，单击"确定"按钮，完成指定宏的设置。

Step 09 选择"开发工具"选项卡，执行"代码"组内的"录制宏"命令，打开"录制宏"对话框，将宏名称更改为"打开单位名称表"，单击"确定"按钮，开始录制宏。

Step 10 选中"单位信息"工作表，完成打开指定工作表的操作。

Step 11 单击在"开发工具"选项卡中"代码组"内的"停止录制"命令，完成宏的录制。

Step 12 在"修改单位名称"按钮上右击，执行"指定宏"命令，打开"指定宏"对话框，选择"打开单位名称表"项，单击"确定"按钮，完成指定宏的设置。

Step 13 选择"开发工具"选项卡，执行"代码"组内的"录制宏"命令，打开"录制宏"对话框，将宏名称更改为"打开图表分析"，单击"确定"按钮，开始录制宏。

Step 14 选中"图表分析"工作表，完成打开指定工作表的操作。

Step 15 单击在"开发工具"选项卡中"代码组"内的"停止录制"命令，完成宏的录制。

Step 16 在"图表分析"按钮上右击，执行"指定宏"命令，打开"指定宏"对话框，选择"打开图表分析"项，单击"确定"按钮，完成指定宏的设置。

Step 17 选择"开发工具"选项卡，执行"代码"组内的"录制宏"命令，打开"录制宏"对话框，将宏名称更改为"打开单位分析"，单击"确定"按钮，开始录制宏。

Step 18 选中"单位明细表"工作表，完成打开指定工作表的操作。

Step 19 单击在"开发工具"选项卡中"代码组"内的"停止录制"命令，完成宏的录制。

Step 20 在"单位分析"按钮上右击，执行"指定宏"命令，打开"指定宏"对话框，选择"打开单位分析"项，单击"确定"按钮，完成指定宏的设置。

习题

根据前面几节实验的内容，创建"单位明细表"，并为应付款管理设置导航页面。

第8章 进销存管理

进销存管理涉及企业商品进货、销售和存货的管理过程。进销存管理对企业来说是非常重要的，其不仅仅涉及企业的资产安全，还涉及企业各种商品的销售数量、成本毛利、库存数量以及成本。企业通过进销存管理获得的数据不断地调整商品结构，提高商业运作效率。本章实验介绍企业如何通过 Excel 进行简易的进销存管理，并最终生成报表，计算发出商品的成本。

实验 8-1 进货管理

实验原理

进货管理是进销存管理的起点，它描述了企业的商品入库登记情况。在实验中，企业购入商品都会登记到一个名为"入库表"的表格内，该表中描述了购入商品的名称、计量单位、规格型号、单价和总价等信息。

值得注意的是，同样的商品在不同的时间点购入，其成本并非是一致的，这里包含批次的概念。在入库表中设置的批次信息和企业的发出商品成本计算方法相关。

如果采用加权平均法计算成本，是无须考虑批次信息的。但如果企业采用的是先进先出法，则必须分清楚不同批次，因为不同时间点购入商品的价格不一致，这就意味着发出不同批次商品的时候成本也不一致，只有分不同批次计算，才能够非常精准地计算出相关的成本。

随着现代管理手段的应用，从财务人员角度来说，计算不同批次的商品成本并非难事。但在实际操作中，发出商品的时候，具体发出哪个批次就有很大的问题，比如需要为不同批次的商品设置不同的标识符或者不同的存放空间，这就给企业仓储管理带来了压力，特别是对于一些收发频繁的企业来说会更加困难，有时精确计算成本的优势不足以抵消管理成本的上升，企业就会放弃这样的管理方式。在本实验中，入库表添加了商品的批次信息，同时会在稍后的实验中介绍先进先出法和加权平均法的计算方式。

批次是每批商品唯一的标识符，为了简单起见，本实验中的标识符采用商品编号加入库日期作为标识符，这种标识符只适用于某商品在一天中 1 次入库，如果有入库次数超过 1 次的情况，则需要设置更加复杂的标识符来表示这样的情况。

和应收应付款管理中设计的方法相同，在进销存管理中首先要确认商品的目录，今后进的任意一种商品都必须是商品目录中的商品，如果购入了非商品目录中的商品，则必须在登记入库之前先更新商品目录。

商品目录设置完成后，每次的商品入库就相当于商品的取得登记，企业任意一件可以出库的商品都应当在入库表中反映。在账务处理中，企业是根据一张事先设置好的凭证来添加数据的，而不是直接在"凭证库"中添加数据，同理在进销存管理中，企业应事先设置"入库单"，通过入库单来为入库表添加数据。

实验目的与要求

（一）实验目的
了解入库单和入库表的作用。
（二）实验要求
能够进行录制宏的操作以及为表单控件指定宏。

实验内容及数据来源

公司的商品目录如下：
（1）商品编号为：JP32，商品名称为：主机，计量单位为：个，规格型号为：PC101。
（2）商品编号为：JP33，商品名称为：智能路由器，计量单位为：台，规格型号为：XM104。
（3）商品编号为：JP34，商品名称为：智能摄像头，计量单位为：台，规格型号为：XY500。
（4）商品编号为：JP35，商品名称为：打印机，计量单位为：套，规格型号为：DY1001。
（5）商品编号为：MT3，商品名称为：笔记本，计量单位为：台，规格型号为：WB1202。
（6）商品编号为：MT4，商品名称为：复印机，计量单位为：台，规格型号为：FY780。
（7）商品编号为：MT5，商品名称为：网络设备，计量单位为：套，规格型号为：NET20。
（8）商品编号为：KK2，商品名称为：普通PC机，计量单位为：台，规格型号为：PC205。
（9）商品编号为：KK3，商品名称为：小型服务器，计量单位为：台，规格型号为：SE3307。
（10）商品编号为：KK4，商品名称为：投影仪，计量单位为：台，规格型号为：TS7102。

企业在上年年末存了一些库存商品，由于本系统为本年年初首次启用，因此将上年末的所有商品给予重新入库并进行编号，具体的商品库存信息如下：

（1）入库单号 R2018000 的商品编号为：JP32，商品名称为：主机，数量为：80 个，单价为：1826 元，总金额为：146080 元。
（2）入库单号 R2018000 的商品编号为：JP33，商品名称为：智能路由器，数量为：120 个，单价为：120 元，总金额为：14400 元。
（3）入库单号 R2018000 的商品编号为：JP34，商品名称为：智能摄像头，数量为：270 个，单价为：82 元，总金额为：22140 元。
（4）入库单号 R2018000 的商品编号为：JP35，商品名称为：打印机，数量为：150 个，单价为：1095 元，总金额为：164250 元。
（5）入库单号 R2018001 的商品编号为：MT3，商品名称为：笔记本，数量为：100 个，单价为：3400 元，总金额为：340000 元。
（6）入库单号 R2018001 的商品编号为：MT4，商品名称为：复印机，数量为：80 个，单价为：6520 元，总金额为：521600 元。
（7）入库单号 R2018001 的商品编号为：MT5，商品名称为：网络设备，数量为：120 个，单价为：1250 元，总金额为：150000 元。
（8）入库单号 R2018002 的商品编号为：KK2，商品名称为：普通 PC 机，数量为：120 个，单价为：2980 元，总金额为：357600 元。

（9）入库单号 R2018002 的商品编号为：KK3，商品名称为：小型服务器，数量为：20 个，单价为：15260 元，总金额为：305200 元。

（10）入库单号 R2018002 的商品编号为：KK4，商品名称为：投影仪，数量为：60 个，单价为：4300 元，总金额为：258000 元。

公司在 1 月入库的商品情况如下：

（1）入库单号 R2018003 的商品编号为：MT4，商品名称为：复印机，数量为：20 个，单价为：6430 元，总金额为：128600 元。

（2）入库单号 R2018004 的商品编号为：JP34，商品名称为：智能摄像头，数量为：150 个，单价为：80 元，总金额为：12000 元。

（3）入库单号 R2018005 的商品编号为：KK2，商品名称为：普通 PC 机，数量为：80 个，单价为：3050 元，总金额为：244000 元。

（4）入库单号 R2018006 的商品编号为：MT5，商品名称为：网络设备，数量为：60 个，单价为：1065 元，总金额为：63900 元。

（5）入库单号 R2018007 的商品编号为：KK2，商品名称为：普通 PC 机，数量为：50 个，单价为：3120 元，总金额为：156000 元。

（6）入库单号 R2018008 的商品编号为：JP32，商品名称为：主机，数量为：30 个，单价为：1800 元，总金额为：54000 元。

（7）入库单号 R2018009 的商品编号为：JP35，商品名称为：打印机，数量为：20 个，单价为：1055 元，总金额为：21100 元。

（8）入库单号 R2018010 的商品编号为：KK3，商品名称为：小型服务器，数量为：5 个，单价为：16000 元，总金额为：80000 元。

要求将上述数据写入"入库表"中。

实验操作指导

1. 创建商品目录表

商品目录是进销存管理的起点，只有包含在商品目录中的商品才可以纳入进销存管理中，建立商品目录的工作表的具体操作步骤如下：

Step 01 打开 Excel，将工作簿保存为"进销存管理.xlsm"。

Step 02 将"Sheet1"工作表重命名为"商品目录"，完成建立"商品目录"工作表。

Step 03 在 A1:D1 单元格区域内输入"商品编号""计量单位""商品名称"和"规格型号"4 个字段内容。

Step 04 选中 A1 单元格，选中"插入"选项卡，执行"表格"组内的"表格"命令，打开如图 8.1 所示的"创建表"对话框，勾选"表包含标题"项，单击"确定"按钮，创建一个表对象。

Step 05 选中 A1 单元格，选中"设计"选项卡，在"属性"组内将表名称更改为"spml"，完成表对象的设置。

Step 06 从 A2 单元格开始输入商品信息，输入完成后如图 8.2 所示。

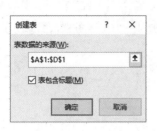

图 8.1　创建表

	A	B	C	D
1	商品编号	计量单位	商品名称为	规格型号
2	JP32	个	主机	PC101
3	JP33	台	智能路由器	XM104
4	JP34	台	智能摄像头	XY500
5	JP35	套	打印机	DY1001
6	MT3	台	笔记本	WB1202
7	MT4	台	复印机	FY780
8	MT5	套	网络设备	NET20
9	KK2	台	普通PC机	PC205
10	KK3	台	小型服务器	SE3307
11	KK4	台	投影仪	TS7102

图 8.2　“商品目录”工作表

2．创建入库单

企业商品登记到入库表中的凭据就是入库单，入库单一般具有标准的格式，可以打印，创建入库单的具体操作步骤如下：

Step 01 新建工作表，重命名为“入库单”，完成建立“入库单”工作表。

Step 02 在 A1 单元格内输入“商品入库单”，选中 A1:I1 单元格区域，执行“开始”选项卡下“对齐方式”组中的“合并后居中”命令，字号大小为“20”，完成表头的设计。

Step 03 在 A2 单元格内输入“入库日期：”，具体的入库日期要输入在 D2 单元格内，在 G2 单元格内输入“入库单号：”，具体的入库单号要输入在 H2 单元格内。

说明

B 列和 C 列在设计完成后将会被隐藏。

Step 04 从 A3 单元格开始输入表头字段名称，分别为“商品编号”“入库单编号”“入库日期”“商品名称”“规格型号”“计量单位”“数量”“单价”和“金额”。最终设计完成的表头如图 8.3 所示。

	A	B	C	D	E	F	G	H	I
1	商品入库单								
2	入库日期：						入库单号：		
3	商品编号	入库单编号	入库日期	商品名称	规格型号	计量单位	数量	单价	金额
4									

图 8.3　商品入库单表头

Step 05 选中 B4 单元格，在编辑栏内输入公式“=IF(A4<>"",$H$2,"")”，完成入库单编号的设置。

Step 06 选中 C4 单元格，在编辑栏内输入公式“=IF(A4<>"",$D$2,"")”，完成入库单日期的设置。

Step 07 选中 D4 单元格，在编辑栏内输入公式“=IFERROR(VLOOKUP(A4,spml[#全部],3,FALSE),"")”，完成商品名称的提取。

Step 08 选中 E4 单元格，在编辑栏内输入公式“=IFERROR(VLOOKUP(A4,spml[#全部],4,FALSE),"")”，完成商品规格型号的提取。

Step 09 选中 F4 单元格，在编辑栏内输入公式“=IFERROR(VLOOKUP(A4,spml[#全部],2,FALSE),"")”，完成计量单位的设置。

Step 10 选中 I4 单元格，在编辑栏内输入公式“=G4*H4”，完成金额的计算。

Step 11 选中 B4:F4 单元格区域，在选中区域的右下角向下拖曳，将公式复制到 B9:F9 区域内。

> **说明**
>
> 使用 Excel 进行设计的时候必须预先指定最大可输入的行数，在本实验中，最大可输入的行数指定为 6 行。

Step 12 选中 I4 单元格，在选中区域的右下角向下拖曳，将公式复制到 I9 区域内。

Step 13 选中 H4:I9 单元格区域，右击，执行"设置单元格格式"命令，将数字类型设置为"会计专用"，不显示货币符号类型。

Step 14 选中 B 列和 C 列，右击，执行"隐藏"命令，隐藏指定的列。

Step 15 在 D11 单元格内输入"制单："，在 F11 单元格内输入"验收："。

Step 16 选中 I10 单元格，输入数据 0，选中第 10 行，右击，执行"行高"命令，打开如图 8.4 所示的"行高"对话框，将行高数据设置为 1，完成行高的设置。

图 8.4 设置行高

> **说明**
>
> 在 I10 单元格内输入数据 0 是必要的。用户在这个步骤中不能选择隐藏该行，否则在录制宏的时候将无法得到正确的结果。

Step 17 选中"开发工具"选项卡，选择"插入"组下的"表单控件"中的"按钮"控件，在 H11 单元格处添加一个命令按钮，将按钮上的标题更改为"添加记录"。

Step 18 同样的操作方法，选中"开发工具"选项卡，选择"插入"组下的"表单控件"中的"按钮"控件，在 I11 单元格处添加一个命令按钮，将按钮上的标题更改为"打印"。

通过上述设计，最终的结果如图 8.5 所示。

图 8.5 设计完成后的商品入库单

3．创建入库表

入库单的内容最终需要添加到入库表内才能在今后参与计算。入库单的格式是企业自定义的，而入库表是一个标题行加若干数据行构成的标准数据表样式，因此入库表要能充分反映入库单中的信息，设计入库表的过程如下：

Excel 在会计和财务管理中的应用（第 4 版）

Step 01　新建一张工作表，将工作表重命名为"入库表"。

Step 02　在 A1:J1 单元格区域内输入"商品编号""入库单号""入库日期""商品名称""规格型号""计量单位""数量""单价""金额"和"批次"等字段内容。

说明

批次字段在入库单中并不存在，这个字段的内容是通过公式自动计算的，其内容为商品编号和入库日期联合组成的。由于本实验是假定某类商品在某日内只会入库一次，因此设置方法的批次字段内容是唯一的，如果用户的实际情况有一天中同一商品多次入库的情况，则需更改批次字段的产生方式，以确保批次字段的唯一性。

Step 03　选中 A1 单元格，选中"插入"选项卡，执行"表格"组内的"表格"命令，打开"创建表"对话框，单击"确定"按钮，创建一个表对象。

Step 04　选中 A1 单元格，选中"设计"选项卡，在"属性"组内将表名称更改为"rkb"，完成表对象的设置。

Step 05　在 A2 单元格内输入数据"a"，在 I2 单元格内输入数值 0，完成第 1 行数据的添置。

Step 06　选中 J2 单元格，在编辑栏内输入公式"=[@商品编号]&[@入库日期]"，完成批次的指定。最终设计完成的表如图 8.6 所示。

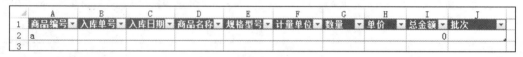

图 8.6　商品入库表

4．商品入库

要将不规则样式的入库单自动转换为入库表，这就需要通过录制宏来实现，以入库单编号为 R2018000 的入库单为例。将该笔记录导入"入库表"的操作方法如下：

Step 01　打开"入库单"工作表，在界面中输入如图 8.7 所示的入库记录，输入所有字段内容后，完成入库单的输入操作。

	A	D	E	F	G	H	I
1			商品入库单				
2	入库日期:	2017/12/31			入库单号:	R2017000	
3	商品编号	商品名称	规格型号	计量单位	数量	单价	金额
4	JP32	主机	PC101	个	80	1820	145,600.00
5	JP33	智能路由器	XM104	台	120	120	14,400.00
6	JP34	智能摄像头	XY500	台	270	82	22,140.00
7	JP35	打印机	DY1001	套	150	1095	164,250.00
8							-
9							-
10							
11	制单:			检收:		添加记录	打印

图 8.7　入库单内容

Step 02　选中 A1:I11 单元格区域，单击"页面布局"选项卡，执行"页面设置"组内"打印区域"下的"设置打印区域"命令，完成打印区域的设置。

Step 03　选择"开发工具"选项卡，执行"代码"组内的"录制宏"命令，打开如图 8.8 所示的

第 8 章 进销存管理

Step 04 "录制宏"对话框,将宏名称更改为"打印入库单",单击"确定"按钮,开始录制宏。

Step 04 单击"文件"按钮,执行"打印"下的"打印"命令,完成入库单的打印操作。

Step 05 单击在"开发工具"选项卡中的"代码组"内的"停止录制"命令,完成宏的录制。

Step 06 在"添加记录"按钮上右击,执行"指定宏"命令,打开如图 8.9 所示的"指定宏"对话框,选择"打印入库单"项,单击"确定"按钮,完成指定宏的设置。

图 8.8　打印入库单　　　　　　图 8.9　指定宏

打印的入库单可以代替手写的入库单,打印出来的入库单如图 8.10 所示。

商品入库单

商品编号	商品名称	规格型号	计量单位	数量	单价	金额
JP32	主机	PC101	个	80	1820	145,600.00
JP33	智能路由器	XM104	台	120	120	14,400.00
JP34	智能摄像头	XY500	台	270	82	22,140.00
JP35	打印机	DY1001	套	150	1095	164,250.00
						-
						-

入库日期:2017/12/31　　入库单号:R2017000

制单:　　　　　验收:

图 8.10　打印入库单

入库单的作用当然不仅仅是用于打印,还必须能够将其内容导入"入库表"中,导入入库表的具体操作步骤如下:

Step 01 选择"开发工具"选项卡,执行"代码"组内的"录制宏"命令,打开如图 8.11 所示的"录制宏"对话框,将宏名称更改为"添加入库记录",单击"确定"按钮,开始录制宏。

Excel 在会计和财务管理中的应用（第 4 版）

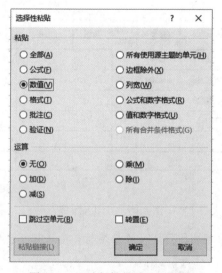

图 8.11 "录制宏"对话框

Step 02 选中 A11 单元格，单击一次向上方向键。

=== 说明 ===

A10 单元格在前面的设计过程中已经将其行高设置为 1，用户其实是看不到该单元格的，要选中该单元格，可以先选中 A11 单元格，然后按向上方向键到达 A10 单元格，这就是选择区域的起点。

Step 03 按住 Shift 键的同时单击 I4 单元格，右击，执行"复制"命令，完成复制选中指定区域。

Step 04 选择"入库表"工作表，选中 A1 单元格。

Step 05 在"开发工具"选项卡的代码组内，选择"使用相对引用"命令，进入相对引用模式中。

Step 06 同时按键盘上的 Ctrl+向下方向键，再单独按一次向下方向键，在空白单元格内右击，执行"选择性粘贴"命令，打开如图 8.12 所示的"选择性粘贴"对话框，选择"数值"项，单击"确定"按钮，完成数据的粘贴操作。

图 8.12 "选择性粘贴"对话框

Step 07 在"开发工具"选项卡的代码组内，取消选择"使用相对引用"命令，进入绝对引用模式中。

Step 08 选中 I1 单元格，单击下拉箭头，执行"数字筛选"组下的"等于"命令，打开如图 8.13 所

第 8 章　进销存管理

示的"自定义自动筛选方式"对话框，设置条件为等于 0，单击"确定"按钮，完成条件的设置。

Step 09　按键盘上的组合键 Ctrl+G 键，打开如图 8.14 所示的"定位"对话框，将引用位置设置为"rkb[#数据]"，单击"确定"按钮，完成定位条件的设置。

图 8.13　设置筛选条件　　　　　　　图 8.14　定位条件

Step 10　在选中区域中右击，执行"删除"下的"工作表整行"命令，完成删除总金额为 0 的行。

Step 11　选中 H1 单元格，单击"数据"选项卡，执行"排序和筛选"组内的"清除"命令，恢复显示数据。

Step 12　选中"入库单"工作表，选中 A4:A9 单元格区域，单击键盘上的 Delete 键，删除"商品编号"列的数据；选中 G4:H4 单元格区域，单击键盘上的 Delete 键，删除"数量"和"单价"列的数据；同时选中 D2 单元格和 H2 单元格，单击键盘上的 Delete 键，删除入库单号和入库日期信息。

Step 13　单击在"开发工具"选项卡中"代码组"内的"停止录制"命令，完成宏的录制。

Step 14　在"添加记录"按钮上右击，执行"指定宏"命令，打开如图 8.15 所示的"指定宏"对话框，选择"添加入库记录"项，单击"确定"按钮，完成指定宏的设置。

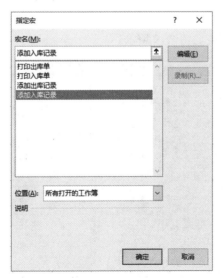

图 8.15　指定宏

253

通过上述操作，就将数据导入"入库表"中了，入库表中的数据如图 8.16 所示。

	A	B	C	D	E	F	G	H	I	J
1	商品编号	入库单号	入库日期	商品名称	规格型号	计量单位	数量	单价	总金额	批次
2	JP32	R2018000	2017/12/31	主机	PC101	个	80	1820	145600	JP3243100
3	JP33	R2018000	2017/12/31	智能路由器	XM104	台	120	120	14400	JP3343100
4	JP34	R2018000	2017/12/31	智能摄像头	XY500	台	270	82	22140	JP3443100
5	JP35	R2018000	2017/12/31	打印机	DY1001	套	150	1095	164250	JP3543100

图 8.16 导入入库表中的数据

5．操作示例

以入库单号为 R2018001 的数据为例，在"商品入库单"中输入的数据如图 8.17 所示。

	A	B	C	D	E	F	G	H	I
1					商品入库单				
2	入库日期：	2017/12/31				入库单号：	R2017001		
3	商品编号	商品名称	规格型号	计量单位	数量	单价	金额		
4	MT3	智能摄像头	XY500	台	100	3400	340000		
5	MT4	打印机	DY1001	台	80	6520	521600		
6	MT5	笔记本	WB1202	套	120	1250	150000		
7									
8								-	
9								-	
10									
11	制单：			验收：		添加记录	打印		

图 8.17 添加编号为 R2018001 的入库单

单击"添加记录"按钮，完成向"入库表"中添加数据，最终的结果如图 8.18 所示。

	A	B	C	D	E	F	G	H	I	J
1	商品编号	入库单号	入库日期	商品名称	规格型号	计量单位	数量	单价	总金额	批次
2	JP32	R2018000	2017/12/31	主机	PC101	个	80	1820	145600	JP3243100
3	JP33	R2018000	2017/12/31	智能路由器	XM104	台	120	120	14400	JP3343100
4	JP34	R2018000	2017/12/31	智能摄像头	XY500	台	270	82	22140	JP3443100
5	JP35	R2018000	2017/12/31	打印机	DY1001	套	150	1095	164250	JP3543100
6	MT3	R2018001	2017/12/31	笔记本	WB1202	台	100	3400	340000	MT343100
7	MT4	R2018001	2017/12/31	复印机	FY780	台	80	6520	521600	MT443100
8	MT5	R2018001	2017/12/31	网络设备	NET20	套	120	1250	150000	MT543100

图 8.18 添加 R2018001 后的入库单记录

导入全部入库单后的入库表如图 8.19 所示。

	A	B	C	D	E	F	G	H	I	J
1	商品编号	入库单号	入库日期	商品名称	规格型号	计量单位	数量	单价	总金额	批次
2	JP32	R2018000	2017/12/31	主机	PC101	个	80	1820	145600	JP3243100
3	JP33	R2018000	2017/12/31	智能路由器	XM104	台	120	120	14400	JP3343100
4	JP34	R2018000	2017/12/31	智能摄像头	XY500	台	270	82	22140	JP3443100
5	JP35	R2018000	2017/12/31	打印机	DY1001	套	150	1095	164250	JP3543100
6	MT3	R2018001	2017/12/31	笔记本	WB1202	台	100	3400	340000	MT343100
7	MT4	R2018001	2017/12/31	复印机	FY780	台	80	6520	521600	MT443100
8	MT5	R2018001	2017/12/31	网络设备	NET20	套	120	1250	150000	MT543100
9	KK2	R2018002	2017/12/31	普通PC机	PC205	台	120	2980	357600	KK243100
10	KK3	R2018002	2017/12/31	小型服务器	SE3307	台	20	15260	305200	KK343100
11	KK4	R2018002	2017/12/31	投影仪	TS7102	台	60	4300	258000	KK443100
12	MT4	R2018003	2018/1/5	复印机	FY780	台	20	6430	128600	MT443105
13	JP34	R2018004	2018/1/8	智能摄像头	XY500	个	150	80	12000	JP3443108
14	KK2	R2018005	2018/1/11	普通PC机	PC205	台	80	3050	244000	KK243111
15	MT5	R2018006	2018/1/17	网络设备	NET20	套	60	1065	63900	MT543117
16	KK2	R2018007	2018/1/17	普通PC机	PC205	台	50	3120	156000	KK243117
17	JP32	R2018008	2018/1/19	主机	PC101	台	30	1800	54000	JP3243119
18	JP35	R2018009	2018/1/28	打印机	DY1001	台	20	1055	21100	JP3543128
19	KK3	R2018010	2018/1/30	小型服务器	SE3307	台	5	16000	80000	KK343130

图 8.19 本年年初库存商品和本月进货商品

习题

公司的进货商品目录如下：

（1）商品编号为 ZP01，商品名称为：PC 主机，计量单位为：台，规格型号为：PC001。

（2）商品编号为 ZP02，商品名称为：智能路由器，计量单位为：台，规格型号为：LY201。

（3）商品编号为 ZP03，商品名称为：智能摄像头，计量单位为：台，规格型号为：SX501。

（4）商品编号为 XM01，商品名称为：打印机，计量单位为：台，规格型号为：AP005。

（5）商品编号为 XM02，商品名称为：笔记本，计量单位为：台，规格型号为：NB002。

（6）商品编号为 XM03，商品名称为：复印机，计量单位为：台，规格型号为：FY777。

（7）商品编号为 XM04，商品名称为：网络设备，计量单位为：套，规格型号为：NET05。

公司上年库存资料如下：

（1）入库单号：R2018000，商品编号：ZP01，商品名称：PC 主机，数量 70 台，单价为 2730 元，总金额为 191100 元。

（2）入库单号：R2018000，商品编号：ZP02，商品名称：智能路由器，数量 110 台，单价为 180 元，总金额为 19800 元。

（3）入库单号：R2018000，商品编号：ZP03，商品名称：智能摄像头，数量 260 台，单价为 123 元，总金额为 31980 元。

（4）入库单号：R2018001，商品编号：XM01，商品名称：打印机，数量 140 台，单价为 1100 元，总金额为 154000 元。

（5）入库单号：R2018001，商品编号：XM02，商品名称：笔记本，数量 90 台，单价为 5100 元，总金额为 459000 元。

（6）入库单号：R2018001，商品编号：XM03，商品名称：复印机，数量 80 台，单价为 9780 元，总金额为 782400 元。

（7）入库单号：R2018001，商品编号：XM04，商品名称：网络设备，数量 100 套，单价为 3875 元，总金额为 387500 元。

公司在本年 1 月的入库数据如下所示：

（1）1 月 3 日，入库单号：R2018002，商品编号：ZP02，商品名称：智能路由器，数量 120 台，单价为 200 元，总金额为 24000 元。

（2）1 月 3 日，入库单号：R2018002，商品编号：XM02，商品名称：笔记本，数量 20 台，单价为 5260 元，总金额为 105200 元。

（3）1 月 3 日，入库单号：R2018002，商品编号：ZP01，商品名称：PC 主机，数量 60 台，单价为 2900 元，总金额为 174000 元。

（4）1 月 5 日，入库单号：R2018003，商品编号：XM04，商品名称：网络设备，数量 20 套，单价为 3400 元，总金额为 68000 元。

（5）1 月 8 日，入库单号：R2018004，商品编号：ZP03，商品名称：智能摄像头，数量 150 台，单价为 108 元，总金额为 16200 元。

（6）1 月 11 日，入库单号：R2018005，商品编号：XM04，商品名称：网络设备，数量 80 套，单价为 3050 元，总金额为 244000 元。

（7）1 月 17 日，入库单号：R2018006，商品编号：ZP02，商品名称：智能路由器，数量 60

台，单价为 160 元，总金额为 9600 元。

（8）1 月 17 日，入库单号：R2018006，商品编号：XM02，商品名称：笔记本，数量 50 台，单价为 5120 元，总金额为 256000 元。

（9）1 月 19 日，入库单号：R2018007，商品编号：ZP03，商品名称：智能摄像头，数量 30 台，单价为 110 元，总金额为 3300 元。

（10）1 月 19 日，入库单号：R2018007，商品编号：XM01，商品名称：打印机，数量 20 台，单价为 1055 元，总金额为 21100 元。

（11）1 月 19 日，入库单号：R2018007，商品编号：XM02，商品名称：笔记本，数量 15 台，单价为 5100 元，总金额为 76500 元。

要求根据上述数据编制商品入库单，通过入库单即可将入库单中的内容打印，也可以将入库单中的资料导入入库表中。

实验 8-2　销货管理

实验原理

销货管理在本实验中对应的就是出库管理，它的内容比较单一，反映的是企业商品出库的登记情况。销货管理的内容包括出库商品的商品名称、计量单位、规格型号、单价、销售的金额等信息。我们通过设计一张"出库表"来归集出库的记录。

商品的出库信息中比较复杂的部分在于批次信息的处理和出库商品总价的处理。批次信息的处置方式和企业成本核算的方式有关，如果企业是按照加权平均法来计算发出商品的成本，就无须登记批次信息，如果企业是按照先进先出法来计算发出商品的成本，就需要使用批次信息。

出库商品销售总价的计算有的时候并非简单的单价乘以数量，根据日常经验，当用户购买不同数量的商品的时候，其单价并不一定是一致的，当购买的商品少的时候，单价可能会高些；如果客户一次性购入的商品足够多，通常会给予一定的折扣，还有的时候购买商品的总价会被客户要求抹去零头，这些因素都要在设计出库的时候考虑到，这些优惠的金额需要如实登记在"出库表"的优惠金额栏内。

仓库任何一件商品的发出都应该在出库表中予以体现，通过出库单来描述企业的商品出库情况，出库单的结构由企业自行定义，本实验给出了一个简单的出库单样式。出库单除了可以用于打印外，还可以向出库表中导入数据，"出库表"的样式可以仿制"入库表"来创建。

实验目的与要求

（一）实验目的
了解出库单和出库表的作用。
（二）实验要求
能够进行录制宏的操作以及为表单控件指定宏。

实验内容及数据来源

公司在 2018 年的出库信息如下：

（1）2018 年 1 月 4 日发出出库单编号 C2018001 的商品主机 20 个，单价 2100 元，优惠金额 0 元。

（2）2018 年 1 月 8 日发出出库单编号 C2018002 的商品智能路由器 55 台，单价 150 元，优惠金额 250 元。

（3）2018 年 1 月 8 日发出出库单编号 C2018002 的商品打印机 30 套，单价 1500 元，优惠金额 0 元。

（4）2018 年 1 月 8 日发出出库单编号 C2018002 的商品网络设备 15 套，单价 1450 元，优惠金额 750 元。

（5）2018 年 1 月 8 日发出出库单编号 C2018003 的商品打印机 2 套，单价 1500 元，优惠金额 0 元。

（6）2018 年 1 月 12 日发出出库单编号 C2018004 的商品复印机 80 台，单价 7200 元，优惠金额 6000 元。

（7）2018 年 1 月 15 日发出出库单编号 C2018005 的商品智能摄像头 135 台，单价 100 元，优惠金额 500 元。

（8）2018 年 1 月 17 日发出出库单编号 C2018006 的商品普通 PC 机 18 台，单价 3400 元，优惠金额 200 元。

（9）2018 年 1 月 17 日发出出库单编号 C2018007 的商品投影仪 11 台，单价 4600 元，优惠金额 600 元。

（10）2018 年 1 月 19 日发出出库单编号 C2018008 的商品打印机 45 套，单价 1500 元，优惠金额 500 元。

（11）2018 年 1 月 26 日发出出库单编号 C2018009 的商品智能路由器 50 台，单价 150 元，优惠金额 0 元。

（12）2018 年 1 月 26 日发出出库单编号 C2018010 的商品智能摄像头 126 台，单价 100 元，优惠金额 600 元。

（13）2018 年 1 月 27 日发出出库单编号 C2018011 的商品笔记本 75 台，单价 3700 元，优惠金额 500 元。

（14）2018 年 1 月 28 日发出出库单编号 C2018012 的商品网络设备 75 套，单价 1450 元，优惠金额 750 元。

实验操作指导

1．创建出库单

出库单是商品出库的依据，也是登记出库表的依据，出库单的设计方法和入库单大致相同，一部分数据需要用户手工输入，而商品名称、规格型号和计量单位的数据可以直接从商品目录中提取，具体的操作步骤如下：

Excel 在会计和财务管理中的应用（第 4 版）

Step 01 新建工作表，重命名为"出库单"，完成建立"出库单"工作表。

Step 02 在 A1 单元格内输入"商品出库单"，选中 A1:J1 单元格区域，执行"开始"选项卡下"对齐方式"组中的"合并后居中"命令，字号大小为"20"，完成表头设计。

Step 03 在 A2 单元格内输入"出库日期："，具体的出库日期要输入在 D2 单元格内，在 G2 单元格内输入"出库单号："，具体的出库单号要输入在 H2 单元格内。

Step 04 从 A3 单元格开始输入表头字段名称，分别为"商品编号""出库单编号""出库日期""商品名称""规格型号""计量单位""数量""单价""优惠金额"和"销售额"。最终设计完成的表头如图 8.20 所示。

	A	B	C	D	E	F	G	H	I	J
1	商品出库单									
2	出库日期：						出库单号：			
3	商品编号	出库单编号	出库日期	商品名称	规格型号	计量单位	数量	单价	优惠金额	金额

图 8.20 商品出库单样式

Step 05 选中 B4 单元格，在编辑栏内输入公式"=IF(A4<>"",$H$2,"")"，完成出库单编号的设置。

Step 06 选中 C4 单元格，在编辑栏内输入公式"=IF(A4<>"",$D$2,"")"，完成出库单日期的设置。

Step 07 选中 D4 单元格，在编辑栏内输入公式"=IFERROR(VLOOKUP(A4,spml[#全部],3,FALSE),"")"，完成商品名称的提取。

Step 08 选中 E4 单元格，在编辑栏内输入公式"=IFERROR(VLOOKUP(A4,spml[#全部],4,FALSE),"")"，完成商品规格型号的提取。

Step 09 选中 F4 单元格，在编辑栏内输入公式"=IFERROR(VLOOKUP(A4,spml[#全部],2,FALSE),"")"，完成计量单位的设置。

Step 10 选中 J4 单元格，在编辑栏内输入公式"=G4*H4-I4"，完成金额的计算。

Step 11 选中 B4:F4 单元格区域，在选中区域的右下角向下拖曳，将公式复制到 B9:F9 区域内。选中 J4 单元格，在选中区域的右下角向下拖曳，将公式复制到 J9 区域内。

Step 12 选中 H4:J9 单元格区域，右击，执行"设置单元格格式"命令，将数字类型设置为"会计专用"，不显示货币符号类型。

Step 13 选中 B 列和 C 列，右击，执行"隐藏"命令，隐藏指定的列。

Step 14 在 D11 单元格内输入"制单："，在 F11 单元格内输入"验收："。

Step 15 选中 J10 单元格，输入数据 0，选中第 10 行，右击，执行"行高"命令，打开"行高"对话框，将行高数据设置为 1，完成行高的设置。

说明

和入库单一样，在 J10 单元格中输入数据和设置行高都是必需的，第 10 行不能选用隐藏行的方式，否则在录制宏的时候无法得到正确的结果。

Step 16 选中"开发工具"选项卡，选择"插出"组下的"表单控件"中的"按钮"控件，在 H11 单元格处添加一个命令按钮，将按钮上的标题更改为"添加记录"。同样的操作方法，在 I11 单元格处添加一个命令按钮，将按钮上的标题更改为"打印"。

通过上述设计，最终的结果如图 8.21 所示。

图 8.21 商品出库单

2．创建出库表

出库表是将出库单的信息以数据库的样式呈现出来，设计出库表的具体操作步骤如下：

Step 01 新建一张工作表，将工作表重命名为"出库表"。

Step 02 在 A1:J1 单元格区域内输入"商品编号""出库单编号""出库日期""商品名称""规格型号""计量单位""数量""单价""优惠金额""销售额""总金额"和"库存数量"等字段内容。

Step 03 选中 A1 单元格，选中"插出"选项卡，执行"表格"组内的"表格"命令，打开"创建表"对话框，单击"确定"按钮，创建一个表对象。

Step 04 选中 A1 单元格，选中"设计"选项卡，在"属性"组内将表名称更改为"ckb"，完成表对象的设置。

Step 05 在 A2 单元格内输入数据"a"，在 I2 单元格内输入数值 0，完成第 1 行数据的添加。

Step 06 选中 K2 单元格，在编辑栏内输入公式"=[@优惠金额]+[@销售额]"，完成总金额的计算。

说明

总金额计算的公式有两种，第一种是单价乘以数量，第二种是销售额加上优惠金额，本实验采用第二种方式来计算。

Step 07 选中 L2 单元格，在编辑栏内输入公式"=SUMIF(rkb[商品编号],[@商品编号],rkb[数量])-SUMIF([商品编号],[@商品编号],[数量])"，完成指定商品编号的商品库存数量的计算。

说明

指定商品的库存数量就等于累计的入库数量减去累计的出库数量。值得注意的是，总的库存数量并非出库表中库存数量字段的总和，因为同一种商品会在出库表中多次出现，而每次出现时库存数量都会显示出来。

最终设计完成的表如图 8.22 所示。

图 8.22 商品出库表

3. 商品出库处理

出库单定义出库信息的填报方式，其作用体现在两方面，一方面是打印出库单；另一方面是将信息导入出库表。出库单是一种格式，是需要被重复使用的，因此可以录制一个宏，来录制打印过程，今后只需要单击"打印"按钮即可打印出库单。以出库单号为 C2018001 的出库单为例，为出库单设置打印过程的具体操作步骤如下：

Step 01　打开"出库单"工作表，在界面中输入如图 8.23 所示的出库记录，输入所有字段内容后，完成出库单的输入操作。

图 8.23　C2018001 出库单内容

Step 02　选中 A1:J11 单元格区域，单击"页面布局"选项卡，执行"页面设置"组内"打印区域"下的"设置打印区域"命令，完成打印区域的设置。

Step 03　选择"开发工具"选项卡，执行"代码"组内的"录制宏"命令，打开如图 8.24 所示的"录制宏"对话框，将宏名称更改为"打印出库单"，单击"确定"按钮，开始录制宏。

Step 04　单击"文件"按钮，执行"打印"下的"打印"命令，完成出库单的打印操作。

Step 05　单击在"开发工具"选项卡中"代码组"内的"停止录制"命令，完成宏的录制。

Step 06　在"添加记录"按钮上右击，执行"指定宏"命令，打开如图 8.25 所示的"指定宏"对话框，选择"打印出库单"项，单击"确定"按钮，完成指定宏的设置。

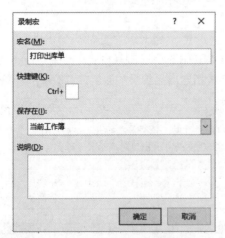

图 8.24　打印出库单

图 8.25　为打印按钮指定宏

通过上述步骤即可打印出"出库单",其样式如图8.26所示。

商品出库单

出库日期:	2018/1/4			出库单号:	C2018001		
商品编号	商品名称	规格型号	计量单位	数量	单价	优惠金额	金额
JP32	主机	PC101	个	20	2100	0	42000
							-
							-
							-
							-
							-

制单: 审核:

图8.26 打印出库单

"出库单"除了可以用于打印之外,还可以将数据导入"出库表"中,解决的方法是预先录制一个宏,然后将宏固定在一个按钮上,今后只需要单击该按钮就可以自动将出库单的内容导入出库表中,具体的操作步骤如下:

Step 01 选择"开发工具"选项卡,执行"代码"组内的"录制宏"命令,打开如图8.27所示的"录制宏"对话框,将宏名称更改为"添加出库记录",单击"确定"按钮,开始录制宏。

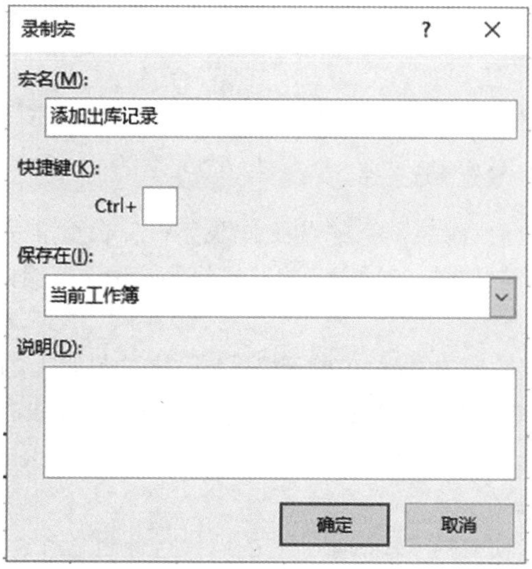

图8.27 "录制宏"对话框

Step 02 选中A11单元格,单击向上方向键。

> **说明**
>
> 第10行的高度仅仅为1,因此无法直接通过鼠标选定A10单元格,需要从A11单元格上移一格的方式来选中。

Step 03　按住 Shift 键的同时单击 J4 单元格，右击，执行"复制"命令，完成复制选中指定区域。

Step 04　选择"出库表"工作表，选中 A1 单元格。

Step 05　在"开发工具"选项卡的代码组内，选择"使用相对引用"命令，进入相对引用模式。

Step 06　同时按键盘上的 Ctrl+向下方向键，再单独按一次向下方向键，在空白单元格内右击，执行"选择性粘贴"命令，打开"选择性粘贴"对话框，选择"数值"项，单击"确定"按钮，完成数据的粘贴操作。

Step 07　在"开发工具"选项卡的代码组内，取消选择"使用相对引用"命令，进入绝对引用模式中。

Step 08　选中 K1 单元格，单击下拉箭头，执行"数字筛选"组下的"等于"命令，打开如图 8.28 所示的"自定义自动筛选方式"对话框，设置条件为等于 0，单击"确定"按钮，完成条件的设置。

Step 09　按键盘上的组合键 Ctrl+G 键，打开如图 8.29 所示的"定位"对话框，将引用位置设置为"ckb[#数据]"，单击"确定"按钮，完成定位条件选中所有空记录的设置。

图 8.28　设置筛选条件

图 8.29　定位条件

Step 10　在选中区域右击，执行"删除"下的"工作表整行"命令，完成删除多余行的操作。

Step 11　选中 A1 单元格，单击"数据"选项卡，执行"排序和筛选"组内的"清除"命令，恢复显示数据。

Step 12　选中"出库单"工作表，选中 A4:A9 单元格区域，单击键盘上的 Delete 键，删除"商品编号"列的数据。选中 G4:I4 单元格区域，单击键盘上的 Delete 键，删除"数量"和"单价"列的数据。同时选中 D2 和 H2 单元格，单击键盘上的 Delete 键，完成删除出库日期和出库单号的操作。

Step 13　单击在"开发工具"选项卡的"代码组"内的"停止录制"命令，完成宏的录制。

Step 14　在"添加记录"按钮上右击，执行"指定宏"命令，打开如图 8.30 所示的"指定宏"对话框，选择"添加出库记录"项，单击"确定"按钮，完成指定宏的设置。

图 8.30 指定宏

通过上述操作，就可以将数据导入"出库表"中，具体的数据如图 8.31 所示。

	A	B	C	D	E	F	G	H	I	J	K	L
1	商品编号	出库单编号	出库日期	商品名	规格型	计量	数量	单价	优惠	销售	总金额	库存数量
2	JP32	C2018001	2018/1/4	主机	PC101	个	20	2100	0	42000	42000	90

图 8.31 出库表

4．操作示例

以出库单号为 C2018002 的数据为例，在"商品出库单"中输入的数据如图 8.32 所示。

	A	D	E	F	G	H	I	J
1				商品出库单				
2	出库日期：	2018/1/8			出库单号：	C2018002		
3	商品编号	商品名称	规格型号	计量单位	数量	单价	优惠金额	金额
4	JP33	智能路由器	XM104	台	55	150	250	8250
5	JP35	打印机	DY1001	套	30	1500	0	45000
6	MT5	网络设备	NET20	套	15	1450	750	21750
7								-
8								-
9								-
10								0
11	制单：			审核：		添加记录	打印	

图 8.32 出库单号为 C2018002 的记录

单击"添加记录"按钮，完成向"入库表"中添加数据，如图 8.33 所示。

Excel 在会计和财务管理中的应用（第 4 版）

	A	B	C	D	E	F	G	H	I	J	K	L
1	商品编号	出库单编号	出库日期	商品名	规格型	计量	数量	单价	优惠	销售	总金额	库存数量
2	JP32	C2018001	2018/1/4	主机	PC101	个	20	2100	0	42000	42000	90
3	JP33	C2018002	2018/1/8	智能路由	XM104	台	55	150	250	8000	8250	15
4	JP35	C2018002	2018/1/8	打印机	DY1001	套	30	1500	0	45000	45000	93
5	MT5	C2018002	2018/1/8	网络设备	NET20	套	15	1450	750	21000	21750	90

图 8.33　添加的入库单记录

按照实验要求逐步输入记录，如图 8.34 所示。

	A	B	C	D	E	F	G	H	I	J	K	L
1	商品编号	出库单编号	出库日期	商品名	规格型	计量	数量	单价	优惠	销售	总金额	库存数量
2	JP32	C2018001	2018/1/4	主机	PC101	个	20	2100	0	42000	42000	90
3	JP33	C2018002	2018/1/8	智能路由	XM104	台	55	150	250	8000	8250	15
4	JP35	C2018002	2018/1/8	打印机	DY1001	套	30	1500	0	45000	45000	93
5	MT5	C2018002	2018/1/8	网络设备	NET20	套	15	1450	750	21000	21750	90
6	JP35	C2018003	2018/1/8	打印机	DY1001	套	2	1500	0	3000	3000	93
7	MT4	C2018004	2018/1/12	复印机	FY780	台	80	7200	6000	570000	576000	20
8	JP34	C2018005	2018/1/15	智能摄像	XY500	台	135	100	500	13000	13500	159
9	KK2	C2018006	2018/1/17	普通PC机	PC205	台	18	3400	200	61000	61200	232
10	KK4	C2018007	2018/1/17	投影仪	TS7102	台	11	4600	600	50000	50600	49
11	JP35	C2018008	2018/1/19	打印机	DY1001	套	45	1500	0	67000	67500	93
12	JP33	C2018009	2018/1/26	智能路由	XM104	台	50	150	0	7500	7500	15
13	JP34	C2018010	2018/1/26	智能摄像	XY500	台	126	100	600	12000	12600	159
14	MT3	C2018011	2018/1/27	笔记本	WB1202	台	75	3700	500	277000	277500	25
15	MT5	C2018012	2018/1/28	网络设备	NET20	套	75	1450	750	108000	108750	90

图 8.34　输入所有记录后的出库表

习题

公司在 2018 年 1 月份的出库记录如下：

（1）1 月 4 日，发出出库单编号为 C2018001 的商品智能路由器 5 台，商品编号为 ZP02，单价为 250 元，优惠金额为 50 元。

（2）1 月 4 日，发出出库单编号为 C2018001 的商品智能摄像头 65 台，商品编号为 ZP03，单价为 150 元，优惠金额为 50 元。

（3）1 月 7 日，发出出库单编号为 C2018002 的商品复印机 40 台，商品编号为 XM03，单价为 11700 元，优惠金额为 8000 元。

（4）1 月 7 日，发出出库单编号为 C2018002 的商品打印机 25 台，商品编号为 XM01，单价为 1970 元，优惠金额为 0 元。

（5）1 月 11 日，发出出库单编号为 C2018003 的商品网络设备 12 套，商品编号为 XM04，单价为 5100 元，优惠金额为 0 元。

（6）1 月 16 日，发出出库单编号为 C2018004 的商品智能路由器 90 台，商品编号为 ZP02，单价为 220 元，优惠金额为 800 元。

（7）1 月 17 日，发出出库单编号为 C2018005 的商品 PC 主机 40 台，商品编号为 ZP01，单价为 3280 元，优惠金额为 1200 元。

（8）1 月 17 日，发出出库单编号为 C2018005 的商品笔记本 28 台，商品编号为 XM02，单价为 5700 元，优惠金额为 0 元。

（9）1 月 18 日，发出出库单编号为 C2018006 的商品网络设备 21 套，商品编号为 XM04，单价为 5100 元，优惠金额为 0 元。

（10）1 月 25 日，发出出库单编号为 C2018007 的商品笔记本 55 台，商品编号为 XM02，单价为 5800 元，优惠金额为 0 元。

(11) 1 月 27 日，发出出库单编号为 C2018008 的商品智能摄像头 60 台，商品编号为 ZP03，单价为 150 元，优惠金额为 50 元。

(12) 1 月 28 日，发出出库单编号为 C2018009 的商品智能路由器 136 台，商品编号为 ZP02，单价为 220 元，优惠金额为 0 元。

(13) 1 月 28 日，发出出库单编号为 C2018009 的商品 PC 主机 82 台，商品编号为 ZP01，单价为 3280 元，优惠金额为 960 元。

(14) 1 月 29 日，发出出库单编号为 C2018010 的商品打印机 85 台，商品编号为 XM01，单价为 1970 元，优惠金额为 450 元。

要求根据上述出库记录数据创建出库单。打印出库单并将数据导入出库表中。

实验 8-3　进销存报表

实验原理

进销存管理的目的不外乎获得当期发出商品的成本以及计算自身的获利情况。发出商品的成本计算有两种方法，分别是"加权平均法"和"先进先出法"，但是无论使用哪种方法，期末库存商品的成本的计算方法都可以用下述公式来描述：

期末商品的库存成本＝期初的商品库存成本＋本期购入的商品的成本－本期发出的商品成本

将上述公式进行变形，本期发出商品的成本计算公式如下：

本期发出的商品成本＝期初的商品库存成本＋本期购入的商品的成本－期末商品的库存成本

在上述公式中，期初商品的成本就是上期期末的值，是一个已知数，本期购入商品的成本可以从入库表中获得，也是一个已知数，关键就在于计算期末库存商品的成本。

期末库存商品的成本在不同的成本计算方式下是不一样的。如果以加权平均法来计算发出商品成本，那么这种计算方式下和发出商品所属的批次是无关的，基于这种方法设计的进销存报表比较简单，只需要通过 MicroSoft Query 从入库表中查询日之前获取所有的商品编号和商品名称，然后使用公式从入库表和出库表中提取相关的数据。

如果使用"先进先出法"来计算当期发出商品的成本，则要复杂得多。它必须先对出库表做出进一步的优化，然后通过数据透视的方式来获取发出商品的成本。本实验将同时提供加权平均法和先进先出法的计算过程，并比较两种不同计算方法下的成本差异。

入库表和出库表仅仅是一些数据信息的集合，本身不容易被阅读理解，而进销存报表则能够对本月的进货、销货和库存信息进行汇总计算，提供销售金额、销售毛利和库存成本等资料。

实验目的与要求

（一）实验目的

掌握进销存报表的编制方法，了解加权平均法和先进先出法下库存商品的计算方法。

（二）实验要求

能够使用 Microsoft Query 来提取数据，掌握在表对象中进行公式设计的方法。

实验内容及数据来源

根据前两节实验所创建的入库表和出库表，通过加权平均法和先进先出法确定到 2018 年 1 月底的商品进销存状况。

实验操作指导

1. 创建进销存报表

如果用户使用加权平均法计算商品成本，那么可以编制如下进销存报表，具体的操作步骤如下：

Step 01 新建工作表，将工作表重命名为"进销存报表"，完成建立"进销存报表"工作表。

Step 02 在 A1 单元格内输入"进销存报表"，选中 A1:N1 单元格区域，执行"开始"选项卡下"对齐方式"组中的"合并后居中"命令，字号大小为"24"，完成表头设计。

Step 03 在 G2 单元格内输入"报表日期："，选中 H2 单元格，右击，执行"设置单元格格式"命令，打开如图 8.35 所示的"设置单元格格式"对话框，选中"数字"选项卡，在分类中选择"日期"，在类型中采用"2012 年 3 月"样式，单击"确定"按钮，完成单元格样式的确认。

图 8.35 设置日期样式

Step 04 从 A3 单元格开始，在 A3~M3 单元格内分别输入"商品编号""商品名称""期初库存""本月入库""加权平均单价""本月销售"和"期末库存"，并分别合并区域 A3:A4、B3:B4、C3:E3、F3:G3、H3:H4、I3:L3 及 M3:N3。

Step 05 在 C4~G4 单元格、I4~N4 单元格内分别输入"数量""库存金额""平均单价""数量""入库金额""销售数量""销售金额""平均单价""销售毛利""数量"和"库存成本"。

Step 06 为 A3:N4 单元格添加边框线，最终设置表头格式如图 8.36 所示。

图 8.36　进销存报表表头样式

Step 07　选中"数据"工作表，选择"数据"选项卡，执行"获取外部数据"组内"自其他来源"下的"来自 Microsoft Query"命令，打开如图 8.37 所示的"选择数据源"对话框，单击"数据库"标签页，选择"Excel Files*"，单击"确定"按钮，完成数据库类型的选择。

Step 08　在如图 8.38 所示的"选择工作簿"对话框中，选择"进销存管理.xlsm"文件所在的位置，单击"确定"按钮，打开"添加表"对话框，完成数据库位置的确定。

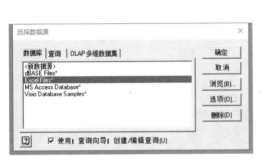

图 8.37　选择数据库类型

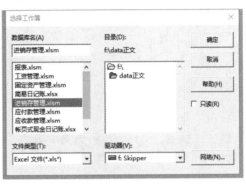

图 8.38　选择工作簿

Step 09　在如图 8.39 所示的"查询向导-选择列"对话框中，选择"入库表"工作表，选择"商品编号"和"商品名称"字段，单击"下一步"按钮，完成要显示的指定字段的确定。

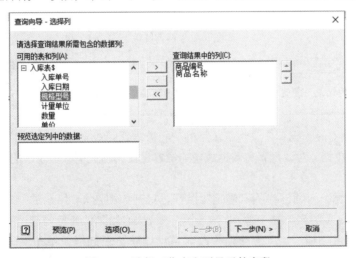

图 8.39　选择工作表和要显示的字段

Step 10　单击"下一步"按钮，完成要显示的列的选择，进入"查询向导-筛选数据"对话框，单击"下一步"按钮，跳过筛选的过程，打开"查询向导-排序顺序"对话框，在该步骤中不需要设置任何内容。单击"下一步"按钮，打开"查询向导-完成"对话框，在"请确定下一步的动作"的选项中，选中"在 Microsoft Query 中查看数据或编辑查询"，单击"完成"按钮，完成查询向导的操作，进入 Microsoft Query 界面。

Step 11 在 Microsoft Query 窗口中,执行"条件"菜单下的"添加条件"命令,打开如图 8.40 所示的"添加条件"对话框,在该对话框中,字段选择为"入库日期",运算符指定为"小于或等于",指定值设置为"[cxrq]",完成条件的设置。

Step 12 单击"添加条件"对话框中的"添加"按钮,打开如图 8.41 所示的"输入参数值"对话框,单击"确定"按钮,完成参数值的输入。

图 8.40 添加条件

图 8.41 输入参数值

Step 13 单击"添加条件"对话框中的"关闭"按钮,关闭该对话框。

Step 14 单击"视图"菜单,执行该菜单下的"查询属性"命令,打开如图 8.42 所示的"查询属性"对话框,勾选"不选重复的记录"复选框,单击"确定"按钮,完成同样的商品编号和商品名称只显示一条记录的设置。

图 8.42 查询属性

说明

勾选"不选重复的记录"复选框的目的是使得相同的商品名称在表格中只会出现一次。

Step 15 执行 Microsoft Query 窗口中文件菜单下的"将数据返回 Microsoft Excel",打开如图 8.43 所示的"导入数据"对话框,将数据放置的位置设置为"进销存报表"的 A5 单元格,完成数据导入的操作。

Step 16 单击"导入数据"对话框中的"确定"按钮,打开如图 8.44 所示的"输入参数值"对话框,在"cxrq"下的文本框中输入"=进销存报表!$H$2",并且勾选"在以后的刷新中使用该值或该引用"和"当单元格值更改时自动刷新"复选框,单击"确定"按钮,完成参数值的指定。

Step 17 选中 A5 单元格,单击"设计"选项卡,在"属性"组内将表名称更改为"bb",完成表对象的设置。最终的结果如图 8.45 所示。

第 8 章　进销存管理

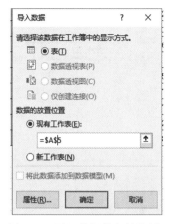

图 8.43　导入数据的起始位置

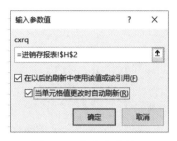

图 8.44　指定参数值

		进销存报表										
						报表日期：2018年1月						
商品编号	商品名称	期初库存			本月入库		加权平均单价	本月销售			期末库存	
		数量	库存金额	平均单价	数量	入库金额		销售数量	销售金额	平均单价	销售毛利	数量	库存成本
JP32	主机											
JP33	智能路由器											
JP34	智能摄像头											
JP35	打印机											
KK2	普通PC机											
KK3	小型服务器											
KK4	投影仪											
MT3	笔记本											
MT4	复印机											
MT5	网络设备											

图 8.45　导入商品编号和商品名称

2．加权平均法下的进销存报表

有了商品的编号和名称就可以对其他的内容单元格进行设置，具体的操作步骤如下：

Step 01　选中 C6 单元格，在编辑栏内输入公式"=SUMIFS(rkb[数量],rkb[商品编号],[@商品编号],rkb[入库日期],"<"&DATE(YEAR($H$2),MONTH($H$2),1))-SUMIFS(ckb[数量],ckb[商品编号],[@商品编号],ckb[出库日期],"<"&DATE(YEAR($H$2),MONTH($H$2),1))"，完成期初库存商品数量的计算。

―――――――――――――――　说明　―――――――――――――――

某种商品期初库存数量的计算方法就是该商品在指定月份 1 日前的入库总量减去该商品在指定月份 1 号前出库总数量的差。

"SUMIFS(rkb[数量],rkb[商品编号],[@商品编号],rkb[入库日期],"<"&DATE(YEAR($H$2),MONTH($H$2),1))"表示的是指定月份 1 号前，入库指定商品总数量。

"SUMIFS(ckb[数量],ckb[商品编号],[@商品编号],ckb[出库日期],"<"&DATE(YEAR($H$2),MONTH($H$2),1))"表示的是指定月份 1 号前，出库指定商品总数量。

在 H2 单元格中显示的日期是"2012 年 3 月"这种格式，用户只要输入指定月份的任意一天，显示的格式都是一致的。由于在公式中使用了 DATA 函数来强制指定日期信息，因此 H2 单元格中输入的数据只需是指定月中的任意一天即可，不会影响报表数字的准确性。计算之后的最终结果如图 8.46 所示。

Excel 在会计和财务管理中的应用（第 4 版）

图 8.46　计算期初库存数量

Step 02　选中 D6 单元格，输入各商品库存金额。

说明

进销存报表是一张延续性的报表，在该表中库存金额的数据是无法自动获得的，需要用户手工输入。

Step 03　选中 E6 单元格，在编辑栏内输入公式"=ROUND([@列 2]/[@列 1],2)"，完成平均单价的计算。最终计算所得的期初库存信息如图 8.47 所示。

图 8.47　期初库存信息

Step 04　选中 F6 单元格，在编辑栏内输入公式"=SUMIFS(rkb[数量],rkb[商品编号],[@商品编号],rkb[入库日期],"<="&DATE(YEAR($H$2),MONTH($H$2)+1,0),rkb[入库日期],">="&DATE (YEAR($H$2),MONTH($H$2),1))"，完成当月入库数量的计算。

说明

当月入库数量就是在入库表中指定的商品编号满足如下条件的数量之和，需要满足的条件包括：和指定的商品编号相同，入库日期要大于等于指定月份 1 号，且小于等于指定月份的月底日期。

由于月底的日期是不固定的，因此可以用下个月第 0 日来表示上个月的最后一天，公式中"DATE(YEAR($H$2),MONTH($H$2)+1,0)"就表示指定月的次月 0 号，虽然从实际意义上来说并不存在这个日期，但是 Excel 能够自动将其识别为指定月当月的月底。

Step 05 选中 G6 单元格，在编辑栏内输入公式"=SUMIFS(rkb[金额],rkb[商品编号],[@商品编号],rkb[入库日期],"<="&DATE(YEAR($H$2),MONTH($H$2)+1,0),rkb[入库日期],">="&DATE (YEAR($H$2),MONTH($H$2),1))"，完成当月入库金额的计算。

说明

和入库数量计算的方法一样，当月入库金额的计算也要满足 3 个条件，分别是和指定的商品编号相同、入库日期要大于等于指定月份 1 号和入库日期要小于等于指定月份的月底日期。

Step 06 选中 H6 单元格，在编辑栏内输入公式"=ROUND((([@列 2]+[@列 5])/([@列 1]+[@列 4]),2)"，完成加权平均单价的计算。

说明

加权平均单价的计算方法就是将月初的库存金额和本月入库的入库金额之和除以期初库存商品数量和本月入库数量之和的商。

在上述公式中，"[@列 2]+[@列 5]"表示期初库存金额和入库金额之和，"[@列 1]+[@列 4]"表示期初库存数量和本月入库数量之和。通过上述计算，最终计算所得的本月入库信息和加权平均单价信息如图 8.48 所示。

	A	B	C	D	E	F	G	H	I	J	K	L	M	N
1						进销存报表								
2								报表日期: 2018年1月						
3	商品编号	商品名称	期初库存			本月入库		加权平均单价	本月销售				期末库存	
4			数量	库存金额	平均单价	数量	入库金额		销售数量	销售金额	平均单价	销售毛利	数量	库存成本
5	商品编号	商品名称	列1	列2	列3	列4	列5	列6						
6	JP32	主机	80	145600	1820	30	54000	1814.55						
7	JP33	智能路由器	120	14400	120	0	0	120						
8	JP34	智能摄像头	270	22140	82	150	12000	81.29						
9	JP35	打印机	150	164250	1095	20	21100	1090.29						
10	KK2	普通PC机	120	357600	2980	130	400000	3030.4						
11	KK3	小型服务器	20	305200	15260	5	80000	15408						
12	KK4	投影仪	60	258000	4300	0	0	4300						
13	MT3	笔记本	100	340000	3400	0	0	3400						
14	MT4	复印机	80	521600	6520	20	128600	6502						
15	MT5	网络设备	120	150000	1250	60	63900	1188.33						

图 8.48 本月入库信息

Step 07 选中 I6 单元格，在编辑栏内输入公式"=SUMIFS(ckb[数量],ckb[商品编号],[@商品编号],ckb[出库日期],"<="&DATE(YEAR($H$2),MONTH($H$2)+1,0),ckb[出库日期],">="&DATE (YEAR($H$2),MONTH($H$2),1))"，完成本月销售数量的计算。

说明

出库表提供了本月销售数量的数据，计算条件就是指定的商品编号相同并且出库日期要大于等于指定月份 1 号，出库日期要小于等于指定月份的月底日期。

"ckb[出库日期],">="&DATE(YEAR($H$2),MONTH($H$2),1))"表示出库日期大于等于指定月份的 1 号；"ckb[出库日期],"<="&DATE(YEAR($H$2),MONTH($H$2)+1,0)"表示出库日期小于等于指定月份的月末日期。

Step 08 选中 J6 单元格，在编辑栏内输入公式"=SUMIFS(ckb[销售额],ckb[商品编号],[@商品编号],ckb[出库日期],"<="&DATE(YEAR($H$2),MONTH($H$2)+1,0),ckb[出库日期],">="&DATE (YEAR($H$2),MONTH($H$2),1))"，完成出库总金额的计算。

说明

出库金额中有销售额和总金额两个不同的数据,销售额反映的是企业真实的销售金额,优惠金额企业其实是无法获得的,因此在该公式中采用了销售额作为计算出库金额的标准。

Step 09 选中 K6 单元格,在编辑栏内输入公式"=IFERROR(ROUND([@列 8]/[@列 7],2),0)",完成平均单价的计算。

说明

平均单价是指某编号商品的实际出库金额除以出库的数量。但是在本月中并不是每种商品都有出库数量,这就可以使用 IFERROR 函数来避免除数为 0 的情况,如果出库数量为 0,就直接认定其出库的平均单价为 0。

Step 10 选中 L6 单元格,在编辑栏内输入公式"=[@列 7]*([@列 9]-[@列 6])",完成销售毛利的计算。

说明

销售毛利的计算方法就是出库数量乘以出库价格减去入库价格。

通过上述计算,完成本月出库数据的计算,其结果如图 8.49 所示。

商品编号	商品名称	期初库存			本月入库		加权平均单价	本月销售				期末库存	
		数量	库存金额	平均单价	数量	入库金额		销售数量	销售金额	平均单价	销售毛利	数量	库存成本
商品编号	商品名称	列1	列2	列3	列4	列5	列6	列7	列8	列9	列10		
JP32	主机	80	145600	1820	30	54000	1814.55	20	42000	2100	5709		
JP33	智能路由器	120	14400	120	0	0	120	105	15500	147.62	2900.1		
JP34	智能摄像头	270	22140	82	150	12000	81.29	261	25000	95.79	3784.5		
JP35	打印机	150	164250	1095	20	21100	1090.29	77	115000	1493.51	31047.94		
KK2	普通PC机	120	357600	2980	130	400000	3030.4	18	61000	3388.89	6452.82		
KK3	小型服务器	20	305200	15260	5	80000	15408	0	0	0	0		
KK4	投影仪	60	258000	4300	0	0	4300	11	50000	4545.45	2699.95		
MT3	笔记本	100	340000	3400	0	0	3400	75	277000	3693.33	21999.75		
MT4	复印机	80	521600	6520	20	128600	6502	80	570000	7125	49840		
MT5	网络设备	120	150000	1250	60	63900	1188.33	90	129000	1433.33	22050		

图 8.49 本月的出库信息

Step 11 选中 M6 单元格,在编辑栏内输入公式"=[@列 1]+[@列 4]-[@列 7]",完成库存数量的计算。

说明

库存数量的计算方法就是期初库存加上本月入库减去本月出库数量。

Step 12 选中 N6 单元格,在编辑栏内输入公式"=[@列 11]*[@列 6]",完成期末库存成本的计算。

说明

期末库存成本就等于加权平均成本乘以库存数量。

第 8 章 进销存管理

Step 13 选中 A5 单元格，单击"设计"选项卡，执行"外部表数据"组内的"属性"命令，打开如图 8.50 所示的"外部数据属性"对话框，确保"调整列宽"选项不被选中，单击"确定"按钮，完成报表格式的设置。

图 8.50　不自动调整列宽

Step 14 选中 A5 单元格，单击"设计"选项卡，在"表样式选项"组内选择"汇总行"，在出现的汇总行中，对期初库存金额、入库金额、销售毛利和库存成本进行求和计算。

Step 15 选中 A3:N16 单元格区域，为显示的单元格区域添加边框线。

Step 16 选中第 5 行，右击，执行"隐藏"命令，完成隐藏第 5 行的操作。

通过上述操作最终显示的进销存报表如图 8.51 所示。

商品编号	商品名称	期初库存			本月入库		加权平均单价	本月销售				期末库存	
		数量	库存金额	平均单价	数量	入库金额		销售数量	销售金额	平均单价	销售毛利	数量	库存成本
JP32	主机	80	145600	1820	30	54000	1814.55	20	42000	2100	5709	90	163309.5
JP33	智能路由器	120	14400	120	0	0	120	105	15500	147.62	2900.1	15	1800
JP34	智能摄像头	270	22140	82	150	12000	81.29	261	25000	95.79	3784.5	159	12925.11
JP35	打印机	150	164250	1095	20	21100	1090.29	77	115000	1493.51	31047.94	93	101396.97
KK2	普通PC机	120	357600	2980	130	400000	3030.4	18	61000	3388.89	6452.82	232	703052.8
KK3	小型服务器	20	305200	15260	5	80000	15408	0	0	0	0	25	385200
KK4	投影仪	60	258000	4300	0	0	4300	11	50000	4545.45	2699.95	49	210700
MT3	笔记本	100	340000	3400	0	0	3400	75	277000	3693.33	21999.75	25	85000
MT4	复印机	80	521600	6520	20	128600	6502	80	570000	7125	49840	20	130040
MT5	网络设备	120	150000	1250	60	63900	1188.33	129	129000	1433.33	22050	90	106949.7
汇总			2278790			759600			1284500		146484		1900374.1

图 8.51　进销存报表

3．先进先出法下的发出商品成本

先进先出法就是假定先购入的商品被先发出，库存的商品总是最近才购入的商品，这是一种库存商品的价值最接近于实际价值的做法。要使用先进先出法还必须添加一张库存表，该表的作用是反映到当前日期为止，各批次商品的库存状况，创建库存表的具体操作步骤如下：

Step 01 新建一张工作表，将工作表重命名为"库存表"。

Step 02 选择"数据"选项卡，执行"获取外部数据"组内"自其他来源"下的"来自 Microsoft Query"命令，打开如图 8.52 所示的"选择数据源"对话框，单击"数据库"标签页，选

273

择"Excel Files*",单击"确定"按钮,完成数据库类型的选择。

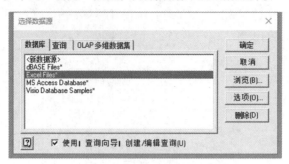

图 8.52 选择数据库类型

Step 03 在如图 8.53 所示的"选择工作簿"对话框中,选择"进销存管理.xlsm"所在的路径,单击"确定"按钮,打开"添加表"对话框,完成数据库位置的确定。

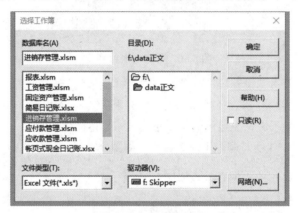

图 8.53 选择工作簿

Step 04 在如图 8.54 所示的"查询向导-选择列"对话框中,选择"入库表$"工作表,选择"入库日期""商品编号""批次""数量"和"单价"等字段,单击"下一步"按钮,完成要显示的指定字段的确定。

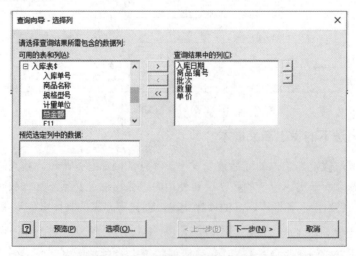

图 8.54 选择工作表和要显示的字段

Step 05　单击"下一步"按钮，完成要显示的列的选择，进入"查询向导-筛选数据"对话框，单击"下一步"按钮，跳过筛选的过程，打开"查询向导-排序顺序"对话框，在该步骤中不需要设置任何内容。单击"下一步"按钮，打开"查询向导-完成"对话框，在"请确定下一步的动作"选择中，选中"将数据返回 Microsoft Excel"，单击"完成"按钮，完成查询向导的操作。

说明

这里实际上就是将"入库表"中指定字段的数据全部导入库存表中。

Step 06　打开如图 8.55 所示的"导入数据"对话框，设置放置起始位置为"A1"单元格，单击"确定"按钮，完成数据的导入操作。

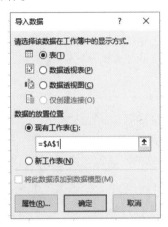

图 8.55　导入数据的起始位置

Step 07　选中 A1 单元格，选中"设计"选项卡，在"属性"组内将表名称更改为"kcb"，完成表对象的设置。

Step 08　选中 E1 单元格，右击，执行"插入"下的"在右侧插入表列"命令，插入一个新列，将新列名称更改为"累计购入数量"。选中 F2 单元格，在编辑栏内输入公式"=SUMIF(rkb[商品编号],[@商品编号],rkb[数量])"，完成累计购入商品数量的计算。

说明

这里的数量指不分批次的某种编号商品的入库总量。

Step 09　选中 F1 单元格，右击，执行"插入"下的"在右侧插入表列"命令，插入一个新列，将新列名称更改为"累计发出数量"。选中 G2 单元格，在编辑栏内输入公式"=SUMIF(ckb[商品编号],[@商品编号],ckb[数量])"，完成累计发出商品数量的计算。

说明

这里的数量是指不分批次的某种编号商品的出库总量。

Step 10　选中"公式"选项卡，在"定义的名称"组内，执行"定义名称"命令，打开如图 8.56 所示的"新建名称"对话框，将名称设置为"商品编号"，将引用位置设置为"=OFFSET(库存表!$B$1,0,0,ROW()-1,1)",单击"确定"按钮,完成新建名称的操作。

图 8.56　新建商品编号

说明

使用先进先出法,在登记的时候就有一个到当前数据行为止的概念。到当前数据行为止其实是动态的,会随着选中单元格的变化而变化,为此,可以用 OFFSET 函数来表示。

公式的含义就是从 B1 单元格开始,向下选择一个单元格区域,单元格区域的最后一行行号就是"当前行号减 1",ROW()就表示当前行号。

Step 11 选中"公式"选项卡,在"定义的名称"组内,执行"定义名称"命令,打开如图 8.57 所示的"新建名称"对话框,将名称设置为"发出数量",将引用位置设置为"=OFFSET(库存表!$H$1,0,0,ROW()-1,1)",单击"确定"按钮,完成新建名称的操作。

图 8.57　新建发出数量

Step 12 选中 G1 单元格,右击,执行"插入"下的"在右侧插入表列"命令,插入一个新列,将新列名称更改为"本批次发出数量"。选中 H2 单元格,在编辑栏内输入公式"=IF([@累计发出数量]-SUMIF(商品编号,[@商品编号],发出数量)>[@数量],[@数量],[@累计发出数量]-SUMIF(商品编号,[@商品编号],发出数量))",完成本批次发出数量的计算。

说明

本批次发出数量的计算方法原则是:如果累计发出的商品数量超过当前行以前所有指定商品的发出数量,就表示本次发出的商品中包含本批次的商品,否则不包含本批次发出的数量。

在公式中,"[@累计发出数量]"表示库存表中指定某种商品编号的累计发出数量,该数量不包括批次的概念;"SUMIF(商品编号,[@商品编号],发出数量)"表示在当前行以前指定商品编号的商品累计发出的数量,该数量同样不包含批次的概念。

Step 13 选中 H1 单元格,右击,执行"插入"下的"在右侧插入表列"命令,插入一个新列,将新列名称更改为"本批次库存数量"。选中 I2 单元格，在编辑栏内输入公式"=[@数量]-[@本批次发出数量]"，完成本批次库存数量的计算。

说明

本批次的库存数量等于本批次的购入数量减去本批次的发出数量。

Step 14 选中 I1 单元格，右击，执行"插入"下的"在右侧插入表列"命令，插入一个新列，将新列名称更改为"库存总量"。选中 J2 单元格，在编辑栏内输入公式"=[@累计购入数量]-[@累计发出数量]"，完成库存总量的计算。

说明

库存总量就等于累计购入的总量减去累计发出的总量，该值和批次是无关的。

Step 15 选中 J1 单元格，右击，执行"插入"下的"在右侧插入表列"命令，插入一个新列，将新列名称更改为"本批次发出金额"。选中 K2 单元格，在编辑栏内输入公式"=[@单价]*[@本批次发出数量]"，完成本批次发出金额的计算。

说明

本批次发出金额的计算方法就是本批次购入商品的单价乘以本批次发出商品的数量。

Step 16 选中 K1 单元格，右击，执行"插入"下的"在右侧插入表列"命令，插入一个新列，将新列名称更改为"本批次库存金额"。选中 L2 单元格，在编辑栏内输入公式"=[@本批次库存数量]*[@单价]"，完成本批次库存金额的计算。

说明

本批次库存金额就等于本批次库存数量乘以本批次购入单价。

通过上述计算，最终的结果如图 8.58 所示。

	A	B	C	D	E	F	G	H	I	J	K	L
1	入库日期	商品	批次	数量	单价	累计购入	累计发出	本批次发出	本批次库存	库存总量	本批次发出金额	本批次库存金额
2	2017/12/31 0:00	JP32	JP3242004	80	1820	110	20	20	60	90	36400	109200
3	2017/12/31 0:00	JP33	JP3342004	120	120	120	105	105	15	15	12600	1800
4	2017/12/31 0:00	JP34	JP3442004	270	82	420	261	261	9	159	21402	738
5	2017/12/31 0:00	JP35	JP3542004	150	1095	170	77	77	73	93	84315	79935
6	2017/12/31 0:00	MT3	MT342004	100	3400	100	75	75	25	25	255000	85000
7	2017/12/31 0:00	MT4	MT442004	80	6520	100	80	80	0	20	521600	0
8	2017/12/31 0:00	MT5	MT542004	120	1250	180	90	90	30	90	112500	37500
9	2017/12/31 0:00	KK2	KK242004	120	2980	250	18	18	102	232	53640	303960
10	2017/12/31 0:00	KK3	KK342004	20	15260	25	0	0	20	25	0	305200
11	2017/12/31 0:00	KK4	KK442004	60	4300	60	11	11	49	49	47300	210700
12	2018/1/5 0:00	MT4	MT442009	20	6430	100	80	0	20	20	0	128600
13	2018/1/8 0:00	JP34	JP3442012	150	80	420	261	0	150	159	0	12000
14	2018/1/11 0:00	KK2	KK242018	80	3050	250	18	0	80	232	0	244000
15	2018/1/17 0:00	MT5	MT542021	60	1065	180	90	0	60	90	0	63900
16	2018/1/17 0:00	KK2	KK242021	50	3120	250	18	0	50	232	0	156000
17	2018/1/19 0:00	JP32	JP3242023	30	1800	110	20	0	30	90	0	54000
18	2018/1/28 0:00	JP35	JP3542032	20	1055	170	77	0	20	93	0	21100
19	2018/1/30 0:00	KK3	KK342034	5	16000	25	0	0	5	25	0	80000

图 8.58 库存表

图 8.58 中已经给出了库存商品的库存数量和库存商品金额，如果要进一步统计，则可以通过数据透视表的方法来完成，具体的操作步骤如下：

Excel 在会计和财务管理中的应用（第4版）

Step 01 选中 A1 单元格，单击"插入"选项卡，执行"表格"组内的"数据透视表"命令，打开如图 8.59 所示的"创建数据透视表"命令，将要进行数据透视的单元格区域设置为"kcb"，单击"确定"按钮，完成数据透视表透视区域的设置。

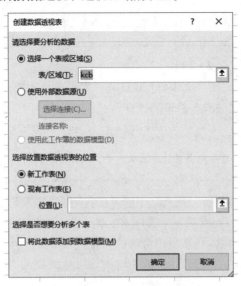

图 8.59 设置数据透视表透视区域

Step 02 在新的工作表中，在打开的"数据透视表字段列表"对话框中，将"商品编号"字段拖曳到"行标签"内，如图 8.60 所示，将"本批次库存数量"和"本批次库存金额"两个字段拖曳到"数值"区域中，完成字段在数据透视表中的设置。

图 8.60 字段设置

通过上述两个步骤就可以得到期末各商品的库存数量和库存金额，最终结果如图 8.61 所示。

	A	B	C
1			
2		值	
3	行标签	求和项:本批次库存数量	求和项:本批次库存金额
4	JP32	90	163200
5	JP33	15	1800
6	JP34	159	12738
7	JP35	93	101035
8	MT3	25	85000
9	MT4	20	128600
10	MT5	90	101400
11	KK2	232	703960
12	KK3	25	385200
13	KK4	49	210700
14	总计	798	1893633

图 8.61 库存数量与金额

从图 8.61 中可以看出库存的金额为 1893633 元，而使用加权平均法计算的最终商品库存金额为 1900374.1 元，不同的计算方法所得到的库存成本的金额并不相同，但是比较相近，这就验证了计算的正确性。库存商品的数量则不论是使用加权平均法还是先进先出法，其结果总是一致的。

如果使用先进先出法向管理层报告，则可以将库存成本的数据填入 N 列中，最终形成的进销存报表如图 8.62 所示。

商品编号	商品名称	期初库存			本月入库			本月销售				期末库存	
		数量	库存金额	平均单价	数量	入库金额	加权平均单价	销售数量	销售金额	平均单价	销售毛利	数量	库存成本
JP32	主机	80	145600	1820	30	54000	1814.55	20	42000	2100	5709	90	163200
JP33	智能路由器	120	14400	120	0	0	120	105	15500	147.62	2900.1	15	1800
JP34	智能摄像头	270	22140	82	150	12000	81.29	261	25000	95.79	3784.5	159	12738
JP35	打印机	150	164250	1095	20	21100	1090.29	77	115000	1493.51	31047.94	93	101035
KK2	普通PC机	120	357600	2980	130	400000	3030.4	18	61000	3388.89	6452.82	232	85000
KK3	小型服务器	20	305200	15260	5	80000	15408	0	0	0	0	25	128600
KK4	投影仪	60	258000	4300	0	0	4300	11	50000	4545.45	2699.95	49	101400
MT3	笔记本	100	340000	3400	0	0	3400	75	277000	3693.33	21999.75	25	703960
MT4	复印机	80	521600	6520	20	128600	6502	80	570000	7125	49840	20	385200
MT5	网络设备	120	150000	1250	60	63900	1188.33	90	129000	1433.33	22050	90	210700
汇总			2278790			759600			1284500		146484		1893633

图 8.62 先进先出法下的进销存报表

习题

根据前面章节的实验结果，要求通过加权平均法和先进先出法确定到 2018 年 1 月底公司商品的进销存状况。

第9章 财务报表编制及分析

财务报表是综合反映企业在某个特定日期内的财务状况和某一会计期间经营成果、现金流量的总结性书面文件,它是企业向外传递会计信息的主要手段。本章主要介绍前面章节中创建的凭证库如何通过 Excel 来自动生成资产负债表、利润表和现金流量表三大主要报表。

实验 9-1 编制资产负债表

实验原理

资产负债表属于时点报表,反映了企业在某个指定的时点内资产、负债和所有者权益的状况。从资产负债表的结构来看,资产和负债按照其流动性可以分为流动资产和非流动资产、流动负债和非流动负债,不同的科目流动性情况如表 9-1 所示。

表 9-1 流动性和非流动性会计科目

类别	流动性	非流动性
资产	货币资金、交易性金融资产、应收票据、应收账款、预付账款、其他应收款、应收利息、其他应收款、存货和一年内到期的非流动资产等	持有至到期投资、可供出售金融资产、长期应收款、长期股权投资、固定资产、无形资产、开发支出、长期待摊费递延所得税资产等
负债	短期借款、应付票据、应付账款、预收账款、应付职工薪酬、应交税费、应付股利、其他应付款、预提费用等	长期借款、应付债券、长期应付款、预计负债、递延所得税负债等

除此之外,还有所有者权益类科目,它是企业资产扣除负债后的剩余资产,由实收资本、资本公积、盈余公积和未分配利润等项目组成。

资产负债表的"年初数"栏各项目的计算依据是上年末资产负债表"期末数"栏内所填列的数字。资产负债表的年末数的计算依据是各总账科目和明细科目的期末余额,不同的科目提取期末余额的方法也不相同。资产负债表所列示的科目余额产生方式是比较复杂的,主要有如下几种情形:

(1)根据总账科目期末余额直接填列。
(2)根据总账科目余额计算填列。
(3)根据明细科目的余额计算填列。
(4)根据总账科目和明细科目余额分析计算填列。
(5)根据科目余额减去其备抵项目后的净额填列。

其中,根据总账科目余额直接填列是最简单的,依据总账科目余额计算填列的科目主要包括如下几种：

（1）资产类的货币资金项目，根据"现金""银行存款"和"其他货币资金"科目的期末余额合计填列。

（2）资产类的存货项目，根据"物资采购""零部件""低值易耗品""自制半成品""库存商品""包装物""分期收款发出商品""委托加工物资""委托代销商品"及"生产成本"等账户的合计，减去"代销商品款"和"存货跌价准备"科目的期末余额后的余额填列。

（3）资产类的固定资产净值项目，根据"固定资产"账户的借方余额减去"累计折旧"账户的贷方余额后的净额填列。

（4）所有者权益类的未分配利润项目，在月（季）报中，根据"本年利润"和"未分配利润"科目的余额计算填列。

资产负债表中，有的科目是根据明细科目的余额计算填列的，这些科目包括"预收账款"和"预付账款"科目。

（1）"应收账款"项目，应根据"应收账款"科目所属各明细账户的期末借方余额合计，再加上"预收账款"科目的有关明细科目期末借方余额计算填列。

（2）"应付账款"项目，应根据"应付账款"和"预付账款"科目的有关明细科目的期末贷方余额来计算编制。

如果企业核算的内容并不复杂，则可以不设置"预收账款"和"预付账款"科目，而直接用"应收账款"和"应付账款"来代替。

某些总账科目还要具体分析来填列，主要是指"长期借款""长期债权投资"和"长期待摊费用"等项目，因为如果这些项目中包含一年内到期的项目，那么实际上这些即将到期的长期项目就变成了短期项目，需要在资产负债表中扣除填列。减值准备金科目也属于资产的备抵项目，需要从资产的余额中减去备抵科目的余额来作为资产的价值。

在本实验中，资产负债表各个科目余额的数据获得途径为：

（1）利用 Microsoft Query 从"凭证与账簿.xlsm"文件的"科目代码表"中获取年初数。

（2）利用 Microsoft Query 从"凭证库"中导入各科目的数据。

由于资产负债表反映的是一级科目的情况，因此导入数据的时候需要做一些预先处理。

实验目的与要求

（一）实验目的

掌握资产负债表的结构和各科目余额取得方式。

（二）实验要求

掌握 Microsoft Query 的应用方法，从其他工作簿中获取数据。

实验内容及数据来源

根据账务处理提供的相关数据，编制公司 2018 年 1 月的资产负债表。

Excel 在会计和财务管理中的应用（第 4 版）

实验操作指导

1. 设置"资产负债表"格式

设计资产负债表外观样式的具体操作步骤如下：

Step 01　打开 Excel，将工作簿保存为"报表.xlsm"。

Step 02　将"Sheet1"工作表重命名为"资产负债表"，完成建立"资产负债表"工作表。

Step 03　从 A1 单元格开始输入如图 9.1 所示的报表生成条件。

图 9.1　年份与月份条件

Step 04　在 A2 单元格内输入"资产负债表"，选中 A2:H2 单元格区域，执行"开始"选项卡下"对齐方式"组中的"合并后居中"命令，字号大小为"20"，完成表头设计。

Step 05　选中 A3 单元格，输入"编制单位：金盛公司"。

Step 06　在 D3 单元格内输入公式"=B1&"年"&D1&"月""，选中 D2:E2 单元格区域，执行"开始"选项卡下"对齐方式"组中的"合并后居中"命令。

Step 07　选中 H2 单元格，输入"单位：元"。

Step 08　从 A3:H3 单元格区域分别输入内容："项目""行次""年初数""年末数""项目""行次""年初数"和"年末数"。

Step 09　在 A 列中，输入各资产项目的名称。

Step 10　在 E 列中，输入负债和所有者权益项目的名称。

Step 11　同时选中 C5:D37、G5:H37 列，右击，执行"设置单元格格式"命令，打开如图 9.2 所示的"设置单元格格式"对话框，在"数字"选项卡下，分类选择"会计专用"，"货币符号"选择"无"，单击"确定"按钮，完成数字显示格式的设置。

图 9.2　设置单元格格式

输入"资产负债表"的资产、负债和所有者权益项目后的资产负债表如图 9.3 所示。

年份	2018	月份		1			
\multicolumn{8}{c}{资 产 负 债 表}							
编制单位:金盛公司			2018年1月				单位:元
项目	行次	年初数	年末数	项目	行次	年初数	年末数
流动资产:	1			流动负债:	34		
货币资金	2			短期借款	35		
交易性金融资产	3			交易性金融负债	36		
应收票据	4			应付票据	37		
应收账款	5			应付账款	38		
预付款项	6			预收帐款	39		
应收利息	7			应付职工薪酬	40		
应收股利	8			应交税费	41		
其它应收款	9			应付利息	42		
存货	10			应付股利	43		
一年内到期的非流动资产	11			其它应付款	44		
其他流动资产	12			一年内到期的非流动负债	45		
流动资产合计	13			其他流动负债	46		
非流动资产:	14			流动负债合计	47		
可供出售金融资产	15			非流动负债:	48		
持有至到期投资	16			长期借款	49		
长期应收款	17			应付债券	50		
长期股权投资	18			长期应付款	51		
投资性房地产	19			专项应付款	52		
固定资产	20			预计负债	53		
在建工程	21			递延所得税负债	54		
工程物资	22			其他非流动负债	55		
固定资产清理	23			非流动负债合计	56		
生物性生物资产	24			负债合计	57		
油气资产	25			所有者权益:	58		
无形资产	26			实收资本	59		
开发支出	27			资本公积	60		
商誉	28			减:库存股	61		
长期待摊费用	29			盈余公积	62		
递延所得税资产	30			未分配利润	63		
其他非流动性资产	31			所有者权益合计	64		
非流动性资产合计	32				65		
资产总计	33			负债和所有者权益总计	66		

图 9.3　资产负债表

2．获取一级科目年初数

资产负债表的年初数是从"账务处理.xlsm"文件的"科目代码表"中获取的,获取年初数的具体操作步骤如下：

Step 01 新建工作表,将工作表重命名为"数据",完成建立"数据"工作表的操作。

> **说明**
>
> "数据"工作表的作用是通过 Microsoft Query 组件将所有今后要计算的数据内容都放置在这张工作表中,这些数据包括用于生成资产负债表、利润表和现金流量表的所有数据。

Step 02 选中"数据"选项卡,在"获取外部数据"组中,执行"自其他来源"中的"来自 Microsoft Query"命令,打开如图 9.4 所示的"选择数据源"对话框,在其中选择 Excel Files 选项,单击"确定"按钮。

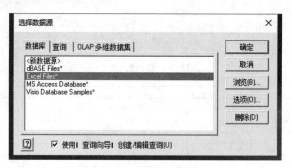

图 9.4 选择数据源

Step 03　在如图 9.5 所示的"选择工作簿"对话框中,选择"账务处理.xlsm"文件所在的位置,单击"确定"按钮,打开"添加表"对话框,完成数据库位置的确定。

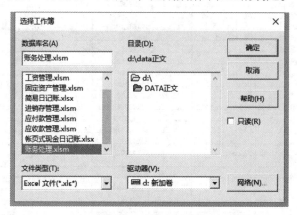

图 9.5 选择工作簿

Step 04　在如图 9.6 所示的"查询向导-选择列"对话框中,选择"科目代码表"工作表,选择"科目代码",单击"下一步"按钮,完成要显示的指定字段的确定。

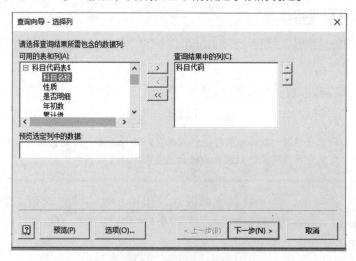

图 9.6 选择工作表和要显示的字段

Step 05　单击"下一步"按钮,完成要显示的列的选择,进入"查询向导-筛选数据"对话框,单击"下一步"按钮,跳过筛选的过程,打开"查询向导-排序顺序"对话框,在该步骤中不需要设置任何内容。单击"下一步"按钮,打开"查询向导-完成"对话框,在"请确定下一步的动作"选择中,选中"在 Microsoft Query 中查看数据或编辑查询",单击"完成"按钮,完成查询向导的操作,进入 Microsoft Query 界面。

Step 06 在 Microsoft Query 窗口中,单击"记录"菜单,执行"添加列"命令,打开如图 9.7 所示的"添加列"对话框,在"字段"中输入"年初数*性质","列标"设置为"ncs","总计"设置为"求和",单击"添加"按钮,完成新列的设置。单击"关闭"按钮,关闭"添加列"对话框。

图 9.7 添加新列

说明

年初数字段中的所有数据都是正数,性质字段决定了会计科目的余额产生方式,在"科目代码表"中,当性质为 1 的时候,表示余额产生方向为借方余额;相反,当性质为-1 的时候,表示余额产生方向为贷方余额。

"求和"的方式表示将一级科目相同的年初数进行求和计算。

Step 07 在 Microsoft Query 窗口中,单击"记录"菜单,执行"编辑列"命令,打开如图 9.8 所示的"编辑列"对话框,在字段下的组合框中输入"left(科目代码,4)",在列标下的文本框内输入"kmdm",单击"确定"按钮,完成一级科目的显示。

图 9.8 设置一级科目

说明

资产负债表中的各个科目都和一级科目有关,一级科目的长度都是 4 位数,因此在该对话框中用 left 函数将左侧 4 位数字取出。

Step 08 在 Microsoft Query 窗口中,单击"视图"菜单,执行"查询属性"命令,打开如图 9.9 所示的"查询属性"对话框,勾选"分组记录"复选框,单击"确定"按钮,完成分组显示的设置。

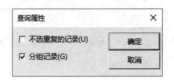

图 9.9 查询属性

说明

通过 left 函数对科目代码进行计算会导致很多一级科目重复出现，但这些一级科目并不需要重复显示，此时可以通过设置查询属性分组记录的方式来解决。

Step 09 在 Microsoft Query 窗口中，选中 ncs 列，执行"条件"菜单下的"添加条件"命令，打开如图 9.10 所示的"添加条件"对话框，选择"字段"为"求和(年初数*性质)"，"运算符"指定为"不等于"，"指定值"为"0"，完成参数条件的设置。单击"添加"按钮，再单击"关闭"按钮，关闭"添加条件"对话框，完成数据查询。

图 9.10 添加条件

Step 10 执行 Microsoft Query 窗口中文件菜单下的"将数据返回 Microsoft Excel"，打开如图 9.11 所示的"导入数据"对话框，将数据放置的位置设置为"数据"工作表的 A1 单元格，完成导入数据的操作。

Step 11 单击"导入数据"对话框中的"确定"按钮后，完成数据的导入操作。导入"数据"表中的一级科目及年初数数据如图 9.12 所示。

	A	B
1	'kmdm'	'ncs'
2	1001	3630
3	1002	2172571.94
4	1122	677600
5	1231	-3388
6	1405	1936000
7	1601	3097600
8	1602	-612543.14
9	1801	145200
10	1811	688393.2
11	2001	-605000
12	2202	-979710.38
13	2211	-378659.82
14	2221	-47371.5
15	2241	-44322.3
16	4001	-6050000

图 9.11 导入数据放置的起始位置　　　　图 9.12 导入的数据

> **说明**
> 如果对导入的数据有疑问，则可以选中 B 列，如果 B 列的值为 0，则表示导入的科目代码表中的数据是正确的。

Step 12 选中 A1 单元格，选择"设计"选项卡，在"属性"组内，将表名称更改为"ncs"。

3．计算"资产负债表"年初数栏

有了导入的年初数，即可为"资产负债表"年初数一栏设置公式。由于资产负债表并非是简单地将各个会计科目的余额写入资产负债表中，因此需要具体科目具体设置。企业可以根据实际需要设置会计科目，而资产负债表很多时候是具有规定格式的，一些科目即使企业没有设置，也有可能出现在资产负债表中。设置资产负债表年初数的具体操作步骤如下：

Step 01 选中 C6 单元格，在编辑栏内输入公式"=SUMIF(ncs["kmdm"],"1001",ncs["ncs"])+SUMIF(ncs["kmdm"],"1002",ncs["ncs"])+SUMIF(ncs["kmdm"],"1003",ncs["ncs"])"，完成货币资金年初数的设置。

> **说明**
> 金盛公司的货币资金项目由现金、银行存款和其他货币资金组成，对应的一级科目代码分别为 1001、1002 和 1003。
> 资产负债表各个科目的计算方法就是使用 SUMIF 函数从"数据"工作表的"ncs"表对象中提取数据。

Step 02 在资产类中，其他各项目的公式如表 9-2 所示。为了保持和资产负债表结构一致，一些企业未使用的会计科目也保留在表内，但是无须为这些项目设置公式。

表 9-2　资产类各科目年初数计算公式

项目	行次	年初数
流动资产	1	
货币资金	2	=SUMIF(ncs["kmdm"],"1001",ncs["ncs"])+SUMIF(ncs["kmdm"],"1002",ncs["ncs"])+SUMIF(ncs["kmdm"],"1003",ncs["ncs"])
交易性金融资产	3	=SUMIF(ncs["kmdm"],"1101",ncs["ncs"])
应收票据	4	=SUMIF(ncs["kmdm"],"1121",ncs["ncs"])
应收账款	5	=SUMIF(ncs["kmdm"],"1122",ncs["ncs"])+SUMIF(ncs["kmdm"],"1231",ncs["ncs"])
预付款项	6	
应收利息	7	
应收股利	8	
其他应收款	9	=SUMIF(ncs["kmdm"],"1221",ncs["ncs"])
存货	10	=SUMIF(ncs["kmdm"],"1402",ncs["ncs"])+SUMIF(ncs["kmdm"],"1403",ncs["ncs"])+SUMIF(ncs["kmdm"],"1405",ncs["ncs"])
一年内到期的非流动资产	11	
其他流动资产	12	
流动资产合计	13	=SUM(C6:C16)
非流动资产	14	
可供出售金融资产	15	

Excel 在会计和财务管理中的应用（第 4 版）

（续表）

项目	行次	年初数
持有至到期投资	16	
长期应收款	17	
长期股权投资	18	
投资性房地产	19	
固定资产	20	=SUMIF(ncs["kmdm"],"1601",ncs["ncs"])+SUMIF(ncs["kmdm"],"1602",ncs["ncs"])
在建工程	21	=SUMIF(ncs["kmdm"],"1604",ncs["ncs"])
工程物资	22	=SUMIF(ncs["kmdm"],"1605",ncs["ncs"])
固定资产清理	23	=SUMIF(ncs["kmdm"],"1606",ncs["ncs"])
生物性生物资产	24	
油气资产	25	
无形资产	26	=SUMIF(ncs["kmdm"],"1701",ncs["ncs"])
开发支出	27	
商誉	28	
长期待摊费用	29	=SUMIF(ncs["kmdm"],"1801",ncs["ncs"])
递延所得税资产	30	=SUMIF(ncs["kmdm"],"1811",ncs["ncs"])
其他非流动性资产	31	
非流动性资产合计	32	=SUM(C19:C35)
资产总计	33	=C36+C17

Step 03 选中 G6 单元格，在编辑栏内输入公式 "=-1*SUMIF(ncs[kmdm],"2001",ncs["ncs"])"，完成短期借款的年初数设置。

说明

负债和所有者权益类科目其余额产生方式为贷方余额，也就是科目代码表中性质为-1 的部分科目，在导入的数据中是用负数来显示的，需要将提取到的值乘以-1，以便填列到资产负债表中。对于其他的负债和所有者权益，计算方法是相同的。

Step 04 在负债和所有者权益类中，其他各个单元格公式如表 9-3 所示。为了保持和资产负债表结构一致，一些企业未使用的会计科目也保留在表内，但是没有为这些项目设置公式。

表 9-3 负债和所有者权益类项目公式

项目	行次	年初数
流动负债	34	
短期借款	35	=-1*SUMIF(ncs["kmdm"],"2001",ncs["ncs"])
交易性金融负债	36	
应付票据	37	=-1*SUMIF(ncs["kmdm"],"2201",ncs["ncs"])
应付账款	38	=-1*SUMIF(ncs["kmdm"],"2202",ncs["ncs"])
预收账款	39	
应付职工薪酬	40	=-1*SUMIF(ncs["kmdm"],"2211",ncs["ncs"])
应交税费	41	=-1*SUMIF(ncs["kmdm"],"2221",ncs["ncs"])
应付利息	42	
应付股利	43	=-1*SUMIF(ncs["kmdm"],"2232",ncs["ncs"])
其他应付款	44	=-1*SUMIF(ncs["kmdm"],"2241",ncs["ncs"])

（续表）

项目	行次	年初数
一年内到期的非流动负债	45	
其他流动负债	46	
流动负债合计	47	=SUM(G6:G17)
非流动负债	48	
长期借款	49	
应付债券	50	
长期应付款	51	
专项应付款	52	
预计负债	53	
递延所得税负债	54	
其他非流动负债	55	
非流动负债合计	56	=SUM(G20:G26)
负债合计	57	=G18+G27
所有者权益	58	
实收资本	59	=-1*SUMIF(ncs["kmdm"],"4001",ncs["ncs"])
资本公积	60	
减：库存股	61	
盈余公积	62	
未分配利润	63	
所有者权益合计	64	=SUM(G30+G31-G32+G33+G34)
	65	
负债和所有者权益总计	66	=G28+G35

通过上述步骤就完成了资产负债表年初数的计算，结果如图 9.13 所示。

资产负债表

编制单位：金盛公司　　　　2018年1月　　　　　　　　　　　单位：元

项目	行次	年初数	年末数	项目	行次	年初数	年末数
流动资产：	1			**流动负债：**	34		
货币资金	2	2,176,201.94		短期借款	35	605,000.00	
交易性金融资产	3	-		交易性金融负债	36		
应收票据	4	-		应付票据	37	-	
应收账款	5	674,212.00		应付账款	38	979,710.38	
预付款项	6			预收帐款	39		
应收利息	7	-		应付职工薪酬	40	378,659.82	
应收股利	8			应交税费	41	47,371.50	
其它应收款	9			应付利息	42		
存货	10	1,936,000.00		应付股利	43	-	
一年内到期的非流动资产	11			其它应付款	44	44,322.30	
其他流动资产	12			一年内到期的非流动负债	45		
流动资产合计	13	4,786,413.94		其他流动负债	46		
非流动资产：	14			**流动负债合计**	47	2,055,064.00	
可供出售金融资产	15			**非流动负债：**	48		
持有至到期投资	16			长期借款	49		
长期应收款	17			应付债券	50		
长期股权投资	18			长期应付款	51		
投资性房地产	19			专项应付款	52		
固定资产	20	2,485,056.86		预计负债	53		
在建工程	21	-		递延所得税负债	54		
工程物资	22			其他非流动负债	55		
固定资产清理	23			**非流动负债合计**	56		
生物性生物资产	24			**负债合计**	57	2,055,064.00	
油气资产	25			**所有者权益：**	58		
无形资产	26	-		实收资本	59	6,050,000.00	
开发支出	27			资本公积	60		
商誉	28			减：库存股	61		
长期待摊费用	29	145,200.00		盈余公积	62		
递延所得税资产	30	688,393.20		未分配利润	63		
其他非流动资产	31			**所有者权益合计**	64	6,050,000.00	
非流动性资产合计	32	3,318,650.06			65		
资产总计	33	8,105,064.00		**负债和所有者权益总计**	66	8,105,064.00	

图 9.13　计算完年初数的资产负债表

4. 获取发生额

在资产负债表中，年末数就等于年初数加上当期的发生额。当期的发生额也是通过 Microsoft Query 导入的，具体的操作步骤如下：

Step 01 选中"数据"选项卡，在"获取外部数据"组中，执行"自其他来源"中的"来自 Microsoft Query"命令，打开如图 9.14 所示的"选择数据源"对话框。

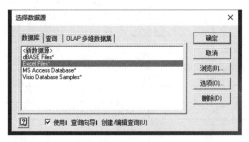

图 9.14 选择数据源

Step 02 在如图 9.15 所示的"选择工作簿"对话框中，选中"账务处理.xlsm"文件所在的路径，单击"确定"按钮，打开"添加表"对话框，完成数据库位置的确定。

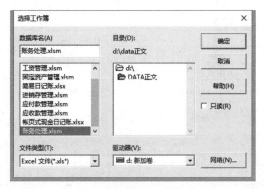

图 9.15 选择工作簿

Step 03 在如图 9.16 所示的"查询向导-选择列"对话框中，选择"凭证库$"工作表，选择"科目代码"，单击"下一步"按钮，完成要显示的指定字段的确定。

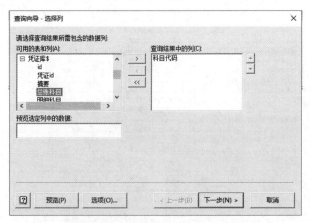

图 9.16 选择工作表和要显示的字段

Step 04　单击"下一步"按钮，完成要显示的列的选择，进入"查询向导-筛选数据"对话框，单击"下一步"按钮，跳过筛选的过程，打开"查询向导-排序顺序"对话框，在该步骤中不需要设置任何内容。单击"下一步"按钮，打开"查询向导-完成"对话框，在"请确定下一步的动作"选择中，选中"在 Microsoft Query 中查看数据或编辑查询"，单击"完成"按钮，完成查询向导的操作，进入 Microsoft Query 界面。

Step 05　在 Microsoft Query 窗口中，单击"记录"菜单，执行"编辑列"命令，打开如图 9.17 所示的"编辑列"对话框，在"字段"下的组合框中输入"left(科目代码,4)"，在"列标"下的文本框内输入"kmdm"，单击"确定"按钮，完成一级科目的设置。

Step 06　在 Microsoft Query 窗口中，单击"视图"菜单，执行"查询属性"命令，打开如图 9.18 所示的"查询属性"对话框，勾选"分组记录"复选框，单击"确定"按钮，完成分组显示的设置。

图9.17　设置一级科目

图9.18　设置分组记录

Step 07　在 Microsoft Query 窗口中，单击"记录"菜单，执行"添加列"命令，打开如图 9.19 所示的"添加列"对话框，在"字段"中输入"借金额-贷金额"，"列标"设置为"fse"，"总计"设置为"求和"，单击"添加"按钮，完成新列的设置。单击"关闭"按钮，关闭"添加列"对话框。

Step 08　在 Microsoft Query 窗口中，执行"条件"菜单下的"添加条件"命令，打开如图 9.20 所示的"添加条件"对话框，选择"字段"为"年"，"运算符"指定为"等于"，指定值为"[nian]"，单击"添加"按钮，完成添加第一个参数。

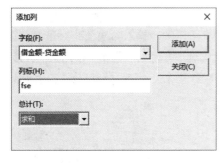
图9.19　添加新列

图9.20　添加条件

Step 09　在打开的如图 9.21 所示的"输入参数值"对话框中，直接单击"确定"按钮。

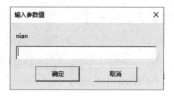

图 9.21 输入参数值

Step 10 在 Microsoft Query 窗口中,执行"条件"菜单下的"添加条件"命令,打开如图 9.22 所示的"添加条件"对话框,选择"字段"为"月","运算符"指定为"小于或等于",指定值为"[yue]",单击"添加"按钮,完成添加第二个参数,在打开的"输入参数值"对话框中,直接单击"确定"按钮,然后再单击"添加条件"对话框中的"关闭"按钮,关闭"添加条件"对话框。

Step 11 执行 Microsoft Query 窗口中文件菜单下的"将数据返回 Microsoft Excel",打开如图 9.23 所示的"导入数据"对话框,将"数据的放置位置"设置为"数据"工作表的 D1 单元格,完成导入数据的操作。

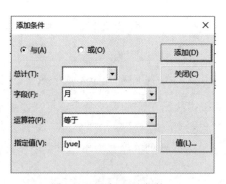 

图 9.22 添加月份条件　　　　　　　　图 9.23 导入数据

Step 12 单击"导入数据"对话框中的"确定"按钮,打开如图 9.24 所示的"输入参数值"对话框,在"nian"下的文本框中输入"=资产负债表!$B$1",并且勾选"在以后的刷新中使用该值或该引用"和"当单元格值更改时自动刷新"复选框,单击"确定"按钮,完成年份参数值的指定。

Step 13 单击图 9.24 中的"确定"按钮,打开如图 9.25 所示的"输入参数值"对话框,在"yue"下的文本框中输入"=资产负债表!$D$1",并且勾选"在以后的刷新中使用该值或该引用"和"当单元格值更改时自动刷新"复选框,单击"确定"按钮,完成月份参数值的指定。

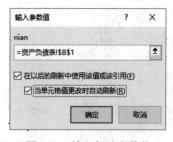 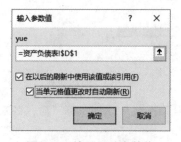

图 9.24 输入年份参数值　　　　　　　　图 9.25 输入月份参数值

> **说明**
>
> 导入"数据"表中的一级科目及发生额数据如图 9.26 所示。

	D	E
1	'kmdm'	'fse'
2	1001	-3598
3	1002	-29751
4	1122	304120
5	1221	3500
6	1405	391050
7	1601	35000
8	2202	-610880
9	2211	-17500
10	2221	76057
11	2241	6022
12	6001	-898500
13	6401	534950
14	6601	106798
15	6602	102732

图 9.26 指定期间的发生额

Step 14 选中 D1 单元格,选择"设计"选项卡,在"属性"组内,将表名称更改为"fse"。

5.计算"资产负债表"年末数

资产负债表的年末数等于年初数和期间发生额之和,设置年末数的具体操作步骤如下:

Step 01 选中 D6 单元格,在编辑栏内输入公式"=SUMIF(fse["kmdm"],"1001",fse["fse"])+SUMIF(fse["kmdm"],"1002",fse["fse"])+SUMIF(fse["kmdm"],"1003",fse["fse"])+C6",完成货币资金年初数的设置。

> **说明**
>
> 计算方法为使用 SUMIF 函数从"数据"工作表的"fse"表对象中提取相应一级科目的发生额数据。年末数就等于年初数加上本年的发生额,公式中的 C6 单元格就表示年初数。

Step 02 在资产类中,其他各项目的公式如表 9-4 所示。

表 9-4 资产类各科目期末数计算公式

项目	行次	年末数
流动资产	1	
货币资金	2	=SUMIF(fse["kmdm"],"1001",fse["fse"])+SUMIF(fse["kmdm"],"1002",fse["fse"])+SUMIF(fse["kmdm"],"1003",fse["fse"])+C6
交易性金融资产	3	=SUMIF(fse["kmdm"],"1101",fse["fse"])+C7
应收票据	4	=SUMIF(fse["kmdm"],"1121",fse["fse"])+C8
应收账款	5	=SUMIF(fse["kmdm"],"1122",fse["fse"])+SUMIF(fse["kmdm"],"1231",fse["fse"])+C9
预付款项	6	
应收利息	7	
应收股利	8	
其他应收款	9	=SUMIF(fse["kmdm"],"1221",fse["fse"])+C13

(续表)

项目	行次	年末数
存货	10	=SUMIF(fse["kmdm"],"1402",fse["fse"])+SUMIF(fse["kmdm"],"1403",fse["fse"])+SUMIF(fse["kmdm"],"1405",fse["fse"])+C14
一年内到期的非流动资产	11	
其他流动资产	12	
流动资产合计	13	=SUM(D6:D16)
非流动资产	14	
可供出售金融资产	15	
持有至到期投资	16	
长期应收款	17	
长期股权投资	18	
投资性房地产	19	
固定资产	20	=SUMIF(fse["kmdm"],"1601",fse["fse"])+SUMIF(fse["kmdm"],"1602",fse["fse"])+C24
在建工程	21	=SUMIF(fse["kmdm"],"1604",fse["fse"])+C25
工程物资	22	=SUMIF(fse["kmdm"],"1605",fse["fse"])+C26
固定资产清理	23	=SUMIF(fse["kmdm"],"1606",fse["fse"])+C27
生物性生物资产	24	
油气资产	25	
无形资产	26	=SUMIF(fse["kmdm"],"1701",fse["fse"])+C30
开发支出	27	
商誉	28	
长期待摊费用	29	=SUMIF(fse["kmdm"],"1801",fse["fse"])+C33
递延所得税资产	30	=SUMIF(fse["kmdm"],"1811",fse["fse"])+C34
其他非流动性资产	31	
非流动性资产合计	32	=SUM(D19:D35)
资产总计	33	=D36+D17

Step 03 选中 H6 单元格，在编辑栏内输入公式"=-1*SUMIF(fse[kmdm],"2001",fse[fse])+G6"，完成短期借款的年末数的设置。

说明

短期借款年末数就等于年初数加上本年的发生额。由于短期借款属于负债类科目，因此与-1 相乘获得正数。上述公式中，G6 表示年初数。

Step 04 在负债和所有者权益类中，其他各项目的公式如表 9-5 所示。

表 9-5 负债和所有者权益类各科目年末数的计算公式

项目	行次	年末数
流动负债	34	
短期借款	35	=-1*SUMIF(fse["kmdm"],"2001",fse["fse"])+G6
交易性金融负债	36	
应付票据	37	=-1*SUMIF(fse["kmdm"],"2201",fse["fse"])+G8
应付账款	38	=-1*SUMIF(fse["kmdm"],"2202",fse["fse"])+G9

(续表)

项目	行次	年末数
预收账款	39	
应付职工薪酬	40	=-1*SUMIF(fse["kmdm"],"2211",fse["fse"])+G11
应交税费	41	=-1*SUMIF(fse["kmdm"],"2221",fse["fse"])+G12
应付利息	42	
应付股利	43	=-1*SUMIF(fse["kmdm"],"2232",fse["fse"])+G14
其他应付款	44	=-1*SUMIF(fse["kmdm"],"2241",fse["fse"])+G15
一年内到期的非流动负债	45	
其他流动负债	46	
流动负债合计	47	=SUM(H6:H17)
非流动负债	48	
长期借款	49	
应付债券	50	
长期应付款	51	
专项应付款	52	
预计负债	53	
递延所得税负债	54	
其他非流动负债	55	
非流动负债合计	56	=SUM(H20:H26)
负债合计	57	=H18+H27
所有者权益	58	
实收资本	59	=-1*SUMIF(fse["kmdm"],"4001",fse["fse"])+G30
资本公积	60	
减：库存股	61	
盈余公积	62	
未分配利润	63	=-1*(SUMIF(fse["kmdm"],"6001",fse["fse"])+SUMIF(fse["kmdm"],"6401",fse["fse"])+SUMIF(fse["kmdm"],"6601",fse["fse"])+SUMIF(fse["kmdm"],"6602",fse["fse"])+SUMIF(fse["kmdm"],"6711",fse["fse"]))+G34
所有者权益合计	64	=SUM(H30+H31-H32+H33+H34)
	65	
负债和所有者权益总计	66	=H28+H35

6．其他设置

由于所有的数据都是提取获得的，因此这个提取计算的过程是否正确需要进一步验证。比如资产总计和负债及所有者权益总计应该是相等的，这时就需要为一些单元格设置条件格式，一旦出现了不相等的情况，就向用户给出明显提示。

资产负债表中所有的科目计算都包含公式，这就导致该工作表成为一张异常脆弱的表格，用户稍微疏忽就可能导致工作表中的公式被破坏。为了避免破坏公式的情况出现，确保数据的有效性，就需要进一步进行设置，具体操作步骤如下：

Step 01 选中 G37 单元格，单击"开始"选项卡，执行"样式"组中"条件格式"下的"新建规则"命令，打开如图 9.27 所示"新建格式规则"对话框，在"选择规则类型"下选择"使用公式确定要设置格式的单元格"，在"编辑规则说明"中输入公式"=$C$37<>$G$37"，单击"格式"选项卡，在打开的"设置单元格格式"对话框中，选择"填充"选项卡，选择红色为填充色，单击"确定"按钮，返回"新建格式规则"对话框，单击"确定"按钮，完成条件格式的设置。

Excel 在会计和财务管理中的应用（第 4 版）

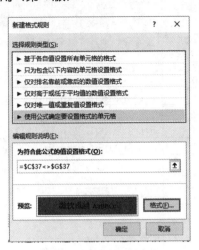

图 9.27　新建格式规则

===== 说明 =====

资产负债表中左侧的年初数合计要和右侧的年初数合计相等，设置条件格式的目的是为了得到明显的报错信息。

Step 02 选中 H37 单元格，单击"开始"选项卡，执行"样式"组中"条件格式"下的"新建规则"命令，打开"新建格式规则"对话框，在"选择规则类型"下选择"使用公式确定要设置格式的单元格"，在"编辑规则说明"中，输入公式"=$D$37<>$H$37"，单击"格式"选项卡，在打开的"设置单元格格式"对话框中，选择"填充"选项卡，选择红色为填充色，单击"确定"按钮，返回"新建格式规则"对话框，单击"确定"按钮，完成条件格式的设置。

Step 03 单击"开始"选项卡，单击"Excel 选项"按钮，打开如图 9.28 所示的"Excel 选项"对话框，单击左侧的"高级"，右侧保持"在具有零值的单元格中显示零"不被选中，单击"确定"按钮，完成零值的显示设置。

图 9.28　不显示零值

Step 04　单击工作表行号和列标的交叉处，或者按 Ctrl+A 键，完成对工作表的全选。在工作表中右击，执行"设置单元格格式"命令，打开"设置单元格格式"对话框，单击"保护"标签，将"锁定"前的勾选去除，单击"确定"按钮，如图 9.29 所示，解除对所有单元格的锁定。

图 9.29　解除锁定

Step 05　按住 Ctrl 键的同时，选中工作表中所有使用公式的单元格，在选中的任意一个单元格上右击，执行"设置单元格格式"命令，打开"设置单元格格式"对话框，单击"保护"标签，将"锁定"勾选，单击"确定"按钮，完成对单元格的锁定。

Step 06　单击"审阅"选项卡，执行"更改"组内的"保护工作表"命令，打开"保护工作表"对话框，如图 9.30 所示，输入解除保护的密码"1234"，单击"确定"按钮，打开"确认密码"对话框，再次输入"1234"，单击"确定"按钮，完成对工作表的保护设定。

图 9.30　保护工作表对话框

Excel 在会计和财务管理中的应用（第 4 版）

说明

如果要对工作表进行修改，就需要首先撤销工作表的保护，方法是：单击"审阅"选项卡，执行"更改"组内的"撤销工作表保护"命令，打开"撤销工作表保护"对话框，如图 9.31 所示，输入上一步的密码"1234"，单击"确定"按钮，完成撤销保护工作表。这时可以继续编辑工作表。

图 9.31 "撤销工作表保护"对话框

Step 07 选中 A2:H37 单元格区域，单击"页面布局"选项卡，在"页面设置"组内执行"打印区域"下的"设置打印区域"命令，完成打印区域的设置。

最终完成的资产负债表如图 9.32 所示。

资 产 负 债 表

编制单位：金盛公司　　　　　　　　　2018年1月　　　　　　　　　　　　单位：元

项目	行次	年初数	年末数	项目	行次	年初数	年末数
流动资产：	1			**流动负债：**	34		
货币资金	2	2,176,201.94	2,142,852.94	短期借款	35	605,000.00	605,000.00
交易性金融资产	3	-	-	交易性金融负债	36		
应收票据	4	-	-	应付票据	37	-	-
应收账款	5	674,212.00	978,332.00	应付帐款	38	979,710.38	1,590,590.38
预付款项	6			预收帐款	39		
应收利息	7			应付职工薪酬	40	378,659.82	396,159.82
应收股利	8			应交税费	41	47,371.50	-28,685.50
其它应收款	9	-	3,500.00	应付利息	42		
存货	10	1,936,000.00	2,327,050.00	应付股利	43	-	-
一年内到期的非流动资产	11			其它应付款	44	44,322.30	38,300.30
其他流动资产	12			一年内到期的非流动负	45		
流动资产合计	13	4,786,413.94	5,451,734.94	其他流动负债	46		
非流动资产：	14			**流动负债合计**	47	2,055,064.00	2,601,365.00
可供出售金融资产	15			**非流动负债：**	48		
持有至到期投资	16			长期借款	49		
长期应收款	17			应付债券	50		
长期股权投资	18			长期应付款	51		
投资性房地产	19			专项应付款	52		
固定资产	20	2,485,056.86	2,520,056.86	预计负债	53		
在建工程	21			递延所得税负债	54		
工程物资	22	-	-	其他非流动负债	55		
固定资产清理	23	-	-	**非流动负债合计**	56	-	-
生物性生物资产	24			**负债合计**	57	2,055,064.00	2,601,365.00
油气资产	25			**所有者权益：**	58		
无形资产	26	-	-	实收资本	59	6,050,000.00	6,050,000.00
开发支出	27			资本公积	60		
商誉	28			减：库存股	61		
长期待摊费用	29	145,200.00	145,200.00	盈余公积	62		
递延所得税资产	30	688,393.20	688,393.20	未分配利润	63		154,020.00
其他非流动性资产	31			所有者权益合计	64	6,050,000.00	6,204,020.00
非流动性资产合计	32	3,318,650.06	3,353,650.06		65		
资产总计	33	8,105,064.00	8,805,385.00	**负债和所有者权益总计**	66	8,105,064.00	8,805,385.00

图 9.32 完成的资产负债表

习题

根据第 2 章习题的内容，编制公司 2018 年 1 月份的资产负债表。

实验 9-2 编制利润表

实验原理

利润表属于期间报表，反映的是企业在一定期间内生产经营成果的会计报表。利润表将某一期间的收入和费用进行配比，据此计算出企业一定时期内的盈亏状况。

利润表反映了如下一些数据。

（1）营业收入：由主营业务收入加上其他业务收入组成。

（2）营业利润：营业收入减去营业成本（主营业务成本、其他业务成本）、营业税金及附加、销售费用、管理费用、财务费用、资产减值损失，加上公允价值变动收益和投资收益的结果就是营业利润。

（3）利润总额：营业利润加上营业外收入，减去营业外支出，即为利润总额。

（4）净利润：利润总额减去所得税费用，即为净利润。

（5）每股收益：仅用于普通股或潜在普通股已公开交易的企业，以及正处于公开发行普通股或潜在发行普通股过程中的企业。这些企业应当在利润表中列示每股的收益信息，包括基本每股收益和稀释每股收益两项指标。

利润表还是一张需要进行期间比较的报表，利润表的数据栏有两栏，分别是"本期金额"和"上期金额"。本期金额是指从年初到指定月份累积的金额，"上期金额"是指上年度对应的时间段的累计金额。

利润表中数据的获得同样是来自提取的凭证库中的数值，因此可以使用 Microsoft Query 组件来获得相关数据。

实验目的与要求

（一）实验目的

掌握利润表的结构，了解利润表各个项目的数据取得方式。

（二）实验要求

能够通过 Microsoft Query 从其他工作簿中获取数据。

实验内容及数据来源

根据"账务处理.xlsm"文件中的相关数据编制 2018 年 1 月的利润表。

Excel 在会计和财务管理中的应用（第 4 版）

实验操作指导

1. 设置"利润表"格式

设计"利润表"的格式具体的操作步骤如下：

Step 01 新建工作表，将工作表重命名为"利润表"，完成建立"利润表"工作表。

Step 02 在 A1 单元格内输入"利润表"，选中 A1:C1 单元格区域，执行"开始"选项卡下"对齐方式"组中的"合并后居中"命令，字号大小为"20"，完成表头设计。

Step 03 选中 A2 单元格，输入"编制单位：金盛公司"。在 B2 单元格内输入公式"=资产负债表!B1&"年"&资产负债表!D1&"月""，完成报表日期的设置。选中 C2 单元格，输入"单位：元"。

Step 04 在 A3:C3 单元格区域分别输入内容："项目""本期金额"和"上期金额"。在 A 列中，输入利润表构成项目的名称。

Step 05 选中 B4:C19 单元格区域，右击，执行"设置单元格格式"命令，打开"设置单元格格式"对话框，在"数字"选项卡下，"分类"选择"会计专用"，"货币符号"选择"无"，单击"确定"按钮，完成数字显示格式的设置。

输入完成后的利润表格式如图 9.33 所示。

图 9.33 利润表

2. 获取本期发生额

利润表中"本期发生额"是指从年初到现在的发生额，该发生额通过计算提取的会计科目值来获得，具体的操作步骤如下：

Step 01 选中"数据"选项卡，在"获取外部数据"组中，执行"自其他来源"中的"来自 Microsoft Query"命令，打开如图 9.34 所示的"选择数据源"对话框。

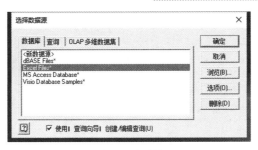

图 9.34 选择数据源

Step 02　在如图 9.35 所示的"选择工作簿"对话框中,选择"账务处理.xlsm",单击"确定"按钮,打开"添加表"对话框,完成数据库位置的确定。

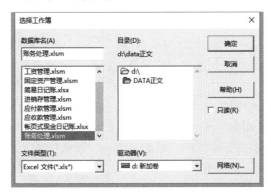

图 9.35 选择工作簿

Step 03　在如图 9.36 所示的"查询向导-选择列"对话框中,选择"凭证库$"工作表,选择"科目代码""借金额"和"贷金额"字段,单击"下一步"按钮,完成要显示的指定字段的确定。

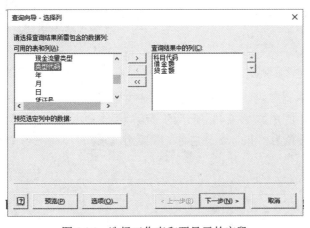

图 9.36 选择工作表和要显示的字段

Step 04　单击"下一步"按钮,完成要显示的列的选择,进入"查询向导-筛选数据"对话框,单击"下一步"按钮,跳过筛选的过程,打开"查询向导-排序顺序"对话框,在该步骤中不需要设置任何内容。单击"下一步"按钮,打开"查询向导-完成"对话框,在"请确定下一步的动作"选择中,选中"在 Microsoft Query 中查看数据或编辑查询",单击"完成"按钮,完成查询向导的操作,进入 Microsoft Query 界面。

Step 05　在 Microsoft Query 窗口中，单击"记录"菜单，执行"编辑列"命令，打开如图 9.37 所示的"编辑列"对话框，在"字段"下的组合框中输入"left(科目代码,4)"，"列标"下的文本框内输入"kmdm"，单击"确定"按钮，完成一级科目的显示。

图 9.37　设置一级科目

Step 06　在 Microsoft Query 窗口中，单击"视图"菜单，执行"查询属性"命令，打开如图 9.38 所示的"查询属性"对话框，勾选"分组记录"，单击"确定"按钮，完成分组显示的设置。

Step 07　在 Microsoft Query 窗口中，选中"借金额"列中任意一条记录，单击"记录"菜单，执行"编辑列"命令，打开如图 9.39 所示的"编辑列"对话框，在"字段"中选择"借金额"，"列标"设置为"jje"，"总计"设置为"求和"，单击"确定"按钮，完成列的设置。

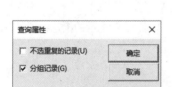

图 9.38　查询属性

图 9.39　编辑借金额列

Step 08　在 Microsoft Query 窗口中，选中"贷金额"列中任意一条记录，单击"记录"菜单，执行"编辑列"命令，打开如图 9.40 所示的"编辑列"对话框，在"字段"中选择"贷金额"，"列标"设置为"dje"，"总计"设置为"求和"，单击"确定"按钮，完成列的设置。

图 9.40　编辑贷金额列

Step 09　在 Microsoft Query 窗口中，执行"条件"菜单下的"添加条件"命令，打开如图 9.41 所示的"添加条件"对话框,选择"字段"为"年","运算符"指定为"等于","指定值"为"[nian]",单击"添加"按钮,完成添加第一个参数。

图 9.41　添加条件

Step 10　在打开的如图 9.42 所示的"输入参数值"对话框中,直接单击"确定"按钮。

图 9.42　输入参数值

Step 11　在 Microsoft Query 窗口中,执行"条件"菜单下的"添加条件"命令,打开如图 9.43 所示的"添加条件"对话框,选择"字段"为"月","运算符"指定为"小于或等于",指定值为"[yue]",单击"添加"按钮,完成添加第二个参数。在打开的"输入参数值"对话框中,直接单击"确定"按钮,再单击"添加条件"对话框中的"关闭"按钮,关闭"添加条件"对话框。

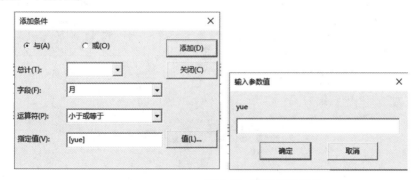

图 9.43　添加月份条件

Step 12　执行 Microsoft Query 窗口中文件菜单下的"将数据返回 Microsoft Excel",打开如图 9.44 所示的"导入数据"对话框,将"数据的放置位置"设置为"数据"工作表的 G1 单元格,完成数据导入的操作。

Excel 在会计和财务管理中的应用（第 4 版）

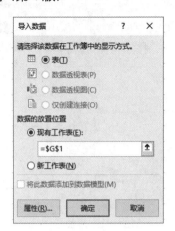

图 9.44 导入数据的起始单元格

Step 13 单击"导入数据"对话框中的"确定"按钮，打开如图 9.45 所示的"输入参数值"对话框，在"nian"下的文本框中输入"=资产负债表!$B$1"，并且勾选"在以后的刷新中使用该值或该引用"和"当单元格值更改时自动刷新"复选框，单击"确定"按钮，完成年份参数值的指定。

Step 14 单击图 9.45 中的"确定"按钮，打开如图 9.46 所示的"输入参数值"对话框，在"yue"下的文本框中输入"=资产负债表!$D$1"，并且勾选"在以后的刷新中使用该值或该引用"和"当单元格值更改时自动刷新"复选框，单击"确定"按钮，完成月份参数值的指定。

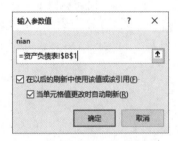 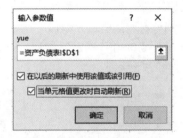

图 9.45 输入年份参数值　　　　图 9.46 输入月份参数值

Step 15 导入"数据"表中的结果如图 9.47 所示。

	G	H	I
1	'kmdm'	'jje'	'dje'
2	1001	175000	178598
3	1002	747125	776876
4	1122	517120	213000
5	1221	3500	0
6	1405	926000	534950
7	1601	35000	0
8	2202	400000	1010880
9	2211	175000	192500
10	2221	228802	152745
11	2241	6022	0
12	6001	0	898500
13	6401	534950	0
14	6601	106798	0
15	6602	102732	0

图 9.47 指定期间的发生额

Step 16 选中 G1 单元格，选择"设计"选项卡，在"属性"组内，将表名称更改为"lrxm"。

3. 计算"利润表"本期金额

"利润表"的本期金额是通过公式提取导入数据进行计算的，具体的操作步骤如下：

Step 01 选中 B4 单元格，在编辑栏内输入公式"=SUMIF(lrxm[kmdm],"6001",lrxm[dje])+SUMIF(lrxm[kmdm],"6051",lrxm[dje])"，完成本期营业收入的计算。

=== 说明 ===

营业收入一般由主营业务收入和其他业务收入组成，对应的一级科目代码为 6001 和 6051，和资产负债表的计算方式类似，也是使用 SUMIF 函数提取"数据"工作表中 lrxm 表对象的贷方发生额。

由于在期末，贷方发生额和借方发生额会发生对冲，因此相关的科目余额为 0，为此收入类科目只能提取贷方发生额。

Step 02 其他单元格的公式提取状况如表 9-6 所示。

表 9-6 利润表各项目公式

项目	本期金额
一、**营业收入**	=SUMIF(lrxm["kmdm"],"6001",lrxm["dje"])+SUMIF(lrxm["kmdm"],"6051",lrxm["dje"])
减：营业成本	=SUMIF(lrxm["kmdm"],"6401",lrxm["jje"])+SUMIF(lrxm["kmdm"],"6402",lrxm["jje"])
营业税金及附加	=SUMIF(lrxm["kmdm"],"6403",lrxm["jje"])
销售费用	=SUMIF(lrxm["kmdm"],"6601",lrxm["jje"])
管理费用	=SUMIF(lrxm["kmdm"],"6602",lrxm["jje"])
财务费用	=SUMIF(lrxm["kmdm"],"6603",lrxm["jje"])
资产减值损失	
加：公允价值变动损益（损失以"-"填列）	
投资收益（损失以"-"填列）	
二、**营业利润（亏损以"-"填列）**	=B4-SUM(B5:B10)+B11+B12
加：营业外收入	=SUMIF(lrxm["kmdm"],"6301",lrxm["dje"])
减：营业外支出	=SUMIF(lrxm["kmdm"],"6711",lrxm["jje"])
其中：非流动资产处置损失	
三、**利润总额（亏损以"-"填列）**	=B13+B14-B15
减：所得税费用	=SUMIF(lrxm["kmdm"],"6801",lrxm["jje"])
四、**净利润（净亏损以"-"填列）**	=B17-B18

4. 其他设置

为了保证公式的安全性，需要对该工作表进行保护，具体的操作步骤如下：

Step 01 单击工作表行号和列标交叉处，或者按 Ctrl+A 键，完成对工作表的全选。

Step 02 右击，执行"设置单元格格式"命令，打开"设置单元格格式"对话框，单击"保护"标签，将"锁定"前的勾选去除，单击"确定"按钮，解除对所有单元格的锁定。

Step 03 按住 Ctrl 键的同时，选中工作表中所有使用公式的单元格，完成对需要保护的单元格的选择。

Step 04 在选中的任意一个单元格上右击，执行"设置单元格格式"命令，打开"设置单元格格式"对话框,单击"保护"标签,将"锁定"勾选,单击"确定"按钮,完成对包含公式的单元格的锁定。

Step 05 单击"审阅"选项卡,执行"更改"组内的"保护工作表"命令,打开"保护工作表"对话框,输入解除保护的密码"1234",单击"确定"按钮,打开"确认密码"对话框,再次输入"1234",单击"确定"按钮,完成对工作表的保护设定。

Step 06 选中 A1:C19 单元格区域,单击"页面布局"选项卡,在"页面设置"组内执行"打印区域"下的"设置打印区域"命令,完成打印区域的设置。

上期金额是从上年度的会计报表中获取数据手工输入的(本实验省略该过程),计算完成后的利润表如图 9.48 所示。

	A	B	C
1		利 润 表	
2	编制单位:金盛公司	2018年1月	单位:元
3	项目	本期金额	上期金额
4	一、营业收入	898,500.00	
5	减:营业成本	534,950.00	
6	营业税金及附加	-	
7	销售费用	106,798.00	
8	管理费用	102,732.00	
9	财务费用	-	
10	资产减值损失		
11	加:公允价值变动损益(损失以"-"填列)		
12	投资收益(损失以"-"填列)		
13	二、营业利润(亏损以"-"填列)	154,020.00	
14	加:营业外收入	-	
15	减:营业外支出		
16	其中:非流动资产处置损失		
17	三、利润总额(亏损以"-"填列)	154,020.00	
18	减:所得税费用	-	
19	四、净利润(净亏损以"-"填列)	154,020.00	

图 9.48 利润表

习题

编制公司 2018 年 1 月份的利润表。

 实验 9-3 编制现金流量表

实验原理

现金流量表中的现金是指企业的现金以及现金等价物。现金一般是指企业的货币资金,而现金等价物则是指企业持有的期限短、流动性强、易于变化为已知金额的现金以及价值变动风险很小的投资等。

现金流量表反映企业在某一特定时期内经营活动、投资活动和筹资活动等对现金及现金等价物产生影响的会计报表，有助于报表使用者分析和评价企业获取现金的能力，并可对未来的现金流量进行预测。根据《企业会计准则第 31 号—现金流量表》中描述，现金流量由三大部分组成，分别为经营活动产生的现金流量、投资活动产生的现金流量和筹资活动产生的现金流量。

经营活动产生的现金流量是指企业在投资活动和筹资活动以外的所有交易和事项，该项目包括经营活动流入和经营活动流出。

经营活动流入的现金主要包括：

（1）销售商品、提供劳务收到的现金。

（2）收到的税费返还。

（3）收到其他与经营活动有关的现金。

经营活动流出的现金主要包括：

（1）购买商品、接受劳务支付的现金。

（2）支付给职工以及为职工支付的现金。

（3）支付的各项税费。

（4）支付其他与经营活动有关的现金。

投资活动产生的现金流量是指企业长期资产的构建和不包括现金等价物范围内的投资及处置活动。

投资活动产生的现金主要包括：

（1）收回投资收到的现金。

（2）取得投资收益收到的现金。

（3）处置固定资产、无形资产和其他长期资产收回的现金净额。

（4）处置子公司及其他营业单位收到的现金净额。

（5）收到其他与投资活动有关的现金。

投资活动流出的现金包括以下情形：

（1）购建固定资产、无形资产和其他长期资产支付的现金。

（2）投资支付的现金。

（3）取得子公司及其他营业单位支付的现金净额。

（4）支付其他与投资活动有关的现金。

筹资活动产生的现金流量是指导致企业资本及债务规模和构成发生变化的活动，包含筹资活动引起的现金流入和现金流出两个项目。

筹资活动流入的现金包括：

（1）吸收投资收到的现金。

（2）取得借款收到的现金。

（3）收到其他与筹资活动有关的现金。

筹资活动现金的流出包括：

（1）偿还债务支付的现金。

（2）分配股利、利润或偿付利息支付的现金。

（3）支付其他与筹资活动有关的现金。

在输入凭证的时候,只要涉及现金,都要求用户输入现金流量的类型,这个现金流量类型可以用于自动编制现金流量表。因此,只需要从"账务处理.xlsm"的"凭证库"工作表中调出相应的数据即可。

实验目的与要求

(一)实验目的

掌握现金流量表的结构,了解现金流量表各个项目的数据取得方式。

(二)实验要求

能够通过 Microsoft Query 从其他工作簿中获取数据。

实验内容及数据来源

根据"凭证与账簿.xlsm"文件中的相关数据编制公司在 2018 年 1 月的现金流量表。

实验操作指导

1. 设置"现金流量表"格式

设计"现金流量表"格式的具体操作步骤如下:

Step 01 新建工作表,将工作表重命名为"现金流量表",完成建立"现金流量表"工作表。

Step 02 在 A1 单元格内输入"现金流量表",选中 A1:C1 单元格区域,执行"开始"选项卡下"对齐方式"组中的"合并后居中"命令,字号大小为"20",完成表头设计。

Step 03 选中 A2 单元格,输入"编制单位:金盛公司"。

Step 04 在 B2 单元格内输入公式"=资产负债表!B1&"年"&资产负债表!D1&"月"",完成报表日期的设置。选中 C2 单元格,输入"单位:元"。

Step 05 在 A3:C3 单元格区域内分别输入内容:"项目""本期金额"和"上期金额"。在 A 列中,输入现金流量表构成项目的名称。

Step 06 选中 B4:C41 单元格区域,右击,执行"设置单元格格式"命令,打开"设置单元格格式"对话框,在"数字"选项卡下,"分类"选择"会计专用","货币符号"选择"无",单击"确定"按钮,完成数字显示格式的设置。

输入完成后的现金流量表格式如图 9.49 所示。

现金流量表

编制单位：金盛公司　　　　2018年1月　　　　单位：元

项目	本期金额	上期金额
一、经营活动产生的现金流量：		
销售商品、提供劳务收到的现金		
收到的税费返还		
收到其他与经营活动有关的现金		
经营活动现金流入小计		
购买商品、接受劳务支付的现金		
支付给职工以及为职工支付的现金		
支付的各项税费		
支付其他与经营活动有关的现金		
经营活动现金流出小计		
经营活动产生的现金流量净额		
二、投资活动产生的现金流量：		
收回投资收到的现金		
取得投资收益收到的现金		
处置固定资产、无形资产和其他长期资产收回的现金净额		
处置子公司及其他营业单位收到的现金净额		
收到其他与投资活动有关的现金		
投资活动现金流入小计		
购建固定资产、无形资产和其他长期资产支付的现金		
投资支付的现金		
取得子公司及其他营业单位支付的现金净额		
支付其他与投资活动有关的现金		
投资活动现金流出小计		
投资活动产生的现金流量净额		
三、筹资活动产生的现金流量：		
吸收投资收到的现金		
取得借款收到的现金		
收到其他与筹资活动有关的现金		
筹资活动现金流入小计		
偿还债务支付的现金		
分配股利、利润或偿付利息支付的现金		
支付其他与筹资活动有关的现金		
筹资活动现金流出小计		
筹资活动产生的现金流量净额		
四、汇率变动对现金及现金等价物的影响		
五、现金及现金等价物净增加额		
加：期初现金及现金等价物余额		
六、期末现金及现金等价物余额		

图 9.49　现金流表样式

2. 获取本期发生额

在现金流量表中,"本期发生额"是指从年初开始到指定月份为止的发生额。这个发生额可以通过 Microsoft Query 导入,具体的操作步骤如下:

Step 01 选中"数据"选项卡,在"获取外部数据"组中,执行"自其他来源"中的"来自 Microsoft Query"命令,打开如图 9.50 所示的"选择数据源"对话框,在其中选择 Excel Files 选项,单击"确定"按钮。

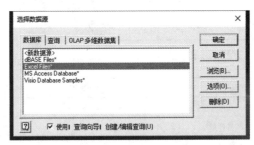

图 9.50 选择数据源

Step 02 在如图 9.51 所示的"选择工作簿"对话框中,选择"账务处理.xlsm"文件所在的路径,单击"确定"按钮,打开"添加表"对话框,完成数据库位置的确定。

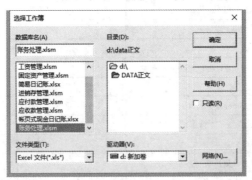

图 9.51 选择工作簿

Step 03 在如图 9.52 所示的"查询向导-选择列"对话框中,选择"凭证库$"工作表,选择"类型代码",单击"下一步"按钮,完成要显示的指定字段的确定。

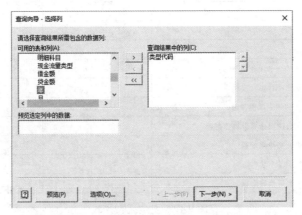

图 9.52 选择工作表和要显示的字段

Step 04 单击"下一步"按钮,完成要显示的列的选择,进入"查询向导-筛选数据"对话框,单击"下一步"按钮,跳过筛选的过程,打开"查询向导-排序顺序"对话框,在该步骤中不需要设置任何内容。单击"下一步"按钮,打开"查询向导-完成"对话框,在"请确定下一步的动作"中,选中"在 Microsoft Query 中查看数据或编辑查询",单击"完成"按钮,完成查询向导的操作,进入 Microsoft Query 界面。

Step 05 在 Microsoft Query 窗口中,单击"记录"菜单,执行"添加列"命令,打开如图 9.53 所示的"添加列"对话框,在"字段"下的组合框中输入"借金额-贷金额",在"列标"下的文本框内输入"xjll",总计下的汇总方式选择"求和",单击"确定"按钮,完成添加列的操作。

Step 06 在 Microsoft Query 窗口中,执行"条件"菜单下的"添加条件"命令,打开如图 9.54 所示的"添加条件"对话框,选择"字段"为"年","运算符"指定为"等于","指定值"为"[nian]",单击"添加"按钮,完成添加第一个参数。

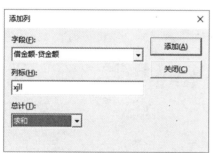

图 9.53 添加列

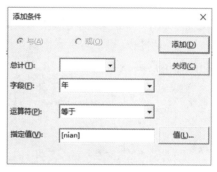

图 9.54 添加条件

Step 07 在打开的如图 9.55 所示的"输入参数值"对话框中,直接单击"确定"按钮。

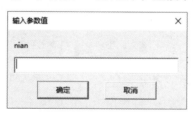

图 9.55 输入参数值

Step 08 在"Microsoft Query"窗口中,执行"条件"菜单下的"添加条件"命令,打开如图 9.56 所示的"添加条件"对话框,选择"字段"为"月","运算符"指定为"小于或等于","指定值"为"[yue]",单击"添加"按钮,完成添加第二个参数。在打开的"输入参数值"对话框中,直接单击"确定"按钮,再单击"添加条件"对话框中的"关闭"按钮,关闭"添加条件"对话框。

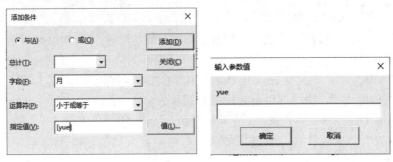

图9.56 添加月份条件

Step 09　执行 Microsoft Query 窗口中文件菜单下的"将数据返回 Microsoft Excel",打开如图 9.57 所示的"导入数据"对话框,将"数据的放置位置"设置为"数据"工作表的 K1 单元格,完成数据导入的操作。

Step 10　单击"导入数据"对话框中的"确定"按钮,打开如图 9.58 所示的"输入参数值"对话框,在"nian"下的文本框中输入"=资产负债表!$B$1",并且勾选"在以后的刷新中使用该值或该引用"和"当单元格值更改时自动刷新"复选框,单击"确定"按钮,完成年份参数值的指定。

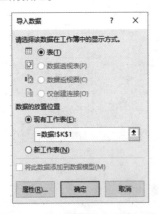
图9.57 导入数据的起始单元格

图9.58 输入年份参数值

Step 11　单击图 9.58 中的"确定"按钮后,打开如图 9.59 所示的"输入参数值"对话框,在"yue"下的文本框中输入"=资产负债表!$D$1",并且勾选"在以后的刷新中使用该值或该引用"和"当单元格值更改时自动刷新"复选框,单击"确定"按钮,完成月份参数值的指定。

Step 12　导入"数据"表中的数据如图 9.60 所示。

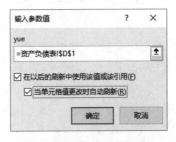
图9.59 输入月份参数值

	K	L
1	类型代码	'xj11'
2		33349
3	jy1	747125
4	jy4	-472540
5	jy5	-175000
6	jy6	-71382
7	jy7	-26552
8	tz6	-35000

图9.60 现金流量

Step 13 选中 K1 单元格,选择"设计"选项卡,在"属性"组内,将表名称更改为"xjll"。

3. 计算"现金流量表"本期金额

"现金流量表"的本期金额是通过公式提取导入数据进行计算的,具体的操作步骤如下:

Step 01 选中 B5 单元格,在编辑栏内输入公式"=SUMIF(xjll[类型代码],"jy1",xjll["xjll"])",完成本期销售商品、提供劳务收到的现金的计算。

> **说明**
>
> 上述公式中,"jy1"表示的是销售商品、提供劳务收到的现金,有关现金流量的类型和对应的含义是在"账务处理.xlsm"工作簿的参数表内设置的。
> 提取的现金流量计算方式是"借金额-贷金额",如果是现金的流出量,则需要以-1 作为系数来相乘,使得现金流出量保持一个正值。

Step 02 其他单元格的公式提取状况如表 9-7 所示。

表 9-7 现金流量表各项目公式

项目	本期金额
一、经营活动产生的现金流量	
销售商品、提供劳务收到的现金	=SUMIF(xjll[类型代码],"jy1",xjll["xjll"])
收到的税费返还	=SUMIF(xjll[类型代码],"jy2",xjll["xjll"])
收到其他与经营活动有关的现金	=SUMIF(xjll[类型代码],"jy3",xjll["xjll"])
经营活动现金流入小计	=SUM(B5:B7)
购买商品、接受劳务支付的现金	=-1*SUMIF(xjll[类型代码],"jy4",xjll["xjll"])
支付给职工以及为职工支付的现金	=-1*SUMIF(xjll[类型代码],"jy5",xjll["xjll"])
支付的各项税费	=-1*SUMIF(xjll[类型代码],"jy6",xjll["xjll"])
支付其他与经营活动有关的现金	=-1*SUMIF(xjll[类型代码],"jy7",xjll["xjll"])
经营活动现金流出小计	=SUM(B9:B12)
经营活动产生的现金流量净额	=B8-B13
二、投资活动产生的现金流量	
收回投资收到的现金	=SUMIF(xjll[类型代码],"tz1",xjll["xjll"])
取得投资收益收到的现金	=SUMIF(xjll[类型代码],"tz2",xjll["xjll"])
处置固定资产、无形资产和其他长期资产收回的现金净额	=SUMIF(xjll[类型代码],"tz3",xjll["xjll"])
处置子公司及其他营业单位收到的现金净额	=SUMIF(xjll[类型代码],"tz4",xjll["xjll"])
收到其他与投资活动有关的现金	=SUMIF(xjll[类型代码],"tz5",xjll["xjll"])
投资活动现金流入小计	=SUM(B16:B20)
购建固定资产、无形资产和其他长期资产支付的现金	=-1*SUMIF(xjll[类型代码],"tz6",xjll["xjll"])
投资支付的现金	=-1*SUMIF(xjll[类型代码],"tz7",xjll["xjll"])
取得子公司及其他营业单位支付的现金净额	=-1*SUMIF(xjll[类型代码],"tz8",xjll["xjll"])
支付其他与投资活动有关的现金	=-1*SUMIF(xjll[类型代码],"tz9",xjll["xjll"])
投资活动现金流出小计	=SUM(B22:B25)
投资活动产生的现金流量净额	=B21-B26
三、筹资活动产生的现金流量	

（续表）

项目	本期金额
吸收投资收到的现金	=SUMIF(xjll[类型代码],"cz1",xjll["xjll"])
取得借款收到的现金	=SUMIF(xjll[类型代码],"cz2",xjll["xjll"])
收到其他与筹资活动有关的现金	=SUMIF(xjll[类型代码],"cz3",xjll["xjll"])
筹资活动现金流入小计	=SUM(B29:B31)
偿还债务支付的现金	=-1*SUMIF(xjll[类型代码],"cz4",xjll["xjll"])
分配股利、利润或偿付利息支付的现金	=-1*SUMIF(xjll[类型代码],"cz5",xjll["xjll"])
支付其他与筹资活动有关的现金	=-1*SUMIF(xjll[类型代码],"cz6",xjll["xjll"])
筹资活动现金流出小计	=SUM(B33:B35)
筹资活动产生的现金流量净额	=B32-B36
四、汇率变动对现金及现金等价物的影响	
五、现金及现金等价物净增加额	=B14+B27+B37
加：期初现金及现金等价物余额	=资产负债表!C6
六、期末现金及现金等价物余额	=B39+B40

4．其他设置

现金流量表的最终计算结果要和资产负债表中的货币资金和现金等价物之和一致，在示例企业就是要和现金等价物的期末数一致。为了保证不同表之间数据的一致性，可以通过设置条件格式来用明显的方式显示数据不一致的情形。

现金流量表也是由公式构成的表格，需要对这样的工作表添加保护，具体的操作步骤如下：

Step 01 选中 B41 单元格，单击"开始"选项卡，执行"样式"组中"条件格式"下的"新建规则"命令，打开"新建格式规则"对话框，在"选择规则类型"下选择"使用公式确定要设置格式的单元格"，在"编辑规则说明"中，输入公式"=$B$41<>资产负债表!$D$6"，单击"格式"选项卡，在打开的"设置单元格格式"对话框中，选择"填充"选项卡，选择红色为填充色，单击"确定"按钮，返回"新建格式规则"对话框，单击"确定"按钮，完成条件格式的设置。

Step 02 单击工作表行号和列标交叉处，或者按 Ctrl+A 键，完成对工作表的全选。右击，执行"设置单元格格式"命令，打开"设置单元格格式"对话框，单击"保护"标签，将"锁定"前的勾选去除，单击"确定"按钮，解除对所有单元格的锁定。

Step 03 按住 Ctrl 键的同时，选中工作表中所有使用公式的单元格，完成对需要保护的单元格的选择。在选中的任意一个单元格上右击，执行"设置单元格格式"命令，打开"设置单元格格式"对话框，单击"保护"标签，将"锁定"勾选，单击"确定"按钮，完成对单元格的锁定。

Step 04 单击"开始"选项卡，选择"单元格"组内的"格式"，执行"保护"下的"保护工作表"命令，打开"保护工作表"对话框，输入解除保护的密码"1234"，单击"确定"按钮，打开"确认密码"对话框，再次输入"1234"，单击"确定"按钮，完成对工作表的保护设定。

Step 05 选中 A1:C41 单元格区域，单击"页面布局"选项卡，在"页面设置"组内执行"打印区域"下的"设置打印区域"命令，完成打印区域的设置。

Step 06 单击"页面布局"选项卡，在"页面设置"组内执行"打印标题"命令，如图 9.61 所示，顶端标题行选择第 1 行到第 3 行。

上期金额是从上年度的现金流量表中获取数据输入的（本实验省略该过程），计算完成后的现金流量表如图 9.62 所示。

图 9.61　设置顶端标题行　　　　　　　　图 9.62　现金流量表

习题

编制公司 2018 年 1 月份的现金流量表。

实验 9-4　比率分析

实验原理

比率分析法是最常用、最简单的一种分析方法。它主要是通过各种比率指标来确定经济活动变动程度的分析方法。由于比率计算的是一个相对值，因此使用该方法能够剔除规模对数值的影响。常用的比率有如下几种：

（1）构成比率

构成比率反映的是某个分项占总体的比例，反映的是部分与总体的关系。其计算公式如下：

$$构成比率 = 某个组成部分数值 / 总体数值 \times 100\%$$

日常常用的构成比率包括流动资产占总资产的比率和流动负债占总负债的比率等。分析这类比率的目的是考察总体中个体的合理性和对企业未来的影响。

（2）效率比率

效率比率通常用来反映投入产出的关系。比如投入了多少成本，获得了多少收益，反映的是投入产出的效率。这类比率分析的是企业的经营成果，评价经济效益。比如常见的成本利润率、营业利润率等利润率指标就是对净利润和投入的成本进行分析。

（3）相关比率

相关比率是以某些逻辑上相关但又不同的项目进行对比所获得的比率。比如我们逻辑上假定流动负债的偿还都来自于流动资产，因此可以将流动负债和流动资产进行比率计算，从而得到一个企业短期偿债能力高低的数据。相关比率指标可以考察企业有联系的相关业务安排是否合理，以保障运营活动的顺利进行。

实验目的与要求

（一）实验目的

掌握不同比率的计算方法。

（二）实验要求

完成报表。

实验内容及数据来源

根据企业完成的报表进行比率分析。

实验操作指导

1. 偿债能力分析

偿债能力分析包括短期偿债能力分析和长期偿债能力分析，体现的是企业以资产偿还债务的能力，如果偿债能力差，企业持续经营的能力就非常差。偿债能力分析的指标及计算公式如表 9-8 所示。

表 9-8　偿债能力相关指标

比率名称	计算公式	含义
流动比率	流动资产÷流动负债	反映了每 1 元的流动负债有多少流动资产作为偿还保障
速动比率	速动资产÷流动负债	反映了每 1 元的流动负债有多少速动资产作为偿还保障
现金比率	（货币资金+交易性金融资产）÷流动负债	反映了每 1 元的流动负债有多少现金资产作为偿还保障
资产负债率	（负债总额÷资产总额）×100%	反映企业的资产中有多少是通过负债获得的
产权比率	负债总额÷股东权益	反映 1 元的股东权益对应的负债总额
权益乘数	总资产÷股东权益	反映 1 元的股东权益对应的总资产，其值也等于 1+产权比率
长期资本负债率	[非流动负债÷（非流动负债+股东权益）]×100%	反映了企业资本构成的结构

表 9-8 中公式中所涉及的数据从资产负债表中都可以获取，具体的操作步骤如下：

Step 01 打开工作簿“报表.xlsm”，新建工作表并重命名为“指标分析”，完成建立“指标分析”工作表。

Step 02 从 A1 单元格开始输入如图 9.63 所示的内容，完成指标分析表结构的设定。

	A	B	C
1	偿债能力分析		
2	比率名称	计算公式	计算结果
3	流动比率	流动资产÷流动负债	
4	速动比率	速动资产÷流动负债	
5	现金比率	（货币资金+交易性金融资产）÷流动负债	
6	资产负债率	（负债总额÷资产总额）×100%	
7	产权比率	负债总额÷所有者权益	
8	权益乘数	总资产÷所有者权益	
9	长期资本负债率	[非流动负债÷（非流动负债+所有者权益）]×100%	

图 9.63　偿债能力分析表结构

Step 03 选中 C3 单元格，在编辑栏内输入公式“=ROUND(资产负债表!D17/资产负债表!H18,2)”，完成流动比率的计算。

说明

流动资产和流动负债的数据可以直接从资产负债表中提取获得。

Step 04 选中 C4 单元格，在编辑栏内输入公式“=ROUND((资产负债表!D17-资产负债表!D14-资产负债表!D15-资产负债表!D16)/资产负债表!H18,2)”，完成速动比率的计算。

说明

速动比率中涉及速动资产。因为在流动资产中有一部分的变现是存在着一定困难的，比如存货、一年内到期的长期资产和待摊费用等，这些数据都需要从流动资产中扣除。

Excel 在会计和财务管理中的应用（第 4 版）

资产负债表!D17-资产负债表!D14-资产负债表!D15-资产负债表!D16 就体现了公司的速动资产。

Step 05 选中 C5 单元格，在编辑栏内输入公式"=ROUND((资产负债表!D6+资产负债表!D7)/资产负债表!H18,2)"，完成现金比率的计算。

==== 说明 ====

现金比率是一个更为保守的指标，它只考虑现金及现金等价物和流动负债的对应关系。该值越大，说明流动负债受现金的保护程度就越强，短期偿债能力就越强。

Step 06 选中 C6 单元格，在编辑栏内输入公式"=ROUND(资产负债表!H28/资产负债表!D37,4)*100"，完成资产负债率的计算。

==== 说明 ====

资产总额和负债总额都可以从资产负债表中直接提取。

Step 07 选中 C7 单元格，在编辑栏内输入公式"=ROUND(资产负债表!H28/资产负债表!H35,2)"，完成产权比率的计算。

==== 说明 ====

负债总额和所有者权益可以从资产负债表中直接提取。

Step 08 选中 C8 单元格，在编辑栏内输入公式"=ROUND(资产负债表!D37/资产负债表!H35,2)"，完成权益乘数的计算。

==== 说明 ====

权益乘数既可以从资产负债表中提取总资产和所有者权益来进行计算，也可以将产权比率加 1 得到权益乘数。

Step 09 选中 C9 单元格，在编辑栏内输入公式"=ROUND((资产负债表!H27/(资产负债表!H27+资产负债表!H35)),4)*100"，完成长期资本负债率的计算。

==== 说明 ====

企业的资金来源途径无非是以所有者投入或者长期负债形式获得。提高长期负债比率有助于提高企业的获利能力，但是风险也会随之加大。如何平衡长期资本中长期负债和所有者权益的配比是企业财务管理的一个重要内容。

偿债能力最终的计算结果如图 9.64 所示。

第 9 章 财务报表编制及分析

	A	B	C
1	偿债能力分析		
2	比率名称	计算公式	计算结果
3	流动比率	流动资产÷流动负债	2.10
4	速动比率	速动资产÷流动负债	1.20
5	现金比率	(货币资金+交易性金融资产)÷流动负债	0.82
6	资产负债率	(负债总额÷资产总额)×100%	29.54
7	产权比率	负债总额÷所有者权益	0.42
8	权益乘数	总资产÷所有者权益	1.42
9	长期资本负债率	[非流动负债÷(非流动负债+所有者权益)]×100%	0.00

图 9.64 偿债能力分析指标计算结果

2．营运能力分析

企业营运能力指企业营运资产的效率与效益。营运能力分析指标主要包括应收账款周转率、存货周转率、流动资产周转率和总资产周转率等。和偿债能力不同，每个周转率其实并不是一个指标，而是由若干个指标构成的，比如应收账款周转率就有应收账款周转次数、应收账款周转天数和应收账款与收入比 3 种表现形式，同样其他的周转率也有这样的表现方法。营运能力分析的指标及计算公式如表 9-9 所示。

表 9-9 营运能力相关指标

比率名称	计算公式	含义
应收账款周转次数	营业收入÷应收账款	这 3 个指标都是应收账款周转率的表现指标，反映了应收账款的周转次数、周转的天数和与营业收入的关系
应收账款周转天数	365÷(营业收入÷应收账款)	
应收账款与收入比	应收账款÷营业收入	
存货周转次数	营业收入÷存货	存货转换为现金的能力
流动资产周转次数	营业收入÷流动资产	流动资产转换为现金的能力
总资产周转次数	营业收入÷总资产	总资产转换为现金的能力

说明

表 9-9 中的应收账款实质上是平均应收账款，其计算公式为：
应收账款平均余额=(应收账款余额年初数+应收账款余额年末数)÷2
对于存货周转率，流动资产周转率、总资产周转率也和应收账款一样有周转次数、周转天数以及与收入比，它们的计算方法和应收账款周转率是一致的。

根据报表分析营运能力相关指标的具体操作步骤如下：

Step 01 选中指标分析工作表，从 A11 单元格开始输入如图 9.65 所示的内容，完成表结构的设置。

	A	B	C
11	营运能力分析		
12	比率名称	计算公式	计算结果
13	应收账款周转次数	营业收入÷应收账款	
14	应收账款周转天数	365÷(营业收入÷应收账款)	
15	应收账款与收入比	应收账款÷营业收入	
16	存货周转次数	营业收入÷存货	
17	流动资产周转次数	营业收入÷流动资产	
18	总资产周转次数	营业收入÷总资产	

图 9.65 营运能力分析表结构

Step 02 选中 C13 单元格，在编辑栏内输入公式"=ROUND(利润表!B4/((资产负债表!C9+资产负债表!D9)/2),2)"，完成应收账款周转次数的计算。

> **说明**
>
> 营业收入数据来源于利润表，应收账款为平均应收账款值，不过由于本实验采用的数据是 1 月份的数据，实际上很多应收账款尚在信用期内，因此此处仅仅是做公式操作的演示，该结果不具备参考价值。

Step 03 选中 C14 单元格，在编辑栏内输入公式"=365/C13"，完成应收账款周转天数的计算。

> **说明**
>
> 应收账款周转天数和应收账款周转次数是息息相关的，因此此处直接引用了应收账款周转次数的计算结果。一年的天数有的参考书设置为 360 天，如果不同企业之间要对该值进行比较，那么只要参与比较的企业统一一年天数为 360 天或者 365 天，最终结果不会妨碍不同企业之间的比较。

Step 04 选中 C15 单元格，在编辑栏内输入公式"=ROUND(((资产负债表!C9+资产负债表!D9)/2)/利润表!B4,2)"，完成应收账款与收入比的计算。

> **说明**
>
> 应收账款与收入比就是应收账款周次次数的倒数。

Step 05 选中 C16 单元格，在编辑栏内输入公式"=ROUND(利润表!B4/((资产负债表!C14+资产负债表!D14)/2),2)"，完成存货周转次数的计算。

Step 06 选中 C17 单元格，在编辑栏内输入公式"=ROUND(利润表!B4/((资产负债表!C17+资产负债表!D17)/2),2)"，完成流动资产周转次数的计算。

Step 07 选中 C18 单元格，在编辑栏内输入公式"=ROUND(利润表!B4/((资产负债表!C37+资产负债表!D37)/2),2)"，完成总资产周转次数的计算。最终的计算结果如图 9.66 所示。

	A	B	C
11	营运能力分析		
12	比率名称	计算公式	计算结果
13	应收账款周转次数	营业收入÷应收账款	1.09
14	应收账款周转天数	365÷（营业收入÷应收账款）	334.86
15	应收账款与收入比	应收账款÷营业收入	0.92
16	存货周转次数	营业收入÷存货	0.42
17	流动资产周转次数	营业收入÷流动资产	0.18
18	总资产周转次数	营业收入÷总资产	0.11

图 9.66 营运能力分析指标计算结果

3．盈利能力分析

盈利能力体现的是企业资金增值的能力，它反映了企业的收益和成本以及投入之间的关系。盈利能力分析包括经营盈利能力分析、资产盈利能力分析、资本盈利能力分析和收益质量分析等。盈利能力分析的指标及计算公式如表 9-10 所示。

表 9-10　盈利能力相关指标

比率名称	计算公式	含义
营业利润率	营业利润÷营业收入×100%	反映了一定时期营业利润与营业收入的比率
营业净利率	净利润÷营业收入×100%	反映了一定时期净利润与营业收入的比率
总资产利润率	利润总额÷平均资产总额×100%	反映了企业利润总额与平均资产总额的比率
总资产净利率	净利润÷平均资产总额×100%	反映了企业净利润与平均资产总额的比率
净资产收益率	净利润÷平均净资产×100%	反映了企业一定时期内净利润与平均净资产的比率
现金保障倍数	经营现金净流量÷净利润	反映了企业净利润中有现金保障的收益情况，反映了收益的质量

说明

在上述指标中要特别注意净资产收益率，该指标是评价企业指标分析中最具综合性与代表性的指标。一般来说，净资产收益率越高，企业利用自有资本获取收益的能力就越高，对债权人和股东的保障程度也就越高。

根据报表分析盈利能力相关指标的具体操作步骤如下：

Step 01 选中指标分析工作表，从 A20 单元格开始输入如图 9.67 所示的内容，完成表结构的设置。

	A	B	C
20	盈利能力分析		
21	比率名称	计算公式	计算结果
22	营业利润率	营业利润÷营业收入×100%	
23	营业净利率	净利润÷营业收入×100%	
24	总资产利润率	利润总额÷平均资产总额×100%	
25	总资产净利率	净利润÷平均资产总额×100%	
26	净资产收益率	净利润÷平均净资产×100%	
27	现金保障倍数	经营现金净流量÷净利润	

图 9.67　盈利能力分析表结构

Step 02 选中 C22 单元格，在编辑栏内输入公式“=利润表!B13/利润表!B4”，完成营业利润率的计算。

Step 03 选中 C23 单元格，在编辑栏内输入公式“=利润表!B19/利润表!B4”，完成营业净利率的计算。

说明

由于在 1 月份的相关凭证中并没有涉及所得税的问题，因此净利润和营业利润的值在此处是一致的，但是公式是不同的。

Step 04 选中 C24 单元格，在编辑栏内输入公式“=利润表!B17/((资产负债表!C37+资产负债表!D37)/2)”，完成总资产利润率的计算。

Step 05 选中 C25 单元格，在编辑栏内输入公式“=利润表!B19/((资产负债表!C37+资产负债表!D37)/2)”，完成总资产净利率的计算。

Excel 在会计和财务管理中的应用（第 4 版）

Step 06 选中 C26 单元格，在编辑栏内输入公式"=利润表!B19/((资产负债表!G35+资产负债表!H35)/2)"，完成净资产收益率的计算。

========== 说明 ==========

净资产收益率是一个综合性最强的指标，不过这种综合性体现在指标的分析上，而不是指标的计算上。

Step 07 选中 C27 单元格，在编辑栏内输入公式"=现金流量表!B14/利润表!B19"，完成现金保障倍数的计算。

Step 08 选中 C22:C26 单元格区域，右击，执行"设置单元格格式"命令，在"数字"选项卡中，设置其"格式"为百分比类型，"小数位数"为 4。选中 C27 单元格，设置单元格格式为 2 位的数值类型，最终的结果如图 9.68 所示。

	A	B	C
20	盈利能力分析		
21	比率名称	计算公式	计算结果
22	营业利润率	营业利润÷营业收入×100%	17.14%
23	营业净利率	净利润÷营业收入×100%	17.14%
24	总资产利润率	利润总额÷平均资产总额×100%	1.82%
25	总资产净利率	净利润÷平均资产总额×100%	1.82%
26	净资产收益率	净利润÷平均资产×100%	2.51%
27	现金保障倍数	经营现金净流量÷净利润	0.01

图 9.68　盈利能力分析指标计算结果

习题

根据本实验的示例编制公司的财务报表分析内容。

第10章 供应商分析评价

供应商分析评价是财务管理的重要内容。当前国内有相当多的企业为了提高生产效率、降低生产成本，选择将上游所使用原料的生产交给适合的供应商，从而将有限的资源集中于自身的优势业务，打造核心竞争力获取更大的盈利。在原料生产不再过多依赖于自给自足的大趋势下，对供应商的评价和选择就显得非常重要。本章主要介绍如何通过 Excel 来实现对供应商的选择和分析评价。

 实验 10-1 供应商静态评价

实验原理

供应商选择与评估策略包括定性评价策略、定量评价策略。其中，定性评价策略是指由企业采购管理部门管理人员或者专家小组对供应商进行主观的选择与评价，标准包括供应商资质、供应历史、产品价格、产品质量、交付及时性、渠道可靠性、应急供应能力等。定量评价策略是将定性评价策略中的各种评价标准进行量化，赋以一定比例的权重，依赖数据对供应商进行选择与评估，该种策略在一定程度上克服了企业采购管理部门管理人员或者专家小组的主观随意性，相对更加客观、公允。

本文使用改进的 TOPSIS 方法对供应商展开分析评价。改进的 TOPSIS 方法最早由 C.L.Hwang 和 K.Yoon 于 1981 年首次提出，广泛用于多目标决策分析。该方法假设每个效用函数都是单调递增或者递减的，从而可以将决策者的偏好转化为方案之间的欧式距离。其具体操作方式是首先设定最优解（正理想解）和最劣解（负理想解）两个理想解，其中最优解的各个属性值都是各备选方案中最好的值，而最劣解的各个属性值都是各备选方案中最差的值，然后计算所有备选方案与理想解之间的相对接近度来判断各备选方案的优劣，若某方案最接近最优解而最远离最劣解，则该方案为最佳方案。本文在使用 TOPSIS 方法基本原理的基础上对该方法进行一定的改进，改进之一是对不同性质和量纲的指标进行规范化处理，使其具有可比性；之二是使用熵值法确定指标权重而不是依赖于专家的主观判断，从概率论的角度来衡量信息的不确定性，使得评价结果更为客观。

实验目的与要求

（一）实验目的

掌握供应商评价的基本概念与理论知识，并且能够使用改进的 TOPSIS 方法对供应商开展定量分析评价。

（二）实验要求

理解改进的 TOPSIS 方法的基本原理，掌握改进的 TOPSIS 方法在 Excel 2019 中的计算公式设置，并且能够熟练应用。

实验内容及数据来源

CK 公司是一家生产制造型企业，致力于生产各种生产生活清洁设备，产品种类非常齐全，主要包括专业化工业吸尘器、传统清洁设备、多功能户外设备、防过敏吸尘器、地板清洁设备、路面深层清洁车、硬表面清洗机、高压清洗机等，与大众汽车、宝马、沃尔玛、家乐福、希尔顿、喜来登、香格里拉、万达、保利等一大批知名客户建立起了战略合作伙伴关系。近年来，企业为了充分利用产业链上下游企业间的相对比较优势，专注于主营业务发展，提升自身核心竞争力，计划将零部件交给有合作意向并经过考察的外部供应商去组织生产，然后进行采购。公司成立了专门的工作小组，经过充分恰当的市场调研，发现市场上可供选择的供应商有 5 家，分别是山东大地物资供应有限公司、江苏大地物资供应有限公司、浙江大地物资供应有限公司、河南大地物资供应有限公司、河北大地物资供应有限公司。通过现场调研和非现场调研获取的 5 家供应商的零部件价格、零部件合格率、零部件生产周期、历史履约率等评价指标的相关数据如表 10-1 所示。

表 10-1　5 家供应商的评价指标相关数据

供应商名称	零部件价格(元)	零部件合格率（%）	零部件生产周期（天）	历史履约率（%）
山东大地物资供应有限公司	912	0.975	156	0.962
江苏大地物资供应有限公司	963	0.959	132	0.991
浙江大地物资供应有限公司	799	0.976	141	0.989
河南大地物资供应有限公司	844	0.983	170	0.949
河北大地物资供应有限公司	857	0.962	124	0.955

山东大地物资供应有限公司、江苏大地物资供应有限公司、浙江大地物资供应有限公司、河南大地物资供应有限公司、河北大地物资供应有限公司 5 家供应商各自具有一定的竞争优势，也各自具有一定的竞争短板。浙江大地物资供应有限公司的零部件价格最为便宜，产品成本最为低廉，企业选择该供应商可降低生产成本；河南大地物资供应有限公司的零部件合格率最高，企业选择该供应商可使产品质量具有可靠的保证；河北大地物资供应有限公司的零部件生产周期最短，生产能力和生产效率较强，企业选择该供应商可满足快速订货需求；江苏大地物资供应有限公司的历史履约率较高，企业选择该供应商可在关键订单中不出纰漏。

为了避免使用单一指标对供应商开展评价有失偏颇，企业可使用本篇文章建立的改进 TOPSIS 法的零部件供应商评价模型来对各个供应商进行定量分析与统筹评价，选出最优零部件供应商。

实验操作指导

Step 01 打开 Excel，将工作簿保存为"供应商.xlsm"。将 Sheet1 工作表重命名为"供应商"，完成建立"供应商"工作表,然后在其中录入供应商基础信息。本例中,我们假设有 5 家供应商,分别为山东大地物资供应有限公司、江苏大地物资供应有限公司、浙江大地物资供应有限公司、河南大地物资供应有限公司、河北大地物资供应有限公司。选择参与供应商评价的指标包括零部件价格(元)、零部件合格率(%)、零部件生产周期(天)、历史履约率(%)。

说明

指标分为费用型指标和效益型指标,费用型指标又称消耗型指标,数值越大,表示指标的变现越差;效益型指标又称业绩型指标,数值越大,表示指标的变现越好。在本例中,选择零部件价格(元)、零部件合格率(%)、零部件生产周期(天)、历史履约率(%)分别代表产品成本、产品质量、生产能力和履约信誉,以此对供应商展开分析评价。具体来说:

零部件价格为费用型指标,单位为元,数值越大,表示指标的变现越差。
零部件合格率为效益型指标,单位为%,数值越大,表示指标的变现越好。
零部件生产周期为费用型指标,单位为天,数值越大,表示指标的变现越差。
历史履约率为效益型指标,单位为%,数值越大,表示指标的变现越好。

我们选中 A1~E2 单元格,将该单元格区域合并并居中,在其中录入"供应商基础信息",然后设置"字号"为 14 号,"字体"为"宋体",并且进行标题加粗处理;在 A3 单元格中录入"供应商名称",然后设置"字号"为 11 号,"字体"为"宋体",并且进行标题加粗处理,将单元格底纹设置为蓝色;在 B3 单元格中录入"原材料价格(元)",然后设置"字号"为 11 号,"字体"为"宋体",并且进行标题加粗处理,将单元格底纹设置为蓝色;在 C3 单元格中录入"原材料合格率(%)",然后设置"字号"为 11 号,"字体"为"宋体",并且进行标题加粗处理,将单元格底纹设置为蓝色;在 D3 单元格中录入"原材料生产周期(天)",然后设置"字号"为 11 号,"字体"为"宋体",并且进行标题加粗处理,将单元格底纹设置为蓝色;在 E3 单元格中录入"历史履约率(%)",然后设置"字号"为 11 号,"字体"为"宋体",并且进行标题加粗处理,将单元格底纹设置为蓝色。将各家供应商的基本信息录入 Excel 后,相关的数据视图界面如图 10.1 所示。

	A	B	C	D	E
1	供应商基础信息				
2					
3	供应商名称	原材料价格(元)	原材料合格率(%)	原材料生产周期(天)	历史履约率(%)
4	山东大地物资供应有限公司	912	0.975	156	0.962
5	江苏大地物资供应有限公司	963	0.959	132	0.991
6	浙江大地物资供应有限公司	799	0.976	141	0.989
7	河南大地物资供应有限公司	844	0.983	170	0.949
8	河北大地物资供应有限公司	857	0.962	124	0.955
9					
10					
11					
12					
13					
14					

图 10.1 供应商基础信息

说明

在改进 TOPSIS 法的供应商评价模型中,录入供应商基础信息相当于构建初始数据矩阵,这也是分析的第一步操作。

初始数据矩阵的构造比较简单,反映各个供应商的各个指标的原始数据。如果有 p 个供应商,有 q 个评价指标,那么构建的供应商评价初始矩阵 A 如下式所示,其中 A_{ij} 表示第 i 个供应商的第 j 个指标的得分值。

$$A = \begin{pmatrix} A_{11} A_{12} \cdots\cdots A_{1q} \\ A_{21} A_{22} \cdots\cdots A_{1q} \\ \cdots\cdots\cdots\cdots \\ \cdots\cdots\cdots\cdots \\ A_{p1} A_{p2} \cdots\cdots A_{1q} \end{pmatrix}$$

Step 02 将供应商基础信息数据进行标准化处理。我们选中 A15~E15 单元格,将该单元格区域合并并居中,在其中录入"基础数据标准化",然后设置"字号"为 14 号,"字体"为"宋体",并且进行标题加粗处理,然后将供应商名称、零部件价格(元)、零部件合格率(%)、零部件生产周期(天)、历史履约率(%)等信息从供应商基础信息中粘贴过来。B17~E21 的各个单元格的公式设置如表 10-2 所示。

表 10-2 基础信息数据标准化处理公式

单元格	公式
B17	=B4/SUM($B$4:$B$8)
C17	=C4/SUM($C$4:$C$8)
D17	=D4/SUM($D$4:$D$8)
E17	=E4/SUM($E$4:$E$8)
B18	=B5/SUM($B$4:$B$8)
C18	=C5/SUM($C$4:$C$8)
D18	=D5/SUM($D$4:$D$8)
E18	=E5/SUM($E$4:$E$8)
B19	=B6/SUM($B$4:$B$8)
C19	=C6/SUM($C$4:$C$8)
D19	=D6/SUM($D$4:$D$8)
E19	=E6/SUM($E$4:$E$8)
B20	=B7/SUM($B$4:$B$8)
C20	=C7/SUM($C$4:$C$8)
D20	=D7/SUM($D$4:$D$8)
E20	=E7/SUM($E$4:$E$8)
B21	=B8/SUM($B$4:$B$8)
C21	=C8/SUM($C$4:$C$8)
D21	=D8/SUM($D$4:$D$8)
E21	=E8/SUM($E$4:$E$8)

说明

在改进 TOPSIS 法的供应商评价模型中,第二步操作是对指标进行规范化处理。

对指标进行规范化处理是对传统的 TOPSIS 方法进行改进的地方之一。为了使得不同性质和量纲的指标之间具有一定的可比性,需要对初始数据矩阵进行规范化处理。其公式如下:

$$B_{i,j} = A_{i,j} / \sum_{i=1}^{p} A_{i,j} (i=1,2,\ldots,p; j=1,2,\ldots,q)$$

各个单元格中输入的公式也是依据上述公式确定的。

输入完毕后，基础数据标准化信息如图10.2所示。

	基础数据标准化			
供应商名称	原材料价格（元）	原材料合格率（%）	原材料生产周期（天）	历史履约率（%）
山东大地物资供应有限公司	0.20846	0.20082	0.21577	0.19851
江苏大地物资供应有限公司	0.22011	0.19753	0.18257	0.20450
浙江大地物资供应有限公司	0.18263	0.20103	0.19502	0.20409
河南大地物资供应有限公司	0.19291	0.20247	0.23513	0.19583
河北大地物资供应有限公司	0.19589	0.19815	0.17151	0.19707

图10.2 基础数据标准化信息

Step 03 使用熵值法确定指标权重。我们选中A28~E28单元格，将该单元格区域合并并居中，在其中录入"熵值法确定指标权重"，然后设置"字号"为14号，"字体"为"宋体"，并且进行标题加粗处理，然后将供应商名称、零部件价格（元）、零部件合格率（%）、零部件生产周期（天）、历史履约率（%）等信息从供应商基础信息中粘贴过来。B30~E34的各个单元格的公式设置如表10-3所示。

表10-3 使用熵值法确定指标权重公式

单元格	公式
B30	=B17*LN(B17)
C30	=C17*LN(C17)
D30	=D17*LN(D17)
E30	=E17*LN(E17)
B31	=B18*LN(B18)
C31	=C18*LN(C18)
D31	=D18*LN(D18)
E31	=E18*LN(E18)
B32	=B19*LN(B19)
C32	=C19*LN(C19)
D32	=D19*LN(D19)
E32	=E19*LN(E19)
B33	=B20*LN(B20)
C33	=C20*LN(C20)
D33	=D20*LN(D20)
E33	=E20*LN(E20)
B34	=B21*LN(B21)
C34	=C21*LN(C21)
D34	=D21*LN(D21)
E34	=E21*LN(E21)

输入完毕后,在 A42 单元格中输入"计算指标分散程度",并在 B42~E42 单元格中输入如表 10-4 所示的公式。

表 10-4 计算指标分散程度公式

单元格	公式
B42	=1-ABS(SUM(B30:B34))/LN(COUNT(B4:B8))
C42	=1-ABS(SUM(C30:C34))/LN(COUNT(C4:C8))
D42	=1-ABS(SUM(D30:D34))/LN(COUNT(D4:D8))
E42	=1-ABS(SUM(E30:E34))/LN(COUNT(E4:E8))

输入完毕后,在 A43 单元格中输入"计算指标权重因子",然后在 B43~E43 单元格中输入如表 10-5 所示的公式。

表 10-5 计算指标权重因子公式

单元格	公式
B43	=B42/SUM($B$42:$E$42)
C43	=C42/SUM($B$42:$E$42)
D43	=D42/SUM($B$42:$E$42)
E43	=E42/SUM($B$42:$E$42)

说明

在改进 TOPSIS 法的供应商评价模型中,第三步操作是使用熵值法确定指标权重。

经典 TOPSIS 方法在确定各个指标在整体指标体系中所占的权重时一般采用专家评价法,更多依赖于参评专家的群体判断,带有较多的主观因素。本例中,改进的 TOPSIS 方法使用熵值法确定指标权重,从概率论的角度来衡量信息的不确定性,使得评价结果更为客观。

熵值法的基本思想是如果某个指标的分布越分散,那么该指标在个体之间的差异就越大,相应的其重要程度就越高;而某个指标的分布越集中,那么该指标在个体之间的差异就越小,相应的其重要程度就越低;在极端的情况下,如果某个指标集中分布于某一确定数值,那么该指标对于所有的个体就是一样的,在评价选择个体时没有作用。

具体来说,使用熵值法确定指标权重包括计算指标的熵值、计算指标的分散程度、计算指标的权重因子 3 个紧密连接的步骤:

一是计算指标的熵值 T_j,具体计算公式如下:

$$T_j = \frac{-\sum_{i=1}^{p} B_{ij} \ln B_{ij}}{\ln p} (j = 1, 2, \ldots, q)$$

二是计算指标的分散程度 G_j,具体计算公式如下:

$$G_j = 1 - T_j (j = 1, 2, \ldots, q)$$

三是计算指标的权重因子 W_j,具体计算公式如下:

$$W_j = \frac{G_j}{\sum_{j=1}^{q} G_j} (j = 1, 2, \ldots, q)$$

各个单元格中输入的公式也是依据上述公式确定的。

输入完毕后,得到熵值法确定指标权重的结果,如图 10.3 所示。

第 10 章　供应商分析评价

	A	B	C	D	E
28	熵值法确定指标权重				
29	供应商名称	原材料价格（元）	原材料合格率（%）	原材料生产周期（天）	历史履约率（%）
30	山东大地物资供应有限公司	-0.326865346	-0.322387999	-0.33089115	-0.320976571
31	江苏大地物资供应有限公司	-0.333166829	-0.320365911	-0.31048432	-0.324578955
32	浙江大地物资供应有限公司	-0.310523516	-0.322512575	-0.318790534	-0.324336197
33	河南大地物资供应有限公司	-0.317442252	-0.323378707	-0.340378746	-0.319303466
34	河北大地物资供应有限公司	-0.319337569	-0.320749214	-0.302389806	-0.320080204
35					
36					
37					
38					
39					
40					
41					
42	计算指标分散程度	0.001306295	2.70319E-05	0.004040763	0.000100979
43	计算指标权重因子	0.238589676	0.004937273	0.738029686	0.018443365

图 10.3　使用熵值法确定指标权重

Step 04 计算供应商加权评价值矩阵。我们选中 A45~E45 单元格，将该单元格区域合并并居中，在其中录入"计算供应商加权评价值矩阵"，然后设置"字号"为 14 号，"字体"为"宋体"，并且进行标题加粗处理，然后将供应商名称、零部件价格（元）、零部件合格率（%）、零部件生产周期（天）、历史履约率（%）等信息从供应商基础信息中粘贴过来。B47~E51 的各个单元格的公式设置如表 10-6 所示。

表 10-6　计算供应商加权评价值矩阵公式

单元格	公式
B47	=B17*$B$43
C47	=C17*$C$43
D47	=D17*$D$43
E47	=E17*$E$43
B48	=B17*$B$43
C48	=C17*$C$43
D48	=D17*$D$43
E48	=E17*$E$43
B49	=B17*$B$43
C49	=C17*$C$43
D49	=D17*$D$43
E49	=E17*$E$43
B50	=B17*$B$43
C50	=C17*$C$43
D50	=D17*$D$43
E50	=E17*$E$43
B51	=B17*$B$43
C51	=C17*$C$43
D51	=D17*$D$43
E51	=E17*$E$43

说明

在改进 TOPSIS 法的供应商评价模型中，第四步操作是计算供应商加权评价值矩阵。

加权评价值等于规范化处理后的指标值与熵值法确定的指标权重乘积。供应商加权评价值矩阵 C 的计算公式如下：

$$C = \begin{pmatrix} W_1B_{11}W_2B_{12}\ldots\ldots W_qB_{1q} \\ W_1B_{21}W_2B_{22}\ldots\ldots W_qB_{1q} \\ \ldots\ldots\ldots\ldots\ldots\ldots \\ \ldots\ldots\ldots\ldots\ldots\ldots \\ W_1B_{p1}W_2B_{p2}\ldots\ldots W_qB_{1q} \end{pmatrix} = \begin{pmatrix} C_{11}C_{12}\ldots\ldots C_{1q} \\ C_{21}C_{22}\ldots\ldots C_{1q} \\ \ldots\ldots\ldots\ldots \\ \ldots\ldots\ldots\ldots \\ C_{p1}C_{p2}\ldots\ldots C_{1q} \end{pmatrix}$$

各个单元格中输入的公式也是依据上述公式确定的。

输入完成后，供应商加权评价值矩阵情况如图 10.4 所示。

供应商名称	原材料价格（元）	原材料合格率（%）	原材料生产周期（天）	历史履约率（%）
山东大地物资供应有限公司	0.049735722	0.000991522	0.15924292	0.003661271
江苏大地物资供应有限公司	0.052516996	0.000975251	0.134744009	0.003771642
浙江大地物资供应有限公司	0.043573292	0.000992539	0.143931101	0.00376403
河南大地物资供应有限公司	0.046027357	0.000999658	0.173533951	0.003611794
河北大地物资供应有限公司	0.046736309	0.000978302	0.126577706	0.003634629

图 10.4　计算供应商加权评价值矩阵

Step 05 获得负理想解与正理想解。我们选中 A58~E58 单元格，将该单元格区域合并并居中，在其中录入"获得负理想解与正理想解"，然后设置"字号"为 14 号，"字体"为"宋体"，并且进行标题加粗处理，然后将零部件价格（元）、零部件合格率（%）、零部件生产周期（天）、历史履约率（%）等信息从供应商基础信息中粘贴过来。在 A60 单元格中输入"负理想解"，在 A61 单元格中输入"正理想解"，B60~E61 的各个单元格的公式设置如表 10-7 所示。

表 10-7　获得负理想解与正理想解公式

单元格	公式
B60	=MAX(B47:B51)
C60	=MIN(C47:C51)
D60	=MAX(D47:D51)
E60	=MIN(E47:E51)
B61	=MIN(B47:B51)
C61	=MAX(C47:C51)
D61	=MIN(D47:D51)
E61	=MAX(E47:E51)

说明

在改进 TOPSIS 法的供应商评价模型中，第五步操作是确定正理想解与负理想解。

正理想解的各个属性值都是各备选方案中最好的值。正理想解的计算公式如下：
$$X^+ = (C_1^+, C_2^+, \ldots, C_q^+)$$
其中，对于费用类指标，C_j^+ 表示所有的供应商评价值中最小的值；而对于效益类指标，C_j^+ 表示所有的供应商评价值中最大的值。

负理想解的各个属性值都是各备选方案中最差的值。负理想解的计算公式如下：
$$X^- = (C_1^-, C_2^-, \ldots, C_q^-)$$
其中，对于费用类指标，C_j^- 表示所有的供应商评价值中最大的值；而对于效益类指标，C_j^+ 表示所有的供应商评价值中最小的值。

各个单元格中输入的公式也是依据上述公式确定的。

输入完成后，获得负理想解与正理想解的结果如图 10.5 所示。

	获得负理想解与正理想解			
	原材料价格（元）	原材料合格率（%）	原材料生产周期（天）	历史履约率（%）
负理想解	0.052516996	0.000975251	0.173533951	0.003611794
正理想解	0.043573292	0.000999658	0.126577706	0.003771642

图 10.5 获得负理想解与正理想解

Step 06 计算与负理想解之间的距离。我们选中 A62~G62 单元格，将该单元格区域合并并居中，在其中录入"计算与负理想解之间的距离"，然后设置"字号"为 14 号，"字体"为"宋体"，并且进行标题加粗处理，然后将供应商名称、零部件价格（元）、零部件合格率（%）、零部件生产周期（天）、历史履约率（%）等信息从供应商基础信息中粘贴过来。将 A63~A68 单元格合并并居中，然后在其中输入"与负理想解之间的距离"，B64~F68 的各个单元格的公式设置如表 10-8 所示。

表 10-8 计算与负理想解之间的距离

单元格	公式
B64	=(B47-B60)^2
C64	=(C47-C60)^2
D64	=(D47-D60)^2
E64	=(E47-E60)^2
B65	=(B48-B60)^2
C65	=(C48-C60)^2
D65	=(D48-D60)^2
E65	=(E48-E60)^2
B66	=(B49-B60)^2
C66	=(C49-C60)^2
D66	=(D49-D60)^2
E66	=(E49-E60)^2
B67	=(B50-B60)^2
C67	=(C50-C60)^2
D67	=(D50-D60)^2
E67	=(E50-E60)^2
B68	=(B51-B60)^2
C68	=(C51-C60)^2
D68	=(D51-D60)^2
E68	=(E51-E60)^2

(续表)

单元格	公式
F64	=SQRT(SUM(B64:E64))
F65	=SQRT(SUM(B65:E65))
F66	=SQRT(SUM(B66:E66))
F67	=SQRT(SUM(B67:E67))
F68	=SQRT(SUM(B68:E68))

说明

在改进 TOPSIS 法的供应商评价模型中，第六步操作是在前述计算结果的基础上再计算供应商加权评价值与负理想解之间的距离。

供应商加权评价值与负理想解之间距离的计算公式如下：

$$D_i^- = \sqrt{\sum_{j=1}^{q}(C_{i,j} - C_j^-)^2} \quad (i = 1, 2, \ldots, p)$$

各个单元格中输入的公式也是依据上述公式确定的。

输入完成后，计算与负理想解之间的距离结果如图 10.6 所示。

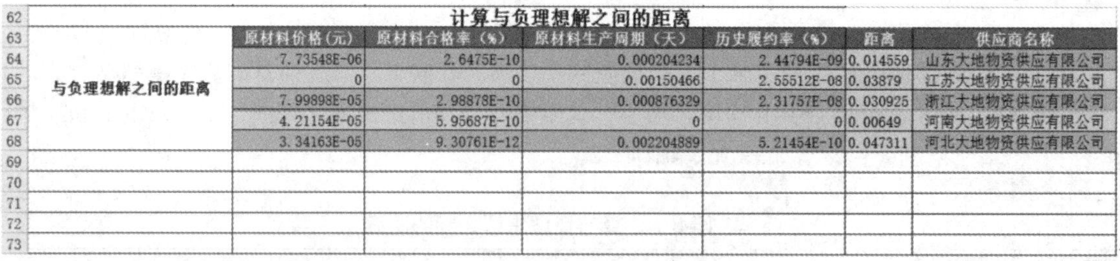

图 10.6 计算与负理想解之间的距离

Step 07 计算与正理想解之间的距离。我们选中 A74~G74 单元格，将该单元格区域合并并居中，在其中录入"计算与正理想解之间的距离"，然后设置"字号"为 14 号，"字体"为"宋体"，并且进行标题加粗处理，然后将供应商名称、零部件价格（元）、零部件合格率（%）、零部件生产周期（天）、历史履约率（%）等信息从供应商基础信息中粘贴过来。

将 A63~A68 单元格合并并居中，然后在其中输入"与正理想解之间的距离"，B64~F68 的各个单元格的公式设置如表 10-9 所示。

表 10-9 计算与正理想解之间的距离

单元格	公式
B76	=(B47-B61)^2
C76	=(C47-C61)^2
D76	=(D47-D61)^2
E76	=(E47-E61)^2
B77	=(B48-B61)^2
C77	=(C48-C61)^2
D77	=(D48-D61)^2
E77	=(E48-E61)^2

(续表)

单元格	公式
B78	=(B49-B61)^2
C78	=(C49-C61)^2
D78	=(D49-D61)^2
E78	=(E49-E61)^2
B79	=(B50-B61)^2
C79	=(C50-C61)^2
D79	=(D50-D61)^2
E79	=(E50-E61)^2
B80	=(B51-B61)^2
C80	=(C51-C61)^2
D80	=(D51-D61)^2
E80	=(E51-E61)^2
F76	=SQRT(SUM(B76:E76))
F77	=SQRT(SUM(B77:E77))
F78	=SQRT(SUM(B78:E78))
F79	=SQRT(SUM(B79:E79))
F80	=SQRT(SUM(B80:E80))

说明

在改进 TOPSIS 法的供应商评价模型中，第七步操作是在前述计算结果的基础上再计算供应商加权评价值与正理想解之间的距离。

其中，供应商加权评价值与正理想解之间距离的计算公式如下：

$$D_i^+ = \sqrt{\sum_{j=1}^{q}(C_{ij}-C_j^+)^2} \quad (i=1,2,\ldots,p)$$

各个单元格中输入的公式也是依据上述公式确定的。

输入完成后，计算与正理想解之间的距离结果如图 10.7 所示。

	原材料价格(元)	原材料合格率(%)	原材料生产周期(天)	历史履约率(%)	距离	供应商名称
与正理想解之间的距离	3.79755E-05	6.61875E-11	0.001067016	1.21817E-08	0.033242	山东大地物资供应有限公司
	7.99898E-05	5.95687E-10	6.66885E-05	0	0.012111	江苏大地物资供应有限公司
	0	5.06748E-11	0.00030114	5.79393E-11	0.017353	浙江大地物资供应有限公司
	6.02244E-06	0	0.002204889	2.55512E-08	0.047021	河南大地物资供应有限公司
	1.00047E-05	4.56073E-10	0	1.87723E-08	0.003166	河北大地物资供应有限公司

图 10.7 计算与正理想解之间的距离

Step 08 得出供应商评价名次。我们选中 A89~C94 单元格，将该单元格区域合并并居中，在其中录入"供应商评价名次"，然后设置"字号"为 14 号，"字体"为"宋体"，并且进行标题加粗处理，然后将供应商名称信息从供应商基础信息中粘贴过来。在 B89 单元格中输入"相对接近度"，在 C89 单元格中输入"评价名次"，B90~C94 的各个单元格的公式设置如表 10-10 所示。

表 10-10　计算供应商评价名次

单元格	公式
B90	=F64/(F64+F76)
B91	=F65/(F65+F77)
B92	=F66/(F66+F78)
B93	=F67/(F67+F79)
B94	=F68/(F68+F80)
C90	=RANK(B90,$B$90:$B$94)
C91	=RANK(B91,$B$90:$B$94)
C92	=RANK(B92,$B$90:$B$94)
C93	=RANK(B93,$B$90:$B$94)
C94	=RANK(B94,$B$90:$B$94)

说明

在改进 TOPSIS 法的供应商评价模型中，第八步操作是在前述计算结果的基础上确定供应商评价值与正负理想解之间的相对接近度，并依据相对接近度对参与分析的供应商进行排序。

一、供应商评价值与正负理想解之间相对接近度的计算公式如下：

$$L_i = \frac{D_i^-}{D_i^+ + D_i^-}$$

二、对相对接近度进行排序

本步骤的内容是将上一步计算得出的各供应商评价值与正负理想解之间的相对接近度进行排序，以确定最优供应商。L_i 的值越大，说明该供应商与负理想解之间的相对接近度越远，从而该供应商越优。

各个单元格中输入的公式也是依据上述公式确定的。

输入完成后，供应商评价名次结果如图 10.8 所示。

	供应商评价名次		
88			
89	供应商名称	相对接近度	评价名次
90	山东大地物资供应有限公司	0.304581404	4
91	江苏大地物资供应有限公司	0.762067181	2
92	浙江大地物资供应有限公司	0.640554004	3
93	河南大地物资供应有限公司	0.121279206	5
94	河北大地物资供应有限公司	0.937277007	1
95			
96			
97			
98			
99			
100			

图 10.8　供应商评价名次结果

从该供应商评价名次结果可以看出，河北大地物资供应有限公司排名第 1，江苏大地物资供应有限公司排名第 2，浙江大地物资供应有限公司排名第 3，山东大地物资供应有限公司排名第 4，河南大地物资供应有限公司排名第 5。对策建议方面，建议公司把河北大地物资供应有限公司列为战略合作伙伴，在采购资源方面给予最大程度的倾斜。但是需要特别说明和强调的是，公司必须注意评价的动态性，或者说，需要定期对供应商名单以及名单中供应商的表现进行动态更新。

实验 10-2　供应商动态评价

实验原理

供应商管理是一个动态而持续的过程。一方面，已经合作或者拟建立合作关系的供应商的绩效表现会发生变化，比如前面所述的某供应商的零部件价格、零部件合格率、零部件生产周期、历史履约率等评价指标的绩效成绩可能会发生变化；另一方面，公司需要考虑的供应商评价指标可能会发生变化，比如公司在与供应商合作一定时间后，历史履约率指标不再构成重要性，应急供应能力开始变得重要等。第三，可能有的老供应商不再生产类似产品，有的新供应商开始生产相关产品，或者说，供应商名单会发生变化。在这种情况下，公司必须对供应商重新进行评价，也就是供应商动态评价。

实验目的与要求

（一）实验目的

在前面所讲的供应商静态评价分析的基础上，学会供应商动态评价。具体内容包括三个方面，一是修改供应商绩效表现成绩后再进行评价；二是改变供应商评价指标后再进行评价；三是增加或减少供应商名单后再进行评价。

（二）实验要求

理解改进的 TOPSIS 方法的基本原理，掌握改进的 TOPSIS 方法在 Excel 2019 中的计算公式设置，并且能够熟练应用。在相关参数发生变化时，能够对相应单元格中设置的公式进行恰当的修改，保证评价结果的动态合理性。

实验内容及数据来源

本例使用的数据沿用上节所述的 CK 公司供应商数据。在一定时间后，CK 公司供应商的数据发生了变化。

变化一：山东大地物资供应有限公司、江苏大地物资供应有限公司、浙江大地物资供应有限公司、河南大地物资供应有限公司、河北大地物资供应有限公司 5 家供应商的零部件价格、零部件合格率、零部件生产周期、历史履约率等评价指标的相关数据发生了变化，具体如表 10-11 所示。

表 10-11　5 家供应商的评价指标相关数据

供应商名称	零部件价格(元)	零部件合格率（%）	零部件生产周期（天）	历史履约率（%）
山东大地物资供应有限公司	999	0.948	156	0.935
江苏大地物资供应有限公司	963	0.961	168	0.981
浙江大地物资供应有限公司	888	0.976	149	0.989

（续表）

供应商名称	零部件价格(元)	零部件合格率（%）	零部件生产周期（天）	历史履约率（%）
河南大地物资供应有限公司	844	0.983	160	0.949
河北大地物资供应有限公司	970	0.962	141	0.955

变化二：山东大地物资供应有限公司、江苏大地物资供应有限公司、浙江大地物资供应有限公司、河南大地物资供应有限公司、河北大地物资供应有限公司 5 家供应商的评价指标发生了变化，由原来的"零部件价格、零部件合格率、零部件生产周期、历史履约率"变成了"零部件价格、零部件合格率、零部件生产周期、历史履约率、允许赊账天数"，具体如表 10-12 所示。

表 10-12　5 家供应商的评价指标相关数据

供应商名称	零部件价格（元）	零部件合格率（%）	零部件生产周期（天）	历史履约率（%）	允许赊账天数（天）
山东大地物资供应有限公司	999	0.948	156	0.935	100
江苏大地物资供应有限公司	963	0.961	168	0.981	120
浙江大地物资供应有限公司	888	0.976	149	0.989	92
河南大地物资供应有限公司	844	0.983	160	0.949	88
河北大地物资供应有限公司	970	0.962	141	0.955	85

变化三：山东大地物资供应有限公司、江苏大地物资供应有限公司、浙江大地物资供应有限公司、河南大地物资供应有限公司、河北大地物资供应有限公司 5 家供应商名单发生了变化，山东大地物资供应有限公司不再生产，同时新疆大地物资供应有限公司、山西大地物资供应有限公司进入评价名单，变为江苏大地物资供应有限公司、浙江大地物资供应有限公司、河南大地物资供应有限公司、河北大地物资供应有限公司、新疆大地物资供应有限公司、山西大地物资供应有限公司 6 家供应商，具体如表 10-13 所示。

表 10-13　6 家供应商的评价指标相关数据

供应商名称	零部件价格（元）	零部件合格率（%）	零部件生产周期（天）	历史履约率（%）	允许赊账天数（天）
新疆大地物资供应有限公司	945	0.992	170	0.935	100
江苏大地物资供应有限公司	963	0.961	168	0.981	120
浙江大地物资供应有限公司	888	0.976	149	0.989	92
河南大地物资供应有限公司	844	0.983	160	0.949	88
河北大地物资供应有限公司	970	0.962	141	0.955	85
山西大地物资供应有限公司	864	0.923	150	0.952	99

为了避免使用单一指标对供应商开展的评价有失偏颇，企业可使用本篇文章建立的改进 TOPSIS 法的零部件供应商评价模型来对各个供应商进行定量分析与统筹评价，选出最优零部件供应商。

实验操作指导

针对变化一：

Step 01 打开 Excel 中的"供应商.xlsm"工作簿，将"供应商"工作表复制建立副本并重命名为"供应商动态评价 1"，完成建立"供应商动态评价 1"工作表，然后在其中录入变化后的供应商基础信息。本例中依旧有 5 家供应商，分别为山东大地物资供应有限公司、江苏大地物资供应有限公司、浙江大地物资供应有限公司、河南大地物资供应有限公司、河北大地物资供应有限公司。选择参与供应商评价的指标包括零部件价格（元）、零部件合格率（%）、零部件生产周期（天）、历史履约率（%）。

将各家供应商的基本信息录入 Excel 后，相关的数据视图界面如图 10.9 所示。

供应商名称	原材料价格（元）	原材料合格率（%）	原材料生产周期（天）	历史履约率（%）
山东大地物资供应有限公司	999	0.948	156	0.935
江苏大地物资供应有限公司	963	0.961	168	0.981
浙江大地物资供应有限公司	888	0.976	149	0.989
河南大地物资供应有限公司	844	0.983	160	0.949
河北大地物资供应有限公司	970	0.962	141	0.955

图 10.9 供应商基础信息

由于我们在前面已经对"将供应商基础信息数据进行标准化处理""使用熵值法确定指标权重""计算供应商加权评价值矩阵""获得负理想解与正理想解""计算与负理想解之间的距离""计算与正理想解之间的距离""得出供应商评价名次"等操作步骤进行了公式设置，所以在将各家供应商的基本信息录入 Excel 后，后续 Excel 2019 将对剩余的操作步骤依据公式自动计算。

Step 02 将供应商基础信息数据进行标准化处理。

自动更新后，基础数据标准化信息如图 10.10 所示。

供应商名称	原材料价格（元）	原材料合格率（%）	原材料生产周期（天）	历史履约率（%）
山东大地物资供应有限公司	0.21419	0.19627	0.20155	0.19443
江苏大地物资供应有限公司	0.20648	0.19896	0.21705	0.20399
浙江大地物资供应有限公司	0.19039	0.20207	0.19251	0.20566
河南大地物资供应有限公司	0.18096	0.20352	0.20672	0.19734
河北大地物资供应有限公司	0.20798	0.19917	0.18217	0.19859

图 10.10 基础数据标准化信息

Step 03 使用熵值法确定指标权重。

自动更新后，得到熵值法确定指标权重的结果，如图 10.11 所示。

	供应商名称	原材料价格(元)	原材料合格率(%)	原材料生产周期(天)	历史履约率(%)
	熵值法确定指标权重				
30	山东大地物资供应有限公司	-0.330045685	-0.319581447	-0.322826454	-0.318412882
31	江苏大地物资供应有限公司	-0.325730066	-0.321254011	-0.331573806	-0.324281184
32	浙江大地物资供应有限公司	-0.315799186	-0.323138679	-0.317178565	-0.325255367
33	河南大地物资供应有限公司	-0.309347758	-0.324001812	-0.3258704	-0.320247666
34	河北大地物资供应有限公司	-0.326591483	-0.321381155	-0.310202133	-0.321020817
42	计算指标分散程度	0.001195283	5.02094E-05	0.001110018	0.000136692
43	计算指标权重因子	0.479609382	0.020146593	0.445396271	0.054847754

图 10.11　使用熵值法确定指标权重

Step 04　计算供应商加权评价值矩阵。

自动更新后，供应商加权评价值矩阵情况如图 10.12 所示。

	供应商名称	原材料价格(元)	原材料合格率(%)	原材料生产周期(天)	历史履约率(%)
45	计算供应商加权评价值矩阵				
47	山东大地物资供应有限公司	0.102729368	0.003954238	0.089769791	0.010663891
48	江苏大地物资供应有限公司	0.099027409	0.004008463	0.09667516	0.011188531
49	浙江大地物资供应有限公司	0.091314994	0.00407103	0.085741659	0.011279773
50	河南大地物资供应有限公司	0.086790377	0.004100228	0.092071581	0.010823564
51	河北大地物资供应有限公司	0.099747234	0.004012634	0.08113808	0.010891995

图 10.12　计算供应商加权评价值矩阵

Step 05　获得负理想解与正理想解。

自动更新后，获得负理想解与正理想解的结果如图 10.13 所示。

	获得负理想解与正理想解	原材料价格(元)	原材料合格率(%)	原材料生产周期(天)	历史履约率(%)
60	负理想解	0.102729368	0.003954238	0.09667516	0.010663891
61	正理想解	0.086790377	0.004100228	0.08113808	0.011279773

图 10.13　获得负理想解与正理想解

Step 06　计算与负理想解之间的距离。

自动更新后，计算与负理想解之间的距离结果如图 10.14 所示。

		原材料价格(元)	原材料合格率(%)	原材料生产周期(天)	历史履约率(%)	距离	供应商名称
	计算与负理想解之间的距离						
64		0	0	4.76841E-05	0	0.006905	物资供应有限公司
65	与负理想解之间的距离	1.37045E-05	2.94033E-09	0	2.75248E-07	0.003739	物资供应有限公司
66		0.000130288	1.36403E-08	0.000119541	3.79311E-07	0.015818	物资供应有限公司
67		0.000254051	2.1313E-08	2.11929E-05	2.54955E-08	0.016592	物资供应有限公司
68		8.89312E-06	3.41008E-09	0.000241401	5.20317E-08	0.015822	物资供应有限公司

图 10.14　计算与负理想解之间的距离

Step 07　计算与正理想解之间的距离。

自动更新后，计算与正理想解之间的距离结果如图 10.15 所示。

74	计算与正理想解之间的距离						
75	与正理想解之间的距离	原材料价格(元)	原材料合格率（%）	原材料生产周期（天）	历史履约率（%）	距离	供应商名称
76		0.000254051	2.1313E-08	7.45064E-05	3.79311E-07	0.018137	物资供应有限公司
77		0.000149745	8.42082E-09	0.000241401	8.32507E-09	0.019778	物资供应有限公司
78		2.04722E-05	8.52521E-10	2.11929E-05	0	0.006455	物资供应有限公司
79		0	0	0.000119541	2.08127E-07	0.010943	物资供应有限公司
80		0.00016788	7.67269E-09	0	1.50372E-07	0.012963	物资供应有限公司
81							
82							
83							
84							
85							
86							

图 10.15　计算与正理想解之间的距离

Step 08 得出供应商评价名次。

自动更新后，供应商评价名次结果如图 10.16 所示。

88	供应商评价名次		
89	供应商名称	相对接近度	评价名次
90	山东大地物资供应有限公司	0.275745078	4
91	江苏大地物资供应有限公司	0.159004808	5
92	浙江大地物资供应有限公司	0.710195304	1
93	河南大地物资供应有限公司	0.602576805	2
94	河北大地物资供应有限公司	0.549668926	3
95			
96			
97			
98			
99			
100			

图 10.16　供应商评价名次结果

从该供应商评价名次结果可以看出，供应商评价名次排名发生了非常大的变化，其中河北大地物资供应有限公司由排名第 1 变为排名第 3，江苏大地物资供应有限公司由排名第 1 变为排名第 5，浙江大地物资供应有限公司由排名第 3 变为排名第 1，山东大地物资供应有限公司排名第 4 维持不变，河南大地物资供应有限公司由排名第 5 变为排名第 2。对策建议方面，建议公司把浙江大地物资供应有限公司列为战略合作伙伴，在采购资源方面给予最大程度的倾斜。但是需要特别说明和强调的是，公司必须注意评价的动态性，或者说，需要定期对供应商名单以及名单中供应商的表现进行动态更新。

针对变化二：

Step 01 打开 Excel 中的“供应商.xlsm”工作簿，将“供应商动态评价 1”工作表复制建立副本并重命名为“供应商动态评价 2”，完成建立“供应商动态评价 2”工作表，然后在其中录入变化后的供应商基础信息。本例中依旧有 5 家供应商，分别为山东大地物资供应有限公司、江苏大地物资供应有限公司、浙江大地物资供应有限公司、河南大地物资供应有限公司、河北大地物资供应有限公司。选择参与供应商评价的指标包括零部件价格（元）、零部件合格率（%）、零部件生产周期（天）、历史履约率（%）、允许赊账天数（天）。

我们选中 A1~F2 单元格，将该单元格区域合并并居中，在其中录入“供应商基础信息”，然后设置“字号”为 14 号，“字体”为“宋体”，并且进行标题加粗处理；在 F3 单元格中录入“允许赊账天数（天）”，然后设置“字号”为 11 号，“字体”为“宋体”，并且进行标题加粗处理，将单元格底纹设置为蓝色，其它单元格设置保持不变。将各家供应商的基本信息录入 Excel 后，相关的数据视图界面如图 10.17 所示。

	A	B	C	D	E	F
1			供应商基础信息			
2						
3	供应商名称	原材料价格(元)	原材料合格率(%)	原材料生产周期(天)	历史履约率(%)	允许赊账天数(天)
4	山东大地物资供应有限公司	999	0.948	156	0.935	100
5	江苏大地物资供应有限公司	963	0.961	168	0.981	120
6	浙江大地物资供应有限公司	888	0.976	149	0.989	30
7	河南大地物资供应有限公司	844	0.983	160	0.949	360
8	河北大地物资供应有限公司	970	0.962	141	0.955	100

图 10.17　供应商基础信息

Step 02　将供应商基础信息数据进行标准化处理。我们选中 A15~F15 单元格，将该单元格区域合并并居中，在其中录入"基础数据标准化"，然后设置"字号"为 14 号，"字体"为"宋体"并且进行标题加粗处理，然后将"允许赊账天数（天）"信息从供应商基础信息中粘贴过来。B17~E21 的单元格公式保持不变，F17~F21 的各个单元格的公式设置如表 10-14 所示。

表 10-14　基础信息数据标准化处理公式

单元格	公式
F17	=F4/SUM($F$4:$F$8)
F18	=F5/SUM($F$4:$F$8)
F19	=F6/SUM($F$4:$F$8)
F20	=F7/SUM($F$4:$F$8)
F21	=F8/SUM($F$4:$F$8)

输入完毕后，基础数据标准化信息如图 10.18 所示。

		基础数据标准化				
15						
16	供应商名称	原材料价格(元)	原材料合格率(%)	原材料生产周期(天)	历史履约率(%)	允许赊账天数(天)
17	山东大地物资供应有限公司	0.21419	0.19627	0.20155	0.19443	0.14085
18	江苏大地物资供应有限公司	0.20648	0.19896	0.21705	0.20399	0.16901
19	浙江大地物资供应有限公司	0.19039	0.20207	0.19251	0.20566	0.04225
20	河南大地物资供应有限公司	0.18096	0.20352	0.20672	0.19734	0.50704
21	河北大地物资供应有限公司	0.20798	0.19917	0.18217	0.19859	0.14085

图 10.18　基础数据标准化信息

Step 03　使用熵值法确定指标权重。我们选中 A28~F28 单元格，将该单元格区域合并并居中，在其中录入"熵值法确定指标权重"，然后设置"字号"为 14 号，"字体"为"宋体"，并且进行标题加粗处理，然后将"允许赊账天数（天）"信息从供应商基础信息中粘贴过来。B17~E21 的单元格公式保持不变，B30~E34 的各个单元格的公式设置如表 10-15 所示。

表 10-15　使用熵值法确定指标权重公式

单元格	公式
F30	=F17*LN(F17)
F31	=F18*LN(F18)
F32	=F19*LN(F19)
F33	=F20*LN(F20)
F34	=F21*LN(F21)

"计算指标分散程度"中，B42~E42 单元格中的公式保持不变，F42 单元格的公式设置为"=1-ABS(SUM(F30:F34))/LN(COUNT(F4:F8))"。需要特别强调和说明的是，"计算指标权重因子"部分各个单元格的公式都发生了变化，B43~F43 单元格中输入如表 10-16 所示的公式。

表 10-16　计算指标权重因子公式

单元格	公式
B43	=B42/SUM($B$42:$F$42)
C43	=C42/SUM($B$42:$F$42)
D43	=D42/SUM($B$42:$F$42)
E43	=E42/SUM($B$42:$F$42)
F43	=F42/SUM($B$42:$F$42)

输入完毕后，得到熵值法确定指标权重的结果，如图 10.19 所示。

	A	B	C	D	E	F
28		熵值法确定指标权重				
29	供应商名称	原材料价格（元）	原材料合格率（%）	原材料生产周期（天）	历史履约率（%）	允许赊账天数（天）
30	山东大地物资供应有限公司	-0.330045685	-0.319581447	-0.322826454	-0.318412882	-0.276069688
31	江苏大地物资供应有限公司	-0.325730066	-0.321254011	-0.331573806	-0.324281184	-0.300468714
32	浙江大地物资供应有限公司	-0.315799186	-0.323138679	-0.317178565	-0.325255367	-0.133692997
33	河南大地物资供应有限公司	-0.309347758	-0.324001812	-0.3258704	-0.320247666	-0.344363293
34	河北大地物资供应有限公司	-0.326591483	-0.321381155	-0.310202183	-0.321020817	-0.276069688
35						
36						
37						
38						
39						
40						
41						
42	计算指标分散程度	0.001195283	5.02094E-05	0.001110018	0.000136692	0.173211735
43	计算指标权重因子	0.006802827	0.000285761	0.006317545	0.000777966	0.985815901

图 10.19　使用熵值法确定指标权重

Step 04 计算供应商加权评价值矩阵。我们选中 A45~F45 单元格，将该单元格区域合并并居中，在其中录入"计算供应商加权评价值矩阵"，然后设置"字号"为 14 号，"字体"为"宋体"，并且进行标题加粗处理，然后将"允许赊账天数（天）"信息从供应商基础信息中粘贴过来。B47~E51 的各个单元格的公式保持不变，F47~F51 的各个单元格的公式设置如表 10-17 所示。

Excel 在会计和财务管理中的应用（第 4 版）

表 10-17 计算供应商加权评价值矩阵公式

单元格	公式
F47	=F17*$F$43
F48	=F18*$F$43
F49	=F19*$F$43
F50	=F20*$F$43
F51	=F21*$F$43

输入完成后，供应商加权评价值矩阵情况如图 10.20 所示。

图 10.20 计算供应商加权评价值矩阵

Step 05 获得负理想解与正理想解。我们选中 A58~F58 单元格，将该单元格区域合并并居中，在其中录入"获得负理想解与正理想解"，然后设置"字号"为 14 号，"字体"为"宋体"，并且进行标题加粗处理，然后将"允许赊账天数（天）"信息从供应商基础信息中粘贴过来。B60~E61 的各个单元格的公式保持不变，F60~F61 的各个单元格的公式设置如表 10-18 所示。

表 10-18 获得负理想解与正理想解公式

单元格	公式
F60	=MIN(F47:F51)
F61	=MAX(F47:F51)

输入完成后，获得负理想解与正理想解结果如图 10.21 所示。

图 10.21 获得负理想解与正理想解

Step 06 计算与负理想解之间的距离。我们选中 A62~G62 单元格，将该单元格区域合并并居中，在其中录入"计算与负理想解之间的距离"，然后设置"字号"为 14 号，"字体"为"宋体"，并且进行标题加粗处理，然后在"距离"列左侧插入列，并将"允许赊账天数（天）"信息从供应商基础信息中粘贴过来。B64~E68 的各个单元格的公式设置保持不变，F64~G68 的各个单元格的公式设置如表 10-19 所示。

表 10-19 计算与负理想解之间的距离

单元格	公式
F64	=(F47-F60)^2
F65	=(F48-F60)^2
F66	=(F49-F60)^2
F67	=(F50-F60)^2
F68	=(F51-F60)^2
G64	=SQRT(SUM(B64:F64))
G65	=SQRT(SUM(B65:F65))
G66	=SQRT(SUM(B66:F66))
G67	=SQRT(SUM(B67:F67))
G68	=SQRT(SUM(B68:F68))

输入完成后，计算与负理想解之间的距离结果如图 10.22 所示。

图 10.22 计算与负理想解之间的距离

Step 07 计算与正理想解之间的距离。我们选中 A74~G74 单元格，将该单元格区域合并并居中，在其中录入"计算与正理想解之间的距离"，然后设置"字号"为 14 号，"字体"为"宋体"，并且进行标题加粗处理，然后在"距离"列左侧插入列，并将"允许赊账天数（天）"信息从供应商基础信息中粘贴过来。B76~E80 的各个单元格的公式设置保持不变，F76~G80 的各个单元格的公式设置如表 10-20 所示。

表 10-20 计算与正理想解之间的距离

单元格	公式
F76	=(F47-$F$61)^2
F77	=(F48-$F$61)^2
F78	=(F49-$F$61)^2
F79	=(F50-$F$61)^2
F80	=(F51-$F$61)^2
G76	=SQRT(SUM(B76:F76))
G77	=SQRT(SUM(B77:F77))
G78	=SQRT(SUM(B78:F78))
G79	=SQRT(SUM(B79:F79))
G80	=SQRT(SUM(B80:F80))

输入完成后，计算与正理想解之间的距离结果如图 10.23 所示。

计算与正理想解之间的距离

	原材料价格(元)	原材料合格率(%)	原材料生产周期(天)	历史履约率(%)	允许赊账天数(天)	距离	供应商名称
与正理想解之间的距离	5.11123E-08	4.28794E-12	1.49898E-08	7.63131E-11	0.13032317	0.361003098	山东大地物资供应有限公司
	3.0127E-08	1.69417E-12	4.85671E-08	1.67491E-12	0.111044595	0.333233662	江苏大地物资供应有限公司
	4.11877E-09	1.71518E-13	4.26378E-09	0	0.209943687	0.458196132	浙江大地物资供应有限公司
	0	0	2.40504E-08	4.18728E-11	0	0.000155217	河南大地物资供应有限公司
	3.37756E-08	1.54366E-12	3.02531E-11	4.18728E-11	0.13032317	0.361003053	河北大地物资供应有限公司

图 10.23　计算与正理想解之间的距离

Step 08 由于我们在前面已经对"得出供应商评价名次"的操作步骤进行了公式设置，因此 Excel 2019 将对剩余的操作步骤依据公式自动计算。

自动更新后，供应商评价名次结果如图 10.24 所示。

供应商评价名次		
供应商名称	相对接近度	评价名次
山东大地物资供应有限公司	0.212121255	4
江苏大地物资供应有限公司	0.27272722	2
浙江大地物资供应有限公司	0.000489441	5
河南大地物资供应有限公司	0.999661359	1
河北大地物资供应有限公司	0.212121636	3

图 10.24　供应商评价名次结果

从该供应商评价名次结果可以看出，供应商评价名次排名发生了非常大的变化，其中河北大地物资供应有限公司变为排名第 3，江苏大地物资供应有限公司变为排名第 2，浙江大地物资供应有限公司变为排名第 5，山东大地物资供应有限公司排名第 4 维持不变，河南大地物资供应有限公司变为排名第 1。对策建议方面，建议公司把河南大地物资供应有限公司列为战略合作伙伴，在采购资源方面给予最大程度的倾斜。但是需要特别说明和强调的是，公司必须注意评价的动态性，或者说，需要定期对供应商名单以及名单中供应商的表现进行动态更新。

针对变化三：

Step 01 打开 Excel 中的"供应商.xlsm"工作簿，将"供应商动态评价 2"工作表复制建立副本并重命名为"供应商动态评价 3"，完成建立"供应商动态评价 3"工作表，然后在其中录入变化后的供应商基础信息。本例中有 6 家供应商，分别为新疆大地物资供应有限公司、江苏大地物资供应有限公司、浙江大地物资供应有限公司、河南大地物资供应有限公司、河北大地物资供应有限公司、山西大地物资供应有限公司。选择参与供应商评价的指标包括零部件价格（元）、零部件合格率（%）、零部件生产周期（天）、历史履约率（%）、允许赊账天数（天）。

将各家供应商的基本信息录入 Excel 后，相关的数据视图界面如图 10.25 所示。

图 10.25 供应商基础信息

Step 02 将供应商基础信息数据进行标准化处理。我们选中 A15~F15 单元格，将该单元格区域合并并居中，在其中录入"基础数据标准化"，然后设置"字号"为 14 号，"字体"为"宋体"，并且进行标题加粗处理，然后将"允许赊账天数（天）"信息从供应商基础信息中粘贴过来。B17~F22 各个单元格的公式设置如表 10-21 所示。

表 10-21 基础信息数据标准化处理公式

单元格	公式
B17	=B4/SUM($B$4:$B$9)
C17	=C4/SUM($C$4:$C$9)
D17	=D4/SUM($D$4:$D$9)
E17	=E4/SUM($E$4:$E$9)
B18	=B5/SUM($B$4:$B$9)
C18	=C5/SUM($C$4:$C$9)
D18	=D5/SUM($D$4:$D$9)
E18	=E5/SUM($E$4:$E$9)
B19	=B6/SUM($B$4:$B$9)
C19	=C6/SUM($C$4:$C$9)
D19	=D6/SUM($D$4:$D$9)
E19	=E6/SUM($E$4:$E$9)
B20	=B7/SUM($B$4:$B$9)
C20	=C7/SUM($C$4:$C$9)
D20	=D7/SUM($D$4:$D$9)
E20	=E7/SUM($E$4:$E$9)
B21	=B8/SUM($B$4:$B$9)
C21	=C8/SUM($C$4:$C$9)
D21	=D8/SUM($D$4:$D$9)
E21	=E8/SUM($E$4:$E$9)
B22	=B9/SUM($B$4:$B$9)
C22	=C9/SUM($C$4:$C$9)
D22	=D9/SUM($D$4:$D$9)
E22	=E9/SUM($E$4:$E$9)
F17	=F4/SUM($F$4:$F$9)
F18	=F5/SUM($F$4:$F$9)
F19	=F6/SUM($F$4:$F$9)
F20	=F7/SUM($F$4:$F$9)
F21	=F8/SUM($F$4:$F$9)
F22	=F9/SUM($F$4:$F$9)

输入完毕后，基础数据标准化信息如图10.26所示。

	基础数据标准化				
供应商名称	原材料价格（元）	原材料合格率（%）	原材料生产周期（天）	历史履约率（%）	允许赊账天数（天）
新疆大地物资供应有限公司	0.17263	0.17112	0.18124	0.16230	0.17123
江苏大地物资供应有限公司	0.17592	0.16578	0.17910	0.17028	0.20548
浙江大地物资供应有限公司	0.16222	0.16836	0.15885	0.17167	0.15753
河南大地物资供应有限公司	0.15418	0.16957	0.17058	0.16473	0.15068
河北大地物资供应有限公司	0.17720	0.16595	0.15032	0.16577	0.14555
山西大地物资供应有限公司	0.15784	0.15922	0.15991	0.16525	0.16952

图10.26 基础数据标准化信息

Step 03 使用熵值法确定指标权重。B17~F34 的单元格公式保持不变，B35~F35 的各个单元格的公式设置如表10-22所示。

表10-22 使用熵值法确定指标权重公式

单元格	公式
B35	=B22*LN(B22)
C35	=C22*LN(C22)
D35	=D22*LN(D22)
E35	=E22*LN(E22)
F35	=F22*LN(F22)

"计算指标分散程度"中，B42~F42 单元格中的公式都发生了变化，B42 单元格的公式设置为"=1-ABS(SUM(B30:B35))/LN(COUNT(B4:B9))"，C42 单元格的公式设置为"=1-ABS(SUM(C30:C35))/LN(COUNT(C4:C9))"，D42 单元格的公式设置为"=1-ABS(SUM(D30:D35))/LN(COUNT(D4:D9))"，E42 单元格的公式设置为"=1-ABS(SUM(E30:E35))/LN(COUNT(E4:E9))"，F42 单元格的公式设置为"=1-ABS(SUM(F30:F35))/LN(COUNT(F4:F9))"。需要特别强调和说明的是，"计算指标权重因子"部分各个单元格的公式都发生了变化，B43~F43 单元格中输入如表10-23 所示的公式。

表10-23 计算指标权重因子公式

单元格	公式
B43	=B42/SUM($B$42:$F$42)
C43	=C42/SUM($B$42:$F$42)
D43	=D42/SUM($B$42:$F$42)
E43	=E42/SUM($B$42:$F$42)
F43	=F42/SUM($B$42:$F$42)

输入完毕后，得到熵值法确定指标权重的结果，如图10.27所示。

图 10.27 使用熵值法确定指标权重

单元格		熵值法确定指标权重				
28						
29	供应商名称	原材料价格（元）	原材料合格率（%）	原材料生产周期（天）	历史履约率（%）	允许赊账天数（天）
30	新疆大地物资供应有限公司	-0.303245901	-0.302095866	-0.309543451	-0.295110056	-0.302179931
31	江苏大地物资供应有限公司	-0.305702622	-0.297918523	-0.308021368	-0.301450843	-0.325152584
32	浙江大地物资供应有限公司	-0.295047189	-0.299961021	-0.292250259	-0.302514863	-0.291140995
33	河南大地物资供应有限公司	-0.288263219	-0.300900539	-0.3016761	-0.297080579	-0.285180902
34	河北大地物资供应有限公司	-0.306641351	-0.298055939	-0.284854582	-0.297914083	-0.280507238
35	山西大地物资供应有限公司	-0.291397514	-0.292561956	-0.293142002	-0.297498152	-0.30086187
36						
37						
38						
39						
40						
41						
42	计算指标分散程度	0.000815775	0.000148248	0.001267864	0.00010654	0.003759405
43	计算指标权重因子	0.133781155	0.024311654	0.207920457	0.017471714	0.616515021

图 10.27　使用熵值法确定指标权重

Step 04 计算供应商加权评价值矩阵。B47~F51 的各个单元格的公式保持不变，B52~F52 的各个单元格的公式设置如表 10-24 所示。

表 10-24　计算供应商加权评价值矩阵公式

单元格	公式
B52	=B22*$B$43
C52	=C22*$C$43
D52	=D22*$D$43
E52	=E22*$E$43
F52	=F22*$F$43

输入完成后，供应商加权评价值矩阵情况如图 10.28 所示。

		计算供应商加权评价值矩阵				
45						
46	供应商名称	原材料价格（元）	原材料合格率（%）	原材料生产周期（天）	历史履约率（%）	允许赊账天数（天）
47	新疆大地物资供应有限公司	0.023095212	0.004160283	0.037682812	0.002835628	0.105567641
48	江苏大地物资供应有限公司	0.023535121	0.004030274	0.037239485	0.002975135	0.126681169
49	浙江大地物资供应有限公司	0.021702168	0.004093182	0.033027876	0.002999397	0.097122229
50	河南大地物资供应有限公司	0.020626835	0.004122539	0.035466176	0.002878087	0.092899524
51	河北大地物资供应有限公司	0.023706197	0.004034468	0.031254568	0.002896283	0.089732494
52	山西大地物资供应有限公司	0.021115623	0.003870909	0.03324954	0.002887185	0.104511964

图 10.28　计算供应商加权评价值矩阵

Step 05 获得负理想解与正理想解。需要说明和强调的是，B60~F61 的各个单元格的公式都发生了变化，变化后的各个单元格的公式设置如表 10-25 所示。

表 10-25　获得负理想解与正理想解公式

单元格	公式
B60	=MAX(B47:B52)
C60	=MIN(C47:C52)
D60	=MAX(D47:D52)
E60	=MIN(E47:E52)
B61	=MIN(B47:B52)
C61	=MAX(C47:C52)

（续表）

单元格	公式
D61	=MIN(D47:D52)
E61	=MAX(E47:E52)
F60	=MIN(F47:F52)
F61	=MAX(F47:F52)

输入完成后，获得负理想解与正理想解结果如图 10.29 所示。

图 10.29　获得负理想解与正理想解

Step 06　计算与负理想解之间的距离。B64~F68 的各个单元格的公式设置保持不变，B69~F69 的各个单元格的公式设置如表 10-26 所示。

表 10-26　计算与负理想解之间的距离

单元格	公式
B69	=(B52-B61)^2
C69	=(C52-C61)^2
D69	=(D52-D61)^2
E69	=(E52-E61)^2
F69	=(F52-F61)^2

输入完成后，计算与负理想解之间的距离结果如图 10.30 所示。

图 10.30　计算与负理想解之间的距离

Step 07　计算与正理想解之间的距离。B64~G80 的各个单元格的公式设置保持不变，B81~G81 的各个单元格的公式设置如表 10-27 所示。

表 10-27　计算与正理想解之间的距离

单元格	公式
B81	=(B52-$B$61)^2
C81	=(C52-$C$61)^2
D81	=(D52-$D$61)^2
E81	=(E52-$E$61)^2
F81	=(F52-$F$61)^2
G81	=SQRT(SUM(B81:F81))

输入完成后，计算与正理想解之间的距离结果如图 10.31 所示。

第 10 章 供应商分析评价

	计算与正理想解之间的距离						
		原材料价格（元）	原材料合格率（%）	原材料生产周期（天）	历史履约率（%）	允许赊账天数（天）	距离	供应商名称
与正理想解之间的距离	6.09289E-06	0	4.13223E-05	2.68202E-08	0.000445781	0.022208627	新疆大地物资供应有限公司
	8.45813E-06	1.69023E-08	3.58192E-05	5.88647E-10	0	0.006655438	江苏大地物资供应有限公司
	1.15634E-06	4.50259E-09	3.14462E-06	0	0.000873731	0.029631678	浙江大地物资供应有限公司
	0	1.42465E-09	1.77376E-05	0.0011412	0.034043404		河南大地物资供应有限公司
	9.48247E-08	1.58294E-08	0	1.06324E-08	0.001365205	0.037077128	河北大地物资供应有限公司
	2.38913E-07	8.37376E-08	3.97991E-06	1.25915E-08	0.000491474	0.022266315	山西大地物资供应有限公司

图 10.31　计算与正理想解之间的距离

Step 08 得出供应商评价名次。B90~C95 的各个单元格的公式设置如表 10-28 所示。

表 10-28　计算供应商评价名次

单元格	公式
B90	=F64/(F64+F76)
B91	=F65/(F65+F77)
B92	=F66/(F66+F78)
B93	=F67/(F67+F79)
B94	=F68/(F68+F80)
B95	=G69/(G69+G81)
C90	=RANK(B90,$B$90:$B$95)
C91	=RANK(B91,$B$90:$B$95)
C92	=RANK(B92,$B$90:$B$95)
C93	=RANK(B93,$B$90:$B$95)
C94	=RANK(B94,$B$90:$B$95)
C94	=RANK(B95,$B$90:$B$95)

自动更新后，供应商评价名次结果如图 10.32 所示。

供应商评价名次		
供应商名称	相对接近度	评价名次
新疆大地物资供应有限公司	0.416456158	3
江苏大地物资供应有限公司	0.847379559	1
浙江大地物资供应有限公司	0.232271366	4
河南大地物资供应有限公司	0.126918847	6
河北大地物资供应有限公司	0.147803839	5
山西大地物资供应有限公司	0.5	2

图 10.32　供应商评价名次结果

从该供应商评价名次结果可以看出，供应商评价名次排名发生了非常大的变化，其中新疆大地物资供应有限公司排名第 3，河北大地物资供应有限公司变为排名第 5，江苏大地物资供应有限公司变为排名第 1，浙江大地物资供应有限公司变为排名第 4，山西大地物资供应有限公司排名第 2，河南大地物资供应有限公司变为排名第 6。对策建议方面，建议公司把江苏大地物资供应有限公司列为战略合作伙伴，在采购资源方面给予最大程度的倾斜。但是需要特别说明和强调的是，公司必须注意评价的动态性，或者说，需要定期对供应商名单以及名单中供应商的表现进行动态更新。

Excel 在会计和财务管理中的应用（第 4 版）

习题

NF 公司是一家生产制造型企业。近年来，企业为了充分利用产业链上下游企业间的相对比较优势，专注于主营业务发展，提升自身核心竞争力，计划将零部件交给有合作意向并经过考察的外部供应商去组织生产，然后进行采购。公司成立了专门的工作小组，经过充分恰当的市场调研，发现市场上可供选择的供应商有 5 家，分别是山东零部件生产有限公司、江苏零部件生产有限公司、浙江零部件生产有限公司、河南零部件生产有限公司、河北零部件生产有限公司。通过现场调研和非现场调研获取的 5 家供应商的零部件价格、零部件合格率、零部件生产周期、历史履约率等评价指标的相关数据如表 10-29 所示。

表 10-29　5 家供应商的评价指标相关数据

供应商名称	零部件价格(元)	零部件合格率（%）	零部件生产周期（天）	历史履约率（%）
山东零部件生产有限公司	875.52	0.936	149.76	0.92352
江苏零部件生产有限公司	924.48	0.92064	126.72	0.95136
浙江零部件生产有限公司	767.04	0.93696	135.36	0.94944
河南零部件生产有限公司	810.24	0.94368	163.2	0.91104
河北零部件生产有限公司	822.72	0.92352	119.04	0.9168

山东零部件生产有限公司、江苏零部件生产有限公司、浙江零部件生产有限公司、河南零部件生产有限公司、河北零部件生产有限公司 5 家供应商各自具有一定的竞争优势，也各自具有一定的竞争短板。浙江零部件生产有限公司的零部件价格最为便宜，产品成本最为低廉，企业选择该供应商可降低生产成本；河南零部件生产有限公司的零部件合格率最高，企业选择该供应商可使产品质量具有可靠的保证；河北零部件生产有限公司的零部件生产周期最短，生产能力和生产效率较强，企业选择该供应商可满足快速订货需求；江苏零部件生产有限公司的历史履约率较高，企业选择该供应商可在关键订单中不出纰漏。

为了避免使用单一指标对供应商开展评价有失偏颇，请使用 Excel 2019 建立改进 TOPSIS 法的零部件供应商评价模型来对各个供应商进行定量分析与统筹评价，选出最优零部件供应商。

在一定时间后，NC 公司供应商的数据发生了变化。

变化一：山东零部件生产有限公司、江苏零部件生产有限公司、浙江零部件生产有限公司、河南零部件生产有限公司、河北零部件生产有限公司 5 家供应商的零部件价格、零部件合格率、零部件生产周期、历史履约率等评价指标的相关数据发生了变化，具体如表 10-30 所示。

表 10-30　5 家供应商的评价指标相关数据

供应商名称	零部件价格(元)	零部件合格率（%）	零部件生产周期（天）	历史履约率（%）
山东零部件生产有限公司	939.06	0.89112	146.64	0.8789
江苏零部件生产有限公司	905.22	0.90334	157.92	0.92214
浙江零部件生产有限公司	834.72	0.91744	140.06	0.92966
河南零部件生产有限公司	793.36	0.92402	150.4	0.89206
河北零部件生产有限公司	911.8	0.90428	132.54	0.8977

变化二：山东零部件生产有限公司、江苏零部件生产有限公司、浙江零部件生产有限公司、河南零部件生产有限公司、河北零部件生产有限公司 5 家供应商的评价指标发生了变化，由原来的"零部件价格、零部件合格率、零部件生产周期、历史履约率"变成了"零部件价格、零部件合格率、零部件生产周期、历史履约率、允许赊账天数"，具体如表 10-31 所示。

表 10-31 5 家供应商的评价指标相关数据

供应商名称	零部件价格(元)	零部件合格率(%)	零部件生产周期(天)	历史履约率(%)	允许赊账天数（天）
山东零部件生产有限公司	939.06	0.89112	146.64	0.8789	100
江苏零部件生产有限公司	905.22	0.90334	157.92	0.92214	120
浙江零部件生产有限公司	834.72	0.91744	140.06	0.92966	30
河南零部件生产有限公司	793.36	0.92402	150.4	0.89206	360
河北零部件生产有限公司	911.8	0.90428	132.54	0.8977	100

变化三：山东零部件生产有限公司、江苏零部件生产有限公司、浙江零部件生产有限公司、河南零部件生产有限公司、河北零部件生产有限公司 5 家供应商名单发生了变化，山东零部件生产有限公司不再生产，同时新疆零部件生产有限公司、山西零部件生产有限公司进入评价名单，变为江苏零部件生产有限公司、浙江零部件生产有限公司、河南零部件生产有限公司、河北零部件生产有限公司、新疆零部件生产有限公司、山西零部件生产有限公司 6 家供应商，具体如表 10-32 所示。

表 10-32 6 家供应商的评价指标相关数据

供应商名称	零部件价格(元)	零部件合格率(%)	零部件生产周期(天)	历史履约率(%)	允许赊账天数（天）
新疆零部件生产有限公司	939.06	0.89112	146.64	0.8789	100
江苏零部件生产有限公司	905.22	0.90334	157.92	0.92214	120
浙江零部件生产有限公司	834.72	0.91744	140.06	0.92966	92
河南零部件生产有限公司	793.36	0.92402	150.4	0.89206	88
河北零部件生产有限公司	911.8	0.90428	132.54	0.8977	85
山西零部件生产有限公司	864	0.923	150	0.952	99

请根据各种变化情况，继续使用 Excel 2019 建立改进 TOPSIS 法的零部件供应商评价模型来对各个供应商进行定量分析与统筹评价，选出最优零部件供应商。

第11章 本量利分析

根据百度百科和财务管理教科书上的介绍,本量利分析是财务管理的重要内容之一,是成本—产量(或销售量)—利润依存关系分析的简称,也称为 CVP 分析(Cost-Volume-Profit Analysis)。具体来说,本量利分析需要首先计算变动成本,然后在变动成本计算模式的基础上,以数学化的会计模型与图文来揭示固定成本、变动成本、销售量、单价、销售额、利润等变量之间的内在规律性的联系,是为会计预测决策和规划提供必要的财务信息的一种定量分析方法。在很多情况下,本量利分析(CVP 分析)又称量本利分析(VCP 分析),着重研究销售数量、价格、成本和利润之间的数量关系。本量利分析所提供的原理、方法在管理会计中有着广泛的用途,同时本量利分析又是企业进行决策、计划和控制的重要工具。本章主要通过案例的形式来介绍如何通过 Excel 2019 实现本量利分析。

实验 11-1 成本性态分析

实验原理

根据百度百科和财务管理教科书上的介绍,成本性态分析是将成本表述为产量的函数,分析它们之间的依存关系,然后按照成本对产量的依存性,最终把全部成本区分为固定成本与变动成本两大类。它联系成本与产量的增减动态进行差量分析,是构成基础性管理会计的一项重要内容。其中,固定成本是指其总额在一定时期及一定产量范围内,不直接受产量变动的影响而能保持固定不变的成本。由于其总额不受产量变动的影响,因此其单位成本与产量成反比例关系。变动成本是指在特定的产量范围内,其总额会随产量的变动而变动的成本。其总额会随产量的增减而成正比例的增减。总成本与产量之间存在着一个稳定的比例关系。

根据百度百科中的介绍,成本性态分析具有多方面的意义。第一,成本性态分析是采用变动成本计算法的前提条件。变动成本计算法在计算企业各期间的损益时必须首先将企业一定时期发生的所有成本划分为固定成本和变动成本两大类,再将与产量变动成正比例变动的生产成本作为产品成本,并据以确定已销产品的单位成本,以及作为期末存货的基础;而将与产量变动无关的所有固定成本作为期间成本处理,全额从当期的销售收入中扣除,由此可见,进行成本性态分析、正确区分变动成本与固定成本是进行变动成本计算的基础。第二,成本性态分析,为进行成本—产量—利润之间相互依存关系的分析提供了方便。第三,成本性态分析,是正确制定经营决策的基础。第四,成本性态分析是正确评价企业各部门工作业绩的基础。

相关分析是不考虑变量之间的因果关系,而只研究分析变量之间的相关关系的一种统计分析方法。相关分析应用非常广泛,它既可以用来探索不存在因果关系的变量之间的相互影响方向和影响程度，也可以被用作进行回归分析的前提步骤。常用的相关分析包括简单相关分析、多元相关分析、等级相关分析等。Excel 的简单相关分析（Bivariate）是最简单也是最常用的一种相关分析（Correlate）方法，其基本功能是可以研究变量间的线性相关程度并用适当的统计指标表示出来。简单相关只涉及两个变量，而且两个变量之间的地位是平等的，没有主次之分，简单相关分析的目的在于研究参与分析两个变量之间的直线关系，描述两个参与分析变量之间线性联系的程度，又被称为线性相关。我们在本节将介绍简单相关分析方法在成本性态分析具体实例中的应用。

回归分析（Regression Analysis）是经典的数据分析方法之一，应用范围非常广泛，深受学者们的喜爱。它是研究分析某一变量受别的变量影响的分析方法，基本思想是以被影响变量为因变量，以影响变量为自变量，研究因变量与自变量之间的因果关系。回归分析按照涉及的自变量的多少，可分为一元回归分析和多元回归分析；按照自变量和因变量之间的关系类型，可分为线性回归分析和非线性回归分析。如果在回归分析中只包括一个自变量和一个因变量，且二者的关系可用一条直线近似表示，这种回归分析称为一元线性回归分析。如果回归分析中包括两个或两个以上的自变量，且因变量和自变量之间是线性关系，则称为多元线性回归分析。如果回归分析中的因变量和自变量之间是非线性关系，则称为非线性回归分析。本章将介绍最简单也最常用的简单线性回归分析方法在成本性态分析具体实例中的应用。

实验目的与要求

（一）实验目的

掌握成本性态分析的基本概念与理论知识，知晓成本性态分析的重要意义，包括成本性态分析是采用变动成本计算法的前提条件，为进行成本－产量－利润之间相互依存关系的分析提供方便，是正确制定经营决策的基础，是正确评价企业各部门工作业绩的基础等。在此基础上，要熟练使用 Excel 2019 中相关分析、回归分析等数据统计分析方法对实际案例中遇到的成本性态分析问题予以解决。

（二）实验要求

理解 Excel 2019 中相关分析、回归分析等数据统计分析方法的基本原理，掌握相关分析、回归分析等数据统计分析方法在 Excel 2019 中的实现，并且能够熟练应用。需要特别强调的是，读者不仅仅要关注具体统计方法的实现，更重要的是学会应用这些统计分析方法来解决实际遇到的成本性态分析问题。需要特别说明的是，回归分析并不是实现成本性态分析的唯一方法，在有些情况下还可以通过工业工程法来实现。工业工程法是指运用工业工程的研究方法，逐项研究决定成本高低的每个因素，在此基础上直接估算固定成本和单位变动成本的一种成本估计方法。但是相对于本例中介绍的回归分析法，工业工程法的操作流程非常烦琐，通常仅在没有历史成本数据，或者历史成本数据不真实、不可靠，又或者需要对历史成本数据进行较多程序验证的时候才开始使用。

实验内容及数据来源

本章沿用第 10 章的案例。CK 公司是一家生产制造型企业，致力于生产各种生产生活清洁设备，产品种类非常齐全，主要包括专业化工业吸尘器、传统清洁设备、多功能户外设备、防过敏吸尘器、地板清洁设备、路面深层清洁车、硬表面清洗机、高压清洗机等等，与大众汽车、宝马、沃尔玛、家乐福、希尔顿、喜来登、香格里拉、万达、保利等一大批知名客户建立起了战略合作伙伴关系。自2000年以来，公司把主营业务产品放到地板清洁设备、硬表面清洗机、高压清洗机等领域。CK公司2000年至2018年地板清洁设备、硬表面清洗机、高压清洗机3种主营业务产品的总产量和总成本数据如表11-1所示。

表11-1　CK公司2000年至2018年主营业务产品产量与成本数据

年份	地板清洁设备		硬表面清洗机		高压清洗机	
	产量（X）（件）	总成本（Y）（万元）	产量（X）（件）	总成本（Y）（万元）	产量（X）（件）	总成本（Y）（万元）
2000	1742	10081	1418	6387	10064	1699
2001	2002	10668	1678	5445	10324	1738
2002	1170	12259	846	7839	9492	1844
2003	2288	10717	1964	6811	10610	1741
2004	2080	10134	1756	6423	10402	1702
2005	2574	11194	2250	7129	10896	1773
2006	1872	9975	1548	6317	10194	1692
2007	2262	10505	1938	6670	10584	1727
2008	1716	9445	1392	5963	10038	1656
2009	468	7060	144	3707	8790	1497
2010	10500	17845	10176	11563	18822	2216
2011	10710	25238	10386	16492	19032	2709
2012	9030	24523	8706	16015	17352	2662
2013	11550	26158	11226	17105	19872	2771
2014	11130	27645	10806	18097	19452	2870
2015	13230	32584	12906	21389	21552	3199
2016	10710	28210	10386	18473	19032	2907
2017	11445	30289	11121	19859	19767	3046
2018	9345	24996	9021	9664	17667	2693
2019	12000		10000		18000	

实验操作指导

Step 01 打开Excel，将工作簿保存为"本量利分析.xlsm"。将Sheet1工作表重命名为"成本分析与预测"，完成建立"成本分析与预测"工作表，然后在其中录入CK公司2000年至2018年主营业务产品产量与成本数据。

录入完成后，相关的数据视图界面如图11.1所示。

第 11 章 本量利分析

	A	B	C	D	E	F	G
1				成本分析与预测			
2		地板清洁设备		硬表面清洗机		高压清洗机	
3	年份	产量(X)(件)	总成本(Y)(万元)	产量(X)(件)	总成本(Y)(万元)	产量(X)(件)	总成本(Y)(万元)
4	2000	1742	10081	1418	6387	10064	1699
5	2001	2002	10668	1678	5445	10324	1738
6	2002	1170	12259	846	7839	9492	1844
7	2003	2288	10717	1964	6811	10610	1741
8	2004	2080	10134	1756	6423	10402	1702
9	2005	2574	11194	2250	7129	10896	1773
10	2006	1872	9975	1548	6317	10194	1692
11	2007	2262	10505	1938	6670	10584	1727
12	2008	1716	9445	1392	5963	10038	1656
13	2009	468	7060	144	3707	8790	1497
14	2010	10500	17845	10176	11563	18822	2216
15	2011	10710	25238	10386	16492	19032	2709
16	2012	9030	24523	8706	16015	17352	2662
17	2013	11550	26158	11226	17105	19872	2771
18	2014	11130	27645	10806	18097	19452	2870
19	2015	13230	32584	12906	21389	21552	3199
20	2016	10710	28210	10386	18473	19032	2907
21	2017	11445	30289	11121	19859	19767	3046
22	2018	9345	24996	9021	9664	17667	2693
23	2019	12000		10000		18000	

图 11.1　成本分析与预测

Step 02 通过相关分析方法分析 CK 公司 2000 年至 2018 年主营业务产品产量与成本数据之间的关系。

一、CK 公司 2000 年至 2018 年地板清洁设备产量与成本数据之间的相关关系

1．利用散点图和趋势线开展简单相关分析

（1）选择子图表类型。选中单元格区域 A3：C23，在"插入"选项卡的"图表"组中，单击"散点图"旁边的下拉箭头，出现散点图的几种类型，如图 11.2 所示，选择"带平滑线和数据标记的散点图"，随即弹出带平滑线和数据标记的散点图，如图 11.3 所示。

图 11.2　选择子图表类型

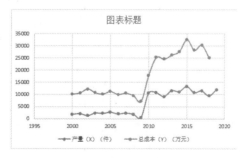

图 11.3　带平滑线和数据标记的散点图

（2）编辑散点图。双击散点图中的"图表标题"即可进行编辑，把标题修改为"地板清洁设备成本分析与预测"，然后双击散点图中的横轴即可进行编辑，弹出如图 11.4 所示的窗口，在其中进行编辑。在坐标轴选项的边界最小值中输入"2000.0"，在坐标轴选项的边界最大值中输入"2019.0"，在单位选项的大中输入"2"，即得图 11.5。

图 11.4 设置坐标轴格式　　　图 11.5 地板清洁设备成本分析与预测散点图

通过散点图可以比较直观地看出，CK 公司 2000 年至 2018 年地板清洁设备产量与成本数据之间存在着一定程度的正相关关系，理由是当地板清洁设备产量变化时，其总成本数据大多呈现同样的分布走势。

2．利用函数开展简单相关分析

（1）计算相关系数。在单元格 B25 中输入"相关系数"，在 C25 中输入公式"=CORREL(B4:B22,C4:C22)"，按回车键，即可得到 CK 公司 2000 年至 2018 年地板清洁设备产量与成本数据之间的相关系数为 0.964221279；在 C25 中输入公式"=PEARSON(B4:B22,C4:C22)"，按回车键可以得到相同的结果。

（2）计算协方差。在单元格 B21 中输入"协方差"，在 B26 中输入公式"=COVARIANCE.S(B4:B22,C4:C22)"，按回车键，即可得到 CK 公司 2000 年至 2018 年地板清洁设备产量与成本数据之间的样本协方差为 40125517.72。

（3）除了直接输入公式的方法外，也可以通过"插入函数"命令加以计算，比如"协方差"的计算。选择工具栏中的"公式"→"函数库"→"插入函数"，弹出"插入函数"对话框，在"或选择类别"后的下拉菜单中选择"统计"，在"选择函数"后的下拉菜单中选择"COVARIANCE.S"函数，如图 11.6 所示。单击"确定"按钮，弹出"函数参数"对话框，单击"Array1"后的折叠按钮，然后选中单元格区域 B4:B22；单击"Array2"后的折叠按钮，然后选中单元格区域 C4:C22，如图 11.7 所示。单击"确定"按钮，会得到相同的结果。

第 11 章　本量利分析

图 11.6　"插入函数"对话框　　　　图 11.7　"函数参数"对话框

3．利用数据分析工具确定相关关系

除了用函数功能来计算两个变量的相关系数和协方差外，Excel 2019 数据分析工具中提供了专门进行相关分析的工具，用于计算两个变量的相关系数和协方差。相关分析工具属于加载项"数据分析"中的基本功能之一，如果用户还没有安装"数据分析"加载项，请先安装。

在 Excel 2019 中，数据分析工具并不作为命令显示在选项卡中，如要使用数据分析工具，则必须另行加载。加载数据分析工具的具体操作如下：

（1）单击"文件-选项"按钮，弹出"Excel 选项"对话框，如图 11.8 所示。

图 11.8　"Excel 选项"对话框

357

（2）在弹出的"Excel 选项"对话框中选择"加载项"选项卡，在可用"加载项"列表中单击"分析工具库"，然后单击"转到"按钮，如图 11.9 所示。

图 11.9　"Excel 选项"对话框"加载项"

（3）随即弹出"加载项"对话框，在"可用加载宏"列表中勾选"分析工具库"复选框，然后单击"确定"按钮进行加载，如图 11.10 所示。

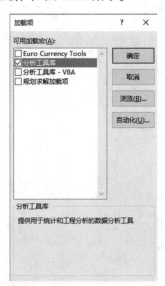

图 11.10　"加载项"对话框

（4）若用户是第一次使用此功能，则系统会弹出如图 11.11 所示的提示框提示用户此功能需要安装，单击"是"按钮即可。

第 11 章 本量利分析

图 11.11 "提示"对话框

（5）安装完毕后，重启计算机，单击"数据"选项卡，在"数据"选项卡的右侧已含有"数据分析"项，如图 11.12 所示，说明"数据分析"已加载成功。

图 11.12 "数据分析"项

安装完毕后，在工具栏中选择"数据"→"数据分析"命令，随即弹出"数据分析"对话框，在"分析工具"中选择"相关系数"选项，如图 11.13 所示，单击确定按钮，随即弹出"相关系数"对话框，如图 11.14 所示。同样，在"分析工具"中选择"协方差"选项并执行类似的步骤，则可以计算协方差，如图 11.15 和图 11.16 所示。

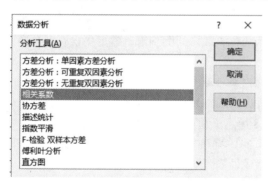

图 11.13 "数据分析"对话框

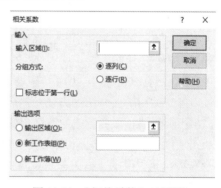

图 11.14 "相关系数"对话框

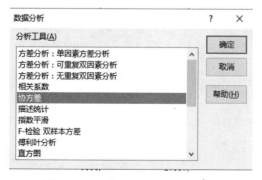

图 11.15 "数据分析"对话框

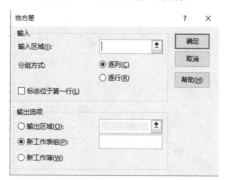

图 11.16 "协方差"对话框

数据分析工具中的"相关系数"和"协方差"工具都会提供一张输出表（矩阵），在输出表中的第 i 行、第 j 列相交处的输入值是第 i 个测量值变量与第 j 个测量值变量的相关系数或协方差，对角线上的输入值则是与自身的相关系数与协方差，显然对角线上的相关系数为 1。

需要说明的是，利用"协方差"工具计算出来的变量之间的协方差为总体协方差，所以当只有两个测量值变量，即 N=2 时，直接使用能区分总体与样本的 COVAR 函数，而尽量不要使用"协方差"工具。

CK 公司 2000 年至 2018 年地板清洁设备产量与成本数据相关分析的计算结果如图 11.17 所示。

年份	地板清洁设备 产量（X）（件）	总成本（Y）（万元）
2000	1742	10081
2001	2002	10668
2002	1170	12259
2003	2288	10717
2004	2080	10134
2005	2574	11194
2006	1872	9975
2007	2262	10505
2008	1716	9445
2009	468	7060
2010	10500	17845
2011	10710	25238
2012	9030	24523
2013	11550	26158
2014	11130	27645
2015	13230	32584
2016	10710	28210
2017	11445	30289
2018	9345	24996
2019	12000	
相关系数		0.964221279
协方差		40125517.72

图 11.17　基础数据标准化信息

从图 11.17 中的结果不难看出，CK 公司 2000 年至 2018 年地板清洁设备产量与成本数据之间的相关系数很高，达到了 0.96 以上，说明两者之间正相关的程度很强，也在一定程度上说明两者之间有进行回归的必要性。因为回归分析研究的是自变量或者解释变量对因变量的影响关系，如果参与分析的解释变量和被解释变量之间的相关系数很小，就没有必要进行回归分析。

二、CK 公司 2000 年至 2018 年硬表面清洗机产量与成本数据之间的相关关系

我们首先运用前面介绍的方法绘制硬表面清洗机成本分析与预测散点图，具体操作步骤及过程不再赘述，最终形成的散点图如图 11.18 所示。通过散点图可以比较直观地看出，与地板清洁设备的走势相同，CK 公司 2000 年至 2018 年硬表面清洗机产量与成本数据之间同样存在着一定程度的正相关关系，理由是当硬表面清洗机产量变化时，其总成本数据大多呈现同样的分布走势。

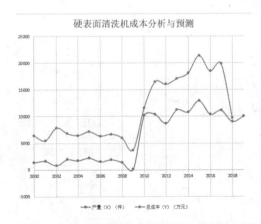

图 11.18　硬表面清洗机成本分析与预测散点图

然后我们运用函数开展简单相关分析，计算得到 CK 公司 2000 年至 2018 年硬表面清洗机

产量与成本数据之间的相关系数为 0.937946393，协方差为 26058462.94，具体计算结果如图 11.19 所示。

成本分析与预测	
硬表面清洗机	
产量（X）（件）	总成本（Y）（万元）
1418	6387
1678	5445
846	7839
1964	6811
1756	6423
2250	7129
1548	6317
1938	6670
1392	5963
144	3707
10176	11563
10386	16492
8706	16015
11226	17105
10806	18097
12906	21389
10386	18473
11121	19859
9021	9664
10000	
相关系数	0.937946393
协方差	26058462.94

图 11.19　硬表面清洗机产量与成本数据之间的相关系数

从图 11.19 中的结果不难看出，CK 公司 2000 年至 2018 年硬表面清洗机产量与成本数据之间的相关系数很高，达到了 0.90 以上，说明两者之间正相关的程度很强，也在一定程度上说明两者之间有进行回归的必要性。因为回归分析研究的是自变量或者解释变量对因变量的影响关系，如果参与分析的解释变量和被解释变量之间的相关系数很小，就没有必要进行回归分析。

三、CK 公司 2000 年至 2018 年高压清洗机产量与成本数据之间的相关关系

我们首先运用前面介绍的方法绘制高压清洗机成本分析与预测散点图，具体操作步骤及过程不再赘述，最终形成的散点图如图 11.20 所示。通过散点图可以比较直观地看出，与地板清洁设备、硬表面清洗机的走势相同，CK 公司 2000 年至 2018 年高压清洗机产量与成本数据之间同样存在着一定程度的正相关关系，理由是当高压清洗机产量变化时，其总成本数据大多呈现同样的分布走势。

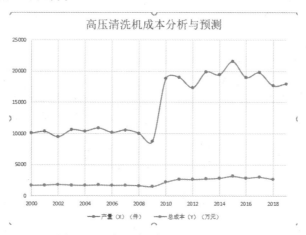

图 11.20　高压清洗机成本分析与预测

然后我们运用函数开展简单相关分析，计算得到 CK 公司 2000 年至 2018 年高压清洗机产量与成本数据之间的相关系数为 0.964192143，协方差为 2675229.833，具体计算结果如图 11.21 所示。

Excel 在会计和财务管理中的应用（第 4 版）

高压清洗机	
产量（X）（件）	总成本（Y）（万元）
10064	1699
10324	1738
9492	1844
10610	1741
10402	1702
10896	1773
10194	1692
10584	1727
10038	1656
8790	1497
18822	2216
19032	2709
17352	2662
19872	2771
19452	2870
21552	3199
19032	2907
19767	3046
17667	2693
18000	
相关系数	0.964192143
协方差	2675229.833

图 11.21 高压清洗机产量与成本数据之间的相关系数

从图 11.21 中的结果不难看出，CK 公司 2000 年至 2018 年高压清洗机产量与成本数据之间的相关系数很高，达到了 0.96 以上，说明两者之间正相关的程度很强，也在一定程度上说明两者之间有进行回归的必要性。因为回归分析研究的是自变量或者解释变量对因变量的影响关系，如果参与分析的解释变量和被解释变量之间的相关系数很小，就没有必要进行回归分析。

Step 03 通过回归分析方法分析 CK 公司 2000 年至 2018 年主营业务产品产量与成本数据之间的关系。

一、CK 公司 2000 年至 2018 年地板清洁设备产量与成本数据之间的回归关系

1．利用函数进行一元线性回归分析

（1）在单元格 B28 中输入"截距"，在单元格 C28 输入公式"=INTERCEPT(C4:C22,B4:B22)"，按回车键，即可得到 CK 公司 2000 年至 2018 年地板清洁设备产量与成本数据之间的回归的截距。

（2）在单元格 B29 中输入"斜率"，在单元格 C29 中输入公式"=SLOPE(C4:C22,B4: B22)"，按回车键，即可得到 CK 公司 2000 年至 2018 年地板清洁设备产量与成本数据之间的回归的斜率。

（3）在单元格 B30 中输入"判定系数"，在单元格 C30 中输入公式"=RSQ(C4:C22,B4: B22)"，按回车键，即可得到 CK 公司 2000 年至 2018 年地板清洁设备产量与成本数据之间的回归判定系数，计算结果如图 11.22 所示。

（4）除了直接输入公式的方法外，也可以通过"插入函数"命令加以计算。比如计算"截距"，单击单元格 E2，选择工具栏中的"公式"→"函数库"→"插入函数"，弹出"插入函数"对话框，在"或选择类别"后的下拉菜单中选择"统计"，在"选择

年份	地板清洁设备	
	产量（X）（件）	总成本（Y）（万元）
2000	1742	10081
2001	2002	10668
2002	1170	12259
2003	2288	10717
2004	2080	10134
2005	2574	11194
2006	1872	9975
2007	2262	10505
2008	1716	9445
2009	468	7060
2010	10500	17845
2011	10710	25238
2012	9030	24523
2013	11550	26158
2014	11130	27645
2015	13230	32584
2016	10710	28210
2017	11445	30289
2018	9345	24996
2019	12000	
相关系数		0.964221279
协方差		40125517.72
截距		6921.35988
斜率		1.79600223
判定系数		0.929722674

图 11.22 利用函数工具的回归分析结果

函数"后的下拉菜单中选择"INTERCEPT"函数,如图 11.23 所示。

图 11.23 "插入函数"对话框

单击"确定"按钮,弹出"函数参数"对话框,单击 Known_y's 后的折叠按钮,然后选中单元格区域 C4:C22;单击 Known_x's 后的折叠按钮,然后选中单元格区域 B4:B22,如图 11.24 所示。

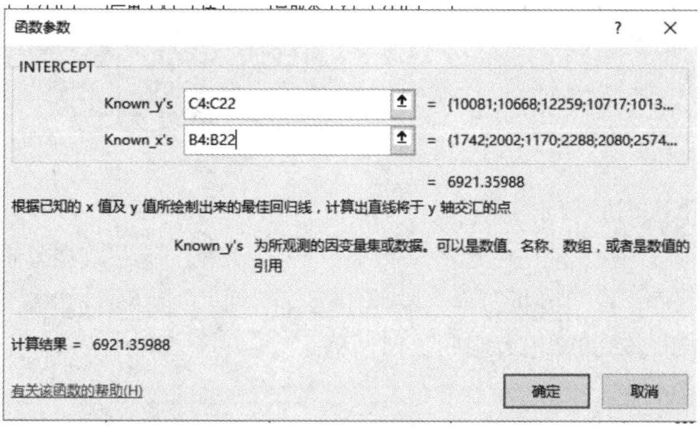

图 11.24 "函数参数"对话框

单击"确定"按钮,会得到相同的结果。斜率和可决系数的计算同样可以通过"插入函数"命令实现,步骤同上。

(5)利用函数的数组形式。选中单元格区域 B32:C36,然后输入公式"=LINEST(C4:C22,B4:B22,1,1)",并同时按 Shift+Ctrl+Enter 组合键执行数组运算,得到数组运算的结果如图 11.25 所示。

32	斜率	1.79600223	6921.35988	截距
33	解释变量标准误差	0.119760421	914.6350272	常数项标准误差
34	判定系数	0.929722674	2401.631765	回归标准误差
35	F值	224.898788	17	自由度
36	回归平方和	1297179348	98053213.64	残差平方和

图 11.25 利用数组计算结果

需要特别解释和说明的是，在 Excel 2019 中，并不会出现每个单元格的具体介绍，读者需要按照本书的指导对分析结果进行解读。在本例中，斜率为 1.79600223，解释变量标准误差为 0.119760421，判定系数为 0.929722674，F 值为 224.898788，回归平方和为 1297179348，截距为 6921.35988，常数项标准误差为 914.6350272，回归标准误差为 2401.631965，自由度为 17，残差平方和为 98053213.64。

该结果也可以通过"插入函数"命令实现，首先选择一个 5×2 的单元格区域，执行"公式"→"函数库"→"插入函数"命令，并选择"LINEST"函数，在弹出的"函数参数"对话框中设置相应参数，如图 11.26 所示。因为截距不强制设为 0 且返回附加统计值，所以参数 Const 和 Stats 均选择 TURE。然后同时按 Shift+Ctrl+Enter 组合键执行数组运算，即可得到与输入公式相同的数组运算结果。

图 11.26 "函数参数"对话框

2．利用数据分析工具进行回归分析

（1）选择回归工具。在工具栏中选择"数据"→"分析"→"数据分析"命令，随即弹出"数据分析"对话框，在"分析工具"菜单中选择"回归"选项，如图 11.27 所示，完成后单击"确定"按钮，随即弹出"回归"对话框。

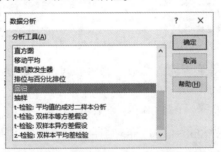

图 11.27 "数据分析"对话框

（2）设置"回归"选项。在"回归"对话框中，首先设置"输入"内容，单击"Y 值输入区域"后面的折叠按钮，并选取单元格区域$C$3:$C$22，同样单击"X 值输入区域"后面的折叠按钮，并选取单元格区域$B$3:$B$22；因为"输入区域"包含标志项，所以选中"标志"复选框；选中"置信度"复选框，并默认为 95%。然后设置"输出选项"，在"输出区域"中选择"$B$38"。如果选中"新工作表组",则表示将输出结果显示在一个新的工作表上。接着将残差、正态分布中的选项全部选中,以观察残差、标准残差、残差图、线性拟合图以及正态概率图等信息,如图 11.28 所示。最后单击"确定"按钮,得到回归结果,如图 11.29 所示。

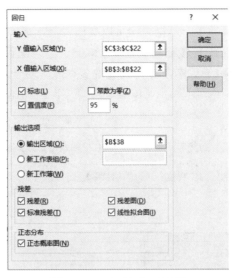

图 11.28 "回归"对话框

SUMMARY OUTPUT					
回归统计					
Multiple R	0.964221279				
R Square	0.929722674				
Adjusted R Square	0.925588714				
标准误差	2401.631965				
观测值	19				
方差分析					
	df	SS	MS	F	Significance F
回归分析	1	1297179348	1297179348	224.898788	3.10722E-11
残差	17	98053213.64	5767836.096		
总计	18	1395232561			
	Coefficients	标准误差	t Stat	P-value	Lower 95%	Upper 95%	下限 95.0%
Intercept	6921.35988	914.6350272	7.567346181	7.71578E-07	4991.648652	8851.07111	4991.648652
产量(X)(件)	1.79600223	0.119760421	14.99662589	3.10722E-11	1.543329828	2.048674663	1.543329828

图 11.29 回归结果汇总输出图

从图 11.29 中,我们可以得到以下结论:

第一部分是回归统计分析的结果,Multiple R 为 0.964221279;R Square 为 0.929722674;Adjusted R Square 为 0.925588714;标准误差为 2401.631965;观测值为 19。其中,需要特别注意的是 R Square 与 Adjusted R Square,分别为回归模型的可决系数以及修正的可决系数,在很大程度上代表着模型的解释能力,相应的数值越大,说明模型的解释能力越强。本例中回归模型的可决系数以及修正的可决系数都超过了 0.9,说明模型解释能力很好,或者选取的解释变量能够解释被解释变量的大部分信息。

第二部分是回归模型的方差分析结果,df 代表自由度,模型的 F 统计值为 224.898788,模型的显著性 P 值(Significance F)为 3.10722E-11,远小于通常具有显著性意义的 0.05,说明模型非常显著。

第三部分是回归模型的变量系数值、变量系数的标准误差、T 统计量、显著性 P 值以及 95%的置信区间等信息。本例中产量的变量系数值为 1.79600223、变量系数的标准误差为 0.119760421、T 统计量为 14.99662589、显著性 P 值为 3.10722E-11、95%的置信区间为【1.543329828，2.048674632】；常数项的变量系数值为 6921.35988、变量系数的标准误差为 914.6350272、T 统计量为 7.567346181、显著性 P 值为 7.71578E-07、95%的置信区间为【4991.648652，8851.071108】。从结果中可以看出，自变量产量和常数项的系数都为正，而且非常显著（远小于通常具有显著性意义的 0.05），这说明固定成本为正值而且非常显著，同时产量会显著作用于成本总额，或者说变动成本对于总成本的影响是构成重要性的。依据这一结果，我们也可以写出 CK 公司 2000 年至 2018 年地板清洁设备产量与成本数据之间的回归方程：

成本=产量*1.79600223+6921.35988

图 11.30~图 11.34 依次给出了本次回归残差结果输出、正态概率输出、残差图、线性拟合图、正态概率图等信息。

RESIDUAL OUTPUT

观测值	预测 总成本（Y）（万元）	残差	标准残差
1	10049.99576	31.00423549	0.013283923
2	10516.95634	151.0436557	0.064715428
3	9022.682489	3236.317511	1.386616806
4	11030.61298	-313.6129821	-0.134369088
5	10657.04452	-523.0445182	-0.224101102
6	11544.26962	-350.2696198	-0.150074812
7	10283.47605	-308.4760544	-0.132168145
8	10983.91692	-478.9169241	-0.205194408
9	10003.29971	-558.2997065	-0.239206368
10	7761.888924	-701.8889236	-0.300727903
11	25779.38329	-7934.383294	-3.399527143
12	26156.54376	-918.5437626	-0.393554778
13	23139.26002	1383.739984	0.59287048
14	27665.18564	-1507.185636	-0.645761402
15	26910.8647	734.1353008	0.314544028
16	30682.46938	1901.530618	0.814720528
17	26156.54376	2053.456237	0.879813838
18	27476.6054	2812.394598	1.204984864
19	23705.00072	1290.999281	0.553135251

图 11.30　残差结果输出

PROBABILITY OUTPUT

百分比排位	总成本（Y）（万元）
2.631578947	7060
7.894736842	9445
13.15789474	9975
18.42105263	10081
23.68421053	10134
28.94736842	10505
34.21052632	10668
39.47368421	10717
44.73684211	11194
50	12259
55.26315789	17845
60.52631579	24523
65.78947368	24996
71.05263158	25238
76.31578947	26158
81.57894737	27645
86.84210526	28210
92.10526316	30289
97.36842105	32584

图 11.31　正态概率输出

图 11.32　残差图

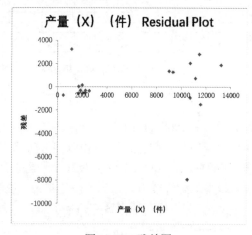

第 11 章 本量利分析

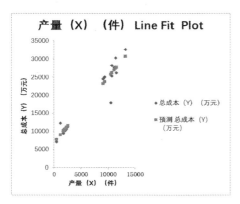

图 11.33 线性拟合图

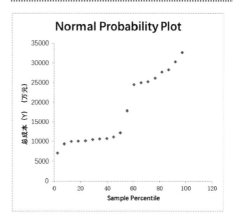

图 11.34 正态概率图

二、CK 公司 2000 年至 2018 年硬表面清洗机产量与成本数据之间的回归关系

因篇幅所限，本部分仅利用数据分析工具研究 CK 公司 2000 年至 2018 年硬表面清洗机产量与成本数据之间的回归关系。

（1）选择回归工具。在工具栏中选择"数据"→"分析"→"数据分析"命令，随即弹出"数据分析"对话框，在"分析工具"菜单中选择"回归"选项，如图 11.35 所示，完成后单击"确定"按钮，随即弹出"回归"对话框。

图 11.35 "数据分析"对话框

（2）设置"回归"选项。在"回归"对话框中，首先设置"输入"内容，单击"Y 值输入区域"后面的折叠按钮，并选取单元格区域$E$3:$E$22，同样单击"X 值输入区域"后面的折叠按钮，并选取单元格区域$D$3:$D$22；因为"输入区域"包含标志项，所以选中"标志"复选框；选中"置信度"复选框，并默认为 95%。然后设置"输出选项"，选中"新工作表组"，并且将新工作表组命名为"硬表面清洗机回归结果"，将输出结果显示在一个新的工作表上。接着将残差、正态分布中的选项全部选中，以观察残差、标准残差、残差图、线性拟合图以及正态概率图等信息，如图 11.36 所示。最后单击"确定"按钮，得到回归结果，如图 11.37 所示。

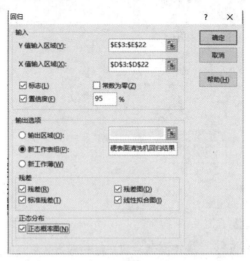

图 11.36　“回归”对话框

	A	B	C	D	E	F	G
1	SUMMARY OUTPUT						
2							
3	回归统计						
4	Multiple	0.937946					
5	R Square	0.879743					
6	Adjusted	0.87267					
7	标准误差	2097.394					
8	观测值	19					
9							
10	方差分析						
11		df	SS	MS	F	Significance F	
12	回归分析	1	5.47E+08	5.47E+08	124.3644	3.06199E-09	
13	残差	17	74784065	4399063			
14	总计	18	6.22E+08				
15							
16		Coefficien	标准误差	t Stat	P-value	Lower 95%	Upper 95%
17	Intercep	4391.312	771.9909	5.688294	2.67E-05	2762.553302	6020.070323
18	产量（X）	1.166366	0.104589	11.15188	3.06E-09	0.945702477	1.387030418

图 11.37　回归结果汇总输出图

从图 11.37 中，我们可以得到以下结论：

第一部分是回归统计分析的结果，Multiple R 为 0.937946393；R Square 为 0.8797434369796 74；Adjusted R Square 为 0.87266952150789；标准误差为 2097.39425632287；观测值为 19。其中，需要特别注意的是 R Square 与 Adjusted R Square，分别为回归模型的可决系数以及修正的可决系数，在很大程度上代表着模型的解释能力，相应的数值越大，说明模型的解释能力越强。本例中回归模型的可决系数以及修正的可决系数都超过了 0.85，说明模型解释能力很好，或者说选取的解释变量能够解释被解释变量的大部分信息。

第二部分是回归模型的方差分析结果，df 代表自由度，模型的 F 统计值为 124.364426，模型的显著性 P 值（Significance F）为 3.06198556607888E-09，远小于通常具有显著性意义的 0.05，说明模型非常显著。

第三部分是回归模型的变量系数值、变量系数的标准误差、T 统计量、显著性 P 值以及 95%的置信区间等信息。本例中产量的变量系数值为 1.166366447、变量系数的标准误差为 0.104589222157086、T 统计量为 11.1518799296753、显著性 P 值为 3.06198556607886E-

09、95%的置信区间为【0.945702477253477，1.38703041761446】；常数项的变量系数值为 4391.31181277956、变量系数的标准误差为 771.990939728062、T 统计量为 5.68829449517429、显著性 P 值为 0.0000266718438323753、95%的置信区间为【2762.55330219512，6020.07032336401】。从结果中可以看出，自变量产量和常数项的系数都为正，而且非常显著（远小于通常具有显著性意义的 0.05），这说明固定成本为正值，而且非常显著，同时产量会显著作用于成本总额，或者说变动成本对于总成本的影响是构成重要性的。依据这一结果，我们也可以写出 CK 公司 2000 年至 2018 年硬表面清洗机产量与成本数据之间的回归方程：

$$成本=产量*1.166366447+4391.31181277956$$

图 11.38~图 11.42 依次给出了本次回归残差结果输出、正态概率输出、残差图、线性拟合图、正态概率图等信息。

图 11.38 残差结果输出	图 11.39 正态概率输出
	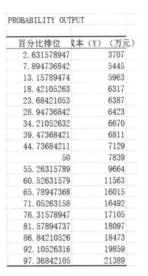

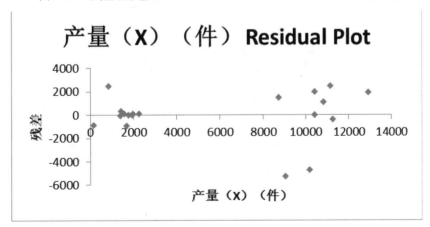

图 11.40 残差图

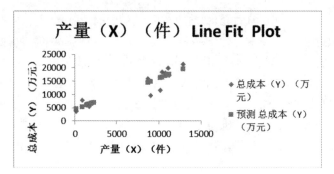

图 11.41　线性拟合图

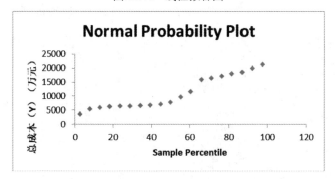

图 11.42　正态概率图

三、CK 公司 2000 年至 2018 年高压清洗机产量与成本数据之间的回归关系

因篇幅所限，本部分仅利用数据分析工具研究 CK 公司 2000 年至 2018 年高压清洗机产量与成本数据之间的回归关系。

（1）选择回归工具。在工具栏中选择"数据"→"分析"→"数据分析"命令，随即弹出"数据分析"对话框，在"分析工具"菜单中选择"回归"选项，如图 11.43 所示，完成后单击"确定"按钮，随即弹出"回归"对话框。

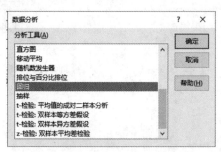

图 11.43　"数据分析"对话框

（2）设置"回归"选项。在"回归"对话框中，首先设置"输入"内容，单击"Y 值输入区域"后面的折叠按钮，并选取单元格区域$G$3:$G$22，同样单击"X 值输入区域"后面的折叠按钮，并选取单元格区域$F$3:$F$22；因为"输入区域"包含标志项，所以选中"标志"复选框；选中"置信度"复选框，并默认为 95%。然后设置"输出选项"，选中"新工作表组"，并且将新工作表组命名为"高压清洗机回归结果"，将输出结果显示在一个新的工作表上。接着将残差、正态分布中的选项全部选中，以观察残差、标准残差、残差图、线性拟合图以及正态概率图等信息，如图 11.44 所示。最后单击"确定"按钮，得到

回归结果，如图 11.45 所示。

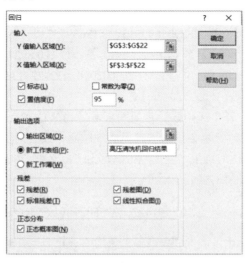

图 11.44 “回归”对话框

	A	B	C	D	E	F	G
1	SUMMARY OUTPUT						
2							
3	回归统计						
4	Multiple R	0.964192143					
5	R Square	0.929666489					
6	Adjusted R Square	0.925529223					
7	标准误差	160.1893223					
8	观测值	19					
9							
10	方差分析						
11		df	SS	MS	F	Significance F	
12	回归分析	1	5766083	5766083	224.7055	3.12849E-11	
13	残差	17	436230.5	25660.62			
14	总计	18	6202314				
15							
16		Coefficients	标准误差	t Stat	P-value	Lower 95%	Upper 95%
17	Intercept	491.556609	120.8928	4.066055	0.000804	236.4951842	746.6180337
18	产量（X）（件）	0.119742224	0.007988	14.99018	3.13E-11	0.102888926	0.136595523

图 11.45 回归结果汇总输出图

从图 11.45 中，我们可以得到以下结论：

第一部分是回归统计分析的结果，Multiple R 为 0.964192142962024；R Square 为 0.929666488549701；Adjusted R Square 为 0.925529223170272；标准误差为 160.189322317532；观测值为 19。其中，需要特别注意的是 R Square 与 Adjusted R Square，分别为回归模型的可决系数以及修正的可决系数，在很大程度上代表着模型的解释能力，相应的数值越大，说明模型的解释能力越强。本例中回归模型的可决系数以及修正的可决系数都超过了 0.90，说明模型解释能力很好，或者说选取的解释变量能够解释被解释变量的大部分信息。

第二部分是回归模型的方差分析结果，df 代表自由度，模型的 F 统计值为 224.705549025701，模型的显著性 P 值（Significance F）为 3.12848645067603E-11，远小于通常具有显著性意义的 0.05，说明模型非常显著。

第三部分是回归模型的变量系数值、变量系数的标准误差、T 统计量、显著性 P 值以及

95%的置信区间等信息。本例中,产量的变量系数值为 0.119742224375502、变量系数的标准误差为 0.007988044、T 统计量为 14.9901817542584、显著性 P 值为 3.12848645067604E-11、95%的置信区间为【0.102888925699515,0.136595523051489】;常数项的变量系数值为 491.556608954017、变量系数的标准误差为 120.892758327439、T 统计量为 4.06605503716469、显著性 P 值为 0.000803624321295132、95%的置信区间为【236.495184187548,746.618033720486】。从结果中可以看出,自变量产量和常数项的系数都为正,而且非常显著(远小于通常具有显著性意义的 0.05),这说明固定成本为正值,而且非常显著,同时产量会显著作用于成本总额,或者说变动成本对于总成本的影响是构成重要性的。依据这一结果,我们也可以写出 CK 公司 2000 年至 2018 年高压清洗机产量与成本数据之间的回归方程:

$$成本=产量*0.119742224375502+491.556608954017$$

图 11.46~图 11.50 依次给出了本次回归残差结果输出、正态概率输出、残差图、线性拟合图、正态概率图等信息。

22	RESIDUAL OUTPUT			
23				
24	观测值	测 总成本(Y)(万元)	残差	标准残差
25	1	1696.642355	2.357645	0.015145
26	2	1727.775333	10.22467	0.065679
27	3	1628.149803	215.8502	1.386534
28	4	1762.02161	-21.0216	-0.13503
29	5	1737.115227	-35.1152	-0.22557
30	6	1796.267886	-23.2679	0.14946
31	7	1712.208844	-20.2088	-0.12981
32	8	1758.908312	-31.9083	-0.20497
33	9	1693.529057	-37.5291	-0.24107
34	10	1544.090761	-47.0908	-0.30249
35	11	2745.344756	-529.345	-3.4003
36	12	2770.490623	-61.4906	-0.39499
37	13	2569.323686	92.67631	0.595315
38	14	2871.074092	-100.074	-0.64284
39	15	2820.782358	49.21764	0.316154
40	16	3072.241029	126.759	0.814248
41	17	2770.490623	136.5094	0.876881
42	18	2858.501158	187.4988	1.204417
43	19	2607.042487	85.95751	0.552156

图 11.46 残差结果输出

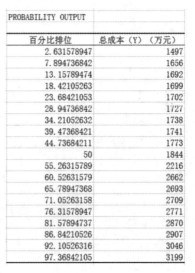

图 11.47 正态概率输出

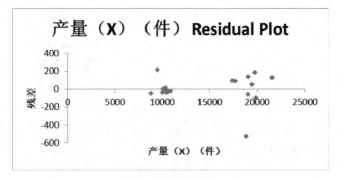

图 11.48 残差图

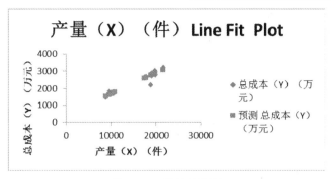

图 11.49　线性拟合图

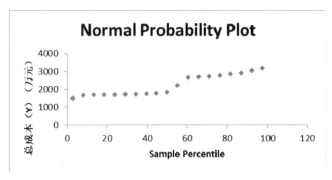

图 11.50　正态概率图

Step 04 对 CK 公司 2019 年主营业务产品成本进行预测。在 C23 单元格中输入公式"=C28+B23*C29"、在 E23 单元格中输入公式"=E28+D23*E29"、在 G23 单元格中输入公式"=G28+F23*G29"。在分别假定 CK 公司 2019 年地板清洁设备产量为 12000 件、硬表面清洗机产量为 10000 件、高压清洗机产量为 18000 件的情况下，得到 CK 公司 2019 年主营业务产品成本预测结果，如图 11.51 所示。

	A	B	C	D	E	F	G
1		成本分析与预测					
2		地板清洁设备		硬表面清洗机		高压清洗机	
3	年份	产量（X）（件）	总成本（Y）（万元）	产量（X）（件）	总成本（Y）（万元）	产量（X）（件）	总成本（Y）（万元）
4	2000	1742	10081	1418	6387	10064	1699
5	2001	2002	10668	1678	5445	10324	1738
6	2002	1170	12259	846	7839	9492	1844
7	2003	2288	10717	1964	6811	10610	1741
8	2004	2080	10134	1756	6423	10402	1702
9	2005	2574	11194	2250	7129	10896	1773
10	2006	1872	9975	1548	6317	10194	1692
11	2007	2262	10505	1938	6670	10584	1727
12	2008	1716	9445	1392	5963	10038	1656
13	2009	468	7060	144	3707	8790	1497
14	2010	10500	17845	10176	11563	18822	2216
15	2011	10710	25238	10386	16492	19032	2709
16	2012	9030	24523	8706	16015	17352	2662
17	2013	11550	26158	11226	17105	19872	2771
18	2014	11130	27645	10806	18097	19452	2870
19	2015	13230	32584	12906	21389	21552	3199
20	2016	10710	28210	10386	18473	19032	2907
21	2017	11445	30289	11121	19859	19767	3046
22	2018	9345	24996	9021	9664	17667	2693
23	2019	12000	28473.38664	10000	16054.97829	18000	2646.916648

图 11.51　CK 公司 2019 年主营业务产品成本预测

说明

本例中对 CK 公司 2019 年主营业务产品成本预测是基于前述确定的回归分析方程的。

地板清洁设备：成本=产量*1.79600223+6921.35988

Excel 在会计和财务管理中的应用（第 4 版）

硬表面清洗机：成本=产量*1.166366447+4391.31181277956
高压清洗机：成本=产量*0.119742224375502+491.556608954017

Step 05 计算 CK 公司 2019 年主营业务产品成本构成。在 C24 单元格中输入公式"=B23*C29/C23"、在 E24 单元格中输入公式"=D23*E29/E23"、在 G24 单元格中输入公式"=F23*G29/G23"。在分别假定 CK 公司 2019 年地板清洁设备产量为 12000 件、硬表面清洗机产量为 10000 件、高压清洗机产量为 18000 件的情况下，得到 CK 公司 2019 年主营业务产品成本构成预测结果（变动成本占比），如图 11.52 所示。

	A	B	C	D	E	F	G
1				成本分析与预测			
2		地板清洁设备		硬表面清洗机		高压清洗机	
3	年份	产量（X）（件）	总成本（Y）（万元）	产量（X）（件）	总成本（Y）（万元）	产量（X）（件）	总成本（Y）（万元）
4	2000	1742	10081	1418	6387	10064	1699
5	2001	2002	10668	1678	5445	10324	1738
6	2002	1170	12259	846	7839	9492	1844
7	2003	2288	10717	1964	6811	10610	1741
8	2004	2080	10134	1756	6423	10402	1702
9	2005	2574	11194	2250	7129	10896	1773
10	2006	1872	9975	1548	6317	10194	1692
11	2007	2262	10505	1938	6670	10584	1727
12	2008	1716	9445	1392	5963	10038	1656
13	2009	468	7060	144	3707	8790	1497
14	2010	10500	17845	10176	11563	18822	2216
15	2011	10710	25238	10386	16492	19032	2709
16	2012	9030	24523	8706	16015	17352	2662
17	2013	11550	26158	11226	17105	19872	2771
18	2014	11130	27645	10806	18097	19452	2870
19	2015	13230	32584	12906	21389	21552	3199
20	2016	10710	28210	10386	18473	19032	2907
21	2017	11445	30289	11121	19859	19767	3046
22	2018	9345	24996	9021	9664	17667	2693
23	2019	12000	28473.38664	10000	16054.97629	18000	2646.916648
24			75.69%		72.65%		81.43%

图 11.52　CK 公司 2019 年主营业务产品成本预测

通过计算发现，CK 公司 2019 年地板清洁设备变动成本占比为 75.69%，硬表面清洗机变动成本占比为 72.65%，高压清洗机变动成本占比为 81.43%。CK 公司 2019 年 3 种主营业务产品的变动成本占比都比较高。

实验 11-2　本量利分析

实验原理

本量利分析是指研究成本、数量和利润之间的关系。本量利分析通过一系列的公司计算展开，常用的公式包括损益方程式、边际贡献方程式和盈亏临界分析等。各种本量利分析的基本公式如下：

一、损益方程式

损益方程式表达了最为基本的本量利关系。

利润=单价*销量-单位变动成本*销量-固定成本
　　=（单价-单位变动成本）*销量-固定成本

二、边际贡献方程式

边际贡献=销售收入-变动成本

单位边际贡献=单价-单位变动成本

边际贡献=单位边际贡献*销量

边际贡献率=1-变动成本率

利润=边际贡献-固定成本

　　　=单位边际贡献*销量-固定成本

利润=边际贡献-固定成本

　　　=销售收入*边际贡献率-固定成本

三、盈亏临界分析

盈亏临界点销售量=固定成本/（单价-单位变动成本）

　　　　　　　　=固定成本/单位边际贡献

盈亏临界点销售额=盈亏临界点销售量*单价

　　　　　　　　=固定成本/边际贡献率

安全边际=正常销售额-盈亏临界点销售额

安全边际量=正常销售量-盈亏临界点销售量

安全边际额=安全边际量*单价

安全边际率=安全边际额/正常销售额

盈亏临界点作业率=盈亏临界点销售额/正常销售额

安全边际率=1-盈亏临界点作业率

销售利润率=安全边际率*边际贡献率

实验目的与要求

（一）实验目的

掌握本量利分析的基本概念与理论知识，知晓本量利分析的重要意义。在此基础上，要熟练使用 Excel 2019 对实际案例中遇到的本量利分析问题予以解决。

（二）实验要求

使用 Excel 2019 对案例所涉及的问题进行本量利分析。

实验内容及数据来源

本章沿用实验 11-1 的案例。CK 公司是一家生产制造型企业，致力于生产各种生产生活清洁设备，产品种类非常齐全，主要包括专业化工业吸尘器、传统清洁设备、多功能户外设备、防过敏吸尘器、地板清洁设备、路面深层清洁车、硬表面清洗机、高压清洗机等，与大众汽车、宝马、沃尔玛、家乐福、希尔顿、喜来登、香格里拉、万达、保利等一大批知名客户建立起了战略合作伙伴关系。自 2000 年以来，公司把主营业务产品放到地板清洁设备、硬表面清洗机、高压清洗机等领域。CK 公司 2019 年地板清洁设备、硬表面清洗机、高压清洗机 3 种主营业务产品的总销售收入预测数据如表 11-2 所示。

表 11-2　CK 公司 2019 年主营业务销售收入预测数据（单位：万元）

产品	地板清洁设备	硬表面清洗机	高压清洗机	总计
销售收入	25870	18254	3000	47124

一、请利用 CK 公司 2019 年主营业务销售收入预测数据，结合实验 11-1 的相关结果，计算 CK 公司 2019 年边际贡献、销售利润等情况，针对每种主营业务产品进行点评分析。

二、假定在上步中计算得到的 CK 公司 2019 年主营业务利润数据不够理想，未达到股东预期，管理层提出了以下 3 种改进方案，请在 Excel 2019 中运用本量利分析方法帮助股东做出正确的决策。

（1）不再生产预测产生亏损的地板清洁设备，其他产品（包括硬表面清洗机和高压清洗机）维持原生产量不变。

（2）不再生产预测产生亏损的地板清洁设备，将释放出的产能用于硬表面清洗机和高压清洗机的生产，其中合理预计硬表面清洗机产量将增加百分之四十，高压清洗机产量将增加百分之十。

（3）继续生产预测产生亏损的地板清洁设备，但压缩为原定计划的 70%，将释放出的产能用于硬表面清洗机的生产，合理预计硬表面清洗机产量将增加百分之三十六。

实验操作指导

Step 01 打开 Excel，选择一张空白工作表，重命名为"本量利分析"，完成建立"本量利分析"工作表。将 A1~E1 单元格合并并居中，在其中输入"本量利分析"，字体设置为"宋体"，字号设置为"18"号，并进行加粗处理；在 A2~E2 单元格中分别输入产品、地板清洁设备、硬表面清洗机、高压清洗机、总计。在 A3~A8 单元格中分别输入销售收入、销售成本、变动成本、边际贡献、固定成本、销售利润。在 B3~D3 单元格中直接输入 CK 公司 2019 年主营业务销售收入预测数据，在 E3 单元格中输入公式"=SUM(B3:D3)"。B4~E8 各个单元格的公式设置如表 11-3 所示。

表 11-3　B4~E8 各个单元格的公式设置

单元格	公式
B4	=成本分析与预测!C23
C4	=成本分析与预测!E23
D4	=成本分析与预测!G23
E4	=SUM(B4:D4)
B5	=成本分析与预测!C23*成本分析与预测!C24
C5	=成本分析与预测!E23*成本分析与预测!E24
D5	=成本分析与预测!G23*成本分析与预测!G24
E5	=SUM(B5:D5)
B6	=B3-B5
C6	=C3-C5
D6	=D3-D5
E6	=E3-E5
B7	=B4-B5
C7	=C4-C5
D7	=D4-D5

（续表）

单元格	公式
E7	=E4-E5
B8	=B3-B4
C8	=C3-C4
D8	=D3-D4
E8	=SUM(B8:D8)

输入以上内容后，最终形成的 CK 公司 2019 年本量利分析预测如图 11.53 所示。

	A	B	C	D	E
1			本量利分析		
2	产品	地板清洁设备	硬表面清洗机	高压清洗机	总计
3	销售收入	25870	18254	3000	47124
4	销售成本	28473.38664	16054.97629	2646.916648	47175.27957
5	变动成本	21552.02676	11663.66447	2155.360039	35371.05127
6	边际贡献	4317.973241	6590.335526	844.6399612	11752.94873
7	固定成本	6921.35988	4391.311813	491.556609	11804.2283
8	销售利润	-2603.386639	2199.023713	353.0833523	-51.2795741

图 11.53　CK 公司 2019 年本量利分析预测

从图 11.53 中可以看出，CK 公司 2019 年销售利润预测为亏损状态，即-51.2795741 万元，预测结果不甚理想，其中地板设备销售利润预测为-2603.386639 万元，硬表面清洗机销售利润预测为 2199.023713 万元，高压清洗机销售利润预测为 353.0833523 万元。在资源和条件具备一定调整可能性的情况下，CK 公司需要对当前的生产计划进行必要调整，以获得更加优异的经营业绩回报股东的信任。

Step 02　在第一种备选方案下，利用 CK 公司 2019 年主营业务销售收入预测数据，结合实验 11-1 的相关结果，计算 CK 公司 2019 年边际贡献、销售利润等情况。

第一种备选方案为：不再生产预测产生亏损的地板清洁设备，其他产品（包括硬表面清洗机和高压清洗机）维持原生产量不变。

复制"本量利分析"工作表，并将其重命名为"本量利分析（方案一）"工作表，将 B7~D8 单元格合并并居中，将 E7 单元格总固定成本数据复制并粘贴（仅粘贴数值），将 B3~B6 单元格内的数值直接删除，得到的最终结果如图 11.54 所示。

	A	B	C	D	E
1			本量利分析		
2	产品	地板清洁设备	硬表面清洗机	高压清洗机	总计
3	销售收入		18254	3000	21254
4	销售成本		16054.97629	2646.916648	18701.89293
5	变动成本		11663.66447	2155.360039	13819.02451
6	边际贡献		6590.335526	844.6399612	7434.975487
7	固定成本				11804.2283
8	销售利润				-4369.25281

图 11.54　CK 公司 2019 年本量利分析预测（方案一）

从图 11.54 中可以看出，CK 公司 2019 年销售利润预测仍为亏损状态，而且亏损的更多，达到了-4369.252815 万元，预测结果更加不理想，这是因为地板清洁设备虽然为亏损主营业务产品，但是其仍具有较大的边际贡献，保持生产对于销售利润的影响要显著好于停产状态。在资源和条件具备一定调整可能性的情况下，CK 公司仍需对当前的生产计划进行必要调整，以获得更加优异的经营业绩回报股东的信任。

Step 03 在第二种备选方案下，利用 CK 公司 2019 年主营业务销售收入预测数据，结合实验 11-1 的相关结果，计算 CK 公司 2019 年边际贡献、销售利润等情况。

第二种备选方案为：不再生产预测产生亏损的地板清洁设备，将释放出的产能用于硬表面清洗机和高压清洗机的生产，其中合理预计硬表面清洗机产量将增加百分之四十，高压清洗机产量将增加百分之十。

复制"本量利分析（方案一）"工作表，并将其重命名为"本量利分析（方案二）"工作表，删除"销售成本"行，将 C3 单元格公式设置为"=18254*1.4"，C4 单元格公式设置为"=成本分析与预测!E23*成本分析与预测!E24*1.4"，D3 单元格公式设置为"=3000*1.1"，D4 单元格公式设置为"=成本分析与预测!G23*成本分析与预测!G24*1.1"，得到的最终结果如图 11.55 所示。

	A	B	C	D	E
1			本量利分析		
2	产品	地板清洁设备	硬表面清洗机	高压清洗机	总计
3	销售收入		25555.6	3300	28855.6
4	变动成本		16329.13026	2370.896043	18700.02631
5	边际贡献		9226.469736	929.1039574	10155.57369
6	固定成本				11804.2283
7	销售利润				-1648.65461

图 11.55　CK 公司 2019 年本量利分析预测（方案二）

从图 11.55 中可以看出，CK 公司 2019 年销售利润预测仍为亏损状态，但是相对于方案一要好很多，利润达到了-1648.654608 万元，这是因为地板清洁设备虽然为亏损主营业务产品，但是其仍具有较大的边际贡献，保持生产对于销售利润的影响要显著好于停产状态。在资源和条件具备一定调整可能性的情况下，CK 公司仍需对当前的生产计划进行必要调整，以获得更加优异的经营业绩回报股东的信任。

Step 04 在第三种备选方案下，利用 CK 公司 2019 年主营业务销售收入预测数据，结合"成本性态分析"节中的相关结果，计算 CK 公司 2019 年边际贡献、销售利润等情况。

第三种备选方案为：继续生产预测产生亏损的地板清洁设备，但压缩为原定计划的 70%，将释放出的产能用于硬表面清洗机的生产，合理预计硬表面清洗机产量将增加百分之三十六。

复制"本量利分析（方案二）"工作表，并将其重命名为"本量利分析（方案三）"工作表，将 C3 单元格公式设置为"=18254*1.36"，C4 单元格公式设置为"=成本分析与预测!E23*成本分析与预测!E24*1.36"，得到的最终结果如图 11.56 所示。

	A	B	C	D	E
1			本量利分析		
2	产品	地板清洁设备	硬表面清洗机	高压清洗机	总计
3	销售收入	18109	24825.44	3000	45934.44
4	变动成本	15086.41873	15862.58369	2155.360039	33104.36246
5	边际贡献	3022.581268	8962.856315	844.6399612	12830.07754
6	固定成本				11804.2283
7	销售利润				1025.849243

图 11.56　CK 公司 2019 年本量利分析预测（方案三）

从图 11.56 中可以看出，CK 公司 2019 年销售利润预测不再为亏损状态，利润达到了 1025.849243 万元。综合来看，CK 公司 2019 年应该选择方案三。

习题

DD 公司同样是一家生产制造型企业,致力于生产各种生产生活清洁设备,产品种类非常齐全,主要包括专业化工业吸尘器、传统清洁设备、多功能户外设备、防过敏吸尘器、地板清洁设备、路面深层清洁车、硬表面清洗机、高压清洗机等,与大众汽车、宝马、沃尔玛、家乐福、希尔顿、喜来登、香格里拉、万达、保利等一大批知名客户建立起了战略合作伙伴关系。自 2000 年以来,公司把主营业务产品放到地板清洁设备、硬表面清洗机、高压清洗机等领域。DD 公司 2000 年至 2018 年地板清洁设备、硬表面清洗机、高压清洗机 3 种主营业务产品的总产量和总成本数据如表 11-4 所示。

表 11-4 DD 公司 2000 年至 2018 年主营业务产品产量与成本数据

年份	地板清洁设备		硬表面清洗机		高压清洗机	
	产量(X)(件)	总成本(Y)(万元)	产量(X)(件)	总成本(Y)(万元)	产量(X)(件)	总成本(Y)(万元)
2000	1808	10147	1484	6453	10130	1765
2001	2068	10734	1744	5511	10390	1804
2002	1236	12325	912	7905	9558	1910
2003	2354	10783	2030	6877	10676	1807
2004	2146	10200	1822	6489	10468	1768
2005	2640	11260	2316	7195	10962	1839
2006	1938	10041	1614	6383	10260	1758
2007	2328	10571	2004	6736	10650	1793
2008	1782	9511	1458	6029	10104	1722
2009	534	7126	210	3773	8856	1563
2010	10566	17911	10242	11629	18888	2282
2011	10776	25304	10452	16558	19098	2775
2012	9096	24589	8772	16081	17418	2728
2013	11616	26224	11292	17171	19938	2837
2014	11196	27711	10872	18163	19518	2936
2015	13296	32650	12972	21455	21618	3265
2016	10776	28276	10452	18539	19098	2973
2017	11511	30355	11187	19925	19833	3112
2018	9411	25062	9087	9730	17733	2759
2019	12000	28420.93009	10000	16044.01274	18000	2704.925635

一、请使用 Excel 2019 中相关分析、回归分析等数据统计分析方法对该案例进行成本性态分析。

二、CK 公司 2019 年地板清洁设备、硬表面清洗机、高压清洗机 3 种主营业务产品的总销售收入预测数据如表 11-5 所示。

表 11-5　CK 公司 2019 年主营业务销售收入预测数据（单位：万元）

产品	地板清洁设备	硬表面清洗机	高压清洗机	总计
销售收入	25870	18254	3000	47124

请利用 DD 公司 2019 年主营业务销售收入预测数据，结合实验 11-1 的相关结果，计算 DD 公司 2019 年边际贡献、销售利润等情况，针对每种主营业务产品进行点评分析。

三、假定在上步中计算得到的 DD 公司 2019 年主营业务利润数据不够理想，未达到股东预期，管理层提出了以下 3 种改进方案，请在 Excel 2019 中运用本量利分析方法帮助股东做出正确的决策。

（1）不再生产预测产生亏损的地板清洁设备，其他产品包括硬表面清洗机和高压清洗机维持原生产量不变。

（2）不再生产预测产生亏损的地板清洁设备，将释放出的产能用于硬表面清洗机和高压清洗机的生产，其中合理预计硬表面清洗机产量将增加百分之四十，高压清洗机产量将增加百分之十。

（3）继续生产预测产生亏损的地板清洁设备，但压缩为原定计划的 70%，将释放出的产能用于硬表面清洗机的生产，合理预计硬表面清洗机产量将增加百分之三十六。

第12章 坏账成因分析

为了提高销售收入,提高市场占有率,企业在销售实践中普遍采用赊销的方式,但赊销在很大程度上是基于对交易对手的商业信用,由于在交易中存在很多信息不对称行为,企业对交易对手的了解不够详细,对其还款能力和还款意愿评估做不到尽善尽美,因此会不可避免地形成坏账。客观来讲,坏账的成因是多方面的,每个企业的坏账也有自身具体的特点,本章主要以具体案例的形式,使用 Excel 2019 中的方差分析方法,对企业的坏账影响因素进行分析,旨在发现其中的规律,为企业做好销售回款管理提供有益的参考借鉴,进而为企业经营管理提供必要的智力支持。

实验 12-1 单因素影响分析

实验原理

单因素影响分析是基于单因素方差分析方法的。由于各种因素的影响,研究所得的数据呈现波动状,造成波动的原因可分成两类,一类是不可控的随机因素,另一类是研究中施加的对结果形成影响的可控因素。方差分析是从观测变量的方差入手,研究诸多控制变量中哪些变量是对观测变量有显著影响的变量。

在方差分析中通常要有以下两个假定:(1)各个观察值是独立的,即各组观察数据是从相互独立的总体中抽取的;(2)每个总体都应服从正态分布且方差相等,即各组观测数据是从具有相同方差的正态分布总体中抽取的简单随机样本。

按照总体均值仅受一个因素影响还是两个因素影响,方差分析可分为单因素方差分析和双因素方差分析。单因素方差分析是方差分析中思想最为简单的一种,在这种模型中,影响总体均值的因素只有一个。检验两个或者两个以上总体均值相等的原假设时就会用到单因素方差分析。

单因素方差分析用来研究某个因素的不同水平是否对观测变量产生了显著影响,这里由于仅研究单个因素对观测变量的影响,因此称为单因素方差分析,与单因素方差分析对应的是单因素试验。

具体而言是指:考虑一个因素 A 有 r 个水平,分析这 r 个不同水平对所考察的观察值指标 Y 的影响,我们可以在实验时使其他因素控制不变,而只让因素 A 改变,这样的试验叫作单因素试验,所进行的方差分析被称为单因素方差分析。

1. 单因素方差分析的数据结构

在单因素试验中,假设因素 A 共有 r 个水平,r 表示单因素的分类数目,每个水平的样本容量为 n,则共有 $n*r$ 个观察值,单因素试验的结果以 r 行 n 列表示,构成单因素分析的数据结构如表 12-1 所示。

表 12-1 单因素方差分析的数据结构表

水平 r \ 观测值 j		1	2	……	n
因素 A	水平 1	x_{11}	x_{12}	……	x_{1n}
	水平 2	x_{21}	x_{22}	……	x_{2n}
	⋮	⋮	⋮	⋮	⋮
	水平 r	x_{r1}	x_{r2}	……	x_{rn}

2．单因素方差分析的步骤

（1）提出假设

设因素 A 有不同水平 A_1、A_2、…、A_r，各水平对应的总体服从正态分布 $N(\mu_i, \sigma^2)$，在水平 A_r 进行 n_r 次试验，假定所有试验都是独立的，因为在水平 A_r 下的样本观测值与总体服从相同的分布，如果因素 A 对试验结果影响不显著，则所有样本观测值可以看作是来自同一总体，即各自变量取值分类组的均值相等。因此需要提出假设：

原假设 H_0：$\mu_1 = \mu_2 = \cdots = \mu_r$，即因素 A 对观测变量无显著影响。

备择假设 H_1：μ_1、μ_2、…、μ_r 不全相等，即因素 A 对观测变量有显著影响。

若拒绝原假设，则表示自变量对因变量有显著影响；若接受原假设，则表示自变量对因变量没有显著影响。

（2）构造检验统计量

我们令 $\bar{x}_i$ 为第 i 个水平（A_i）的样本均值，则第 i 个总体的样本均值的计算公式如下：

$$\bar{x}_{i\bullet} = \frac{1}{n_i}\sum_{j=1}^{n_i} x_{ij} \ (i=1,2,\cdots,k)$$

其中，n_i 为第 i 个总体的样本观察值个数，x_{ij} 为第 i 个总体的第 j 个观察值。

我们令 $\bar{\bar{x}}$ 为全部观察值的总均值，则所有数据的总均值的计算公式如下：

$$\bar{\bar{x}} = \frac{\sum_{i=1}^{r}\sum_{j=1}^{n_i} x_{ij}}{\sum_{i=1}^{r} n} = \frac{\sum_{i=1}^{r} n_i \bar{x}_{i.}}{\sum_{i=1}^{r} n}$$

在单因素方差分析中，离差平方和有三个：

一是总离差平方和，也称总平方和（Sum of Squares for Total，SST），反映全部实验数据之间的离散状况，是全部观察值与总平均值的离差平方和。其计算公式为：

$$SST = \sum_{i=1}^{r}\sum_{j=1}^{n_i}(x_{ij} - \bar{\bar{x}})^2$$

二是组间离差平方和，也称因素 A 平方和（Sum of Squares for Factor A，SSA），反映各个总体的样本均值之间的差异程度，即每组数据均值和总平均值之间的离差平方和。其计算公式为：

$$SSA = \sum_{i=1}^{r} \sum_{j=1}^{n_i} (\bar{x}_{i.} - \bar{\bar{x}})^2 = \sum_{i=1}^{r} n_i (\bar{x}_{i.} - \bar{\bar{x}})^2$$

三是组内离差平方和，也称误差项离差平方和（Sum of Squares for Error，SSE），反映每个样本各观测值之间的离散状况，即组内数据和组内平均值之间的随机误差。其计算公式为：

$$SSE = \sum_{i=1}^{r} \sum_{j=1}^{n_i} (x_{ij} - \bar{x}_{i.})^2$$

各样本的独立性使得变差具有可分解性，即总离差平方和等于误差项离差平方和加上水平项离差平方和，用公式表达为：SST = SSE + SSA。

构造 F 检验统计量：

$$F = \frac{SSA/(r-1)}{SSE/(n-r)}$$

其中，组间均方 $MSA = SSA/(r-1)$，组内均方 $MSE = SSE/(n-r)$。计算均方和是为了消除观察值大小对离差平方和大小的影响，计算方法是用离差平方和除以相应的自由度。

在原假设 H_0 成立的情况下，检验统计量 $F = \dfrac{MSA}{MSE} \sim F(r-1, n-r)$，即 F 统计量服从分子自由度为（r-1）、分母自由度为（n-r）的 F 分布。

（3）判断与结论

有两种方法可以用来判定是否接受原假设 H_0。一种方法是将统计量 F 与给定的显著性水平 α 的临界值 $F_\alpha(r-1, n-r)$ 比较，可以做出拒绝或接受原假设 H_0 的判断：若 $F \geq F_\alpha$，则拒绝原假设 H_0，表明因素 A 对观察值有显著影响；若 $F < F_\alpha$，则接受原假设 H_0，表明因素 A 对观察值无显著影响。另一种方法是利用 F 值计算出 P 值，当 $P < \alpha$ 时，拒绝 H_0，表明均值之间有显著差异，即因素 A 对观察值有显著影响；当 $P > \alpha$ 时，则接受原假设 H_0，表明均值之间无显著差异，即因素 A 对观察值无显著影响。

实验目的与要求

（一）实验目的

本章主要介绍 Excel 2019 数据分析工具中方差分析模块单因素方差分析命令的使用，并将该统计分析方法用于研究企业坏账成因的经营管理实践。单因素方差分析主要应用于单一影响因素的研究。通过本节的学习，读者不仅要学会如何使用单因素方差分析方法对企业坏账影响因素问题进行研究，更是要学会举一反三，使用单因素方差分析方法对企业财务管理中的其他具体问题进行研究。

（二）实验要求

理解 Excel 2019 中单因素方差分析的基本原理，掌握单因素方差分析方法在 Excel 2019 中的实现,并且能够熟练应用。需要特别强调的是,读者不仅仅要关注单因素方差分析具体统计方法的实现,更重要的是学会应用单因素方差分析统计分析方法来解决实际中遇到的财务管理问题。需要特别说明的是,单因素方差分析并不是实现企业坏账成因分析的唯一方法,在有些情况下,还可以通过前述章节中介绍的相关分析法、回归分析法等其他分析方法来实现。单因素方差分析只是为读者提供了研究这一问题的另一种可能性,很多时候还需要结合其他统计分析方法来使用。

实验内容及数据来源

本章沿用"供应商分析评价"一章中的案例。CK 公司是一家生产制造型企业,致力于生产各种生产生活清洁设备,产品种类非常齐全,主要包括专业化工业吸尘器、传统清洁设备、多功能户外设备、防过敏吸尘器、地板清洁设备、路面深层清洁车、硬表面清洗机、高压清洗机等,与大众汽车、宝马、沃尔玛、家乐福、希尔顿、喜来登、香格里拉、万达、保利等一大批知名客户建立起了战略合作伙伴关系。自 2000 年以来,公司把主营业务产品放到地板清洁设备、硬表面清洗机、高压清洗机等领域。CK 公司 2000 年至 2018 年地板清洁设备、硬表面清洗机、高压清洗机 3 种主营业务产品的坏账数据如表 12-2 所示。

表 12-2 CK 公司 2000 年至 2018 年主营业务产品坏账数据

年份	地板清洁设备坏账金额(万元)	硬表面清洗机坏账金额(万元)	高压清洗机坏账金额(万元)
2000	403.24	510.96	424.75
2001	426.72	435.6	434.5
2002	490.36	627.12	461
2003	428.68	544.88	435.25
2004	405.36	513.84	425.5
2005	447.76	570.32	443.25
2006	399	505.36	423
2007	420.2	533.6	431.75
2008	377.8	477.04	414
2009	282.4	296.56	374.25
2010	713.8	925.04	554
2011	1009.52	1319.36	677.25
2012	980.92	1281.2	665.5
2013	1046.32	1368.4	692.75
2014	1105.8	1447.76	717.5
2015	1303.36	1711.12	799.75
2016	1128.4	1477.84	726.75
2017	1211.56	1588.72	761.5
2018	999.84	773.12	673.25

实验操作指导

Step 01 打开 Excel,将工作簿保存为"坏账成因.xlsm"。将 Sheet1 工作表重命名为"坏账成因分

第 12 章 坏账成因分析

析",完成建立"坏账成因分析"工作表,然后在其中录入 CK 公司 2000 年至 2018 年主营业务产品坏账数据。

录入完成后,相关的数据视图界面如图 12.1 所示。

年份	地板清洁设备坏账金额(万元)	硬表面清洗机坏账金额(万元)	高压清洗机坏账金额(万元)
2000	403.24	510.96	424.75
2001	426.72	435.6	434.5
2002	490.36	627.12	461
2003	428.68	544.88	435.25
2004	405.36	513.84	425.5
2005	447.76	570.32	443.25
2006	399	505.36	423
2007	420.2	533.6	431.75
2008	377.8	477.04	414
2009	282.4	296.56	374.25
2010	713.8	925.04	554
2011	1009.52	1319.36	677.25
2012	980.92	1281.2	665.5
2013	1046.32	1368.4	692.75
2014	1105.8	1447.76	717.5
2015	1303.36	1711.12	799.75
2016	1128.4	1477.84	726.75
2017	1211.56	1588.72	761.5
2018	999.84	773.12	673.25

图 12.1 成本分析与预测

Step 02 通过图表分析方法分析 CK 公司 2000 年至 2018 年主营业务产品坏账数据。本例中,"带平滑线和数据标记的散点图"和"雷达图"比较适合。

一、带平滑线和数据标记的散点图

操作方法是:首先选中 A2~D21 单元格,然后在"插入"选项卡中选择"图表"子选项卡,再选择"散点图"中的"带平滑线和数据标记的散点图",如图 12.2 所示。

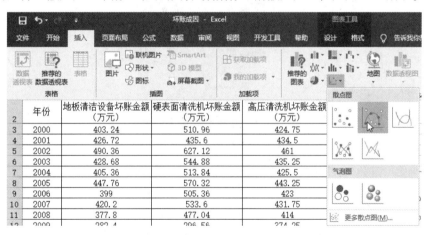

图 12.2 "带平滑线和数据标记的散点图"选项

单击后,即可弹出基于 CK 公司 2000 年至 2018 年主营业务产品坏账数据的"带平滑线和数据标记的散点图",形成的图表如图 12.3 所示。

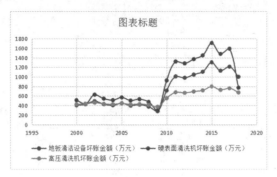

图 12.3 "分产品坏账成因分析"图

然后将标题修改为"分产品坏账成因分析",单击"分产品坏账成因分析"图中的横坐标轴,即弹出如图 12.4 所示的"设置坐标轴格式"对话框,我们在其中的"坐标轴选项"的"边界"子选项组的"最小值"中填写 2000.0,在"最大值"中填写 2018.0,在"单位"子选项组的"大"中填写 2.0,在"小"中填写 1.0。

图 12.4 "设置坐标轴格式"图

单击"确定"按钮后,最终形成的"分产品坏账成因分析"图如图 12.5 所示。

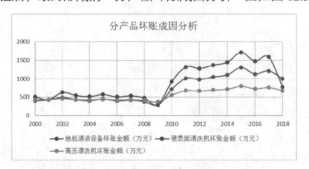

图 12.5 "分产品坏账成因分析"图

从"带平滑线和数据标记的散点图"中,我们可以较为直观地看出地板清洁设备坏账金额、硬表面清洗机坏账金额、高压清洗机坏账金额三者之间还是存在一定差异的,尤其是在 2010 年以来,硬表面清洗机坏账金额要高于地板清洁设备坏账金额,再高于高压清洗机坏账金额。

二、雷达图

操作方法是:首先选中 A2~D21 单元格,然后在"插入"选项卡中选择"图表"子选项卡,如图 12.6 所示。

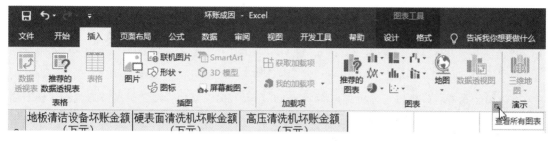

图 12.6 查看所有图表选项

然后 Excel 2019 将会弹出"更改图表类型"对话框,我们在"所有图表"中选择"雷达图"。再选择"雷达图"中的"雷达图",如图 12.7 所示。

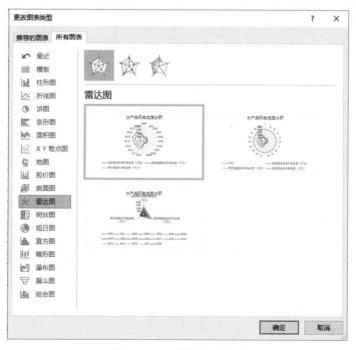

图 12.7 "雷达图"选项

单击"确定"按钮即可弹出如图 12.8 所示的基于 CK 公司 2000 年至 2018 年地板清洁设备坏账金额、硬表面清洗机坏账金额、高压清洗机坏账金额三种主营业务产品坏账数据的雷达图。

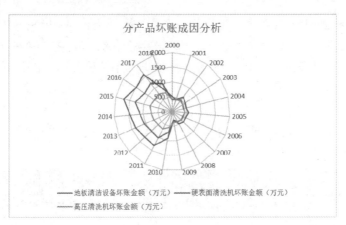

图 12.8　分产品坏账分析雷达图

Step 03　通过单因素方差分析方法分析 CK 公司 2000 年至 2018 年地板清洁设备坏账金额、硬表面清洗机坏账金额、高压清洗机坏账金额三种主营业务产品坏账数据与主营业务产品品种之间的关系。

（1）选择单因素方差分析工具。在工具栏中选择"数据"→"分析"→"数据分析"命令，如图 12.9 所示。

图 12.9　数据分析工具命令

随即弹出"数据分析"对话框，在"分析工具"菜单中选择"方差分析：单因素方差分析"选项，如图 12.10 所示。

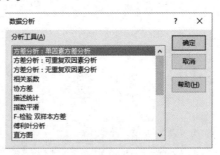

图 12.10　"数据分析"对话框

选择完成后单击"确定"按钮，随即弹出"方差分析：单因素方差分析"对话框，如图 12.11 所示。

第 12 章 坏账成因分析

图 12.11 "方差分析：单因素方差分析"对话框

（2）设置"方差分析：单因素方差分析"选项。在"方差分析：单因素方差分析"对话框中，首先设置"输入"内容，单击"输入区域"后面的折叠按钮，并选取单元格区域 $B$2:$D$21。因为我们本例中研究的是地板清洁设备坏账金额、硬表面清洗机坏账金额、高压清洗机坏账金额三者之间的方差分析，而且三者数据都以"列"的形式在 Excel 2019 中展示的，所以在"分组方式"选项组中要选择"列"复选框。此外，因为我们在"输入区域"中选中了 B2~D2，所以数据中是包含标志项的，需要选中"标志位于第一行"复选框，其他采用系统默认设置。然后设置"输出选项"，在"输出区域"中选择"$A$23"。如果选中"新工作表组"，则表示将输出结果显示在一个新的工作表上，如图 12.12 所示。

图 12.12 "方差分析：单因素方差分析"对话框

最后单击"确定"按钮，得到针对地板清洁设备坏账金额、硬表面清洗机坏账金额、高压清洗机坏账金额三者之间的方差分析：单因素方差分析结果，如图 12.13 所示。

23	方差分析：单因素方差分析						
24							
25	SUMMARY						
26	组	观测数	求和	平均	方差		
27	地板清洁设备坏账金额（万元）	19	13581.04	714.7915789	124020.6721		
28	硬表面清洗机坏账金额（万元）	19	16907.84	889.8863158	221109.6777		
29	高压清洗机坏账金额（万元）	19	10535.5	554.5	21535.8125		
30							
31							
32	方差分析						
33	差异源	SS	df	MS	F	P-value	F crit
34	组间	1069291.74	2	534645.8702	4.374381319	0.017349702	3.168245967
35	组内	6599990.922	54	122222.0541			
36							
37	总计	7669282.663	56				

图 12.13 "方差分析：单因素方差分析"结果图

"方差分析：单因素方差分析"结果图包括两部分，上方是参与方差分析的变量（包括地板清洁设备坏账金额、硬表面清洗机坏账金额和高压清洗机坏账金额）的描述性分析统计结果，其中地板清洁设备坏账金额观测样本数为 19，总和为 13581.04，平均值为 714.7915789，方差为 124020.6721；硬表面清洗机坏账金额观测样本数为 19，总和为 16907.84，平均值为 889.886315789474，方差为 221109.677735672；高压清洗机坏账金额观测样本数为 19，总和为 10535.5，平均值为 554.5，方差为 21535.8125。

下方为单因素方差分析的结果，单因素方差分析的原假设为参与分析的变量之间不存在显著差异，从结果中可以明确地看出单因素方差分析的 F 值为 4.37438131865204，显著性 P 值为 0.0173497022729699，远远小于 0.05，说明要显著拒绝原假设，也就是说 CK 公司 2000 年至 2018 年地板清洁设备坏账金额、硬表面清洗机坏账金额、高压清洗机坏账金额等主营业务产品坏账数据与主营业务产品品种之间是有着显著影响关系的，或者说，不同主营业务产品品种产生的坏账金额之间有着非常显著的不同。

实验 12-2　可重复双因素方差分析

实验原理

实验 12-1 所讲的单因素方差分析只是研究一个因素对观测对象结果是否有显著影响，但在许多实际问题中，影响观察结果的因素往往不止一个，必须同时考虑几个因素的相互影响。当方差分析中涉及两个分类型变量，即分析两个因素对观测变量的影响时，称为双因素方差分析。

根据两个因素之间是否存在交互效应，双因素方差分析可以分为两种类型：一种是无重复的双因素方差分析，它假定因素 A 和因素 B 的效应之间是相互独立的，不存在交互关系，也称无交互作用的双因素方差分析；另一种是有重复的方差分析，它假定 A、B 两个因素不是独立的，而是相互起作用的，并且两个因素共同起作用的结果不是其各自作用的简单相加，而是会产生一个新的效应（比如效果会成倍增加），也称有交互作用的双因素方差分析。

这一节我们集中介绍可重复双因素方差分析的理论与操作实例。

1. 可重复的双因素方差分析的数据结构

假设两个因素分别是 A 和 B，因素 A 共有 n 个水平，因素 B 共有 k 个水平，在水平组合 (A_i, B_j) 下的试验结果 X_{ij} 服从 $N(\mu_{ij}, \sigma^2)$：$i=1,\cdots,n; j=1,\cdots,k$。假设这些试验结果相互独立，要对两个因素的交互作用进行分析，每个水平组合下需要至少进行两次试验，若在每个水平组合 (A_i, B_j) 下重复 t 次试验，每次试验的观测值用 x_{ijr} $(r=1,\cdots t)$ 表示，则可重复的双因素方差分析的数据结构如表 12-3 所示。

表 12-3 可重复的双因素方差分析的数据结构

i \ j		因素 B			
		B_1	...	B_k	均值
因素 A	A_1	$x_{111}, x_{112}, ..., x_{11t}$	...	$x_{1sk}, x_{1k2}, ..., x_{1kt}$	$\bar{x}_{1\bullet\bullet}$
	A_2	$x_{211}, x_{212}, ..., x_{21t}$	...	$x_{2sk}, x_{2k2}, ..., x_{2kt}$	$\bar{x}_{2\bullet\bullet}$
	...	...	...	...	...
	A_n	$x_{n11}, x_{n12}, ..., x_{n1t}$	...	$x_{nk1}, x_{nk2}, ..., x_{nkt}$	$\bar{x}_{n\bullet\bullet}$
均值		$\bar{x}_{\bullet 1 \bullet}$	...	$\bar{x}_{\bullet k \bullet}$	

2．可重复的双因素方差分析的步骤

（1）提出假设

与无重复的双因素方差分析的模型基本一样，只是可重复的双因素方差分析需要考虑两个因素之间的交互作用，因此需要提出假设以检验两个因素之间的交互效应。在可重复的双因素方差分析中，如果用 μ 来表示均值，则 $\mu_{1\bullet\bullet}$、$\mu_{2\bullet\bullet}$、…、$\mu_{n\bullet\bullet}$ 分别表示因素 A 分类组的均值，$\mu_{\bullet 1\bullet}$、$\mu_{\bullet 2\bullet}$、…、$\mu_{\bullet k\bullet}$ 分别表示因素 B 分类组的均值；用 ρ_{ij} 表示因素 A 的第 i 水平与因素 B 的第 j 水平的交互效应。在可重复的双因素方差分析中，要检验的假设有 3 个，即分别对因素 A 和因素 B 以及因素 A、B 之间的交互效应提出假设。

①对因素 A 的假设

原假设 H_{01}：$\mu_{1\bullet\bullet} = \mu_{2\bullet\bullet} = \cdots = \mu_{n\bullet\bullet}$，即因素 A 对观测变量无显著影响。

备择假设 H_{11}：$\mu_{1\bullet\bullet}, \mu_{2\bullet\bullet}, \cdots, \mu_{n\bullet\bullet}$ 不全相等，即因素 A 对观测变量有显著影响。

②对因素 B 的假设

原假设 H_{02}：$\mu_{\bullet 1\bullet} = \mu_{\bullet 2\bullet} = \cdots = \mu_{\bullet k\bullet}$，即列因素 B 对观测变量无显著影响。

备择假设 H_{12}：$\mu_{\bullet 1\bullet}, \mu_{\bullet 2\bullet}, \cdots, \mu_{\bullet k\bullet}$ 不全相等，即因素 B 对观测变量有显著影响。

③对因素 A 和因素 B 的交互效应的假设

原假设 H_{03}：对一切 i 和 j，有 $\rho_{ij} = 0$，即因素 A 与因素 B 之间不存在交互效应。

备择假设 H_{13}：对一切 i 和 j，ρ_{ij} 不全为零，即因素 A 与因素 B 之间存在交互效应。

（2）构造检验统计量

令 $\bar{x}_{i\bullet\bullet}$ 和 $\bar{x}_{\bullet j\bullet}$ 分别为 t 次试验中因素 A 第 i 个水平和因素 B 第 j 个水平下各观察值的平均值，则其计算公式为：

$$\bar{x}_{i\bullet\bullet} = \frac{1}{kt} \sum_{j=1}^{k} \sum_{r=1}^{t} x_{ijr}$$

$$\bar{x}_{\bullet j\bullet} = \frac{1}{nt} \sum_{i=1}^{n} \sum_{r=1}^{t} x_{ijr}$$

令 $\bar{\bar{x}}$ 为 t 次试验下所有样本数据的总均值，其计算公式为：

$$\bar{\bar{x}} = \frac{1}{nkt}\sum_{i=1}^{n}\sum_{j=1}^{k}\sum_{r=1}^{t}x_{ijr} = \frac{1}{n}\sum_{i=1}^{n}\bar{x}_{i\bullet\bullet} = \frac{1}{k}\sum_{j=1}^{ks}\bar{x}_{\bullet j\bullet}$$

由于相互作用的存在，可重复的双因素方差分析要比无重复的双因素方差分析多一个交互作用项平方和，此时总离差平方和 SST 将被分解为 4 部分：SSA、SSB、SSAB 和 SSE，分别代表因素 A 的组间差异，因素 B 的组间差异，因素 A、B 的交互效应和随机误差的离散状况，其计算公式分别为：

$$SST = \sum_{i=1}^{n}\sum_{j=1}^{k}\sum_{r=1}^{t}(x_{ijr} - \bar{\bar{x}})^2$$

$$SSA = \sum_{i=1}^{n}kt(\bar{x}_{i\bullet\bullet} - \bar{\bar{x}})^2$$

$$SSB = \sum_{j=1}^{k}nt(\bar{x}_{\bullet j\bullet} - \bar{\bar{x}})^2$$

$$SSAB = \sum_{i=1}^{n}\sum_{j=1}^{k}t(\bar{x}_{ij\bullet} - \bar{x}_{i\bullet\bullet} - \bar{x}_{\bullet j\bullet} + \bar{\bar{x}})^2$$

$$SSE = \sum_{i=1}^{n}\sum_{j=1}^{k}\sum_{r=1}^{t}(x_{ijr} - \bar{x}_{ij\bullet})^2$$

其中，$SST = SSA + SSB + SSAB + SSE$。

构造检验因素 A 的统计量计算公式：

$$F_A = \frac{SSA/(n-1)}{SSE/nk(t-1)} \sim F(n-1, nk(t-1))$$

构造检验因素 B 的统计量计算公式：

$$F_B = \frac{SSB/(k-1)}{SSE/nk(t-1)} \sim F(k-1, nk(t-1))$$

构造检验因素 A 和因素 B 交互效应的统计量计算公式：

$$F_{AB} = \frac{SSAB/(n-1)(k-1)}{SSE/nk(t-1)} \sim F((n-1)(k-1), nk(t-1))$$

各项的离差平方和除以其相应的自由度可得各项的均方和，其中因素 A 的均方和为 $MSA = SSA/(n-1)$，因素 B 的均方和为 $MSB = SSB/(k-1)$，交互作用项均方和为

$MSAB = SSAB/(n-1)(k-1)$，误差项的均方和为 $MSE = SSE/nk(t-1)$，因此检验统计量也可以用均方和来表示。

（3）判断与结论

与无重复的双因素方差分析一样，在可重复的双因素方差分析中，既可以将统计量的值 F 与临界值 F_α 进行比较，从而做出拒绝或接受原假设 H_0 的决策，也可以利用 F 值计算出 P 值，再进行判断。具体判断方法如下：

利用 F 值进行判断：若 $F_A \geq F_\alpha(n-1, nk(t-1))$，则拒绝原假设 H_{01}，表明因素 A 对观察值有显著影响，否则接受原假设 H_{01}；若 $F_B \geq F_\alpha(k-1, nk(t-1))$，则拒绝原假设 H_{02}，表明因素 B 对观察值有显著影响，否则接受原假设 H_{02}；若 $F_{AB} \geq F_\alpha((n-1)(k-1), nk(t-1))$，则拒绝原假设 H_{03}，表明因素 A、B 的交互效应对观察值有显著影响，否则接受原假设 H_{03}。同理，利用 P 值进行判断：当 $P < \alpha$ 时，拒绝 H_0；当 $P > \alpha$ 时，接受原假设 H_0。

实验目的与要求

（一）本章主要介绍 Excel 2019 数据分析工具中方差分析模块可重复双因素方差分析命令的使用，并将该统计分析方法用于研究企业坏账成因的经营管理实践。可重复双因素方差分析主要应用于两种影响因素且假定认为两种影响因素之间存在交互效应的研究。通过本节的学习，读者不仅要学会如何使用可重复双因素方差分析方法对企业坏账影响因素问题进行研究，还要学会举一反三，使用可重复双因素方差分析方法对企业财务管理中的其他具体问题进行研究。

（二）实验要求

理解 Excel 2019 中可重复双因素方差分析的基本原理，掌握可重复双因素方差分析方法在 Excel 2019 中的实现，并且能够熟练应用。需要特别强调的是，读者不仅要关注具体统计方法的实现，更重要的是学会应用这些统计分析方法来解决实际中遇到的财务管理问题。需要特别说明的是，可重复双因素方差分析并不是实现企业坏账成因分析的唯一方法，在有些情况下还可以通过前述章节中介绍的相关分析法、回归分析法等其他分析方法来实现。可重复双因素方差分析只是为读者提供了研究这一问题的另一种可能性，很多时候还需要结合其他统计分析方法来使用。

实验内容及数据来源

本章沿用实验 12-1 的案例。CK 公司是一家生产制造型企业，致力于生产各种生产生活清洁设备，产品种类非常齐全，主要包括专业化工业吸尘器、传统清洁设备、多功能户外设备、防过敏吸尘器、地板清洁设备、路面深层清洁车、硬表面清洗机、高压清洗机等，与大众汽车、宝马、沃尔玛、家乐福、希尔顿、喜来登、香格里拉、万达、保利等一大批知名客户建立起了战略合作伙伴关系。自 2000 年以来，公司把主营业务产品放到地板清洁设备、硬表面清洗机、高压清洗机等领域。CK 公司 2000 年至 2018 年地板清洁设备、硬表面清洗机、高压清洗机 3 种主营业务产品分客户所在地区的坏账数据如表 12-4 所示。

表 12-4　CK 公司 2000 年至 2018 年主营业务产品分客户所在地区坏账数据

年份	客户所在地区	地板清洁设备坏账金额（万元）	硬表面清洗机坏账金额（万元）	高压清洗机坏账金额（万元）
2000	东部	258.42	330.45	220.45
	中部	218.56	253.24	185.98
	西部	256.23	358.56	226
2001	东部	220	326	188
	中部	200	250.8	192
	西部	206.8	290	199
2002	东部	255	352	199
	中部	206.8	326	205
	西部	205	244	199
2003	东部	152	152	232
	中部	347	581	389
	西部	550	689	442
2004	东部	633	779	354
	中部	589	702	433
	西部	575	790	404
2005	东部	655	811	487
	中部	598	799	351
	西部	670	790	489
2006	东部	463	402	325
	中部	68.88	51.63	89.07
	西部	88.04	67.13	121.02
2007	东部	79.9	40.56	87
	中部	20.68	45.88	107
	西部	93.36	119.04	111.5
2008	东部	52.96	100.32	109.25
	中部	41.304	22.416	101.35
	西部	91.4	97.248	106.575
2009	东部	27.3656	34.04	103.515
	中部	29.86	29.56	25.0175
	西部	136.8	107.04	51.1335
2010	东部	109.52	219.36	14.25
	中部	92.92	147.2	125.5
	西部	177.32	225.4	49.75
2011	东部	172.8	105.76	114.5
	中部	292.36	348.12	107.75
	西部	200.4	253.84	119.75
2012	东部	202.56	238.72	73.5
	中部	216.4	136.12	128.25
	西部	75.94	128.88	115.23
2013	东部	120.12	115.23	127.5
	中部	154.23	228	148
	西部	188	173	140.25

第 12 章 坏账成因分析

（续表）

年份	客户所在地区	地板清洁设备坏账金额（万元）	硬表面清洗机坏账金额（万元）	高压清洗机坏账金额（万元）
2014	东部	112	144	122
	中部	188	180	135
	西部	102.696	130.944	122.65
2015	东部	122	110.352	120.175
	中部	145.4344	199	111.485
	西部	100.54	115	117.2325
2016	东部	230	237	113.8665
	中部	350	411	221
	西部	255	355	186
2017	东部	280	441	210
	中部	358	552	199
	西部	356	552	205
2018	东部	330	425	256
	中部	339	560	199
	西部	320.44	235	220

实验操作指导

Step 01 使用 Excel 2019 打开"坏账成因.xlsm"工作簿。然后新建或者选择其中一张空白工作表并重命名为"坏账成因分析（双因素）"，完成建立"坏账成因分析（双因素）"工作表，然后在其中录入 CK 公司 2000 年至 2018 年主营业务产品分客户所在地区坏账数据。

Step 02 通过图表分析方法分析 CK 公司 2000 年至 2018 年主营业务产品分客户所在地区坏账数据。本例中主要介绍 Excel 中"推荐的图表"和"数据透视图"的用法。

一、推荐的图表

操作方法：首先选中 B2~E59 单元格，然后在"插入"选项卡中选择"图表"子选项卡，再选择其中的"推荐的图表"，如图 12.14 所示。

图 12.14 "推荐的图表"选项

单击后，即弹出基于 CK 公司 2000 年至 2018 年主营业务产品分客户所在地区坏账数据的"推荐的图表"，这些推荐的图标是 Excel 2019 基于数据类型和其中的信息给予的智能判断，读者可从其中进行筛选。本例中簇状柱形图比较合适，地板清洁设备坏账金额（求和项）分客户所在地区、硬表面清洗机坏账金额（求和项）分客户所在地区和高压清洗机坏账金额（求和项）分客户所在地区的簇状柱形图分别如图 12.15~图 12.17 所示。

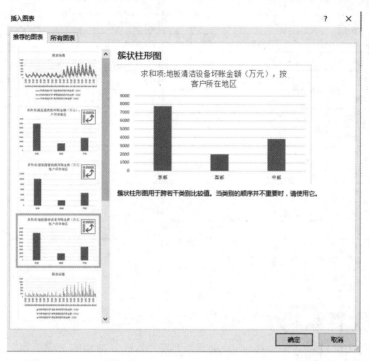

图 12.15　地板清洁设备坏账金额（求和项）分客户所在地区

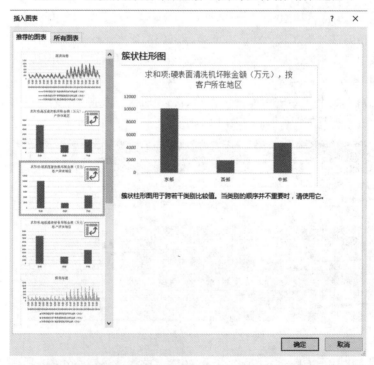

图 12.16　硬表面清洗机坏账金额（求和项）分客户所在地区

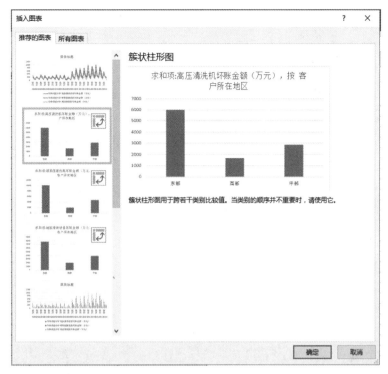

图 12.17　高压清洗机坏账金额（求和项）分客户所在地区

在地板清洁设备坏账金额（求和项）分客户所在地区、硬表面清洗机坏账金额（求和项）分客户所在地区和高压清洗机坏账金额（求和项）分客户所在地区 3 个簇状柱形图中，我们都可以初步判断对于所有主营业务产品，东部地区的坏账金额要高于中部地区，再高于西部地区。

二、数据透视图

操作方法：首先在"坏账成因分析（双因素）"工作表中，选中 A2~E59 单元格，然后在"插入"选项卡中选择"图表"子选项卡，再选择其中的"数据透视图|数据透视图"菜单命令，如图 12.18 所示。

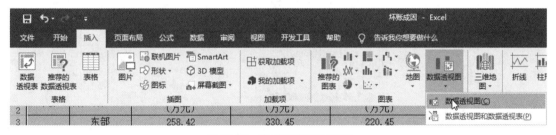

图 12.18　查看所有图表选项

然后 Excel 2019 将会弹出"数据透视图字段"对话框，我们把"客户所在地区"选入"轴（类别）"列表框，把"地板清洁设备坏账金额""硬表面清洗机坏账金额""高压清洗机坏账金额"都选入"值"列表框，如图 12.19 所示。

然后在"值"列表框中选中"求和项：地板清洁设备坏账金额"，即弹出如图 12.20 所示的"值字段设置"提示。

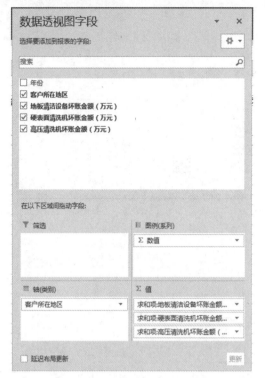

图 12.19　雷达图选项　　　　　　　　　图 12.20　值字段设置提示

单击"值字段设置"提示即弹出如图 12.21 所示的"值字段设置"对话框，我们在"值字段设置"对话框中把计算类型由"求和"改为"平均值"，即设置为"平均值项：地板清洁设备坏账金额"。按照同样的操作方式，把"求和项：硬表面清洗机坏账金额"设置为"平均值项：硬表面清洗机坏账金额"，把"求和项：高压清洗机坏账金额"设置为"平均值项：高压清洗机坏账金额"。

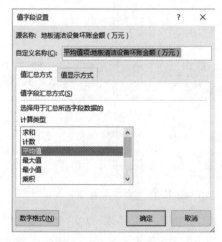

图 12.21　值字段设置

设置完成后的数据透视图字段如图 12.22 所示。

第 12 章　坏账成因分析

图 12.22　设置完成后的数据透视图字段

设置完毕后即显示如图 12.23 所示的基于 CK 公司 2000 年至 2018 年地板清洁设备坏账金额分客户所在地区平均值项、硬表面清洗机坏账金额分客户所在地区平均值项、高压清洗机坏账金额分客户所在地区平均值项的数据透视图。

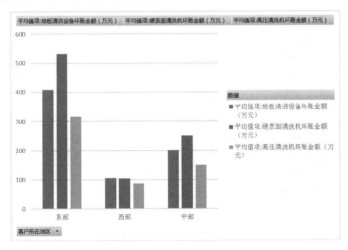

图 12.23　数据透视图

从上述数据透视图中可以非常明显地看出，从客户所在地区来看，对于所有主营业务产品，东部地区的坏账金额要高于中部地区，再高于西部地区。从主营业务产品品种来看，东部地区中硬表面清洗机坏账金额平均值项要高于地板清洁设备坏账金额平均值项，再高于高压清洗机坏账金额平均值项；西部地区中地板清洁设备坏账金额平均值项要高于硬表面清洗机坏账金额平均值项，再高于高压清洗机坏账金额平均值项；中部地区中硬表面清

399

洗机坏账金额平均值项要高于地板清洁设备坏账金额平均值项，再高于高压清洗机坏账金额平均值项。

Step 03 通过可重复双因素方差分析方法分析 CK 公司 2000 年至 2018 年地板清洁设备坏账金额、硬表面清洗机坏账金额、高压清洗机坏账金额等主营业务产品坏账数据与主营业务产品品种、客户所在地区之间的关系。

一、对数据进行处理

在正式开始可重复双因素方差分析之前，我们需要对数据进行必要的处理，否则 Excel 2019 将不会恰当识别数据。本例中我们研究的是坏账金额与主营业务产品品种、客户所在地区之间的关系，所以我们需要分别用列和行的设置对数据进行归集，将列数据设置为按照主营业务产品品种分类的数据，将行数据设置为按照客户所在地区分类的数据。具体操作是隐去"年份"列，然后将数据按照客户所在地区进行排序（升序或者降序均可，主要是确保相同客户所在地区的样本数据能够识别为一类），操作结果如图 12.24 所示。

	A	B	C	D
1	客户所在地区	地板清洁设备坏账金额（万元）	硬表面清洗机坏账金额（万元）	高压清洗机坏账金额（万元）
2	东部	258.42	330.45	220.45
3	东部	218.56	253.24	185.98
4	东部	256.23	358.56	226
5	东部	220	326	188
6	东部	200	250.8	192
7	东部	206.8	290	199
8	东部	255	352	199
9	东部	206.8	326	205
10	东部	205	244	199
11	东部	152	152	232
12	东部	347	581	389
13	东部	550	689	442
14	东部	633	779	354
15	东部	589	702	433
16	东部	575	790	404
17	东部	655	811	487
18	东部	598	799	351
19	东部	670	790	489
20	东部	463	402	325
21	西部	68.88	51.63	89.07
22	西部	88.04	67.13	121.02
23	西部	79.9	40.56	87
24	西部	20.68	45.88	107
25	西部	93.36	119.04	111.5
26	西部	52.96	100.32	109.25
27	西部	41.304	22.416	101.35
28	西部	91.4	97.248	106.575
29	西部	27.3656	34.04	103.515
30	西部	29.86	29.56	25.0175
31	西部	136.8	107.04	51.1335
32	西部	109.52	219.36	14.25
33	西部	92.92	147.2	125.5
34	西部	177.32	225.4	49.75
35	西部	172.8	105.76	114.5
36	西部	292.36	348.12	107.75
37	西部	200.4	253.84	119.75
38	西部	202.56	238.72	73.5

图 12.24 对数据按照客户所在地区进行排序

需要进行说明和解释的是，如果我们不进行此步操作，直接进入可重复双因素方差分析，那么 Excel 输出结果将会研究的是不同年份和不同主营业务品种产生的坏账金额差异，而不是不同客户所在地区和不同主营业务品种产生的坏账金额差异，因为那样会将每个年份作为差异性因素。

第 12 章　坏账成因分析

二、开展可重复双因素方差分析

（1）选择可重复双因素方差分析工具。在工具栏中选择"数据"→"分析"→"数据分析"命令，如图 12.25 所示。

图 12.25　数据分析工具命令

随即弹出"数据分析"对话框，在"分析工具"菜单中选择"方差分析：可重复双因素分析"选项，如图 12.26 所示。

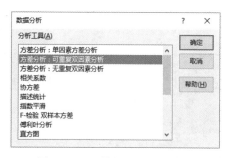

图 12.26　"数据分析"对话框

选择完成后单击"确定"按钮，随即弹出"方差分析：可重复双因素分析"对话框，如图 12.27 所示。

图 12.27　"方差分析：可重复双因素分析"对话框

（2）设置"方差分析：可重复双因素分析"选项。在"方差分析：可重复双因素分析"对话框中，首先设置"输入"内容，单击"输入区域"后面的折叠按钮，并选取单元格区域 $B$2:$E$59。我们本例中研究的是地板清洁设备坏账金额、硬表面清洗机坏账金额、高压清洗机坏账金额以及分客户所在地区之间的方差分析，其中 3 个主营业务品种都以不同的列进行展示，称为"列数据"，客户所在的不同地区都以不同的行展示，称为"样本数据"，每个样本数据都有 19 行数据参与分析，所以我们在"每一样本的行数"中填写数字

401

"19"。"置信度"复选框默认为 0.05。然后设置"输出选项",在"输出区域"中选择"$A$61"。如果选中"新工作表组",则表示将输出结果显示在一个新的工作表上,如图 12.28 所示。

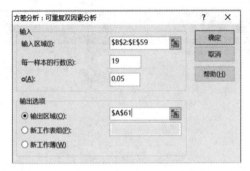

图 12.28 "方差分析:可重复双因素分析"对话框

最后单击"确定"按钮,得到针对分客户所在地区的地板清洁设备坏账金额、硬表面清洗机坏账金额、高压清洗机坏账金额之间的方差分析:可重复双因素分析结果,如图 12.29 与图 12.30 所示。

SUMMARY	地板清洁设备坏账金额(万元)	硬表面清洗机坏账金额(万元)	高压清洗机坏账金额(万元)	总计
东部				
观测数	19	19	19	57
求和	7258.81	9226.05	5720.43	22205.29
平均	382.0426316	485.5815789	301.0752632	389.5664912
方差	36786.48824	55880.14929	12592.48863	39637.18085
西部				
观测数	19	19	19	57
求和	2194.8296	2389.384	1745.681	6329.8946
平均	115.5173474	125.7570526	91.87794737	111.0507825
方差	5729.270265	8391.100206	1138.917319	5109.639318
中部				
观测数	19	19	19	57
求和	4127.4004	5292.406	3069.389	12489.1954
平均	217.2316	278.5476842	161.5467895	219.1086912
方差	10418.36203	26519.63706	2205.018002	14905.75385
总计				
观测数	57	57	57	
求和	13581.04	16907.84	10535.5	
平均	238.2638596	296.6287719	184.8333333	
方差	29290.37003	51313.45346	12822.56323	

图 12.29 "方差分析:可重复双因素分析"结果一

图 12.29 展示的是分客户所在地区的地板清洁设备坏账金额、硬表面清洗机坏账金额、高压清洗机坏账金额的描述性统计分析情况。

方差分析						
差异源	SS	df	MS	F	P-value	F crit
样本	2247764.092	2	1123882.046	63.35242236	4.71994E-21	3.051819187
列	356430.5802	2	178215.2901	10.04586769	7.71271E-05	3.051819187
交互	110207.806	4	27551.9515	1.553083684	0.189392224	2.427460599
内部	2873905.759	162	17740.159			
总计	5588308.237	170				

图 12.30 "方差分析:可重复双因素分析"结果二

图 12.30 展示的是"方差分析:可重复双因素分析"的分析结果,我们可以看到在最左侧列中有"样本""列""交互",分别代表的是样本之间的差异效应、列之间的差异效应

以及样本与列之间的交互差异效应。

在本例中，我们的样本差异反映的是不同的客户所在地区对于坏账金额的影响，可以发现样本的 F 值为 63.3524223591462，显著性 P 值为 4.71993875884505E-21，远远小于设定的显著性标准 0.05，说明要显著地拒绝原假设，也就是说不同的客户所在地区对于坏账金额的产生是有着显著影响的。

列差异反映的是不同的主营业务产品品种对于坏账金额的影响，可以发现样本的 F 值为 10.0458676853997，显著性 P 值为 0.0000771271272738031，远远小于设定的显著性标准 0.05，说明要显著地拒绝原假设，也就是说不同的主营业务产品品种对于坏账金额的产生是有着显著影响的。

交互差异反映的是不同的客户所在地区、不同的主营业务产品品种之间的交互作用（客户所在地区*主营业务产品品种）对于坏账金额的影响，可以发现样本的 F 值为 1.55308368385624，显著性 P 值为 0.189392224018234，远远大于设定的显著性标准 0.05，说明要显著地接受原假设，也就是说不同的客户所在地区、不同的主营业务产品品种之间的交互作用对于坏账金额的产生不产生显著影响。

习题

DD 公司同样是一家生产制造型企业，致力于生产各种生产生活清洁设备，产品种类非常齐全，主要包括专业化工业吸尘器、传统清洁设备、多功能户外设备、防过敏吸尘器、地板清洁设备、路面深层清洁车、硬表面清洗机、高压清洗机等，与大众汽车、宝马、沃尔玛、家乐福、希尔顿、喜来登、香格里拉、万达、保利等一大批知名客户建立起了战略合作伙伴关系。自 2000 年以来，公司把主营业务产品放到地板清洁设备、硬表面清洗机、高压清洗机等领域。DD 公司 2000 年至 2018 年地板清洁设备、硬表面清洗机、高压清洗机 3 种主营业务产品的坏账数据如表 12-5 所示。

表 12-5　DD 公司 2000 年至 2018 年主营业务产品坏账数据

年份	地板清洁设备坏账金额（万元）	硬表面清洗机坏账金额（万元）	高压清洗机坏账金额（万元）
2000	424	531	446
2001	447	456	455
2002	510	646	481
2003	449	564	456
2004	426	534	446
2005	468	590	464
2006	420	525	444
2007	441	553	452
2008	399	497	435
2009	305	319	396
2010	732	941	573
2011	1024	1331	695
2012	996	1293	684
2013	1061	1380	711

（续表）

年份	地板清洁设备坏账金额（万元）	硬表面清洗机坏账金额（万元）	高压清洗机坏账金额（万元）
2014	1120	1458	735
2015	1315	1719	817
2016	1142	1488	744
2017	1224	1598	779
2018	1015	790	692

一、请使用单因素方差分析方法研究主营业务产品品种对于坏账金额的影响关系，或者说不同的主营业务品种的坏账金额之间是否存在显著差异。

二、CK 公司 2000 年至 2018 年主营业务产品分客户所在地区坏账数据如表 12-6 所示，请使用可重复双因素方差分析方法研究坏账数据与客户所在地区、主营业务产品品种以及客户所在地区和主营业务产品品种的交互效应之间的影响关系，或者说不同的主营业务品种的坏账金额之间是否存在显著差异、不同的客户所在地区的坏账金额之间是否存在显著差异、不同的客户所在地区和主营业务产品品种的交互效应对坏账金额是否存在显著差异。

表 12-6　CK 公司 2000 年至 2018 年主营业务产品分客户所在地区坏账数据

年份	客户所在地区	地板清洁设备坏账金额（万元）	硬表面清洗机坏账金额（万元）	高压清洗机坏账金额（万元）
2000	东部	258.42	330.45	220.45
	中部	218.56	253.24	185.98
	西部	256.23	358.56	226
2001	东部	220	326	188
	中部	200	250.8	192
	西部	206.8	290	199
2002	东部	255	352	199
	中部	206.8	326	205
	西部	205	244	199
2003	东部	152	152	232
	中部	347	581	389
	西部	550	689	442
2004	东部	633	779	354
	中部	589	702	433
	西部	575	790	404
2005	东部	655	811	487
	中部	598	799	351
	西部	670	790	489
2006	东部	463	402	325
	中部	68.88	51.63	89.07
	西部	88.04	67.13	121.02
2007	东部	79.9	40.56	87
	中部	20.68	45.88	107
	西部	93.36	119.04	111.5

（续表）

年份	客户所在地区	地板清洁设备坏账金额（万元）	硬表面清洗机坏账金额（万元）	高压清洗机坏账金额（万元）
2008	东部	52.96	100.32	109.25
	中部	41.304	22.416	101.35
	西部	91.4	97.248	106.575
2009	东部	27.3656	34.04	103.515
	中部	29.86	29.56	25.0175
	西部	136.8	107.04	51.1335
2010	东部	109.52	219.36	14.25
	中部	92.92	147.2	125.5
	西部	177.32	225.4	49.75
2011	东部	172.8	105.76	114.5
	中部	292.36	348.12	107.75
	西部	200.4	253.84	119.75
2012	东部	202.56	238.72	73.5
	中部	216.4	136.12	128.25
	西部	75.94	128.88	115.23
2013	东部	120.12	115.23	127.5
	中部	154.23	228	148
	西部	188	173	140.25
2014	东部	112	144	122
	中部	188	180	135
	西部	102.696	130.944	122.65
2015	东部	122	110.352	120.175
	中部	145.4344	199	111.485
	西部	100.54	115	117.2325
2016	东部	230	237	113.8665
	中部	350	411	221
	西部	255	355	186
2017	东部	280	441	210
	中部	358	552	199
	西部	356	552	205
2018	东部	330	425	256
	中部	339	560	199
	西部	320.44	235	220

参考文献

[1] 庄君,黄国芬. Excel 在会计和财务管理中的应用[M]. 2 版. 北京:机械工业出版社, 2014.
[2] 庄君,牛改芳. Excel 财务管理与应用 50 例[M]. 北京:电子工业出版社, 2009.
[3] 潘席龙. Excel 在实验金融学中的应用[M]. 成都:西南财经大学出版社, 2007.
[4] 庄君,张凌云. Excel 财务管理与应用[M]. 北京:机械工业出版社, 2009.

每个主题以较短的篇幅，针对大家容易遇到的问题进行讲解。

仅看章节名就能了解功能的实用性。

清晰的图文说明，跟着步骤操作即可顺利完成。

穿插"操作技巧"和"解决问题"专栏，补充相关知识以及解决实际遇到的问题。

1. 都说看书还不如问"度娘",但是"度娘"也不一定能给你所要的答案

2. 很多时候设计商务计划书都是套用模板,但是模板也不是万能的

3. 看到"表"哥、"表"姐两眼放光,数据越多头脑越晕

4. 一到总结汇报就开始"犯病",因为演讲时大家都听得昏昏欲睡

5. 工作效率不高,老是被老板请去"喝茶""传道",压力山大